2017년 『제국과 유신의 검찰』 전면 개정증보판

검찰 제도문화의 악의적 취사모방

검찰 제도문화의 악의적 취사모방
2017년 『제국과 유신의 검찰』 전면 개정증보판

초판 1쇄 발행 2017년 8월 25일
개정증보판 1쇄 발행 2024년 3월 30일

지은이 최영주
펴낸이 장길수
펴낸곳 지식과감성#
출판등록 제2012-000081호

교정 한장희
디자인 정윤솔
편집 정윤솔
검수 김지원, 이현
마케팅 김윤길, 정은혜

주소 서울시 금천구 벚꽃로298 대륭포스트타워6차 1212호
전화 070-4651-3730~4
팩스 070-4325-7006
이메일 ksbookup@naver.com
홈페이지 www.knsbookup.com

ISBN 979-11-392-1725-4(93330)
값 23,000원

• 이 책의 판권은 지은이에게 있습니다.
• 이 책 내용의 전부 또는 일부를 재사용하려면 반드시 지은이의 서면 동의를 받아야 합니다.
• 잘못된 책은 구입하신 곳에서 바꾸어 드립니다.

지식과감성#
홈페이지 바로가기

2017년 『제국과 유신의 검찰』 전면 개정증보판

검찰 제도문화의 악의적 취사모방

최영주 지음

한국 검찰의 무소불위와 선택적 정의는
일본 제국주의 검찰 제도문화의
악의적 취사모방으로부터 나온 것이다

서문

　이 서적은 저자가 오랜 세월 검찰에 몸담고 있으면서 "검찰이 도대체 왜 이럴까?", "이러한 제도문화는 어디에서 왔고, 어떤 제도문화를 갖춘 검찰이어야 하는가?"라는 물음에 대한 해답을 찾는 데 혼신을 기울여 온 결과물로서 2017년 출간한 『제국과 유신의 검찰』 이후 2020년 검경 수사권조정 입법, 지금까지 연구성과를 총체적으로 반영하여 전면 개정, 증보한 것이다.

　메이지유신 이후 전열을 가다듬은 일본제국(**이하 '일제'라고 함**)은 청일전쟁(1894~1895년), 러일전쟁(1904~1905년)에서 승리하여 한반도의 지배권을 차지한 후 집요한 국권 침탈 끝에 1910년 본격 식민통치에 들어갔다. 제국주의(군국주의), 천황제 파시즘으로 무장한 일제는 침략전쟁을 통하여 대륙으로의 영토 확장과 식민지 탄압과 수탈(**이하 '일제의 목적'이라고 함**)에 더욱 박차를 가하였다. 1937년 중일전쟁에서 난징대학살을 자행하였으며 급기야 1941년 진주만 기습으로 태평양전쟁을 일으켜 제2차 세계대전에서 미국을 중심으로 한 연합국과 맞선 끝에 1945년 히로시마(廣島), 나가사키(長崎)에 원자폭탄을 맞고 종말을 고하였다.

　이 땅에 최초로 검찰 제도를 심은 주체는 메이지유신 이후 서구 검찰 제도를 도입하기 시작한 일제였다. 일제 검찰은 침략전쟁 병참기지인 식민지 조선의 수탈과 탄압, 독립운동 진압, 민족 말살 정책 실현을 위하여 필요 불가결한 치안 유지(이하 '**검찰의 목적**'이라고 함)의 선봉장으로서 경찰의 모든 수사는 법과 제도로써 무소불위를 뒷받침하는 검찰의 지배 하에서 이루어지게 된다.

검찰의 목적 실현에서 침략전쟁에 필요한 인적, 물적 자원 조달을 위하여 최소한의 비용으로 최대 효과를 얻기 위한 '형사사법 경제'에 초점을 맞추었고, 가장 유효한 수단으로서 수사 직무에 종사하는 검찰 안팎의 조직과 인력을 검사의 지배하에서 검사의 대역(avatar, 化身)으로 만들어 직무를 수행하게 함으로써 비용 절감과 그 목적 실현을 극대화하였다.

일제의 패망과 동시에 우리는 식민지배에서 해방되었고, 일본에서는 일제와 검찰의 목적을 견인한 양대 선봉 중 무소불위 정치 군부는 평화헌법 제정으로 해체되었으며, 정치 검찰의 무소불위는 검경 간 견제의 균형을 불어넣은 개혁 입법으로 해체되었다. 그러나 이 땅에는 일본이 각기 해체한 일제 군벌[1]을 모방하고, 일제 검찰의 골격과 골수를 그대로 계승하였기에 훗날 정치군인은 무기로써, 정치검사는 무소불위 검찰 제도문화로써 쿠데타를 일으키는 세상의 도래는 이미 예정되어 있는 셈이었다.

이 땅에 검찰 제도문화가 도입된 이래 이와 직간접 관계에 있는 수많은 법령은 굽이굽이 흐르는 격동의 근현대사 속에서 크고 작은 사건, 사고를 계기로 제정, 개정, 폐지 등의 변천을 거듭하였다. 저자는 메이지유신 직후부터 현재까지 한국 검찰의 제도문화가 어디에서 시작되었으며, 현재 어디에 있고, 앞으로 어디로 가야 하고, 이를 위하여 무엇을 해야 하는가

---

[1] 강창성 『일본/한국 군벌정치』 해동문화사(1991년)

에 대한 방향을 제시할 것이다.

이 서적에서 '악의적'이라 함은 해방 이후 검찰 제도문화 정착이 일제에 앞다투어 부역하고 입신과 영달, 부귀영화를 누린 친일파의 수구 기득권 계승과 유지에 초점을 맞췄다는 의미이고, '취사모방'이라 함은 '선택적 모방'과 같은 의미로서 그 악의를 실현하기 위하여 일본이 1945년 패망 직후 폐기한 무소불위 검찰 권력의 골격과 골수를 그대로 모방하는 방식으로 이루어졌다는 의미이다. 그런 의미에서 2020년 검경 수사권조정 입법에서 그 무소불위 해체에 시동을 걸며 현 일본 제도를 일부 모방한 것은 검경 간 견제와 균형을 향한 '선의적 모방'이라고 할 것이다. 저자는 어느 쪽 모방이든 우리 조상의 '한글 창제'라는 창조적이고 위대한 업적과 명예에 손상을 가져오는 역사적 불행임을 전제로 이 서적을 기술하였다. 특히, 해방 후 침략전쟁과 식민통치에 맞춤형이었던 일제 검찰의 제도문화에 대한 '악의적 취사모방'은 제2의 식민지배에 버금가는 치욕스러운 일로서 앞으로 이에 대한 청산을 진정한 광복으로 규정하지 않을 수 없다.

제1부 「한국 검찰 무소불위의 요람과 변천」에서는 일제 검찰의 무소불위를 뒷받침한 여러 법령의 제정, 개정, 폐지 과정을 오롯이 담고 있는 한일 양국의 관보 자료와 기타 문헌을 중심으로 이 땅에 심어진 검찰 제도문화의 발원과 변천 그리고 우리가 일본이 폐기한 일제 검찰의 골격과 골수를 악의적으로 취사모방 한 과정과 내용을 상세히 입증해 보일 것이다.

제2부 「위안(慰安) 그리고 재갈」에서는 일제의 목적 실현에 공헌한 고위 관료들의 충성을 위안하고, 국가범죄의 모든 진실을 무덤까지 가져가게 하고자 법제화하였던 「전관예우」 제도 그리고 식민지 조선에서 일제

의 목적에 앞다투어 부역한 사법 종사자들의 충성을 위안하고 수탈과 탄압의 진실을 무덤까지 가져가게 하고자 법제화한 오늘날 「집행관 임명제도」의 효시인 식민지 조선 특유의 「집달리 임명제도」의 발원과 변천, 이를 악의적으로 취사모방 한 과정과 내용을 상세히 입증해 보일 것이다.

제3부 「일제 검찰 수괴(首魁)의 훈시와 검찰 원리주의」에서는 일제가 발행한 『고등법원검사장훈시통첩유찬(高等法院檢事長訓示通牒類纂)』**(이하 『훈시통첩유찬』이라고 함)**이라는 서적을 바탕으로 하고 있다. 한반도를 호령하고 경찰을 강력히 지배한 검찰의 최고 수괴인 '고등법원검사장'**(이하 『검사장』이라고 함)**이 각 도(道) 경찰부장을 불러 모아 일제와 검찰의 목적 실현을 위하여 주도면밀하고 치밀하게 지도, 훈육한 훈시(21회) 내용을 번역하여 원문과 함께 실음으로써 일제 검찰이 경찰을 아바타, 주구(走狗)로 앞세워 탄압을 자행한 형사사법 탄압의 실질과 검찰 원리주의의 요람을 소개할 것이다.

검찰개혁은 '혁명보다 어려운 국가적, 국민적 숙원'이고, 그 실패는 모두 국가와 국민, 후손에게 돌아간다. 그 어떤 정부도 검찰을 이용해도, 개혁하지 않아도, 어설프게 개혁해도, 개혁을 못 해도 예외 없이 모두 실패로 귀결되었다는 역사적 사실을 교훈으로 삼아야 한다. 이 서적이 검찰의 과거사가 역사 교과서에 실리고 독립기념관에 전시되기 위한 심층 연구에 있어 한 알의 밀알이 되기를 바란다.

끝으로 지면에 실린 자료는 원본을 이미지화한 것을 입수한 후 입증에 필요한 부분을 발췌하여 실은 것이 다수이고, 152여 년 전까지 거슬러 올라가는 관계로 다소 흐리고 색이 바랜 부분들이 있는 점 독자 여러분께 넓은 이해를 구한다.

목차

서문 4

알고 가기

들어가는 글 17
1. 한·일 관보(官報) 검색 사이트 18
2. 일왕 연호와 형사소송법 표기 19
3. 관보 발췌 법령자료 소개 방식(가: 표지 및 공포, 나: 조항) 20

제1부
한국 검찰 무소불위의 요람과 변천

제1편
검찰 지배의 원칙

제1장
검사(檢事)와 검찰청(檢察廳)

들어가는 글 26
1. 검사(檢事) 27
   가. 일제 사법직무정제(司法職務定制) 27
   나. 검사의 직무 28
2. '검사국(檢事局)'에서 '검찰청(檢察廳)'까지 31
   가. 검사국(檢事局) 31
      1) 1890년 일제 「재판소구성법」 31

2) 1895년 대한제국 「재판소구성법」 ·· 33
　　3) 1909년 10월 일제 「통감부재판소령」 ······································ 35
　　4) 1909년 11월 대한제국 「통감부재판소령」 ································ 37
　　5) 1910년 일제 「통감부재판소령 중 개정」 ·································· 39
　나. 검찰청(檢察廳) ··· 41
　　1) 1947년 일본 「검찰청법」 ··· 41
　　2) 1949년 대한민국 「검찰청법」 ·· 42

제2장
형사사법 노예 문서

들어가는 글 ·· 45
1. 일제 '상명하복' 제도 ·· 46
　가. 1890년, 일제 「재판소구성법」 제84조 ······································· 46
　나. 1912년 「조선형사령」 제5조 제2항 ·· 47
2. 일본, 1947년 '상명하복' 제도 폐지 ·· 49
　가. 1947년 「재판소법」 ·· 49
　나. 1947년 「검찰청법」 ·· 49
3. 대한민국, 1949년 '상명하복' 제도 계승 ······································· 50
　가. 1949년 「검찰청법」 제35조 ·· 50
　나. 1986년 「검찰청법개정법률」 제53조 ··· 51
4. 대한민국, 2011년 '상명하복' 제도 폐지 ······································· 53

제3장
검사의 수사권 독점 제도

들어가는 글 ·· 56
1. 일제, 검사의 수사권 독점 제도 ··· 57
　가. 1880년 「치죄법」 제33~34조, 제92조 ······································· 57
　나. 1890년 「명치 형사소송법」 제46조 ·· 62
　다. 1922년 「대정 형사소송법」 제246조 ··· 64

2. 일본, 1948년 수사권 독점 제도 폐지 ·· 66
3. 대한민국, 1954년 일제의 수사권 독점 제도 계승 ································· 69
4. 대한민국, 2020년 수사권 독점 제도 폐지 ·· 71

제2편
검사의 형사사법 아바타

제1장
경찰의 검사에 대한 수사사무보고 제도

들어가는 글 ··· 76
1. 일제, 경찰의 수사보고 의무 제도 ·· 77
   가. 1896년 「사법경찰관집무수속」 제1조 ·· 77
   나. 1912년 「사법경찰관집무규정」 제9조 ·· 80
   다. 1923년 「사법경찰관집무규정」 제6조 ·· 82
   라. 1925년 「사법경찰직무규범」 제31조 ·· 85
2. 일본, 1947년 수사사무보고 제도 폐지 ·· 88
   가. 1947년 「경찰법」 제정·공포 ·· 88
   나. 1948년 「경찰관등직무집행법」 제정·공포 ··································· 88
3. 대한민국, 일제 수사사무보고 제도 계승 ·· 89
   가. 1959년 「사법경찰관리 집무규정」 제11조 ···································· 89
   나. 1975년 「사법경찰관리 집무규정개정령」 제11조 ·························· 92
4. 대한민국, 수사사무보고 의무 제도 폐지 ·· 95
   가. 2011년 「사법경찰관리 집무규칙 폐지령」 ··································· 95
   나. 2011년 「검사의 사법경찰관리에 대한 수사지휘
         및 사법경찰관리의 수사준칙에 관한 규정」 제74조 ·················· 96
   다. 2020년 「검사와 사법경찰관의 상호협력과 일반적 수사준칙에 관한 규정」 ·· 99

제2장
검사의 경찰 지배적 수사지휘권 제도

들어가는 글 ·· 101
1. 일제, 검사의 지배적 수사지휘권 제도 ····································· 103
    가. 1880년 「치죄법」 제60조 ··· 103
    나. 1890년 「명치 형사소송법」 제47조 ······································ 105
    다. 1912년 「조선형사령」 제4조, 제5조 제1항 ·························· 106
    라. 1922년 「대정 형사소송법」 제247조, 제248조 ··················· 107
2. 일본, 1948년 검사의 지배적 수사지휘권 제도 폐지 ················ 116
3. 대한민국, 1954년 검사의 지배적 수사지휘권 제도 계승 ········· 118
4. 대한민국, 2020년 검사의 지배적 수사지휘권 제도 폐지 ········· 119

제3장
검사실 검사의 아바타 제도

들어가는 글 ·· 122
1. 참여수사관으로서 저자가 절감한 문제점 ································ 123
2. 일제, 검사실 참여 제도 ·· 126
    가. 1880년 「치죄법」 제151조 ··· 126
    나. 1890년 「명치 형사소송법」 제95조 ······································ 127
    다. 1922년 「대정 형사소송법」 139조 ······································· 128
3. 일본, 1948년 검사실 참여 제도 폐지 ······································ 134
4. 대한민국, 1954년 일제 검사실 참여 제도 계승 ······················ 141

제4장
영장청구권 독점에 깃든 검사의 아바타

들어가는 글 ·· 146
1. 일제, 강제수사권 행사 대역 제도 ··· 148
    가. 1912년 「조선형사령」 제12조 ·· 148

나. 「명치 형사소송법」 경찰 강제수사권 조항 150
　　다. 1922년 「조선형사령 중 개정의 건」 제12조 152
　2. 일본, 경찰의 영장청구권 인정 제도 160
　　가. 1946년 「日本國憲法」 제33조, 제35조 160
　　나. 1948년 「소화 형사소송법」 제199조, 제218조 162
　3. 대한민국, 경찰의 영장청구권 일시 인정 164
　　가. 1948년 「대한민국헌법」 제9조 164
　　나. 1954년 「형사소송법」 제201조, 제215조 166
　4. 대한민국, 1961년 검사의 영장청구권 독점 제도 168
　　가. 1961년 「형사소송법 중 개정법률」 제201조, 제215조 168
　　나. 1962년 「헌법 개정의 건」 제10조 171
　　다. 1987년 「헌법개정안」 제12조 제3항 174
　　라. 영장청구권 독점 제도의 폐지 필요성 176

제5장
피의자신문조서의 증거능력 차별 제도

들어가는 글 178
1. 일제, 조서의 증거능력 포괄 인정 179
　가. 1880년 「치죄법」 제146조 제2항 179
　나. 1890년 「명치 형사소송법」 제90조 180
　다. 1922년 「대정 형사소송법」 제343조 제1항 181
2. 일본, 조서의 증거능력 엄격 제한 182
　가. 1948년 「소화 형사소송법」 제320조 182
　나. 전문법칙 예외 조항(제321조 내지 제328조 번역문) 183
3. 대한민국, 피의자신문조서의 증거능력 차별 제도 186
　가. 1954년 「형사소송법」 제312조 186
　나. 1961년 「형사소송법 개정법률」 제312조 189
4. 대한민국, 검경 피의자신문조서의 증거능력 차별 폐지 192

제2부
위안(慰安) 그리고 재갈

제1장
전관예우

들어가는 글	197
1. 일제, 「전관예우」 제도	199
가. 1889년 황실 내규 「궁정녹사(宮廷錄事)」	199
나. 1926년 「전관예우」 법제화	201
다. 조선일보, 동아일보 전관예우 보도	205
2. 일본, 1947년 전관예우 제도 폐지	211
가. 1947년 「황실령 및 부속법령 폐기의 건」	211
나. 원조국 일본에 없는 우리의 「전관예우」	212
3. 대한민국, 일제 「전관예우」의 관습법적 계승과 창궐	214

제2장
일제 특혜 제도 계승 집행관 임명제도

들어가는 글	224
1. 일제, 「집달리」 제도	225
가. 1890년 「집달리 등용규칙」 제1조, 제11조	225
나. 1912년 「조선민사령」 제4조, 제6조	228
2. 일본, 일제 본토의 임명제도 장점 계승	232
가. 1947년 「재판소법」 제62조	232
나. 1966년 「집행관법」 공포	233
다. 「재판소법」 제62조	234
라. 집행관 채용 선고 시험 안내	236
3. 대한민국, 식민지 조선의 특혜 제도 계승	243
가. 1961년 「집달리법」 제3조	243
나. 1981년 「집달리법중 개정법률」	245

다. 1995년 「집달관법 개정 법률」 제3조 ·············· 246
라. 인터넷 기사 ·············· 248

제3부
일제 검찰 수괴(首魁)의 훈시와 검찰 원리주의

들어가는 글 ·············· 252

제1장
식민지 조선을 호령한 검찰 수괴(首魁)

1. 『고등법원검사장훈시통첩유찬(高等法院檢事長訓示通牒類纂)』 ·············· 255
   가. 서적의 존재 ·············· 255
   나. 1942년 발간(제3권) 서적 표지 및 범례 ·············· 257
2. 고등법원검사장 ·············· 259
   가. 어떤 벼슬인가? ·············· 259
   나. 고등법원검사장 5명 ·············· 260
3. 中村竹藏(나카무라 다케조)의 행적 ·············· 262
   가. 일제 본토에서의 행적 ·············· 262
   나. 식민지 조선에서의 행적(출처: 한일 관보 자료 등) ·············· 263
   다. 식민지 조선 진출 이후 ·············· 264

제2장
훈시(訓示)의 역사적 배경과 검찰 원리주의

1. 훈시의 역사적 배경 ·············· 277
2. 일제 경찰의 고문과 검찰의 책임 ·············· 279
3. 훈시 내용에서 본 검찰 원리주의 ·············· 287

제3장
경찰부장에 대한 고등법원검사장 훈시 원문 및 번역

1. 경찰부장에 대한 中村 고등법원검사장 훈시(1921년 4월 29일) ········ 293
2. 헌병대장에 대한 中村 고등법원검사장 훈시(1921년 5월 27일) ········ 301
3. 경찰부장에 대한 中村 고등법원검사장 훈시(1922년 5월 12일) ········ 305
4. 경찰부장에 대한 中村 고등법원검사장 훈시(1923년 5월 23일) ········ 317
5. 경찰부장에 대한 中村 고등법원검사장 훈시(1924년 6월) ········ 329
6. 경찰부장에 대한 中村 고등법원검사장 훈시(1925년 5월) ········ 337
7. 경찰부장에 대한 中村 고등법원검사장 훈시(1926년 7월) ········ 345
8. 경찰부장에 대한 中村 고등법원검사장 훈시(1927년 5월) ········ 351
9. 경찰부장에 대한 中村 고등법원검사장 훈시(1928년 5월) ········ 355
10. 경찰부장에 대한 中村 고등법원검사장 훈시(1929년 5월) ········ 363
11. 경찰부장에 대한 松寺 고등법원검사장 훈시(1931년 8월) ········ 367
12. 경찰부장에 대한 境 고등법원검사장 훈시(1932년 7월) ········ 375
13. 경찰부장에 대한 境 고등법원검사장 훈시(1933년 4월) ········ 381
14. 경찰부장에 대한 境 고등법원검사장 훈시(1934년 4월) ········ 383
15. 경찰부장에 대한 笠井 고등법원검사장 훈시(1935년 4월) ········ 393
16. 경찰부장에 대한 笠井 고등법원검사장 훈시(1936년 6월) ········ 403
17. 경찰부장에 대한 笠井 고등법원검사장 훈시(1937년 5월) ········ 411
18. 경찰부장에 대한 增永 고등법원검사장 훈시(1938년 5월) ········ 425
19. 경찰부장에 대한 增永 고등법원검사장 훈시(1939년 4월) ········ 439
20. 경찰부장에 대한 增永 고등법원검사장 훈시(1940년 5월) ········ 455
21. 경찰부장에 대한 增永 고등법원검사장 훈시(1941년 5월 5일) ········ 469

맺음말(진정한 광복을 위하여) ········ 484

알고 가기

들어가는 글

   이 서적은 법령 또한 사람의 일생처럼 탄생(제정), 성장·발전(개정), 노쇠(실효성 감퇴), 사망(폐지)이라는 과정을 거쳐 변천하듯이 그 과정을 오롯이 담고 있는 한일 관보 자료에 실린 검찰 제도문화 관련 법령과 기타 자료와 문헌을 소개하고 해설하는 방식으로 구성되어 있다.

   현재로부터 거슬러 1945년 광복, 일제강점기를 지나 일제 메이지유신 직후까지 약 140여 년을 올라가면서 확인했던 자료를 독자의 이해를 돕고자 다시 과거로부터 현재에 이르는 순으로 재정리하여 소개하는 것이다. 이에 독자 여러분께 타임머신(Time machine)이 되어 줄 한일 관보 사이트 그리고 일제 연호, 형사소송법 표기 방식을 간략히 소개하고, 관보에서 발췌한 검찰 제도 관련 법령자료 소개 방식을 알려 드리고 본론으로 들어가고자 한다.

1. 한·일 관보(官報) 검색 사이트

가. 국사편찬위원회 '조선·대한제국 관보' 검색 사이트

(https://db.history.go.kr/id/gbdh)

구한말 시대 관보를 열람할 수 있다.

나. 국가기록원 '관보' 검색 사이트

(https://theme.archives.go.kr//next/gazette/viewMain.do)

일제강점기(조선총독부)부터 2001년 이전까지 관보를 열람할 수 있다.

다. '대한민국 전자관보' 검색 사이트

(https://gwanbo.go.kr/main.do)

2001년 이후 현재까지 관보를 열람할 수 있다.

라. 일본국립국회도서관 관보검색 사이트

(https://www.ndl.go.jp)

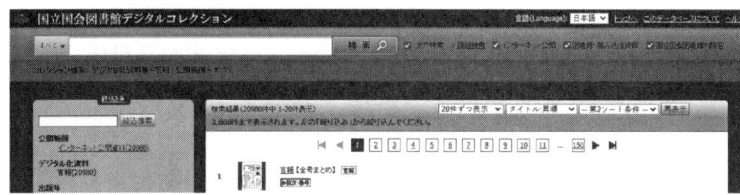

1890년대 이후 1950년대 말까지 일제 및 일본 관보를 열람할 수 있다.

2. 일왕 연호와 형사소송법 표기

가. 메이지(明治, 1867~1912년) 시대

○ **치죄법**: 1880년(명치 13년) 7월 17일 공포(태정관 포고 제37호)

○ **명치 형사소송법**[2]: 1890년(명치 23년) 10월 7일 공포(법률 제96호)

나. 다이쇼(大正, 1912~1926년) 시대

○ **대정 형사소송법**[3]: 1922년(대정 11년) 5월 5일 공포(법률 제75호)

다. 쇼와(昭和, 1926~1989년) 시대

○ **소화 형사소송법**: 1948년(소화 23년) 7월 10일 공포(법률 제131호)

---

2 '구구 형사소송법(舊舊 刑事訴訟法)'이라고도 함
3 '구 형사소송법(舊 刑事訴訟法)'이라고도 함

3. 관보 발췌 법령자료 소개 방식(가: 표지 및 공포, 나: 조항)

가. 1890년 일제「재판소구성법」①

일제는 1890년(명치 23년) 2월 10일 자 관보(제1982호)에 법률 제6호로 공포한「재판소구성법」을 게재하여 그들 본토에 시행하였다. ②

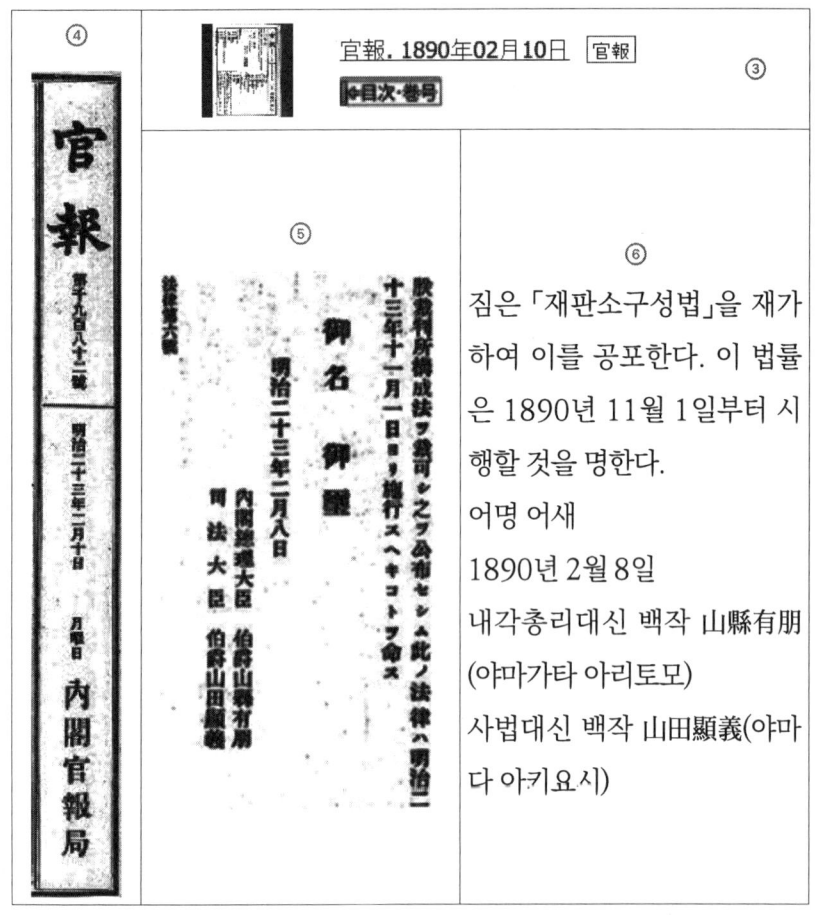

① 소개할 법령 ② 공포 법령 요지 ③ 관보 사이트상 아이콘 ④ 관보 첫 페이지 막대형 표지 ⑤ 공포 내용(법령명, 공포 일자, 공포한 관료의 관직·성명 등) ⑥ 공포 내용 번역

나. 「재판소구성법」 제84조 ①

「재판소구성법」 제84조에는 경찰이 검사의 명령에 복종하도록 하는 규정을 두었다. 경찰과 검사의 관계에 대한 근본적인 관계 설정 규정으로 우리나라 검찰청법 제53조 상명하복 조항의 효시이다. ②

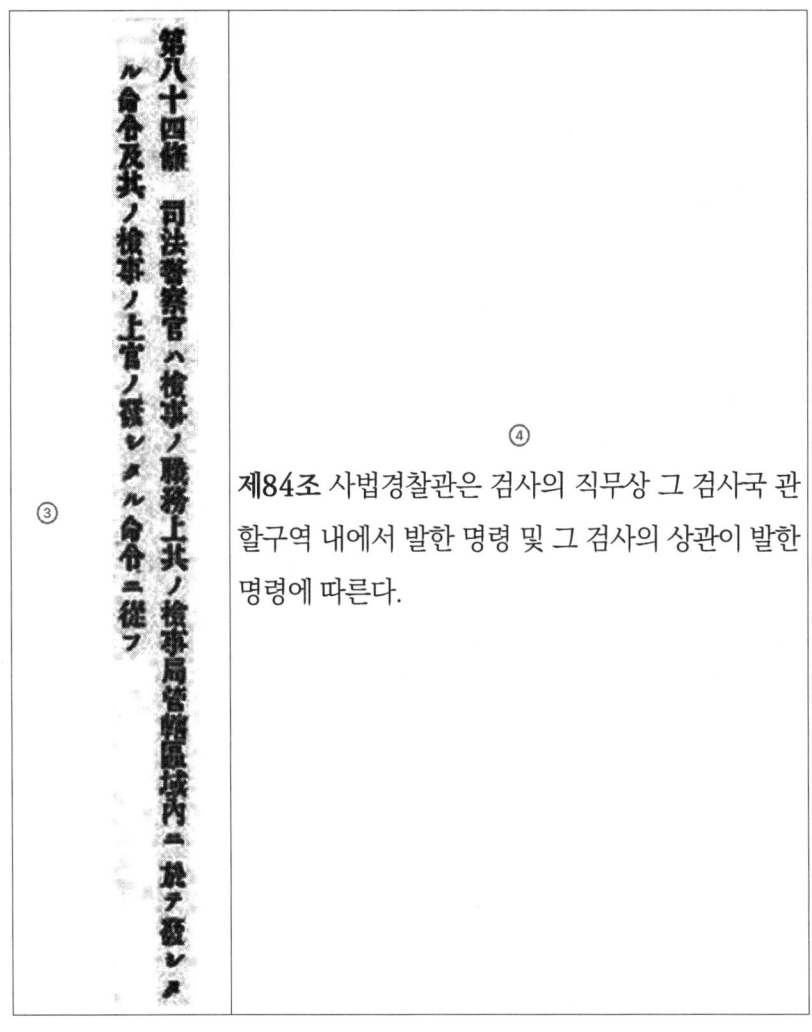

③

④
제84조 사법경찰관은 검사의 직무상 그 검사국 관할구역 내에서 발한 명령 및 그 검사의 상관이 발한 명령에 따른다.

① 법령에서 발췌한 검찰 제도 관련 조항 ② 조항 내용 요지 ③ 조항 원문 ④ 원문 번역

제1부

한국 검찰 무소불위의
요람과 변천

제1편

검찰 지배의 원칙

제1장

검사(檢事)와 검찰청(檢察廳)

들어가는 글

우리 국민은 언론, 방송이 쏟아 내는 '검사' 또는 '검찰청'에 관한 보도와 스캔들, 정보의 홍수 속에 살아가고 있다. 뭔가 늘 정상적이지 않은 혼돈의 시대를 살아가고 있다는 생각이 든다. 선진국에서는 그런 보도를 접하기가 쉽지 않고, 특히 검찰개혁을 입에 달고 사는 우리와 달리 검경 간 제도문화와 그 직무수행을 두고 벌어지는 소모적 논쟁과 이에 관한 보도는 '0'에 가깝다.

검사 인사 때마다 그들이 거쳐 간 화려한 여러 직위와 검찰 업무의 달인이라는 의미의 특수통, 공안통, 기획통이니 하는 예찬 명칭을 들어야 하고, 이들이 어떤 직위로 승진해서 어떤 검찰청에서 어떤 직무를 수행하게 되었다는 등의 내용을 앞다투어 대대적으로 보도하고, '윤석열 사단'이니 하면서 정계 파벌이나 과거 정치군인의 사조직과 유사한 사적 유대를 형성하고 있는 것이 아닌가 하고 의심되는 보도를 자주 접하며 살아가는 개탄스러운 지경이다. 대명천지 선진국 어디에 이런 일이 있을까?

우리 검찰은 도대체 왜 이러는 것일까? 그러한 궁금증을 풀어 갈 대장정에 들어가기에 앞서 언론, 방송 보도 또는 누군가의 입에서 '검사' 또는 '검찰청' 하면 우리의 의식 속에 막연히 '겁(怯)'이라는 정서부터 불러일으키게 하고 자기검열과 선택적 처신을 하도록 만드는 우리나라 특유의 '검사(檢事)', '검찰청(檢察廳)'의 명칭 자체의 발원과 변천 과정에 대하여 알아보도록 한다.

1. 검사(檢事)

가. 일제 사법직무정제(司法職務定制)[4]

오늘날 한자로 '檢事'라고 쓰고 우리말로 '검사'라고 부르는 우리식의 이 관직 명칭의 발원지는 어디일까?

○ 표지

일제는 1872년 사법성[5] 초대 사법경(현재의 법무대신) 에토 신페이(江藤新平)[6]의 주도로 종래 지방관이 담당하던 재판권을 사법성에 집중시키고자 프랑스의 검찰 제도를 모방한 「사법직무정제(司法職務定制)」를 제정·공포하였다. 이 법령에서 만들어 낸 단어로서 우리와 똑같이 한자로 '判事', '檢事'라는 관직 명칭 그리고 현재의 '변호인'에 해당하는 '대언인(代言人)'이 등장한다.

和[7] 제302호 사법직무정제

---

4 일본국립국회도서관(https://www.ndl.go.jp) 검색창에 '司法職務定制'로 검색, 총 22장 108개 조항으로 구성
5 메이지 시대 삼권을 지닌 최고국가기관인 태정관(太政官) 휘하 사법기관
6 삼권분립 추진, '근대 일본 사법제도의 아버지'로 불림
7 일본(倭)

나. 검사의 직무

○ 사법직무정제 목차

사법직무정제 목차

제1장 강령
제2장 본성직제
제3장 본성장정
제4장 본성분과
제5장 판사직제 附 단형과
제6장 검사직제
제7장 검사장정
제8장 지방 나졸[8] 겸 체부직제

제6장에 '검사직제(檢事職制)'[9]를 규정하고, 검찰사무 집행상의 세칙은 제7장 '검사장정(檢事章程)'[10]에 규정하였다.

---

8 순찰병, 메이지(明治) 시대 초기 경찰관의 명칭. 이후 순사(巡査)로 바꿔 부름
9 직제(職制): 직무나 직위에 관한 제도
10 장정(章程): 여러 조목으로 나누어 정한 규정

○ 검사직제, 검사장정

검사의 직무 내용으로서 제6장 검사직제(제22조), 제7장 검사장정(제23~33조) 내용 중 일부를 번역하였다.

제6장 검사직제	제7장 검사장정
1. 각 재판소에 출장하여 청단(聽斷)[11]의 당부(當否)를 감시한다. 2. 검사의 직은 죄송사(罪訟事) 단발(端發)을 시작으로 재단처결에 한하고 아직 발생하지 않은 사건의 경찰이 하는 일을 간섭, 참여하지 않는다. 3. 죄범의 탐색포망을 관독지령 한다. 4. 검부 및 체부를 총섭한다.	검사는 법헌 및 인민의 권리를 보호하고 선한 것을 부양하고 악한 것을 없애 재판의 당부를 감시하는 직으로 하고 그 장정은 다음과 같다.

11 송사(訟事)를 자세히 듣고 판단함

이로써 우리가 오늘날 한자로 '檢事'라고 쓰고 '검사'로 읽고 부르는 단어의 발원지는 지금으로부터 152년 전인 1872년 일제가 서구의 검찰 제도를 도입하면서 제정·공포한 「사법직무정제」에서 '檢事'라 쓰고 '켄지(けんじ)'라고 명칭하였던 것이 효시임을 확인하였다.

2. '검사국(檢事局)'에서 '검찰청(檢察廳)'까지

가. 검사국(檢事局)

1) 1890년[12] 일제 「재판소구성법」

일제는 1890년(명치 23년) 2월 10일 자 관보(제1982호)에 법률 제6호로 공포한 「재판소구성법」을 게재하였다.

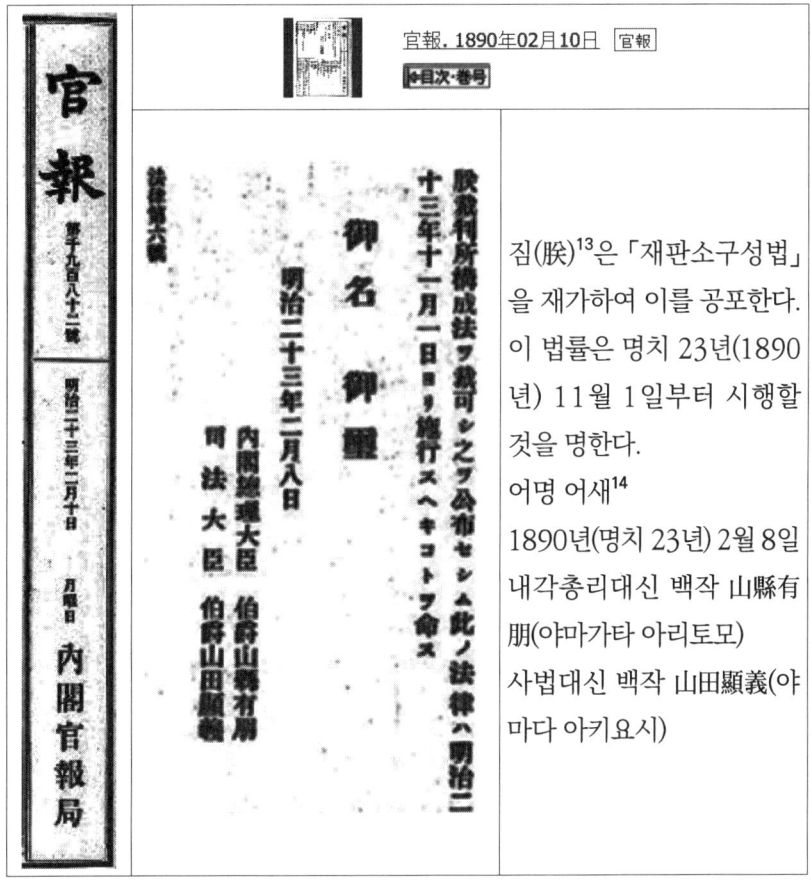

짐(朕)[13]은 「재판소구성법」을 재가하여 이를 공포한다. 이 법률은 명치 23년(1890년) 11월 1일부터 시행할 것을 명한다.
어명 어새[14]
1890년(명치 23년) 2월 8일
내각총리대신 백작 山縣有朋(야마가타 아리토모)
사법대신 백작 山田顯義(야마다 아키요시)

---

12 같은 해 11월 29일 대일본제국 헌법 시행(1889.2.11. 공포, 1947.5.2. 폐지)
13 메이지(明治) 천황(제122대)의 자칭(自稱), 재위: 1868.10.23.~1912.7.30.
14 천황의 이름과 도장

'검사국'이 신설되었고, 검사는 이에 소속[15]이 되었다. 아래는 법률 목차이다.

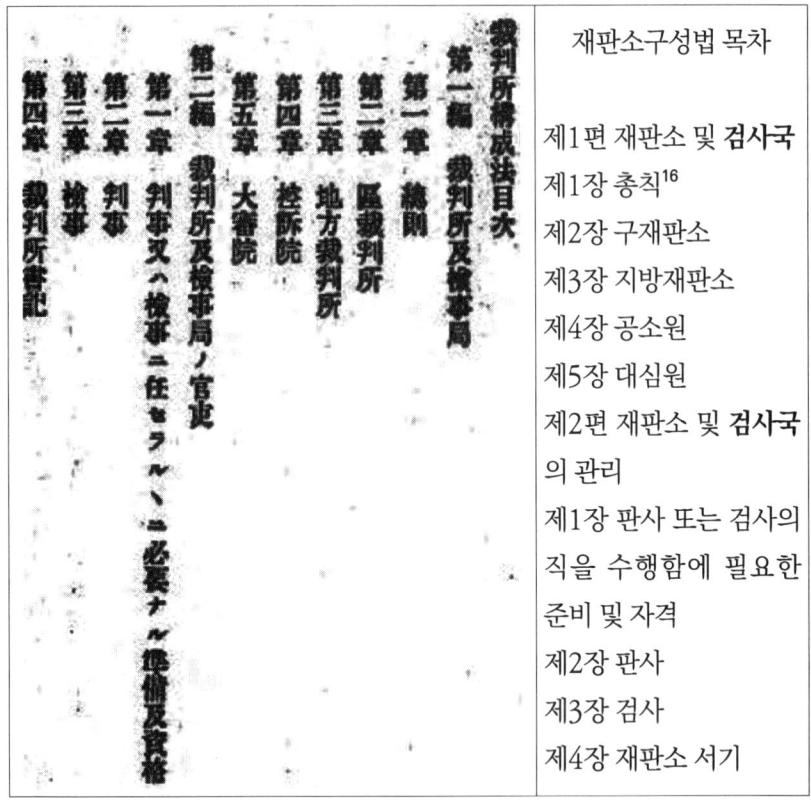

재판소구성법 목차

제1편 재판소 및 **검사국**
제1장 총칙[16]
제2장 구재판소
제3장 지방재판소
제4장 공소원
제5장 대심원
제2편 재판소 및 **검사국**의 관리
제1장 판사 또는 검사의 직을 수행함에 필요한 준비 및 자격
제2장 판사
제3장 검사
제4장 재판소 서기

---

15 치죄법(1880년 제정)에서 검사는 재판소 '형사국' 소속(제33조, 제66조)
16 제6조에 '각 재판소에 검사국을 부치(附置)함'이라고 규정 ※附置: 부속설치

2) 1895년 대한제국 「재판소구성법」

대한제국(고종)은 1895년(개국 504년) 3월 29일 자 관보에 법률 제1호로 반포한 「재판소구성법」을 게재하였다.

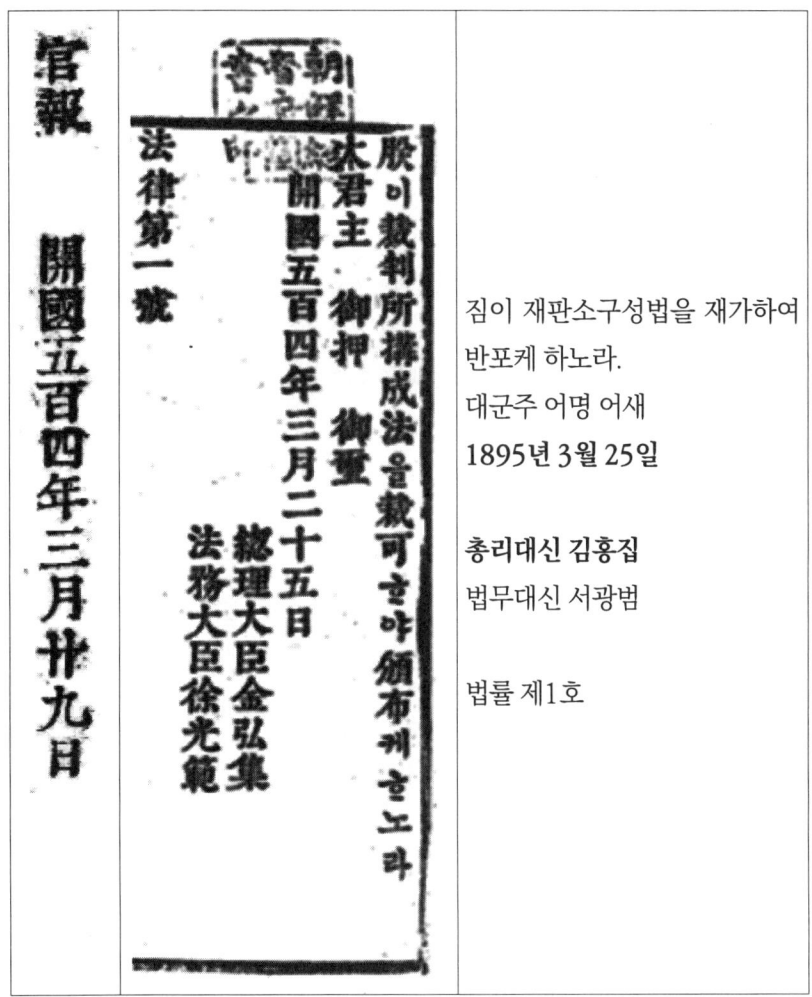

짐이 재판소구성법을 재가하여 반포케 하노라.
대군주 어명 어새
1895년 3월 25일

총리대신 김홍집
법무대신 서광범

법률 제1호

대한제국 국권쇠퇴기[17] 갑오개혁 중 김홍집 내각에 의하여 시행되었다.

---

17 청일전쟁(1894.7.25.~1895.4.17.), 을미사변(1895.10.8.)

일제의 법률 명칭과 조항을 최초 모방한 가운데 '검사'에 대하여 규정하고, 목차는 물론 법률 세부 조항에서 '검사국'은 아직 규정하지 않았다.

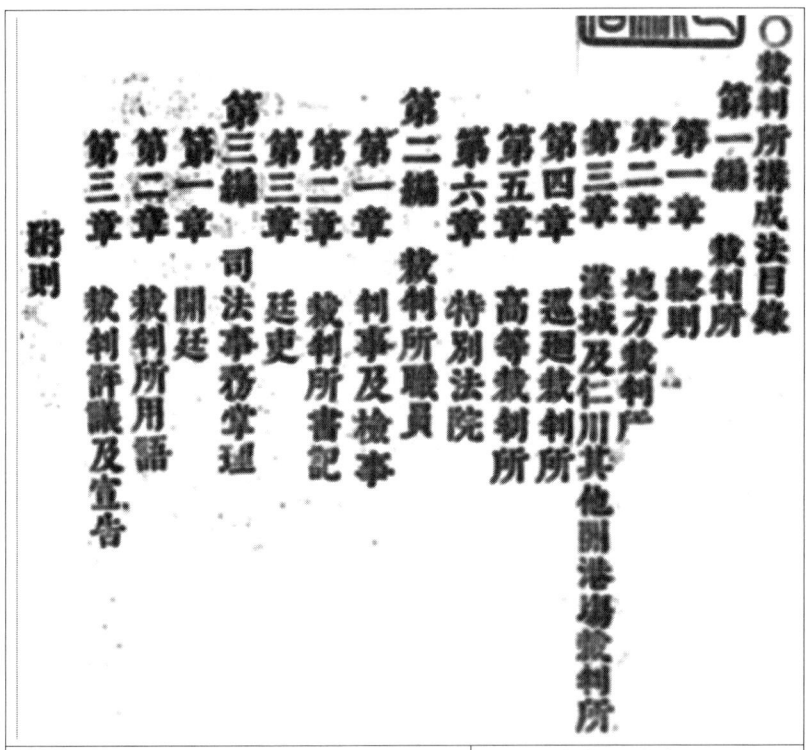

제1편 재판소	제2편 재판소 직원
제1장 총칙	제1장 판사 및 검사
제2장 지방재판소	제2장 재판소 서기
제3장 한성 및 인천 기타 개항장 재판소	제3장 정리
제4장 순회재판소	**제3편 사법사무장리**
제5장 고등재판소	제1장 개정
제6장 특별법원	제2장 재판소 용어
	제3장 재판 평의 및 선고
	부칙

3) 1909년 10월 일제 「통감부재판소령」

일제는 1909년(명치 42년) 10월 18일 자 관보(제7896호)에 국권상실기 대한제국에서의 시행을 위하여 칙령 제236호로 공포한 「통감부재판소령」을 게재하였다.

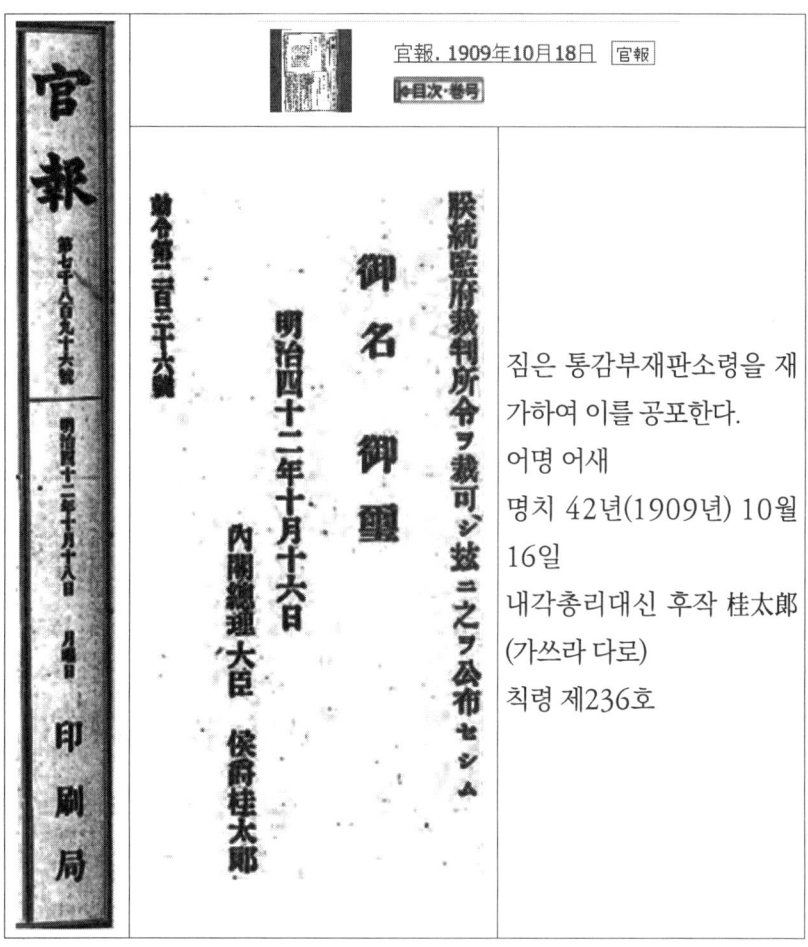

일제는 청일전쟁에 이어 러일전쟁 승리 후 1906년 대한제국 황실의 안녕과 평화 유지를 구실로 대한제국에 '통감부'를 설치하였고, 그로부터 3년 후인 1909년 한반도의 사법권을 장악하고 규율하는 본 법령을 공포했다.

이 법령에 규정한 검사국에 관한 규정 중 일부만 소개한다.

제9조 통감부재판소에 검사국을 병치(竝置)[18]한다.
제2항 검사국은 통감의 관리에 속하여 한국에서 검찰사무를 담당한다.
제3항 검사국의 관할구역은 이를 병치한 재판소의 관할구역과 같다.
제4항 검사국에 통감부 검사를 두고 검사는 책임 또는 주임으로 한다.
제5항 검사는 검찰사무에 대하여 상관의 명령에 따라야 한다.
제10조 통감부재판소에 서기를 두고 서기는 판임으로 한다.
제11조 제1항 통감부재판소에 통역관 또는 통역생을 두고 통역관은 주임, 통역생은 판임으로 한다.
제2항 통역관 및 통역관 및 통역생은 재판소 및 검사국에 부속한다.

---

18 재판소에 나란히 설치된 기구로서 법령에 따라 직무를 수행

4) 1909년 11월 대한제국 「통감부재판소령」

대한제국(순종)은 1909년(융희 3년) 11월 1일 자 관보(제4519호의 호외)에 일제 칙령 제236호로 공포된 「통감부재판소령」을 고시하였다.

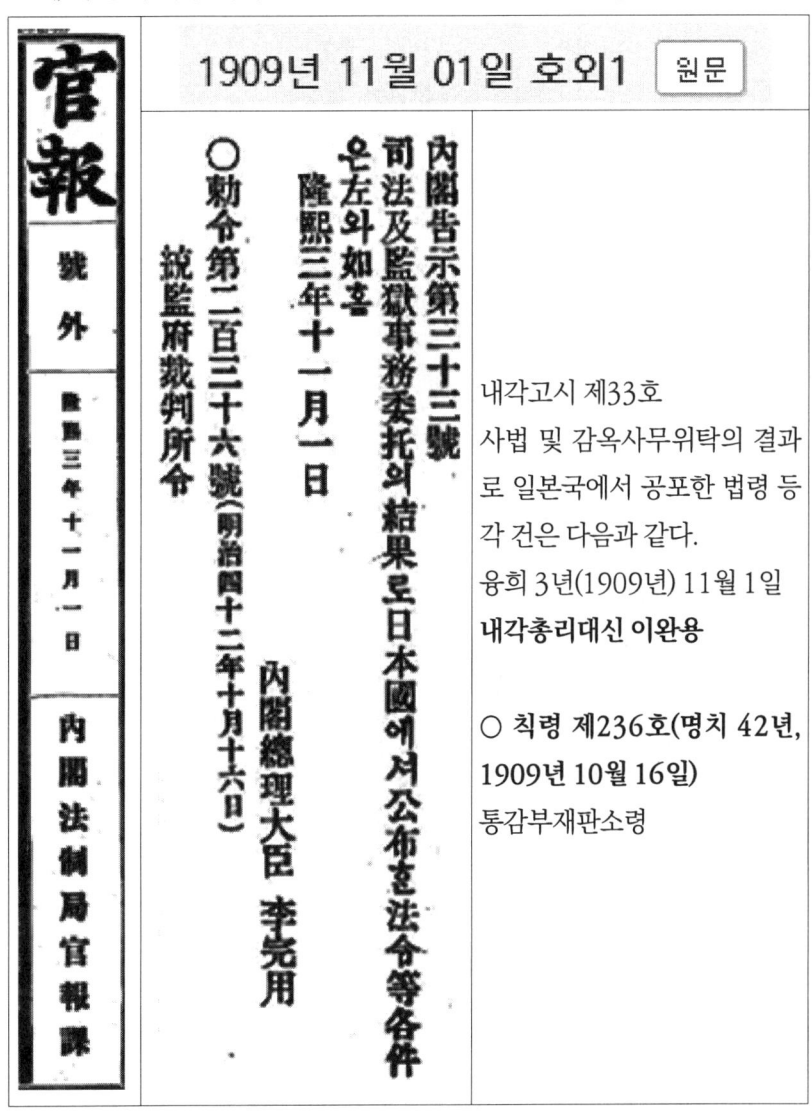

앞서 소개한 일제 본토에서 공포된 칙령 제236호 「통감부재판소령」을 우리말로 바꾸어 고시한 것이다. 검사국에 관한 규정 일부를 소개한다.

第九條 統監府裁判所에 檢事局을 並置홈 檢事局은 統監의 管理에 屬ㅎ야 韓國에 在ㅎ 檢察事務를 掌홈 檢事局의 管轄區域은 此를 並置한 裁判所의 管轄區域과 同홈 檢事局에 統監府檢事를 置ㅎ되 檢事는 勅任 又는 奏任으로홈 檢事는 檢察事務에 對ㅎ야 上官의 命令에 從홈이 可홈 第十條 統監府裁判所及檢事局에 書記를 置ㅎ되 書記는 判任으로홈 書記는 裁判所及檢事局에 附屬홈 第十一條 統監府裁判所에 通譯官又는 通譯生을 置ㅎ되 通譯官은 奏任, 通譯生은 判任으로홈 通譯官及通譯生은 裁判所及檢事局에 附屬홈	**제9조** 통감부재판소에 검사국을 병치함. 검사국은 통감의 관리에 속하여 한국에 있는 검찰사무를 담당함. 검사국의 관할구역은 이를 병치한 재판소의 관할구역과 동일함. 검사국에 통감부 검사를 두되 검사는 칙임 또는 주임으로 함. 검사는 검찰사무에 대하여 상관의 명령에 따라야 함. **제10조** 통감부재판소에 서기를 두되 서기는 판임으로 함. 서기는 재판소 및 검사국에 부속함. **제11조** 통감부재판소에 통역관 또는 통역생을 두되 통역관은 주임, 통역생은 판임으로 함. 통역관 및 통역생은 재판소 및 검사국에 부속함.

5) 1910년 일제「통감부재판소령 중 개정」

일제는 1910년(명치 43년) 10월 1일 자 조선총독부 관보(제29호)에 제령 제5호로 공포된「통감부재판소령 중 개정」을 게재하였다.

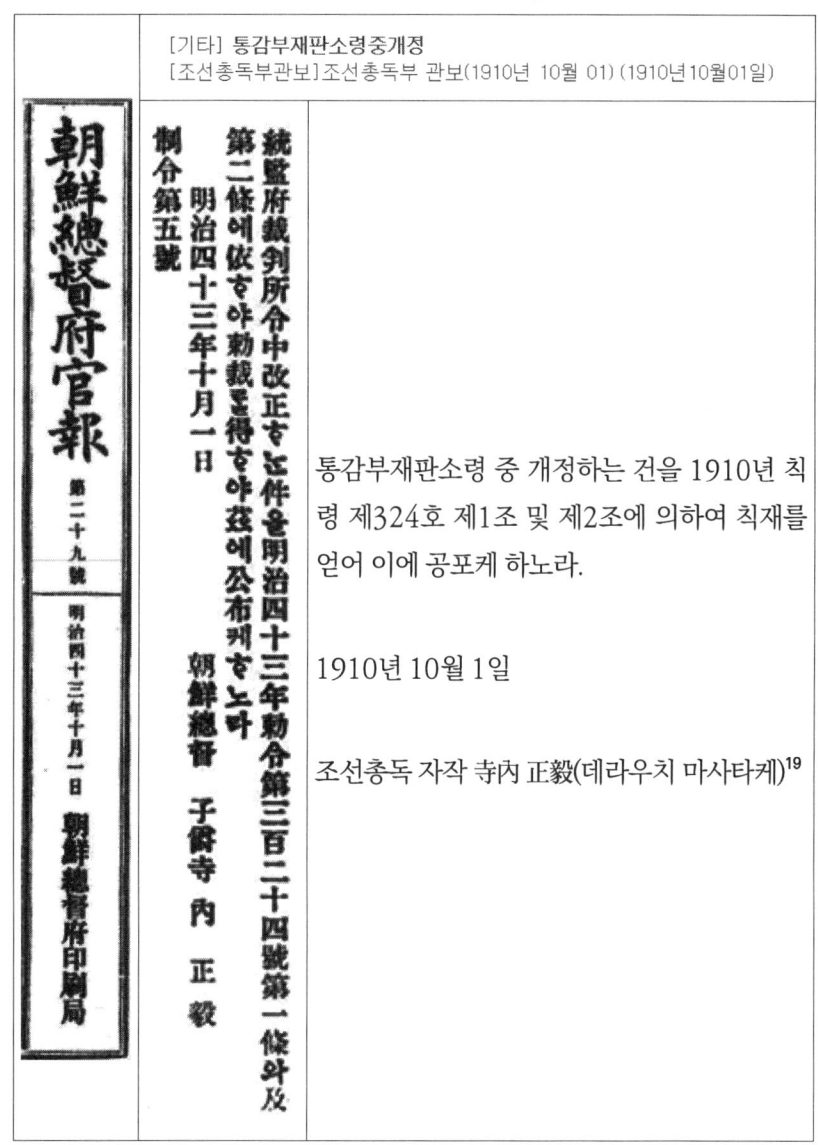

[기타] 통감부재판소령중개정
[조선총독부관보]조선총독부 관보(1910년 10월 01) (1910년10월01일)
통감부재판소령 중 개정하는 건을 1910년 칙령 제324호 제1조 및 제2조에 의하여 칙재를 얻어 이에 공포케 하노라. 1910년 10월 1일 조선총독 자작 寺內 正毅(데라우치 마사타케)[19]

---

19 조선통감(1910.5.30.~1910.8.29.), 초대 조선총독(1910.08.29.~1916.10.14.), 조선총독부 설치에 의하여 '통감부 관보'는 '조선총독부 관보'로 변경됨

1910년 8월 29일 한일병합(경술국치) 후 식민통치기구인 '통감부'를 '조선총독부'로 변경하면서 이에 맞춰 법률 명칭을 변경하여 공포한 것이다.

통감부재판소령 중 다음과 같이 개정한다.
「**통감**」을 「**조선총독**」으로, 「**한국**」을 「**조선**」으로, 「**한국법규**」를 「**구한국법규**」로, 「**한국형법대전**」을 「**형법대전**」으로 개정한다.

고등법원은 전항 외 재판소구성법에 정한 대심원의 특별권한에 속하는 직무를 행한다.

1910년 설치된 식민통치기구인 '조선총독부'는 조선총독이 입법, 사법, 행정 삼권을 모두 장악하며 1945년 일제가 패망한 때까지 조선을 강압 통치하였다.

> 統監府裁判所令中左ノ通改正ス
> 「統監」ヲ「朝鮮總督」ニ、「韓國」ヲ「朝鮮」ニ、「韓國法規」ヲ「舊韓國法規」ニ、「韓國刑法大全」ヲ「刑法大全」ニ改ム
> 第三條第三項ヲ左ノ如ク改ム
> 高等法院ハ前項ノ外裁判所構成法ニ定メタル大審院ノ特別權限ニ屬スル職務ヲ行フ

나. 검찰청(檢察廳)

1) 1947년 일본 「검찰청법」

일본 정부는 1947년(소화 22년) 4월 16일 자 관보(제6074호)에 법률 제61호로 공포한 「檢察廳法(검찰청법)」을 게재하였다.

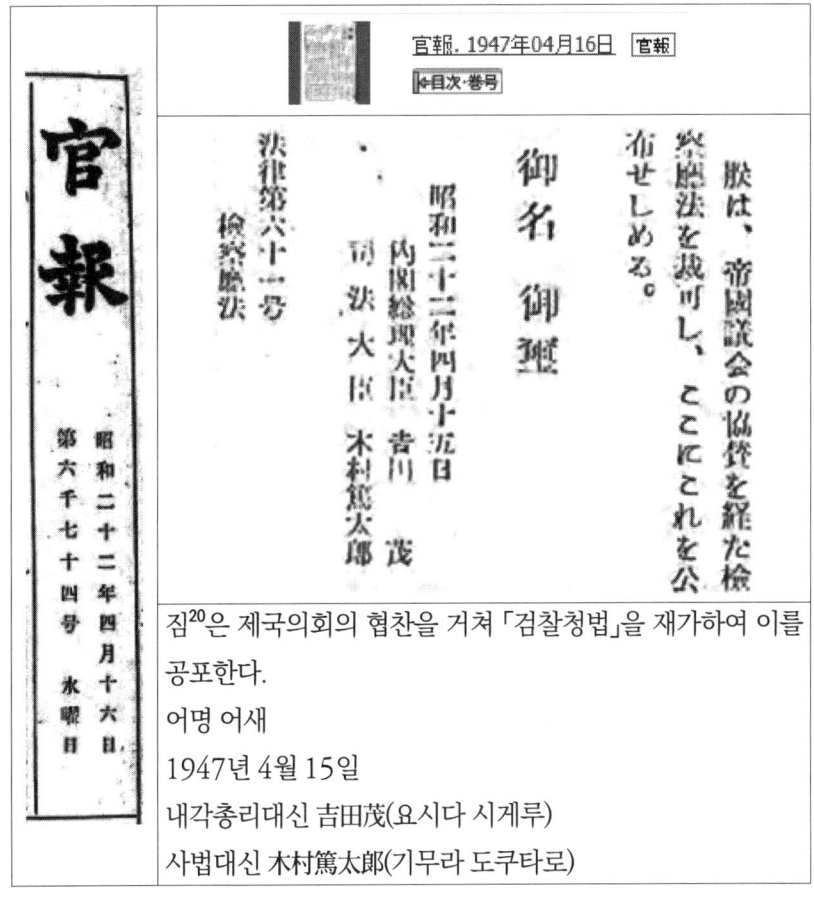

짐[20]은 제국의회의 협찬을 거쳐 「검찰청법」을 재가하여 이를 공포한다.
어명 어새
1947년 4월 15일
내각총리대신 吉田茂(요시다 시게루)
사법대신 木村篤太郞(기무라 도쿠타로)

침략전쟁의 업보로 1945년 패망 후 일제의 「재판소구성법」을 폐지하고 새로이 검찰의 조직과 구성에 관한 법률로서 「검찰청법」을 제정·시행하였다.

---

20 쇼와(昭和) 천황(제124대)의 자칭, 재위: 1926.12.25.~1989.1.7.

2) 1949년 대한민국 「검찰청법」

대한민국 정부(대통령 이승만)는 일본을 모방하여 1949년 12월 20일자 관보(제247호)에 법률 제81호로 공포한 「檢察廳法(검찰청법)」을 게재하였다.

[법률] 검찰청법 공포(법률 제81호-83호)
[관보] 관보 제247호(1949년 12월 20일) (1949년 12월 20일)

국회의 의결로 확정된 「검찰청법」을 이에 공포한다.
대통령 이승만 단기 4282년 12월 20일

국무위원 국무총리 이범석   국무위원 내무부장관 김효석
국무위원 외무부장관 임병직   국무위원 국방부장관 신성모
국무위원 재무부장관 김도연   국무위원 법무부장관 권승렬
국무위원 문교부장관 안호상   국무위원 농림부장관 이종현
국무위원 상공부장관 윤보선   국무위원 사회부장관 이윤영
국무위원 보건부장관 구영숙   국무위원 교통부장관 허정
국무위원 체신부장관 장기영

법률 제81호

일본에 이어 우리가 제정한 양국 최초 「검찰청법」 내용을 비교해 보면 법률 명칭, 용어는 물론 조항 내용이 같은 부모에게서 태어난 형제처럼 매우 흡사한 가운데 우리는 일본의 검찰 수뇌인 '검사총장'을 '검찰총장' 으로 규정하여 유사하게 모방하면서 검찰 권력 중심의 수사 구조 구축에 초점을 두어 법률 조항 곳곳에 의도적으로 그들과 달리 규정하였다. 검찰 권 남용 견제 장치로서 우리는 검찰청법 제12조에 검찰 자체 내부 점검 인 '검찰항고' 제도를 규정한 반면에 일본은 그 견제 장치를 「검찰청법」 에 두지 않고 법률 제정 이듬해 1948년 국회가 제정한 별도의 「검찰심사 회법」[21]에 검찰과 독립된 기구로서 '검찰심사회' 제도를 두어 실질적 견제 역할을 하도록 입법하였다. 또한, 우리는 일본과 달리 검찰총장 직속으로 최고 권위의 수사기구로서 '중앙수사국(제29조)[22]'을 규정하였다. 그리고 일제의 골격과 골수를 그대로 계승한 핵심 제도로서 앞으로 본 서적에서 비중 있게 다뤄질 것으로, 일제에서 형사사법 노예 문서 기능을 한 사법 경찰관의 검사에 대한 '상명하복' 조항을 그대로 계승하여 본 법률 제35 조에 심은 것이다. 일본의 검찰청법을 악의적으로 취사모방 하면서 검찰 권력 중심의 수사 구조를 구축하기 위한 초석을 마련하였다.

> 이로써 오늘날 「검찰청」 명칭은 일제의 '검사국'이 효시이고, 해방 후 우리 가 주권국가로서 최초 제정·공포한 '검찰청(檢察廳)'이라는 관청 명칭은 일 본의 '검찰청법'을 모방한 데서 유래한 것임을 확인하였다.

---

21 지방재판소 또는 그 지부의 소재지 유권자 중 무작위로 선출된 11명의 국민으로 구성된 '검찰심사회'의 심사로써 실효성 있게 견제하는 제도로서 미국의 대배심제와 유사하다.
22 1982년 4월 '중앙수사부'로 명칭이 변경되었고, 오랜 세월 정치 검찰 논란 끝에 「검찰청 법」 제정 64년 만인 2013년 4월 폐지됨

제2장
형사사법 노예 문서

들어가는 글

2011년 폐지 전까지 「검찰청법」 제53조에 "사법경찰관리는 범죄 수사와 관련하여 소관 검사가 직무상 내린 명령에 복종하여야 한다."라고 규정하여 검사는 명령(命令)의 주체로서, 경찰은 그 복명(復命)의 객체로 자리매김하고 있었다. 경찰이 국민보다 검사를 물심양면 깍듯이 섬기도록 하는 데 위력을 발휘하면서 수사상 직무수행에 관하여 검사와 경찰이 주종(主從) 관계에 있음을 선언한 것으로 경찰의 오금을 저리게 하며 검찰의 무소불위를 가장 선두에서 견인하였다.

검사실에서 심야까지 조사하다 체포한 피의자가 있어 경찰을 부르면 쏜살같이 달려와 피의자를 호송하여 경찰서 유치장에 유치시켜 주었고, 이후 검사가 지정하는 시간에 어김없이 데려다주었다. 검찰에서 지명수배 한 기소중지 처분 또는 벌금 미납 신병을 경찰이 우연히 발견하면 비가 오나 눈이 오나 멀거나 가깝거나 밤낮을 가리지 않고 검찰청 담당자 앞까지 신병을 대령해다 주었다.[23] 또한, 수사업무에 관한 일이라면 이유 불문 검사의 호출에 우선 쏜살처럼 달려와야 했고, 검사의 불호령에는 머리를 조아리고 선처를 빌어야 했다. 경찰의 수사 직무 수행과 관련이 없는 범위까지도 크게 영향을 미치며 경찰을 지배하였고, 검찰의 그런 위상 때문에 경찰은 우연히 알게 된 검사나 검찰 직원의 허물을 공개적으로 입에 담는 일을 좀처럼 하지 않았고, 심지어 경찰들은 검사 한 명, 검찰 직원 한 명이라도 더 알고 지내려고 기회만 있으면 접대를 하려는 경향도 보였다.

해방 후 주권국가로서 검찰 제도문화 관련 입법에서 1949년 가장 먼저 입법이 된 후 폐지되기까지 형사사법 정의와 절차를 교란하였고, 현재까지도 그 후유증을 남기고 있는 '상명하복' 조항의 발원과 변천 과정을 알아본다.

---

23 2016년부터 검찰이 수사하거나 수배한 신병에 대하여 검찰이 직접 호송을 책임지는 검찰 호송 제도 시행

1. 일제 '상명하복' 제도

가. 1890년, 일제 「재판소구성법」 제84조

일제는 1890년 공포한 「재판소구성법」(관보 자료: 서적 **제31쪽**) 제84조에 '상명하복' 규정을 두었다.

> **제84조** 사법경찰관은 검사의 직무상 그 검사국 관할구역 내에서 발한 명령 및 그 검사의 상관이 발한 명령에 따른다.

경찰과 검사에 대한 근본적인 관계설정이다. 일제는 침략전쟁으로 대륙 진출과 식민지 확장을 추진한 전시(戰時) 체제에 있으면서 전후방이 따로 없었고, 확고한 치안 유지가 필요 불가결하였다. 이에 경찰을 지배하는 형사사법 통할권을 한곳에 집중할 필요가 있었고 이를 검찰이 수행하도록 한 것이다. 사법경찰관에게 검사는 같은 소속 기관의 상사가 아니라는 점, 역사적, 시대적, 사회적 배경과 각기 역할에서 봤을 때 이 규정은 **형사사법 노예 문서**와 다름이 없었다.

第八十四條 司法警察官ハ檢事ノ職務上其ノ檢事局管轄區域內ニ於テ發シタル命令及其ノ檢事ノ上官ノ發シタル命令ニ從フ

나. 1912년 「조선형사령」 제5조 제2항

1912년 일제는 3월 18일 자 조선총독부 관보(제465호의 호외)에 제령 제11호로 공포한 「조선형사령」을 게재하였다.

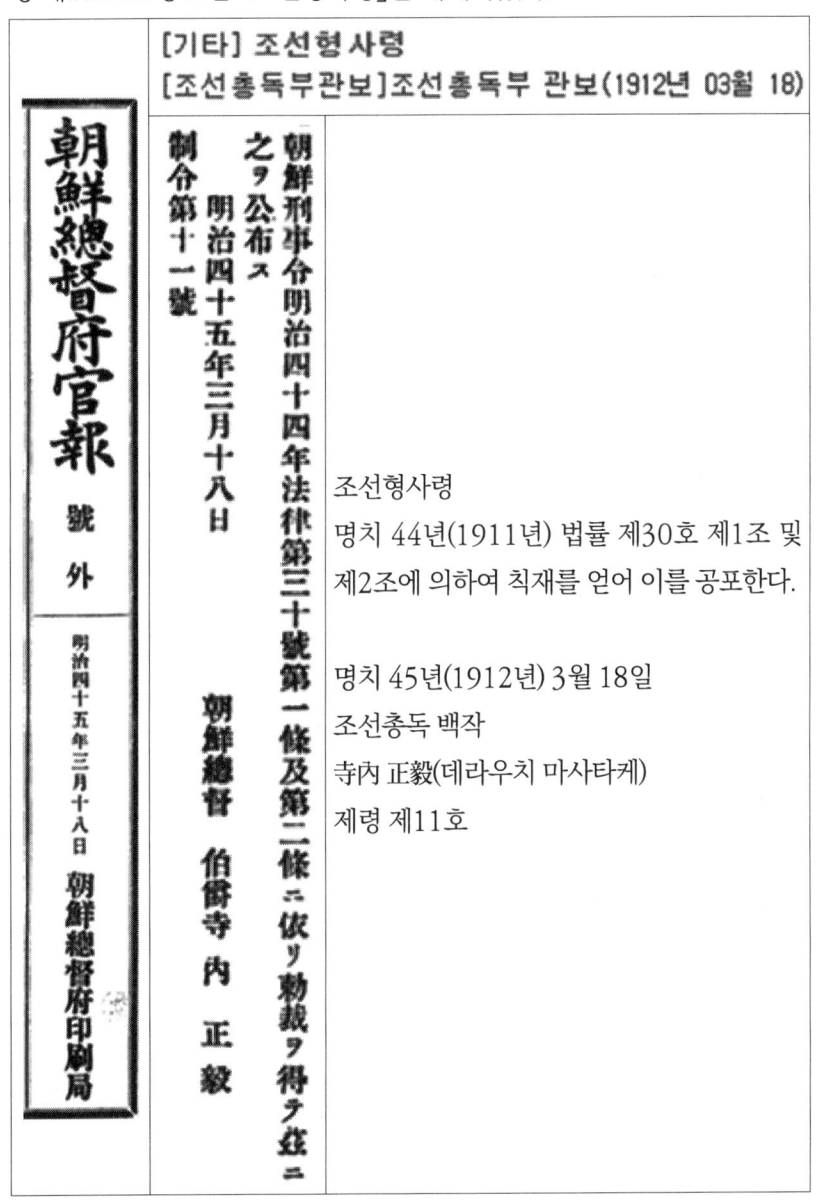

[기타] 조선형사령
[조선총독부관보] 조선총독부 관보(1912년 03월 18)

조선형사령
명치 44년(1911년) 법률 제30호 제1조 및 제2조에 의하여 칙재를 얻어 이를 공포한다.

명치 45년(1912년) 3월 18일
조선총독 백작
寺內 正毅(데라우치 마사타케)
제령 제11호

○ 형사사법 노예 문서, 제5조 제2항

> 第五條　左ニ記載シタル官吏ハ檢事ノ補佐トシテ犯罪ヲ搜査スヘシ
> 一　朝鮮總督府警務部長トシテ犯罪ヲ搜査スヘシ
> 二　朝鮮總督府警視、警部
> 三　憲兵將校、准士官、下士
> 前項ノ司法警察官ハ檢事ノ職務上發シタル命令ニ從フ

본령은 39개 조항과 부칙으로 구성되었고, 일제의 형사소송법, 형법을 비롯하여 여러 형사 절차법 및 실체법을 원용(제1조)하는 가운데 식민지라는 특성에 맞춘 특별법으로서 「재판소구성법」 제84조의 '상명하복' 조항을 제5조 제2항에 그대로 심은 것이다.

제5조

제1항 다음에 기재한 관리는 검사의 보좌로서 그 지휘를 받아 사법경찰관으로서 범죄를 수사하여야 한다.
1. 조선총독부 경무부장
2. 조선총독부 경시, 경부
3. 헌병 장교, 준사관, 하사

제2항 전항의 사법경찰관은 검사의 직무상 발한 명령에 따른다.

조선에서도 검사와 경찰이 주종 관계에 있음을 이 조항은 선언하고 있다. 조선형사령의 위상과 무게에 비추어 앞으로 다른 장에서 소개할 검사가 경찰을 지배하며 일제와 검찰의 목적 실현을 위하여 조선을 탄압하고 수탈하는 데 동원된 여러 법령 조항을 선두에서 이끌어 간 식민지 조선의 형사사법 노예 문서이다.

2. 일본, 1947년 '상명하복' 제도 폐지

가. 1947년 「재판소법」

일본은 1947년 4월 16일 자 관보(제6074호)에 법률 제59호로 공포한 「재판소법」을 게재하였다.

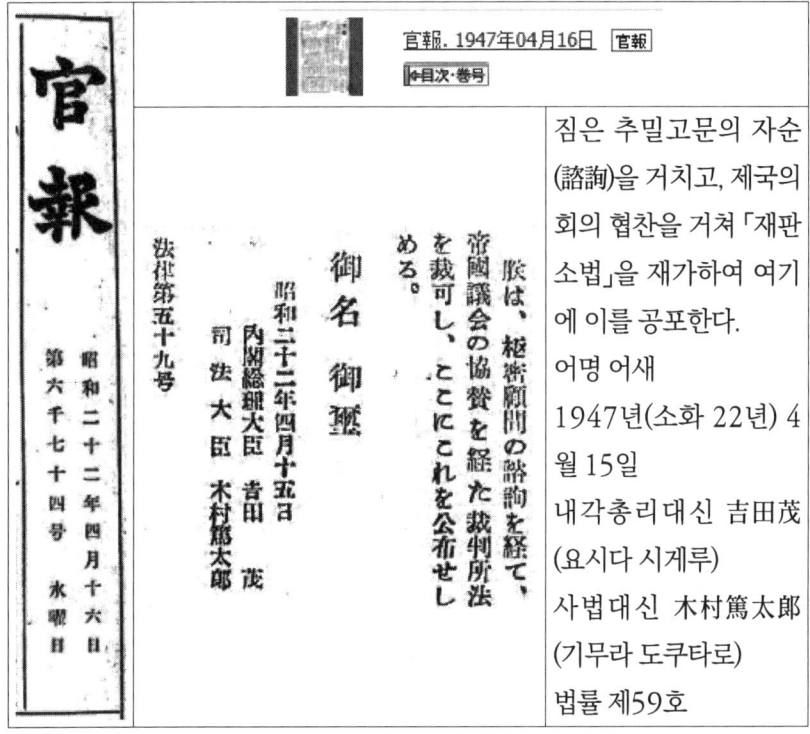

본 법률 제정 및 「재판소구성법」 폐지로 형사사법 노예 문서는 폐기되었다.

나. 1947년 「검찰청법」

「재판소법」과 같은 날 공포한 「검찰청법」(관보 자료: 서적 **제41쪽**) 어디에도 '상명하복'을 규정하지 않아 검찰의 무소불위 해체에 초석을 놓았다.

3. 대한민국, 1949년 '상명하복' 제도 계승

가. 1949년 「검찰청법」 제35조

1949년 공포한 「검찰청법」(관보 자료: 서적 **제42쪽**) 제35조에 일제가 폐기한 '상명하복' 조항을 그대로 계승하였다.

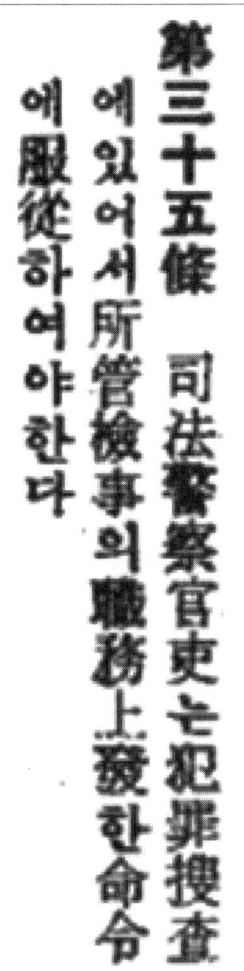

제35조 사법경찰관리는 범죄 수사에 있어서 소속 검사의 직무상 발한 명령에 복종하여야 한다.

조선형사령에 규정하여 일제 검찰의 무소불위를 선두에서 견인하였던 형사사법 노예 조항을 그대로 계승하여 광복 후 최초로 제정한 검찰청법 제35조에 규정하였다.

해방 후 주권국가로서 검찰 제도의 초석을 놓으면서 일본이 폐기한 일제 검찰 제도의 골격과 골수인 '상명하복' 조항을 계승한 이유는 무엇일까? 일제에 앞다투어 부역하여 입신과 영달, 부귀영화를 누렸던 수구 기득권 친일파가 해방 후로도 정치, 경제, 사회, 문화 전반에서 변함없이 득세한 역사적 현상과 맥을 같이한다.

나. 1986년 「검찰청법개정법률」 제53조

1986년 대한민국 정부(대통령 전두환[24])는 12월 31일 자 관보(제10526호)에 법률 제3882호로 공포한 「검찰청법개정법률」을 게재하였다.

---

24 1979.12.12. 군사반란, 1980.5.18. 광주민주화운동 유혈진압으로 집권, 제11대 (1980.8.27.~1981.2.24.), 제12대(1981.2.25.~1988.2.24.) 대통령

○ '상명하복' 조항은 제53조로 이동하여 변함없이 검찰의 무소불위를 선두에서 견인하였다.

> 第53條 (司法警察官吏의 義務) 司法警察官吏는 犯罪捜査에 있어서 所管 檢事가 職務上 發한 命令에 服從하여야 한다.
>
> 제53조(사법경찰관리의 의무) 사법경찰관리는 범죄 수사에 있어서 소관 검사가 직무상 발한 명령에 복종하여야 한다.

개정 전 제35조에 자리하던 상명하복 조항을 제53조로 이동하였다. 개정 전 검찰청법은 장(章)의 구별 없이 37개 조항과 부칙으로 구성되었던 것을 이번 개정에서는 54개 조항과 부칙으로 증설하고, 이를 7개의 장으로 나누었으며 마지막 제7장에 '사법경찰관리의 지휘·감독'을 신설하면서 그 안에 속하도록 제53조에 옮겨다 놓은 것이다. 또한, 그다음 조항이자 검찰청법 마지막 조항인 제54조에 사법경찰관리에 대한 지방검찰청 검사장의 교체임용 요구권을 신설하였다. 이 법률은 물론 다른 어떤 법률에도 경찰을 지배하고 견제하는 조항만 있을 뿐 검찰을 견제할 조항이 없는 것은 오로지 일제 검찰 권력의 무소불위를 계승하고 강화하는 데만 초점을 맞췄기 때문이다.

4. 대한민국, 2011년 '상명하복' 제도 폐지

2011년 대한민국 정부(대통령 이명박)는 7월 18일 자 관보(제17552호)에 법률 제10858호로 공포한 「검찰청법개정법률」을 게재하였다.

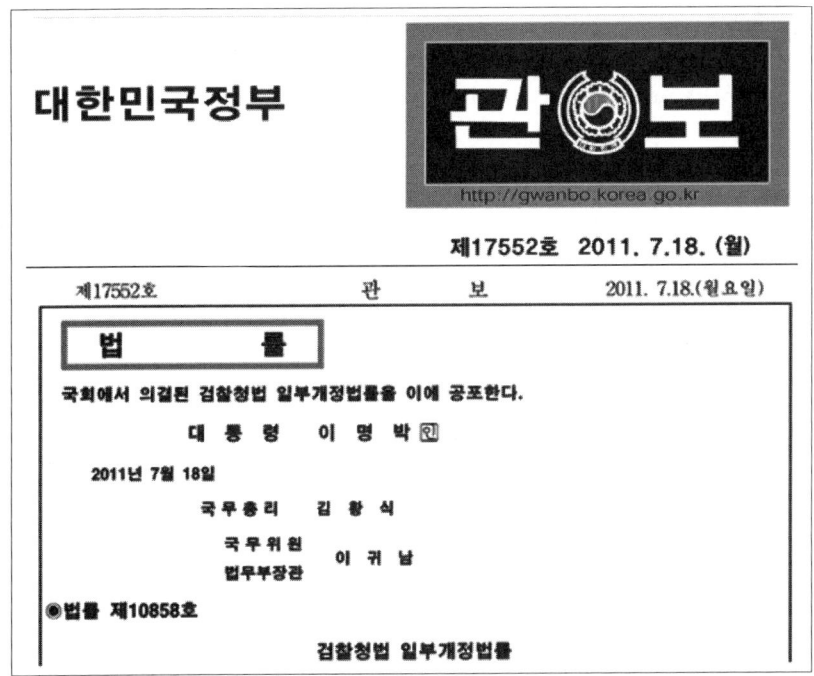

○ 법률 제정 후 62년, 일본이 폐지한 후 64년 만에 상명하복 조항이 폐지되었다.

```
제17552호                    관      보           2011. 7.18.(월요일)
   ④ 그 밖에 근무성적과 자질 평정에 필요한 사항은 법무부령으로 정한다.
 제53조를 삭제한다.
                            부    칙
 이 법은 2012년 1월 1일부터 시행한다. 다만, 제53조의 개정규정은 공포한 날부터 시행하고, 제34조의
 2의 개정규정은 2011년 9월 1일부터 시행한다.
```

이로써 해방 후 1949년 최초 제정 「검찰청법」에 규정하여 무소불위 검찰 권력을 뒷받침하며 우리나라 형사사법 정의와 절차를 교란하였고, 현재까지도 그 후유증을 남기고 있는 '상명하복' 조항은 일본이 패망 직후 폐지한 검찰의 무소불위를 악의적으로 취사모방 한 것이고, 62년 만인 2011년 그 폐지는 경찰이 국민보다 검사를 섬기던 검찰의 무소불위 해체를 향한 첫걸음이자 선의적 모방이었음을 확인하였다.

제3장

검사의 수사권 독점 제도

들어가는 글

2020년 폐지 전까지 형사소송법 "제2편 → 제1심 → 제1장 '수사' 편 첫 조항 제195조에는 '검사는 범죄의 혐의 있다고 사료하는 때에는 범인, 범죄사실과 증거를 수사하여야 한다.'"라고 검사의 수사권을 규정한 다음 경찰의 수사는 그 수사 지휘권하(제196조 제1항)에 규정하고 검사의 수사권에 관한 견제 조항을 전혀 두지 않아 검사가 수사권을 독점하도록 하였다.

경찰은 탁상에서 직무를 수행하는 검사와 달리 현장 및 초동 수사에서 늘 크고 작은 위험에 노출되어 역동적으로 직무를 수행한다. 그러한 경찰의 직무 수준과 성취도는 송치 후 검찰, 법원 단계에서의 소송경제에 지대한 영향을 미친다. 검사의 수사권 독점은 경찰이 자긍심을 가지고 수사를 잘할 수 있도록 상응한 권한을 부여(搜者有權)하는 것과 정면으로 배치되는 것이다.

경찰이 사명감을 가지고 열과 성을 다하여 수사하게 할 동기부여와 수준 향상을 가로막고, 형사사법 정의와 절차를 교란하였고, 현재까지도 그 후유증을 남기고 있는 검사의 수사권 독점 조항의 발원과 변천 과정을 알아본다.

1. 일제, 검사의 수사권 독점 제도

가. 1880년「치죄법」제33~34조, 제92조

일제는 1880년(명치 13년) 7월 17일 태정관 포고 제37호로「치죄법(治罪法)」[25]을 공포하였다.

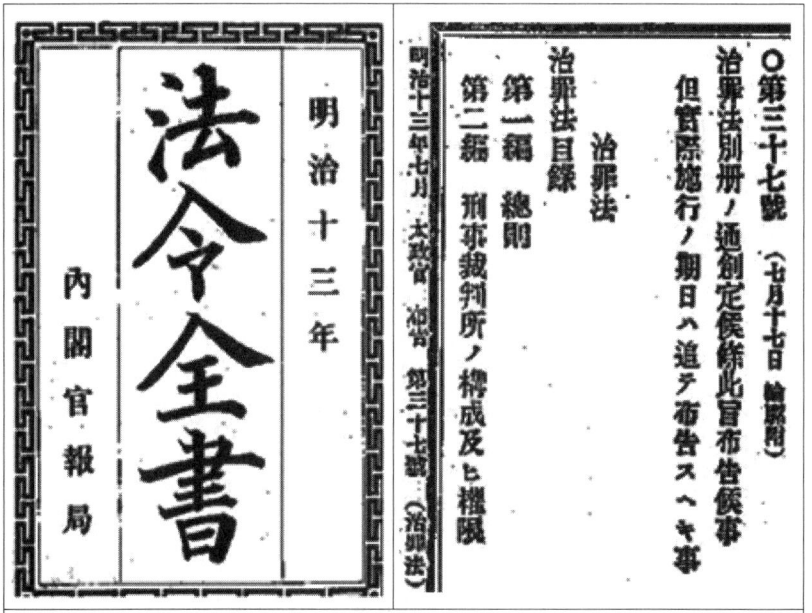

○제37호(7월 17일 윤곽부)
치죄법을 별책과 같이 제정하여 이를 포고함.
단 실제 시행의 기일은 추후에 포고함.

---

25 일제가 1873년(명치 6년) 파리대학의 '보아소나드' 교수를 초빙하여 본격적인 법률 편찬 작업에 들어가 1880년 제정하고, 1882년부터 시행한 형사 절차를 규정한 법률로 국가소추주의, 기소독점주의, 예심 제도를 채택하였다. [출처: 일본 검찰청 홈페이지 (https://www.kensatsu.go.jp) → '검찰청에 대하여' → '일본 검찰제도의 연혁']

○ 검사의 직무, 제33~34조

제33조 재판소에는 **검찰관** 1명 또는 수명을 둔다.
제34조 형사에 대한 검찰관의 직무는 다음과 같다.
1. 범죄를 수사한다.
2. 범죄에 대한 조사의 처분 및 법률의 적용을 재판관에게 청구한다.
3. 재판소의 명령 및 언도(言渡)의 집행을 지휘한다.
4. 재판소에서 공익을 보호한다.

第三十三條　裁判所ニハ檢察官一名又ハ數名ヲ置ク
第三十四條　刑事ニ附キ檢察官ノ職務左ノ如シ
一　犯罪ヲ捜査ス
二　犯罪ニ附キ取調ノ處分及ヒ法律ノ適用ヲ裁判官ニ請求ス
三　裁判所ノ命令及ヒ言渡ノ執行ヲ指揮ス
四　裁判所ニ於テ公益ヲ保護ス

치죄법 제2편 형사재판소의 구성 및 권한 → 제1장 통칙, 제33조 이하에 검찰관의 직무 범위를 규정하고 있다. 우선 이에 규정한 '검찰관'은 '검사'와 어떻게 다를까? 치죄법 제3장 경죄재판소(輕罪裁判所) 편 제58조에는 "경죄재판소 검찰관의 직무는 시심재판소 검사 또는 그 지명된 검사보가 이를 행한다."라고 규정하고 있으며, 제4장 공소재판소(控訴[26]裁判所) 편 제66조에는 "형사국 검찰관의 직무는 그 재판소 검사장 또는 그 지명된 검사가 이를 행한다."라고 규정하고 있으며 **특히 현 일본 검찰청법 제3조**에는 "검찰관은 검사총장, 차장검사, 검사장, 검사 및 부검사로 한다."라고 규정하고 있는 것으로 보아 '검찰관'은 검사로서 직급별, 심급별 맡은 바 담당 직무를 수행하는 검사를 총칭한 것임을 알 수 있다. 현재 우리 「검찰청법」에는 검사의 직급(검찰총장, 검사)만 규정하고, '검찰관'이라는 용어로는 규정하고 있지 않다.

---

26 항소(抗訴)

○ 검사의 수사권 독점, 제92조

이 조항을 검사의 수사권 독점 규정으로 보는 이유는 수사 편 첫 조항이고, 경찰에 대하여는 이러한 조항을 두지 않았으며 견제 조항이 전혀 없기 때문이다.

> 제3편
> 범죄의 수사, 기소 및 예심
> 제1장 수사
> 제92조 검찰관은 다음에 기재하는 고소, 고발, 현행범, 기타의 원인에 의하여 범죄가 있음을 인지하거나 범죄가 있다고 **사료(思料)**하는 때에는 증빙 및 범인을 수사하고 제107조 이하의 규칙에 따라 기소 절차를 진행하여야 한다.
> ※ 제107조: 범죄의 경중에 따라 구분 처리

같은 법 제3편에 규정한 예심(豫審) 제도는 최초 치죄법에 규정된 후 명치 및 대정 형사소송법으로 계승되어 1945년 일제 패망까지 유지된 제도이다. 이는 검사의 기소 후 공판에 정식 회부할 것인지를 결정하기 위한 증거수집 등 보완 절차로서 수사절차의 연장과 다름이 없다. 따라서 이 장에서 '검사의 수사권'이란 기소 후 판사의 예심 단계를 제외한 모든 수사의 영역에서 수사권 최고 정점에 검사를 둔 것으로, 법률이 이를 보장하였다는 의미이다.

○ 치죄법 후손의 얼굴에 박힌 공통 반점(斑點) '사료(思料)'

법률	조문 위치	내용
일제 1880.7.17. 명치 치죄법 (태정관포고 제37호)	제3편 범죄의 수사, 기소 및 예심 ↓ 제1장 수사	제92조 검찰관은 다음에 기재하는 고소, 고발, 현행범, 기타의 원인에 의하여 범죄가 있음을 인지하거나 범죄가 있다고 **思料**하는 때는 증빙 및 범인을 수사하고 제107조 이하의 규칙에 따라 기소 절차를 진행할 수 있다.
일제 1890.10.6. 명치 형사소송법 (법률 제96호)	〃	제46조 검사는 고소, 고발 현행범, 기타 원인에 의한 범죄가 있음을 인지하거나 범죄가 있다고 **思料**하는 때는 그 증거 및 범인을 수사하여야 한다.
일제 1922.5.4. 대정 형사소송법 (법률 제75호)	제2편 제1심 ↓ 제1장 수사	제246조 검사는 범죄가 있다고 **思料**하는 때는 범인 및 증거를 수사하여야 한다.
일본 1948.7.10. 소화 형사소송법 (법률 제131호)	〃	제189조 제2항 사법경찰직원은 범죄가 있다고 **思料**하는 때는 범인 및 증거를 수사하는 것으로 한다.
한국 1954.9.23. 형사소송법 (법률 제341호)	〃	제195조(검사의 수사) 검사는 범죄의 혐의 있다고 **思料**하는 때에는 범인, 범죄사실과 증거를 수사하여야 한다.

한국 2020.2.4. 형사소송법 (법률 제16924호)	〃	**제196조**(검사와 수사) 검사는 범죄의 혐의가 있다고 **사료**[27]하는 때에는 범인, 범죄사실과 증거를 수사한다. **제197조**(사법경찰관리) 경무관, 총경, 경정, 경감, 경위는 사법경찰관으로서 범죄의 혐의가 있다고 **사료**하는 때에는 범인, 범죄사실과 증거를 수사한다.

'**사료(思料)**'라는 단어는 치죄법부터 현재 우리의 형사소송법에 이르기까지 같은 조상의 자손들 신체에 나타난 특유의 반점을 연상케 한다.

---

27 이때부터 한글로 표기

나. 1890년「명치 형사소송법」제46조

일제는 1890년(명치 23년) 10월 7일 자 관보(제2183호의 호외)에 법률 제96호로 공포한「형사소송법」을 게재하였다.

官報 號外 明治二十三年十月七日 大週日 內閣官報局	官報. 1890年10月07日 官報 目次·番号 法律第九十六號 朕刑事訴訟法ヲ裁可シ茲ニ之ヲ公布セシム 御名 御璽 明治二十三年十月六日 內閣總理大臣 伯爵 山縣有朋 內務大臣 伯爵 西鄕從道 司法大臣 伯爵 山田顯義 大藏大臣 伯爵 松方正義 陸軍大臣 伯爵 大山巖 遞信大臣 伯爵 後藤象二郎 外務大臣 子爵 靑木周藏 海軍大臣 子爵 樺山資紀 文部大臣 芳川顯正 農商務大臣 陸奧宗光

짐은「형사소송법」을 재가하여 이를 공포한다.
어명 어새
명치 23년 10월 6일
내각총리대신 백작 山縣有朋(야마가타 아리토모)
내무대신 백작 西鄕從道(사이고 주도)
사법대신 백작 山田顯義(야마다 아키요시)
대장대신 백작 松方正義(마쓰카타 마사요시)
육군대신 백작 大山巖(오야마 이와오)
체신대신 백작 後藤象二郞(고토 쇼지로)
외무대신 자작 靑木周藏(아오키 슈조)
해군대신 자작 樺山資紀(가바야마 스케노리)
문부대신 芳川顯正(요시카와 아키마사)
농상무대신 陸奧宗光(무쓰 무네미쓰)

○ 검사의 수사권 독점, 제46조

수사 편 첫 조항인 제46조에 검사의 수사권을 규정하고 있고, 경찰에 대하여는 이러한 조항을 두지 않았으며, 견제 조항이 전혀 없어 검사의 수사권 독점을 보장하고 있다.

> 제3편 범죄의 수사, 기소 및 예심
> 제1장 수사
> **제46조** 검사는 고소, 고발 현행범, 기타 원인에 의한 범죄가 있음을 인지하거나 범죄가 있다고 사료(思料)한 때는 그 증거 및 범인을 수사하여야 한다.

第一章 搜査

第四十六條 檢事ハ後ニ記載シタル告訴、告發 現行犯其他ノ原由ニ因リ犯罪アルコトヲ認知シ又ハ犯罪アリト思料シタルトキハ其證憑及ヒ犯人ヲ搜査スヘシ

일제는 명치 형사소송법 제정 1년 전인 1889년 2월 11일 명치 헌법(대일본제국 헌법) 및 중의원의원선거법을 제정·공포하였고, 그 이듬해인 1890년 7월 1일 최초로 중의원 총선거를 통하여 의회를 구성하였으며, 10월 7일 본 법률이 제정·공포되기에 이른 것이다.

다. 1922년 「대정 형사소송법」 제246조

일제는 1922년(대정 11년) 5월 5일 자 관보(제2925호)에 법률 제75호로 공포한 「대정 형사소송법」을 게재하였다.

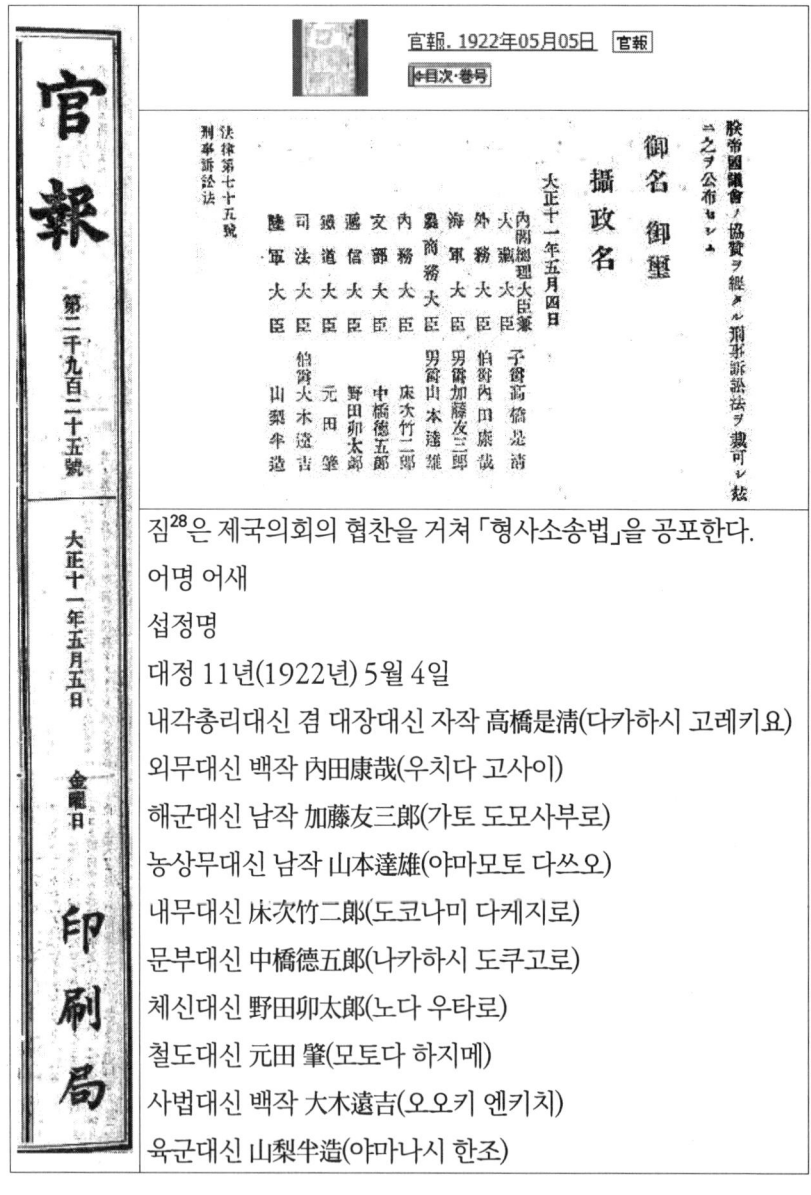

짐[28]은 제국의회의 협찬을 거쳐 「형사소송법」을 공포한다.

어명 어새

섭정명

대정 11년(1922년) 5월 4일

내각총리대신 겸 대장대신 자작 高橋是淸(다카하시 고레키요)

외무대신 백작 內田康哉(우치다 고사이)

해군대신 남작 加藤友三郞(가토 도모사부로)

농상무대신 남작 山本達雄(야마모토 다쓰오)

내무대신 床次竹二郞(도코나미 다케지로)

문부대신 中橋德五郞(나카하시 도쿠고로)

체신대신 野田卯太郞(노다 우타로)

철도대신 元田肇(모토다 하지메)

사법대신 백작 大木遠吉(오오키 엔키치)

육군대신 山梨半造(야마나시 한조)

---

28 다이쇼(大正) 천황(제123대)의 자칭, 재위: 1912.7.30.~1926.12.25.

○ 검사의 수사권 독점, 제246조

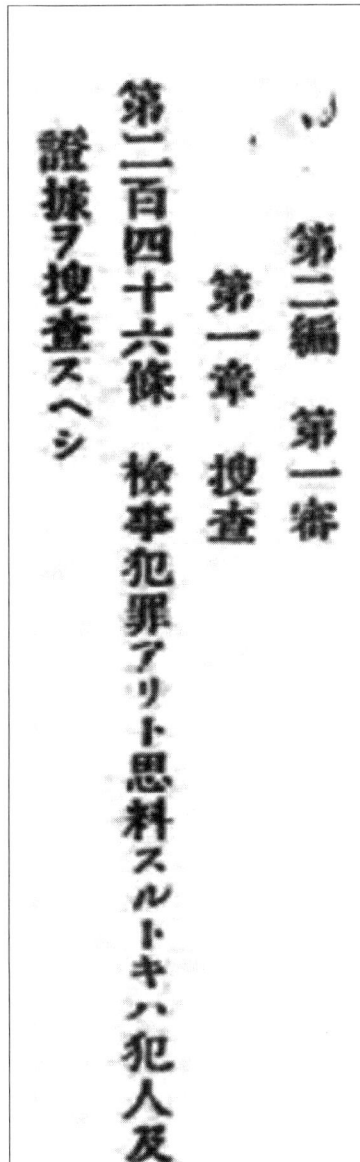

수사 편 첫 조항인 제246조에 검사의 수사권을 규정하고 있고, 경찰에 대하여는 이러한 조항을 두지 않았으며, 견제 조항이 전혀 없어, 검사의 수사권 독점을 보장한다.

> 제2편 제1심
> 제1장 수사
> **제246조** 검사는 범죄가 있다고 **사료(思料)**하는 때에는 범인 및 증거를 수사하여야 한다.

대정 형사소송법은 일제가 침략전쟁과 식민지 정책에 한층 박차를 가하면서 필요 불가결한 일제 본토와 식민지에서 치안 유지를 보다 확고히 하고자 검사의 수사권을 강화하며 제정한 것이다.

이 법률의 특징 중 하나는 제279조에 "범인의 성격, 연령 및 경우와 범죄의 정상 및 범죄 후의 정황에 의하여 소추를 필요로 하지 않을 때는 공소를 제기하지 않을 수 있다."라고 규정하여 치죄법, 명치 형사소송법에는 명문화하지 않았던 기소편의주의 조항을 신설하였다. 우리의 형사소송법 제247조에 규정한 동일한 내용의 기소편의주의는 이 조항이 그 효시이다.

2. 일본, 1948년 수사권 독점 제도 폐지

일본은 1948년 7월 10일 자 관보(제6445호의 호외)에 법률 제131호로 공포한 「형사소송법」을 게재하였다.

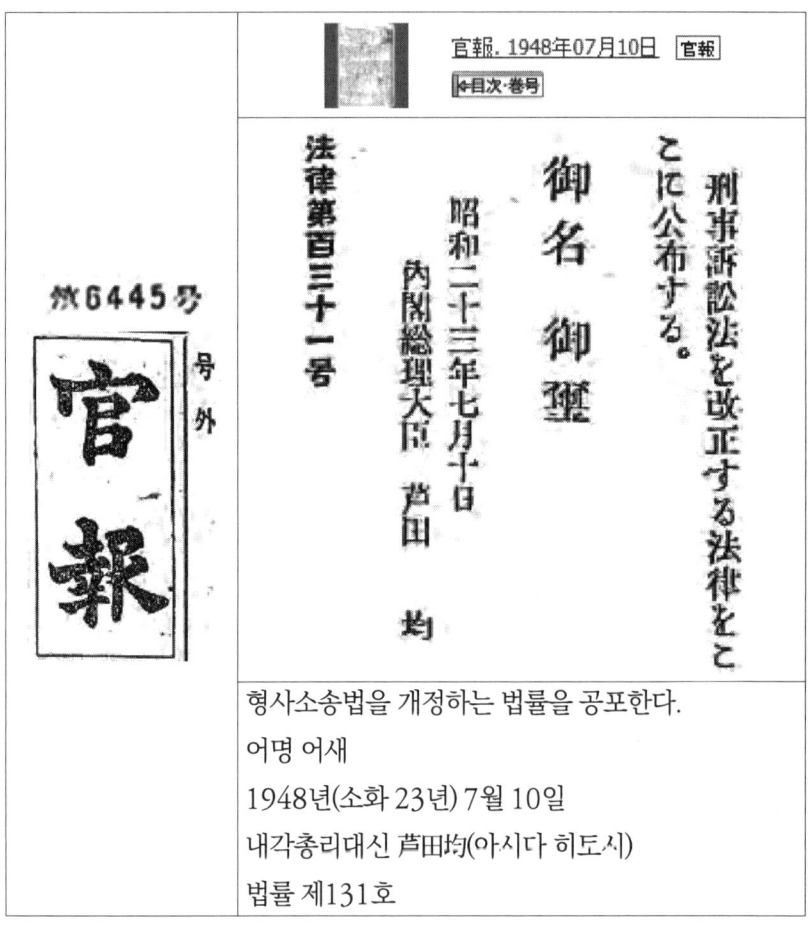

예심 제도를 폐지하는 한편 대정 형사소송법 제246조에 규정한 검사의 수사권 독점 규정을 삭제하고, 수사 편 첫 조항에 경찰의 수사권, 검사의 보충적 수사권을 규정하였다.

○ '수사' 편 첫 조항 경찰의 수사권, 제189조

> 第二編 第一章 搜査
> 第百八十九條 警察官及び警察吏員は、それぞれ、他の法律又は國家公安委員會、都道府縣公安委員會、市町村公安委員會若しくは特別區公安委員會の定めるところにより、司法警察職員として職務を行う。
> 司法警察職員は、犯罪があると思料するときは、犯人及び證據を搜査するものとする。

제2편 제1심
제1장 수사
제189조 제1항 경찰관 및 경찰리원은 각기 다른 법률 또는 국가공안위원회, 도도부현 공안위원회, 시정촌 공안위원회 혹은 특별구 공안위원회의 정한 바에 의하여 사법경찰직원으로서 직무를 수행한다.
제2항 **사법경찰직원은 범죄가 있다고 사료(思料)하는 때는 범인 및 증거를 수사하는 것으로 한다.**

○ 검사의 보충적 수사권, 제191조

> 第百九十一條 檢察官は、必要と認めるときは、自ら犯罪を搜査することができる。

제191조에 검사는 필요한 때만 보충적 수사가 가능하도록 사후 통제와 보완적 수사의 주체로서 규정하였다.

제191조 검찰관은 필요하다고 인정한 때 스스로 범죄를 수사할 수 있다.

검사의 수사권을 규정한 것이긴 하나 견제 조항과 함께 필요할 때만 수사하라는 취지로 규정하여 다른 견제 조항과 더불어 검사의 무소불위 수사권에 견제와 균형을 도모한 것이다.

○ 필요적 수사 보조 요청에 대한 경찰의 준수 의무, 제193조

> 第百九十三條　檢察官は、その管轄区域により、司法警察職員に対し、その捜査に関し、必要な一般的指示をすることができる。この場合における一般的指示は、公訴を実行するため必要な犯罪捜査の重要な事項に関する準則を定めるものに限られる。
> 　檢察官は、その管轄区域により、司法警察職員に対し、捜査の協力を求めるため必要な一般的指揮をすることができる。
> 　檢察官は、自ら犯罪を捜査する場合において必要があるときは、司法警察職員を指揮して捜査の補助をさせることができる。
> 　前三項の場合において、司法警察職員は、檢察官の指示又は指揮に従わなければならない。

제193조 제1항 검찰관은 그 관할구역에 의한 사법경찰직원에 대하여 그 수사에 관하여 **필요한 일반적 지시**를 할 수 있다. 이 경우에 일반적 지시는 공소를 실행하기 위하여 필요한 범죄 수사의 중요한 사항에 관한 **준칙을 정한 것에 한한다.**
제2항 검찰관은 그 관할구역에 의한 사법경찰직원에 대하여 **수사의 협력을 구하기 위하여 필요한 일반적 지휘**를 할 수 있다.
제3항 검찰관은 **스스로 범죄를 수사할 경우**에 필요할 때는 사법경찰직원을 지휘하여 **수사의 보조**를 하게 할 수 있다.
제4항 전 3항의 경우에 사법경찰직원은 검찰관의 지시 또는 지휘에 따라야 한다.

검사가 경찰의 수사 결과물에 대하여 최종 처분을 하는 지위에 있음을 존중하면서도 권한 남용을 하지 않도록 규정함과 동시에 경찰이 검사의 정당한 직무 범위에서의 지시, 협력, 보조 요청에는 협조하도록 입법함으로써 상호 견제와 균형을 도모하였다.

3. 대한민국, 1954년 일제의 수사권 독점 제도 계승

대한민국 정부(대통령 이승만)는 1954년 9월 23일 자 관보(제1185호)에 법률 제341호로 공포한 「형사소송법」을 게재하였다.

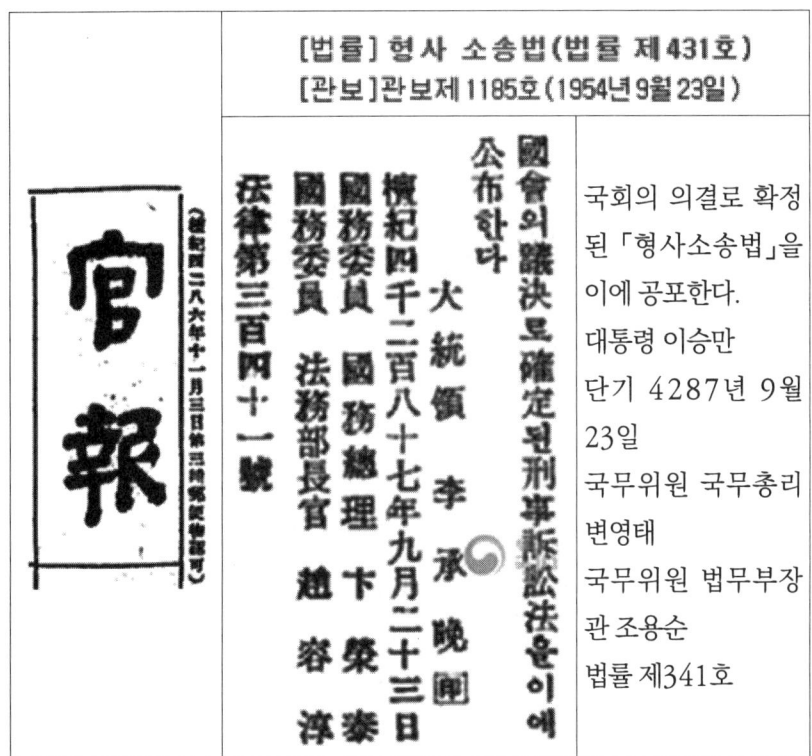

○ 형사소송법 첫 조항인 제195조에 일본이 1948년 폐지한 대정 형사소송법 제2편 → 제1심 → 제1장 수사 편 첫 조항이었던 제246조를 그대로 심음으로써 일제 검찰의 무소불위를 계승하였다.

1954년 대한민국	1922년 일제
第二編 第一審 第一章 搜査 第百九十五條 (檢事의 搜査) 檢事는 犯罪의 嫌疑있다고 思料하는때에는 犯人, 犯罪事實과 證據를 搜査하여야한다.	第二編 第一審 第一章 搜査 第二百四十六條 檢事犯罪アリト思料スルトキハ犯人及證據ヲ搜査スヘシ
제2편 제1심, 제1장 수사 제195조(검사의 수사) 검사는 범죄의 혐의 있다고 **사료(思料)**하는 때에는 범인, 범죄사실과 증거를 수사하여야 한다.	제2편 제1심, 제1장 수사 제246조 검사는 범죄가 있다고 **사료(思料)**하는 때에는 범인 및 증거를 수사하여야 한다.
1954년 제정	1948년 폐기

4. 대한민국, 2020년 수사권 독점 제도 폐지

대한민국 정부는 2020년 2월 4일 자 관보(제19681호)에 법률 제16924호로 공포한 「형사소송법 일부개정법률」을 게재하였다.

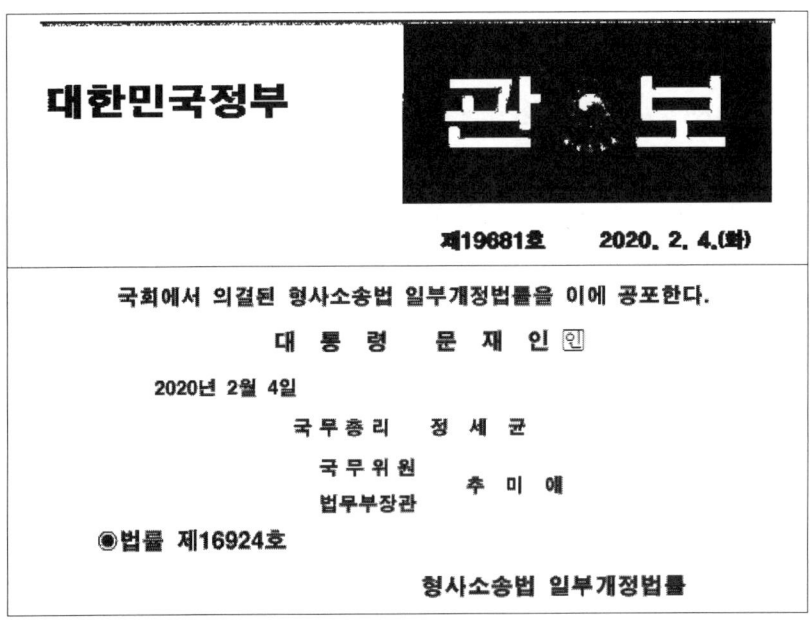

○ 제2편 → 제1심 → 제1장 수사 편 첫 조항 제195조에 검경 간 위상이 상호협력 수평관계임을 규정하였다.

제195조(검사와 사법경찰관의 관계 등) ① 검사와 사법경찰관은 수사, 공소제기 및 공소유지에 관하여 서로 협력하여야 한다.
② 제1항에 따른 수사를 위하여 준수하여야 하는 일반적 수사준칙에 관한 사항은 대통령령으로 정한다.

○ 폐지 및 개정 내용

제196조에 검사의 수사권을 규정하였다.

제196조(검사와 수사) 검사는 범죄의 혐의가 있다고 **사료**하는 때에는 범인, 범죄사실과 증거를 수사한다.

○ **제197조에 경찰의 수사권 조항을 신설하였다.** 이전에 없던 경찰의 독자적인 수사권을 규정하였다.

제197조(사법경찰관리) 경무관, 총경, 경정, 경감, 경위는 사법경찰관으로서 범죄의 혐의가 있다고 사료하는 때에는 범인, 범죄사실과 증거를 수사한다.

경찰의 수사권 인정에 대한 견제 장치로서 제197조의2(보완수사요구), 제197조의3(시정조치요구 등)을 신설하여 검사의 사후통제로써 견제와 균형을 도모하였다.

결국, 경찰이 제1차 수사권을 갖고, 검사는 제2차적이고 보충적 수사권을 갖도록 입법이 된 것이다. 앞서 살펴본 일본 소화 형사소송법 제193조 제1항에 규정한 수사준칙 규정은 우리의 검경 간 수사준칙에 관하여 규정한 제195조 제2항과 같은 맥락이고, 일본의 제193조 제2항~3항에 규정한 경찰의 수사 협력을 구하는 일반적 지휘 가능 및 경찰의 준수 의무 규정은 우리의 검사의 경찰에 대한 보완수사요구 권한을 규정한 제197조의2, 시정조치요구 등을 규정한 제197조의3과 맥을 같이한다.

이로써 해방 후 1954년 최초 제정 「형사소송법」에 규정하여 무소불위 검찰 권력을 뒷받침하며 우리나라 형사사법 정의와 절차를 교란하였고, 현재까지도 그 후유증을 남기고 있는 '검사의 수사권 독점' 조항은 일본이 패망 직후 폐지한 검찰의 무소불위를 악의적으로 취사모방 한 것이고, 66년 만인 2020년 그 폐지는 경찰이 국민보다 검사를 섬기던 검찰의 무소불위 해체를 향하여 한 걸음 다가간 선의적 모방이었음을 확인하였다.

제2편

검사의 형사사법 아바타

제1장

경찰의 검사에 대한 수사사무보고 제도

들어가는 글

2020년 10월 검경 수사권조정 입법에서 「검사와 사법경찰관의 상호협력과 일반적 수사준칙에 관한 규정」이 제정·공포되었고, 동 규정 부칙 제2조(다른 법령의 폐지)에 의하여 기존의 「검사의 사법경찰관리에 대한 수사지휘 및 사법경찰관리의 수사준칙에 관한 규정」이 폐지됨으로써 이 법령 제74조에 따라 경찰이 13개 항목의 수사에 대하여 관할 지방검찰청 검사장 또는 지청장에게 보고하도록 한 의무 규정 또한 폐지되었다.

2011년 이미 폐지한 상명하복 조항과 다음 장에서 소개할 경찰에 대한 지배적인 수사지휘권 조항 등의 폐지에 따라 위 법령이 폐지되기까지 형사사법 정의와 절차를 교란하였고, 현재까지도 그 후유증을 남기고 있는 '검사에 대한 수사사무보고 의무' 규정의 발원과 변천 과정을 알아본다.

1. 일제, 경찰의 수사보고 의무 제도

가. 1896년 「사법경찰관집무수속」 제1조

일제의 「사법경찰관집무수속 완(司法警察執務手續 完)」[29] 서적을 통하여 1896년 당시 사법성이 제정한 「사법경찰관집무수속」에서 경찰의 검사에 대한 수사사무보고 의무 조항을 확인하였다.

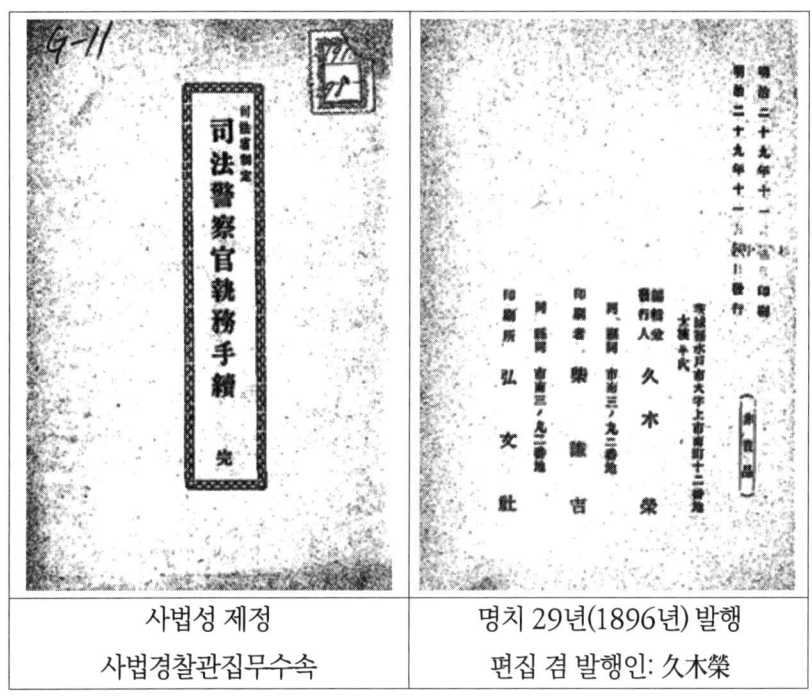

| 사법성 제정 사법경찰관집무수속 | 명치 29년(1896년) 발행 편집 겸 발행인: 久木榮 |

---

29 일본국립국회도서관(https://www.ndl.go.jp/) 검색창 '司法警察執務手續'

○ 제1조에 경찰의 검사에 대한 수사사무보고 의무 조항을 두었다.

사법경찰관집무수속

사건보고

제1조 다음의 범죄는 검사정(檢事正) 및 소할 검사에게 즉시 보고하여야 한다. 단 완급을 헤아려 전화, 전보, 우편 또 특사(特使)로써 이를 할 수 있다.(부록 제1호)

1. 형법 제2편 제1장, 제2장 및 제3장 제1절의 범죄
2. 관리, 공리, 화족(華族), 유위(有位), 대훈(帶勳), 서공자(叙功者)의 금고 이상의 형에 해당할 수 있는 범죄
3. 외국인의 범죄 및 외국인에 대한 범죄
4. 관인(官印), 관교서(官交書) 위조에 관한 중죄
5. 화폐위조에 관한 중죄
6. 인명에 관한 범죄
7. 간음에 관한 중죄
8. 방화, 결수(決水) 및 선박을 복몰(覆沒)하거나 기차의 왕래를 방해할 중죄
9. 결투에 관한 범죄

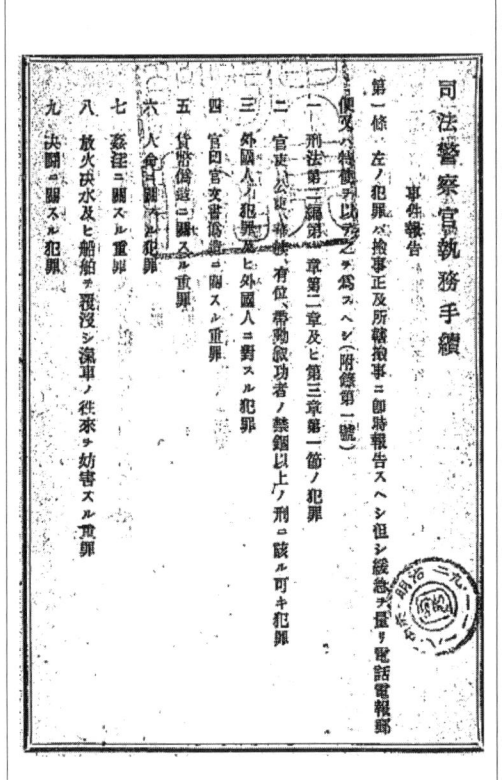

10. 아편연에 관한 범죄

11. 절도, 사기 취재(取財) 등 장액(贓額) 백 원 이상의 범죄

12. 의장 내에서 의원의 범죄 및 의원에 대한 범죄

13. 의원선거에 관한 범죄

14. 강도 및 흉기 소지 절도 범죄

15. 보안 조례 및 집회정사법(集會政社法)에 관한 범죄

16. 정당에 관한 범죄

17. 폭발물 단속벌칙에 관한 범죄

18. 전 여러 항 외 **공중의 이목을 야기할 중요한 범죄**

위 제12항 내지 제17항의 범죄일지라도 경미하여 공중의 이목을 끌기에 족하지 않은 것은 즉시 보고하지 않을 수 있다.

조항 말미에 "공중의 이목을 끌기에 족하지 않은 것은 즉시 보고하지 않을 수 있다."라는 규정은 반대로 '공중의 이목을 끄는 범죄'는 예외 없이 모두 보고하라는 추상적, 포괄적 지배 규정이다.

나. 1912년 「사법경찰관집무규정」 제9조

일제는 1912년 4월 1일 조선총독부 관보(제476호의 호외)에 훈령 제45호로 공포한 「사법경찰관집무규정」을 게재하였다.

朝鮮總督府官報 號外 明治四十五年四月一日 朝鮮總督官房總務局印刷所	朝鮮總督府訓令第四十五號 司法警察官執務規程左ノ通定ム 明治四十五年四月一日 司法警察官執務規程 朝鮮總督 伯爵 寺內正毅 朝鮮總督府檢事 朝鮮總督府司法警察官	[기타] 사법경찰관집무규정 [조선총독부관보]조선총독부 관보(1912년 04월 01) 조선총독부 훈령 제45호 「사법경찰관집무규정」을 다음과 같이 정한다. 명치 45년(1912년) 4월 1일 사법경찰관집무규정 조선총독부검사 조선총독부사법경찰관 조선총독 백작 寺內正毅(데라우치 마사타케)

제9조에 일제 본토의 「사법경찰관집무수속」 제1조와 같은 경찰의 검사에 대한 수사사무보고 의무를 규정하였다.

> 第九條 司法警察官左記ノ犯罪アルコトヲ知リタルトキハ速ニ所屬地方法院檢事正及事件所管廳ノ檢事ニ報告スヘシ(書式第一號)
>
> 一 刑法第二編第一章乃至第四章及第八章ノ罪
> 二 刑法第二編第十六章及明治三十八年法律第六十六號ノ罪
> 三 刑法第百五十四條乃至第百五十八條及第百六十四條乃至第百六十六條ノ罪
> 四 殺人ノ罪
> 五 强盜ノ罪
> 六 公務員、有爵者及從四位、勳三等、功三級以上ノ者ノ罰金以上ニ該ルヘキ罪
> 七 議員選擧ニ關スル罪
> 八 前各號ノ外社會ノ耳目ヲ惹クヘキ犯罪

제9조 사법경찰관은 다음의 범죄가 있음을 알았을 때는 신속히 소속 **지방법원 검사장 및 사건 소관 관청의 검사에게 보고**해야 한다.(서식 제1호)

1. 형법 제2편 제1장 내지 제4장 및 제8장의 죄
2. 형법 제2편 제16장 및 명치 38년(1905년) 법률 제66호의 죄
3. 형법 제154조 내지 제158조 및 제164조 내지 제166조의 죄
4. 살인의 죄
5. 강도의 죄
6. 공무원, 유작자(有爵者) 및 종4위, 훈3등, 공3급 이상의 자의 벌금 이상에 해당하는 죄
7. 의원선거에 관한 죄
8. 전 각호 이외 **사회의 이목을 야기할 만한 죄**

검찰의 목적 실현을 위하여 제정·시행한 제도로서 식민지 조선에서 경찰은 수사에 관하여 검사에게 일거수일투족 보고하도록 규정하였다.

다. 1923년 「사법경찰관집무규정」 제6조

일제는 1923년 12월 27일 자 조선총독부 관보(제3413호의 호외)에 훈령 제52호로 공포한 「사법경찰관집무규정」을 게재하였다.

※ 검색 아이콘 부재

朝鮮總督府官報 號外 大正十二年十二月二十七日 木曜日

朝鮮總督府訓令第五十二號

司法警察官執務規程左ノ通改正ス
大正十二年十二月二十七日

朝鮮總督府檢事
朝鮮總督府司法警察官吏

朝鮮總督 男爵齋藤實

조선총독부 훈령 제52호

조선총독부 사법경찰관리
「사법경찰관집무규정」을
다음과 같이 개정한다.

대정 12년(1923년) 12월 27일

조선총독부 검사
조선총독부 사법경찰관리

조선총독
남작 齋藤 實(사이토 마코토)[30]

---

30 제3대(1919.08.12.~1927.04.04.), 제5대(1929.08.17.~1931.06.16.) 조선총독

○ 제6조에 **「사법경찰관집무규정」** 제9조를 계승한 경찰의 검사에 대한 수사사무보고 의무 조항을 두었다.

> 第六條 司法警察官左ニ記載スル罪ヲ犯シタル者又ハ非常事變ニ際シ犯罪ヲ伴フ虞アリト思料スルトキハ速ニ所轄地方法院檢擧正及罪件所管廳ノ檢事ニ報告スヘシ（樣式第四十七號）
> 一 刑法第二編第一章乃至第四章及第八章ノ罪
> 二 刑法第二編第十六章及明治三十八年法律第六十六號ノ罪（輕微ナルモノヲ除ク）
> 三 刑法第百五十四條乃至第百五十八條及第百六十四條乃至第百六十六條ノ罪（輕微ナルモノヲ除ク）
> 四 殺人ノ罪
> 五 强盜ノ罪
> 六 保安法及大正八年制令第七號ノ罪
> 七 軍機及要塞地帶ニ關スル罪
> 八 新聞紙及出版物ニ關スル罪
> 九 爆發物ニ關スル罪
> 十 選擧ニ關スル罪
> 十一 公務員、有爵者及從四位、勳三等、功三級以上ノ者ノ罰金以上ノ刑ニ該ルノ罪
> 十二 外國人ニ關スル罪（支那人ニ關スルモノ及輕微ナルモノヲ除ク）
> 十三 前各號ノ外社會ノ耳目ヲ惹クヘキ罪

제6조 사법경찰관은 다음에 기재한 죄를 범한 자 또는 비상 사변에 있어 범죄를 범할 우려가 있다고 사료하는 때는 신속하게 소할 지방법원 검사 및 사건 소관청의 검사에게 보고하여야 한다.(양식 제47호)
1. 형법 제2편 제1장 내지 제4장 및 제8장의 죄
2. 형법 제2편 16장 및 명치 38년 법률 제66호의 죄(경미한 죄는 제외)
3. 형법 제154조 내지 제158조 및 제164조 내지 166조의 죄(경미한 죄는 제외)
4. 살인의 죄
5. 강도의 죄
6. 보안법 및 대정 8년 제령 제7호의 죄
7. 군기 및 요새지대에 관한 죄
8. 신문지 및 출판물에 관한 죄
9. 폭발물에 관한 죄
10. 선거에 관한 죄
11. 공무원, 유작자(有爵者) 및 종4위, 공3급 이상의 자
12. 외국인에 관한 죄(중국인에 관한 죄 및 경미한 죄 제외)
13. 전 각호 이외 사회의 이목을 야기하는 죄

라. 1925년 「사법경찰직무규범」 제31조

일제의 1925년 「사법경찰직무규범제요」라는 서적을 통하여 앞서 소개한 1896년 **「사법경찰관집무수속」의 명칭**을 「사법경찰직무규범(司法警察官職務規範)」[31]으로 변경하여 시행하였음을 확인하였다.

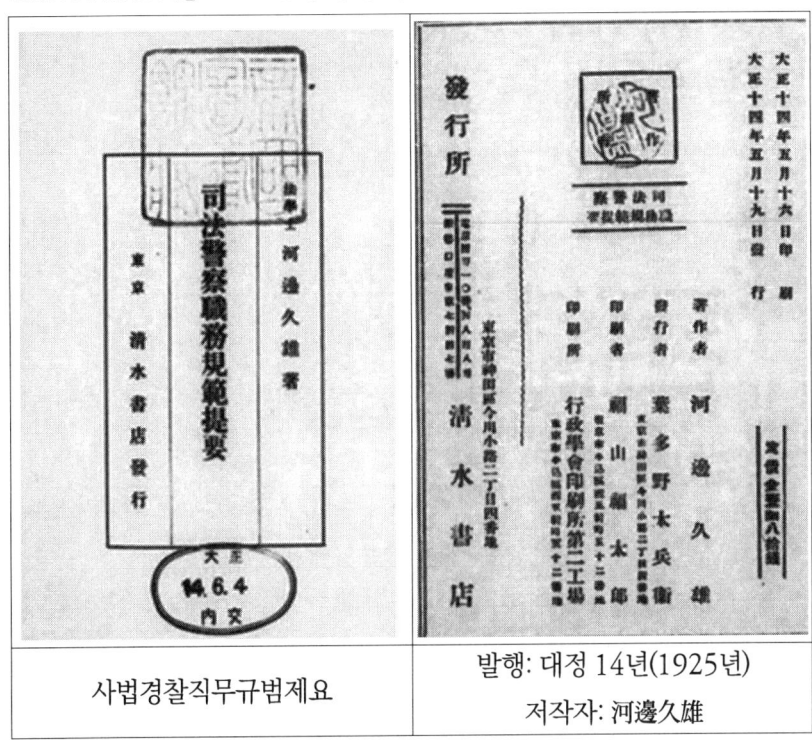

| 사법경찰직무규범제요 | 발행: 대정 14년(1925년)
저작자: 河邊久雄 |

---

31 일본국립국회도서관(https://www.ndl.go.jp/) 검색창 '司法警察職務規範提要'

○ 제31조에 경찰의 검사에 대한 수사사무보고 의무를 규정하였다.

> 第三十一條　司法警察官及其職務ヲ行フ者左ニ揭クル犯罪アリト思料スルトキハ速ニ之ヲ檢事ニ報告スヘシ
> 一　刑法第二編第一章乃至第四章及第八章ノ罪
> 二　死刑又ハ無期刑ニ該ル罪
> 三　軍機ニ關スル重大ナル罪
> 四　高等官同待遇者有爵者從四位勳三等及功三級以上ノ者ノ禁錮以上ノ刑ニ該ル罪
> 五　帝國議會道會府縣會及市會ノ議員ノ禁錮以上ノ刑ニ該ル罪
> 六　辯護士ノ犯シタル罪
> 七　帝國議會道會府縣會及市會ノ議員ノ選擧ニ關スル罪
> 八　勞働爭議及小作爭議ニ關スル重大ナル罪
> 九　治安警察法ニ違反スル重大ナル罪
> 十　新聞紙其他ノ出版物ノ朝憲紊亂秩序紊亂及風俗壞亂ノ記事ニ關スル罪

제31조 사법경찰관 및 그 직무를 행할 자는 다음에 열거하는 범죄가 있다고 사료할 때는 신속하게 이를 검사에게 보고해야 한다.
1. 형법 제2편 제1장 내지 제4장 및 제8장의 죄
2. 사형 또는 무기형에 해당하는 죄
3. 군기에 관한 중대한 죄
4. 고등관 대우를 받는 자, 유작자(有爵者), 종4위, 훈3등 및 공3급 이상의 자의 금고 이상의 형에 해당하는 죄
5. 제국의회, 도회, 부현회 및 시회의 의원의 금고 이상의 형에 해당하는 죄
6. 변호사가 범한 죄
7. 제국의회, 도회, 부현회 및 시회의 의원의 선거에 관한 죄
8. 노동쟁의 및 소작쟁의에 관한 중대한 죄
9. 치안경찰법에 위반하는 중대한 죄
10. 신문지 기타의 출판물의 조헌(朝憲) 문란, 질서 문란 및 풍속 괴란(壞亂)의 기사에 관한 죄

> 十一 內外國ノ通貨僞造變造及模造ニ關スル罪
> 十二 爆發物ニ關スル重大ナル罪
> 十三 公務員ノ職務ニ關スル重大ナル罪
> 十四 法人ノ役員ノ職務ニ關スル重大ナル罪
> 十五 無政府主義者共產主義者其他社會主義者ノ其主義ニ關スル罪
> 十六 各地方ニ連絡アル重大ナル罪
> 十七 外國人ノ犯シタル罪及外國人ニ對シ犯シタル重大ナル罪
> 十八 公衆ノ耳目ヲ惹ク罪
> 十九 檢事ヨリ特ニ報告ヲ命シタル罪
> 前項ニ揭クル犯罪ニ付告訴又ハ告發アリタルトキハ犯罪アリト思料スルト否ニ拘ラス速ニ檢事ニ報告スヘシ。

11. 내외국의 통화 위조, 변조 및 모조에 관한 죄
12. 폭발물에 관한 중대한 죄
13. 공무원의 직무에 관한 중대한 죄
14. 법인의 역원(役員)의 직무에 관한 중대한 죄
15. 무정부주의자, 공산주의자 기타 사회주의자의 그 주의에 관한 죄
16. 각 지방에 연락 있는 중대한 죄
17. 외국인이 범한 죄 및 외국인에 대하여 범한 중대한 죄
18. **공중의 이목을 끄는 죄**
19. 검사가 특히 보고를 명한 죄

전항에 열거한 범죄에 붙여 고소 또는 고발 있을 때는 범죄가 있다고 사료(思料)하지 않더라도 신속히 검사에게 보고하여야 한다.

2. 일본, 1947년 수사사무보고 제도 폐지

가. 1947년 「경찰법」 제정·공포

일본 정부는 1947년 12월 17일 자 관보(제6279호의 호외)에 법률 제196호로 공포한 「경찰법」을 게재하였다.

法律第百九十六号 警察法をここに公布する。 御名 御璽 昭和二十二年十二月十七日 内閣総理大臣 片山 哲	경찰법을 여기에 공포한다. 어명 어새 1947년 12월 27일 내각총리 대신 片山 哲(가타야마 테쓰)

나. 1948년 「경찰관등직무집행법」 제정·공포

일본 정부는 1948년 7월 12일 자 관보(제6446호의 호외)에 법률 제136호로 공포한 「경찰관등직무집행법(警察官等職務執行法)」을 게재하였다.

法律第百三十六号 警察官等職務執行法をここに公布する。 御名 御璽 昭和二十三年七月十二日 内閣総理大臣 芦田 均	경찰관등직무집행법을 여기에 공포한다. 어명 어새 소화 23년(1948년) 7월 12일 내각총리대신 芦田 均(아시다 히토시)

경찰의 조직과 운영은 경찰법, 행정경찰은 경찰관등직무집행법, 사법경찰관으로서 수사에 관한 직무(수사권 독립) 규정은 수사권 독립을 담은 형사소송법에 모두 모아 규정하고, 검사에 대한 수사사무보고 제도는 폐지하였다.

3. 대한민국, 일제 수사사무보고 제도 계승

가. 1959년 「사법경찰관리 집무규정」 제11조

대한민국 정부(대통령 이승만[32], 법무부장관 홍진기)는 1959년 12월 31일 자 관보(제2479호)에 법무부령 제24호로 공포한 「사법경찰관리 집무규정」을 게재하였다.

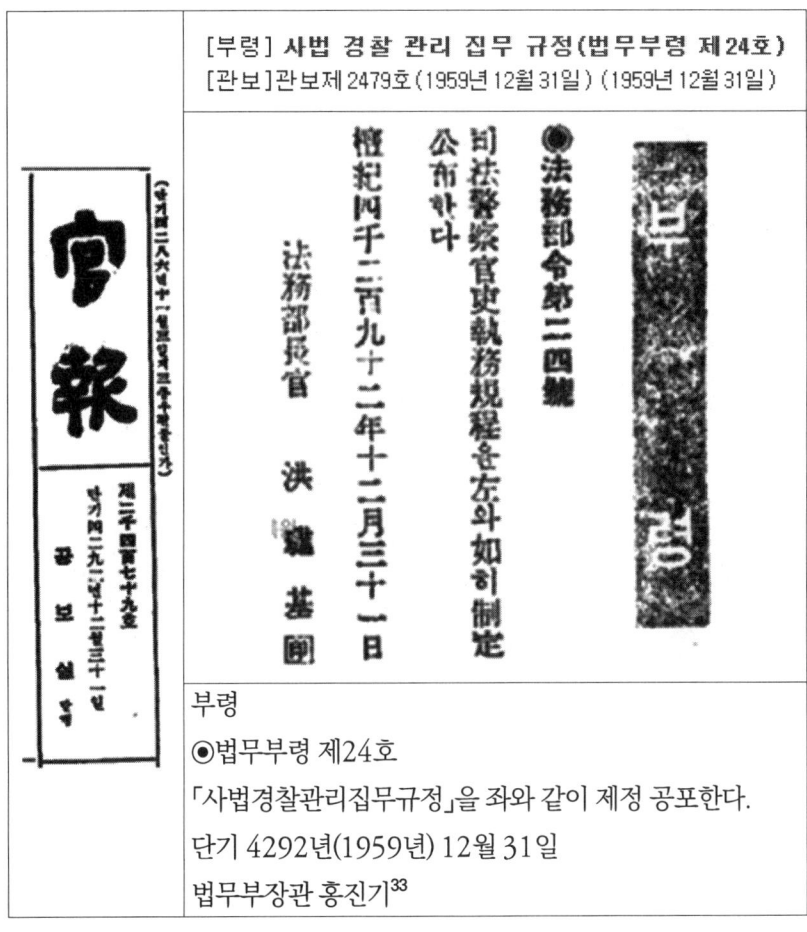

[부령] 사법 경찰 관리 집무 규정(법무부령 제24호)
[관보] 관보제2479호 (1959년 12월 31일) (1959년 12월 31일)

부령
◉법무부령 제24호
「사법경찰관리집무규정」을 좌와 같이 제정 공포한다.
단기 4292년(1959년) 12월 31일
법무부장관 홍진기[33]

---

32 1~3대 대통령(1948.7.24.~1960.4.27.), 1960년 4·19 혁명으로 물러남
33 제9대(1958.02.20~1960.03.23.) 법무부장관

○ 제11조에 일본이 폐지한 일제 경찰의 검사에 대한 수사사무보고 의무 조항의 골격과 골수를 그대로 계승하였다.

第二節 搜査事務報告

第十一條 (搜査事務報告) 司法警察官은 다음各號에 該當하는犯罪가 發生하였다고認定할때는即時管轄地方檢察廳檢事長또는支廳長에게報告하여야한다 但 非常事態下에서는 아직犯罪가 發生하지 아니하였다 하더라도 그 發生의 念慮가 있는때는 그 動態를報告하여야 한다

一、內亂의 罪
二、外患의 罪
六、騷擾에 關한 罪
七、公安을 害하는 罪
八、放火 및 失火의 罪
九、通貨에 關한 罪

一〇、殺人의 罪
一一、傷害致死、暴行致死
一二、過失致死罪
一三、强盗의 罪
一四、國家保安法違反
一五、各種稅務法違反
一六、關稅法違反
一七、公務員에 關한 事件
一八、軍要한租稅犯處罰法違反事件
一九、軍事에 關한 罪
二〇、外國人에 關한 罪
二一、新聞에 關한 罪
二二、社會의 耳目을 끄는 犯罪
二三、政府施政에 重大 한 影響을 미치는 犯罪
二四、地方檢察廳檢事長또는 支廳長이 指示한事項

제11조(수사사무보고) 사법경찰관은 다음 각호에 해당하는 범죄가 발생하였다고 인정할 때는 즉시 관할 지방검찰청검사장 또는 지청장에게 보고하여야 한다. 단 비상사태 또는 이에 준하는 사태하에서는 아직 범죄가 발생하지 아니하였다 하더라도 그 발생의 염려가 있는 때는 그 동태를 보고하여야 한다.
1. 내란의 죄
2. 외환의 죄
3. 국기에 관한 죄
4. 국교에 관한 죄
5. 공안을 해하는 죄
6. 폭발물에 관한 죄
7. 방화 및 중실화 및 업무상실화의 죄
8. 교통방해의 죄
9. 통화에 관한 죄
10. 살인의 죄
11. 상해치사, 폭행치사죄
12. 과실치사죄
13. 강도의 죄
14. 국가보안법 위반
15. 각종 선거법 위반
16. 관세법 위반
17. 중요한 조세범처벌법 위반 사건
18. 공무원에 관한 죄
19. 군사에 관한 죄
20. 언론인에 관한 죄
21. 외국인에 관한 죄
22. 사회의 이목을 끄는 범죄
23. 정부시책에 중대한 영향을 미치는 범죄
24. 지방검찰청검사장 또는 지청장이 지시한 사항

일제의 규정보다 항목을 추가하여 검찰의 무소불위를 계승하였다.

나. 1975년 「사법경찰관리 집무규정개정령」 제11조

대한민국 정부(대통령 박정희[34], 법무부장관 황산덕[35])는 1975년 10월 28일 자 관보(제7182호)에 법무부령 제196호로 공포한 「사법경찰관리 집무규정개정령」을 게재하였다.

부령] 사법 경찰관리 집무 규칙(법무부령 제196호)
관보]관보제 7182호 (1975년 10월 28일) (1975년 10월 28일)

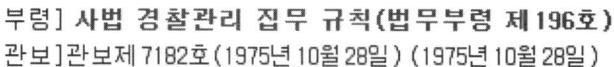

---

34 5~9대 대통령(1963.12.17.~1979.10.26.) 1944년 일제 육군사관학교 졸업, 1945년 일제 육군 만주군 중위, 1961.5.16. 쿠데타로 집권, 1972년 유신헌법(惟新憲法) 공포, 18년 장기 집권 중 심복이었던 김재규 중앙정보부장에 의하여 시해(弒害)당함

35 제24~25대(1974.09.18.~1976.12.03.) 법무부장관

○ 법령 명칭을 「사법경찰관리 집무규칙」으로 변경하고, 제11조에 경찰의 검사에 대한 수사사무보고 의무 조항을 계승하였다.

> 제11조 (수사사무보고) 사법경찰관은 다음 각호에 해당하는 범죄가 발생하였다고 인정할 경우에는 즉시 관할지방검찰청 검사장 또는 지청장에게 보고하여야 한다. 다만, 비상사태 또는 이에 준하는 사태하에서는 아직 범죄가 발생하지 아니하였다 하더라도 그 발생의 염려가 있는 경우에는 그 동태를 보고하여야 한다.
>
> 1. 내란의 죄
> 2. 외환의 죄
> 3. 국기에 관한 죄
> 4. 국교에 관한 죄
> 5. 공안을 해하는 죄. 다만, 공무원자격의 사칭죄는 제외한다.
> 6. 폭발물에 관한 죄
> 7. 방화·중실화 및 업무상 실화의 죄
> 8. 교통방해의 죄
> 9. 통화에 관한 죄
> 10. 살인의 죄
> 11. 상해치사·폭행치사의 죄
> 12. 강도의 죄
> 13. 국가보안법 및 반공법위반 범죄
> 14. 각종 선거법 위반 범죄
> 15. 관세법 위반 범죄
> 16. 중요한 조세범처벌법 위반 범죄
> 17. 공무원에 관한 죄
> 18. 군사에 관한 죄
> 19. 변호사 및 언론인에 관한 죄
> 20. 외국인에 관한 죄
> 21. 사회의 이목을 끌만하거나 정부 시책에 중대한 영향을 미치는 범죄
> 22. 지방검찰청 검사장 또는 지청장이 지시한 사항

제11조(수사사무보고) 사법경찰관은 다음 각호에 해당하는 범죄가 발생하였다고 인정할 경우에는 즉시 별지 제1호 서식에 따른 범죄보고서로 관할 지방검찰청 검사장 또는 지청장에게 보고하여야 한다. 다만, 비상사태 또는 이에 준하는 사태하에서는 **아직 범죄가 발생하지 아니하였다 하더라도 그 발생의 염려가 있는 경우에는 그 동태를 보고**하여야 한다.

1. 내란의 죄
2. 외환의 죄
3. 국기에 관한 죄
4. 국교에 관한 죄
5. 공안을 해하는 죄. 다만, 공무원자격의 사칭죄는 제외한다.
6. 폭발물에 관한 죄
7. 방화·중실화 및 업무상 실화의 죄
8. 교통방해의 죄
9. 통화에 관한 죄
10. 살인의 죄
11. 상해치사·폭행치사죄
12. 강도의 죄
13. 「국가보안법」 위반 범죄
14. 각종 선거법 위반 범죄
15. 「관세법」 위반 범죄
16. 중요한 「조세범처벌법」 위반 범죄
17. 공무원에 관한 죄
18. 군사에 관한 죄
19. 변호사 및 언론인에 관한 죄
20. 외국인에 관한 죄
21. **사회의 이목을 끌 만하거나 정부 시책에 중대한 영향을 미치는 범죄**
22. **지방검찰청 검사장 또는 지청장이 지시한 사항**

4. 대한민국, 수사사무보고 의무 제도 폐지

가. 2011년 「사법경찰관리 집무규칙 폐지령」

대한민국 정부(대통령 이명박[36])는 2011년 12월 30일 자 관보(제17667호)에 법무부령 제760호로 공포한 「사법경찰관리 집무규칙 폐지령」을 게재하였다.

이 법령 폐지는 2011년 7월 「검찰청법」 제53조의 '상명하복' 조항이 폐지된 데에 따른 후속 입법이다.

---

36 제17대 대통령, 재임 기간: 2008.2.25.~2013.2.24.(5년)

나. 2011년 「검사의 사법경찰관리에 대한 수사지휘 및 사법경찰관리의 수사준칙에 관한 규정」 제74조

대한민국 정부(대통령 이명박)는 2011년 12월 30일 자 관보(제17667호)에 「사법경찰관리 집무규칙」 폐지에 이어 대통령령 제23436호로 공포한 「검사의 사법경찰관리에 대한 수사지휘 및 사법경찰관리의 수사준칙에 관한 규정」을 게재하였다.

○ 이 법령 제74조에서 이미 폐지된 「사법경찰관리 집무규칙」의 잔재가 남아 있다. 다만 제2조를 보면

제2조(수사지휘의 원칙) **검사는 사법경찰관을 존중**하고 법률에 따라 사법경찰관리의 모든 수사를 적정하게 지휘한다.

라고 규정하였고, 조문 내용 중 "사법경찰관을 존중하고"라는 문구가 과거 시대 검경 관계에 대한 수정을 상징하고 있다. 다음은 제74조이다.

> 제74조(수사 개시 보고) 사법경찰관은 다음 각호의 어느 하나에 해당하는 범죄의 혐의가 있다고 인식하는 때에는 즉시 **수사를 개시하고 관할 지방검찰청 검사장 또는 지청장에게 보고**하여야 한다.
> 1. 내란의 죄
> 2. 외환(外患)의 죄
> 3. 국기(國旗)에 관한 죄
> 4. 국교(國交)에 관한 죄
> 5. 공안을 해하는 죄. 다만, 공무원자격의 사칭죄는 제외한다.
> 6. 폭발물에 관한 죄
> 7. 살인의 죄
> 8. 13세 미만 아동 또는 장애인에 대한 성폭력범죄
> 9. 「국가보안법」을 위반한 범죄
> 10. 각종 선거법을 위반한 범죄
> 11. 공무원에 관한 죄(국회의원 및 지방의회의원, 4급 또는 4급 상당 이상 공무원의 범죄 및 기관장인 5급 또는 5급 상당 이하 공무원의 직무와 관련된 범죄에 한한다.)
> 12. 피해 규모, 광역성, 연쇄성, 수법 등에 비추어 사회의 이목을 끌 만한 범죄
> 13. 검찰총장 승인을 얻어 지방검찰청 검사장 또는 지청장이 지정한 범죄

○ 앞서 살펴본 이 법령 폐지와 동시에 제정된 「검사의 사법경찰관리에 대한 수사지휘 및 사법경찰관리의 수사준칙에 관한 규정」과 비교해 보면

2011년 12월 30일 폐지 「사법경찰관리 집무규칙」	2011년 12월 30일 제정 「검사의 사법경찰관리에 대한 수사지휘 및 사법경찰관리의 수사준칙에 관한 규정」
제2조(사법경찰관리의 직무) 제1항 **사법경찰관리는 검사의 지휘를 받아 범죄를 수사**한다.	제2조(수사지휘의 원칙) 검사는 **사법경찰관을 존중**하고 법률에 따라 사법경찰관리의 모든 수사를 **적정하게 지휘**한다.
제11조 수사개시보고 대상: 22개 항목	제74조 수사개시보고 대상: 13개 항목으로 축소

폐지 전 22개 항목에서 13개 항목으로 줄었을 뿐 그 골격은 그대로 유지하였다. 그 이유는 「검찰청법」 제53조의 '상명하복' 조항만 폐지되었을 뿐 형사소송법 제195조 검사의 수사권 독점, 제196조 제1항 검사의 경찰에 대한 지배적 수사지휘권, 헌법 제12조 제3항에 규정한 검사의 영장청구권 독점 규정이 건재하여 검찰의 무소불위를 뒷받침하고 있기 때문이다.

다. 2020년 「검사와 사법경찰관의 상호협력과 일반적 수사준칙에 관한 규정」

대한민국 정부(대통령 문재인)는 2020년 10월 7일 자 관보(제19850호)에 법률 제31089호로 공포한 「검사와 사법경찰관의 상호협력과 일반적 수사준칙에 관한 규정」을 게재하였다.

이 법령은 명칭 그대로 수사에 있어 검사와 사법경찰관의 관계를 지배와 복종의 관계가 아닌 서로 대등한 관계에서 협력하여야 함을 전제로 제정된 것이다. 부칙 제2조(다른 법령의 폐지)에 기존의 「검사의 사법경찰관리에 대한 수사지휘 및 사법경찰관리의 수사준칙에 관한 규정」을 폐지한다고 규정하였다.

> 이로써 해방 후 1959년 최초 제정된 「사법경찰관리 집무규정」에 규정하여 무소불위 검찰 권력을 뒷받침하며 우리나라 형사사법 정의와 절차를 교란하였고, 현재까지도 그 후유증을 남기고 있는 '검사에 대한 수사사무보고 의무' 조항은 일본이 패망 직후 폐지한 검찰의 무소불위 제도를 악의적으로 취사모방 한 것이었고, 61년 만인 2020년 그 폐지는 경찰이 국민보다 검사를 섬기던 검찰의 무소불위 해체를 향하여 한 걸음 다가간 선의적 모방이었음을 확인하였다.

제2장
검사의 경찰 지배적 수사지휘권 제도

들어가는 글

2020년 폐지 전까지 형사소송법 '제2편 → 제1심 → 제1장 수사' 편 두 번째 조항인 제196조 제1항에 규정한 검사의 경찰에 관한 수사지휘권 조항은 제195조 검사의 수사권 독점 조항과 융합하여 검사의 수사 권력을 강화할 뿐 아무런 견제 조항이 없어 검찰의 무소불위를 견인하였다.

검사가 수사지휘권을 발동하여 경찰이 접수하여 수사 중인 사건에 대하여 언제든지 나름의 이유를 붙여 수사를 중단시키고 검찰에 송치하도록 명령할 수 있었다. 검찰이 접수한 사건을 경찰에 내려보내 수사하여 임의로 정한 날짜까지 중간 수사지휘를 받거나 송치하도록 명령할 수 있으며, 경찰이 진행 중인 수사의 범위와 내용을 가감첨삭(加減添削) 할 수도 있었다. 경찰의 수사 도중 검사가 송치를 명령한 후 도마뱀 꼬리 자르듯 종결해도 경찰은 '검사의 수사지휘'라는 무소불위에 속수무책이었다. 경찰은 그러한 수사지휘를 받고 이를 이행하기 위하여 막대한 시간과 노력, 차량과 인력 등 행정력을 쏟아부으며 검찰청을 수시로 드나들었다.

저자의 검찰 근무 중 검사실에서 만 10년 동안 참여수사관으로 근무하면서 검경 간 이루어지는 수사지휘의 적나라한 실상과 깊은 내면을 매우 주의 깊게 관찰하며 이 제도가 형사사법 정의와 절차, 국민에게 어떤 영향을 미치고 있는가에 대하여 고민한 세월을 보냈다. 검사의 경찰에 대한 지배적 수사지휘권에 의하여 완성된 경찰 조서와 각종 보고서 행간에서 경찰이 우선 추구하는 것은 실체적 진실보다 형사사법 지배자인 검사로부터 '송치 지휘'를 받아 내는 것이고, 스스로 검사의 꼭두각시로 여기는 자책과 면종복배가 곳곳에 배어 있음을 절감하였다. 그러한 초기에는 경찰의 무성의 또는 무능을 개탄하였으나 세월이 지날수록 검사의 지배적 수사지휘권은 검경 간 고비용 저효율, 경찰의 타성과 수동, 무능력과 무성의를 바로잡는 데 역행하고, 전근대적이고 시대착오적임을 깨닫게 되었다.

잦은 홍수에도 장기적 안목에서 치수(治水)를 통한 근본적인 해결책을 도모하지 않고 모래주머니만 만들고 쌓기를 반복한 것처럼 검찰 권력 중심의 수사 구조를 옹호해 온 정치세력과 공생해 온 검찰은 수사의 첫 단추이자 요체가 국민이 직접 피부로 느끼는 초동 및 현장 수사에 있고, 검찰의 업무 과중을 경감시키는 첩경이 우수한 경찰 수사 수준에 있음에도 이에 아랑곳하지 않고 수구 기득권 수호에 매몰되어 있었다.

초동과 현장 수사는 탁상에 있는 검사의 개입과 관여를 최소화하면서 경찰 내부에서부터 수준 높게 배양된 자체 역량에 의하여 우수한 수사가 이루어지는 경찰이 되어야 함에도 이를 가로막고, 형사사법 정의와 절차를 교란하였고, 현재까지도 그 후유증을 남기고 있는 '검사의 지배적 수사지휘권'의 발원과 변천 과정을 알아본다.

1. 일제, 검사의 지배적 수사지휘권 제도

가. 1880년 「치죄법」 제60조

일제는 1880년 공포한 「치죄법」(공포 자료: 서적 **제57쪽**) 제60조 제2항에 검사의 수사지휘권을 규정하였다.

제60조 제1항 동경 경시 본 서장 및 부현 장관은 각 그 관할지 내에서 **사법경찰관으로서 범죄를 수사함에 대하여 검사와 동일한 권한을** 가진다. 다만 동경부 장관은 그러하지 않다. **제2항** 다음에 기재한 관리는 **검사의 보좌로서 그 지휘를 받아** 제3편에 정한 규칙에 따라 사법경찰관으로서 범죄를 수사하여야 한다. 1. 경시경부 2. 구장군장 3. 치안판사[37] 4. 경부가 있지 않은 곳의 호장

제2항에 사법경찰관이 '검사의 보좌'로서 검사의 지배적 지휘하에 있음을 규정하고 있다. 그런데 제1항에는 사법경찰관으로 간주하는 이들이 **검사와 동일한 권한을 갖는다**고 하여 제2항에 규정한 지배적인 수사지휘권과 배치되어 보인다. 같은 조에 규정한 제1항, 제2항은 어떤 관계에 있는 것일까?

---

[37] 치죄법 제49조(치안재판소)에 의한 형법 제9조 위경죄(違警罪=구류, 과료) 담당, 치안재판소는 1890년 「재판소구성법」에서 '구(區)재판소'로 변경(1편 제2장, 제11조~제14조)

제60조 제1항, 제2항은 명치 형사소송법 → 조선형사령 → 대정 형사소송법에 그대로 이어지므로 **마지막 대정 형사소송법에 관한 장에서 위 두 조항이 상호 모순되지 않고, 보완적이며 모두 사법경찰관을 검사의 아바타로서 활용하고자 규정한 것임을 입증**해 보일 것이다.

나. 1890년 「명치 형사소송법」 제47조

일제는 1890년 공포한 명치 형사소송법(관보 자료: 서적 **제62쪽**) 제47조 제1항, 제2항에 치죄법 제60조 제1항, 제2항을 계승하였다.

第四十七條 警視總監及ヒ地方長官ハ各其管轄地內ニ於テ司法警察官トシテ犯罪ヲ捜査スルニ付キ地方裁判所檢事ト同一ノ權ヲ有ス但東京府知事ハ此限ニ在ラス

左ニ記載シタル官吏、公吏ハ檢事ノ補佐トシテ其指揮ヲ受ケ司法警察官トシテ犯罪ヲ捜査スヘシ

第一 警視總長、警部、警部補
第二 憲兵將校、下士
第三 島司
第四 郡長
第五 林務官
第六 市町村長

제47조 제1항 경시총감 및 지방 장관은 각 그 관할지 내에서 사법경찰관으로서 범죄를 수사함에 있어 지방재판소 **검사와 동일한 권한을 가진다.** 단, 동경부지사는 그러하지 아니하다.

제2항 다음에 기재한 관리, 공리는 **검사의 보좌로서** 그 지휘를 받아 사법경찰관으로서 범죄를 수사하여야 한다.
제1 경시경부장, 경부, 경부보
제2 헌병 장교, 하사
제3 도사(島司)
제4 군장(郡長)
제5 임무관(林務官)
제6 시정촌장(市町村長)

다. 1912년 「조선형사령」 제4조, 제5조 제1항

일제는 1912년 공포한 조선형사령(관보 자료: 서적 **제47쪽**) 제4조, 제5조에 명치 형사소송법 제60조와 같은 규정을 두었다.

第四條　朝鮮總督府警務總長ハ司法警察官トシテ犯罪ヲ搜查スルニ付地方法院檢事ト同一ノ職權ヲ有ス 第五條　左ニ記載シタル官吏ハ檢事ノ補佐トシテ其ノ指揮ヲ受ケ司法警察官トシテ犯罪ヲ搜查スヘシ 一　朝鮮總督府警務部長 二　朝鮮總督府警視、警部 三　憲兵將校、准士官、下士 前項ノ司法警察官ハ檢事ノ職務上發シタル命令ニ從フ	명치 형사소송법 제47조 제1항, 제2항을 조선형사령 제4조, 제5조 제1항에 규정한 것이다. **제4조** 조선총독부 경무총장은 사법경찰관으로서 범죄를 수사함에 있어 지방법원검사와 **동일한 직권**을 가진다. **제5조 제1항** 다음에 기재한 관리는 **검사의 보좌**로서 그 지휘를 받아 사법경찰관으로서 범죄를 수사하여야 한다. 1. 조선총독부 경무부장 2. 조선총독부 경시, 경부 3. 헌병 장교, 준사관, 하사 **제2항** 전항의 사법경찰관은 검사의 직무상 발한 명령에 따른다.

조선형사령 제1조에 "형사에 관한 사항은 본령 기타 법령에 특별한 규정이 있는 경우를 제외한 외 다음의 법령에 의한다."라고 하고 12개 항에 걸쳐 일제 본토의 형사소송법 등 여러 법령을 열거하고 있으므로 조선에서 명치 형사소송법 제47조 제1항, 제2항은 당연히 원용되는 것임에도 조선형사령에 특별히 규정한 이유는 식민지 조선의 경찰직제가 일제 본토와 달리하기 때문이다.

라. 1922년 「대정 형사소송법」 제247조, 제248조

1922년 공포한 대정 형사소송법(관보 자료: 서적 **제64쪽**)에서 명치 형사소송법 제47조 제1항은 제247조로, 제2항은 제248조로 계승되었다.

| 第二百四十七條　警視總監、地方長官及憲兵司令官ハ各其ノ管轄區域內ニ於テ司法警察官トシテ犯罪ヲ搜査スルニ付地方裁判所檢事ト同一ノ權ヲ有ス但シ東京府知事ハ此ノ限ニ在ラス

第二百四十八條　左ニ揭クル者ハ檢事ノ輔佐トシテ其ノ指揮ヲ受ケ司法警察官トシテ犯罪ヲ搜査スヘシ
一　廳府縣ノ警察官
二　憲兵ノ將校、准士官及下士 | **제247조** 경시총감, 지방 장관 및 헌병 사령관은 각 그 관할구역 내에서 사법경찰관으로서 범죄를 수사함에 있어 지방재판소 **검사와 동일한 권한을 갖는다**. 다만 동경부 지사는 그러하지 아니한다.

제248조 다음에 열거하는 자는 **검사의 보좌로서** 그 지휘를 받아 사법경찰관으로서 범죄를 수사하여야 한다.
1. 청부현의 경찰관
2. 헌병의 장교, 준사관 및 하사 |

지금부터 앞서 언급한 대로 치죄법 제60조 제1항 → 명치 형사소송법 제47조 제1항에 계승되고, 조선형사령 제4조를 경유하여 대정 형사소송법 제247조로 계승된 "경시총감, 지방 장관 및 헌병 사령관은 각 그 관할 구역 내에서 사법경찰관으로서 범죄를 수사함에 있어 지방재판소 **검사와 동일한 권한을 갖는다**."라는 규정이 검사의 경찰에 대한 수사지휘권과 어떠한 관계에 있는지 상세히 살펴보도록 한다.

이를 위하여 먼저 검경 관계를 규정한 최고 상위의 규정부터 보면 제1부 제1장에서 소개한 1890년 「재판소구성법」 제84조에 규정되고,

1912년 「조선형사령」 제5조 제2항에 심어진 "사법경찰관은 검사의 직무상 발한 명령에 따른다."라는 '상명하복' 규정에 따라 검사는 수사 직무에 있어 명령의 주체이고, 경찰은 이에 복종하여야 하는 객체임을 선언하고 있었다.

또한, 치죄법 제60조 제2항 → 명치 형사소송법 제47조 제2항으로 계승되었고, 조선형사령 제5조에 심어졌으며, 대정 형사소송법 제248조로 계승된 "다음에 열거하는 자는 검사의 보좌로서 그 지휘를 받아 사법경찰관으로서 범죄를 수사하여야 한다."라는 규정대로 동 조항에서 열거하고 있는 사법경찰관들은 검사의 지배적인 수사지휘권 아래 있음은 명문 규정대로 의심의 여지가 없다.

치죄법 제92조 → 명치 형사소송법 제46조 → 대정 형사소송법 제246조로 계승된 "검사는 범죄가 있다고 사료(思料)하는 때에는 범인 및 증거를 수사하여야 한다."라는 규정이 모두 수사 편 첫 조항이고, 사법경찰관에 대하여는 이러한 규정을 두지 않았으며 견제 조항도 전혀 없다는 점에서 사법경찰관의 수사 행위는 모두 검사의 수사 권력 우산 아래에 있음 또한 명문 규정대로 의심의 여지가 없을 것이다.

또한, 앞서 상세히 소개한 1896년 「사법경찰관집무수속」 → 1912년 「사법경찰관집무규정」 제9조 → 1923년 「사법경찰관집무규정」 제6소 → 1925년 「사법경찰관직무규범」 제31조로 계승된 경찰의 검사에 대한 수사사무보고 조항을 통하여 경찰은 수사의 일거수일투족을 검사에게 보고하도록 의무화한 것으로써 경찰을 지배하고 있었음 또한 명문 규정이므로 의심의 여지가 없을 것이다.

그렇다면 검사의 무소불위 수사권, 수사지휘권과는 이율배반으로 보이는 **제247조** "경시총감, 지방 장관 및 헌병 사령관은 각 그 관할구역 내에서 사법경찰관으로서 범죄를 수사함에 있어 지방재판소 **검사와 동일한 권한을 갖는다.**"라는 규정은 어떤 의미와 효력이 있는 것일까? 이를 구체적으로 입증함이 없이 경찰이 검사의 아바타라든지, 검찰의 권력이 무소불위라고 주장하는 것은 설득력이 없을 것이므로 이를 상세히 입증하고자 하는 것이다.

제247조에는 경시총감 및 지방 장관을 특별한 상황이 생기면 사법경찰관 직무를 수행하게 한다는 의미를 담아 "사법경찰관으로서"라고 전제한 다음 수사 직무에 한정하여 검사와 동일한 권한을 행사하도록 규정하고 있다. 검찰권 행사의 핵심이자 고급 인력인 검사의 양성과 활용에 소요되는 막대한 비용을 절감하고 부족한 검사 인력만큼 검사 대신 그 직무 수행 효과를 거두기 위한 것이다. 즉 형사사법 경제를 도모한 '검사의 아바타 조항'임을 엿볼 수 있다. 이와 똑같은 조항을 '조선형사령'에 규정하여 식민지 조선에도 시행하였는데 이 또한 같은 맥락에서 입증이 되어야 할 것이다.

일제가 본토는 물론 식민지 조선에서 검사 이외의 수사 직무에 종사하는 인력과 기관을 검사의 대역으로 내세워 최소 비용으로 최대 효과를 거두기 위한 '아바타'라는 개념은 검사의 무소불위 수사권을 경찰의 수사 행위에 실어 이를 최대한 발휘하게 하여 검찰의 목적 실현을 극대화하기 위한 것이다. 그러나 이렇게 추상적인 설명만으로는 "사법경찰관으로서 검사와 동일한 권한을 가진다."라는 위 조항이 검사의 아바타 조항이라는 사실에 동의할 분은 별로 없을 것이다. 따라서 이를 보충하여 입증해 줄 수 있는 문헌들을 찾아 나섰다.

○「조선형사령 석의」

1944년 경성복심법원 검사장 타마나 토모히코(玉名友彦)[38]의 「조선형사령」 해설서로 이 서적 시작 '序'에 발간 목적이 담겨 있다.

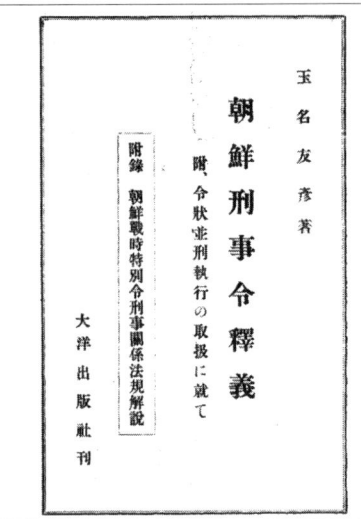 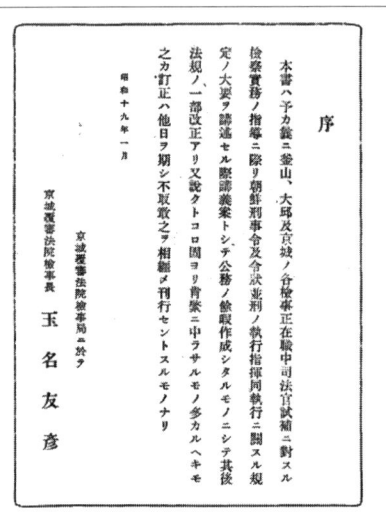

서

본서는 내가 이전에 부산, 대구 및 경성의 각 검사정(檢事正) 재직 중 사법관시보에 대한 검찰 실무 지도 때 조선형사령 및 영장과 형의 집행 및 지휘, 동 집행에 관한 규정의 대요(大要)를 강술(講述)할 때의 강의안(講義案)으로서 공무의 여가로 작성한 것이면서 그 후 법규의 일부 개정이 있거나 설명할 곳, 원래의 핵심에 적중하지 못한 것이 많을 것임에도 이를 정정함은 훗날을 기약하고 우선 이를 모아 간행하게 되었음.

1944년 1월
경성복심법원 검사국에서
경성복심법원 검사장 玉名友彦(타마나 토모히코)

---

38 조선 각지에서 검사, 사법법규개정조사위원회, 경성복심법원(검사장) 등으로 28년간 (1915~1943년) 재직함[일제강점기 재판소 직원록 자료. 국사편찬위원회 한국사데이터베이스(http://db.history.go.kr)]

대정 형사소송법 제247조와 같은 조선 형사령 제4조에 대하여 다음과 같이 해설(편의상 ①, ②로 표시)하고 있었다.

제4조 조선총독부 도지사는 각 그 관할지 내에서 사법경찰관으로서 범죄를 수사함에 대하여 지방법원검사와 동일 권한을 가진다.

① 조선의 현 상황에는 형사소송법 제247조에 규정한 지방 장관 이하의 자에게 범죄 수사에 관하여 지방법원 검사와 동일의 권한을 부여할 필요가 없는 것이다.

② 또한, 도지사의 사법경찰관으로서의 범죄 수사권의 범위에 관하여 본조는 하등 제한을 하지 않더라도 도지사를 사법경찰관으로서 스스로 범죄 수사를 하게 하는 것은 주로 국사범 또는 지방 일반의 공익에 관계된 중대한 범죄에 관하여 수사의 필요가 있을 때이다. 따라서 그러한 이상(異常)의 경우에 수사권을 행사함을 예(例)로 하고, 이 경우에도 가능한 한 그 처분을 검사에게 맡기는 것이 적절하다. (內地[39], 사법경찰 직무규정 제20조 참조)

第四條 朝鮮總督府道知事ハ各其ノ管轄地內ニ於テ司法警察官トシテ犯罪ヲ捜査スルニ付地方法院檢事ト同一ノ職權ヲ有ス

朝鮮ノ現狀ニ於テハ刑事訴訟法第二四七條ニ規定セル地方長官以下ノモノニ犯罪捜査ニ付テ地方法院檢事ト同一ノ權ヲ附與スルノ必要ナキヲ以テナリ。

尙ホ道知事ノ司法警察官トシテノ犯罪捜査權ノ範圍ニ付本條ハ何等制限ヲ爲サストモ道知事ヲ司法警察官トシテ自ラ共ノ事ニ當ラシムルハ主トシテ國事犯又ハ地方一般ノ公益ニ係ルカ如キ重大ナル犯罪ニ付其ノ必要アルモノナルヲ以テ故ニ之等異常ノ場合ニ搜査權ヲ行使スルヲ例トシ此ノ場合ニ於テモ可成其ノ處分ヲ檢事ニ讓ルヲ相當トスヘシ（內地、司法警察職務規範第二十條參照）。

[39] 일제 본토

조선형사령 제4조를 명시한 다음 바로 아래에 해석 ①은 일제 본토와 식민지의 지방 관제 등 차이가 있다는 점과 본토는 지방 장관 이외에도 경시총감, 헌병 사령관에게도 적용을 하나 조선은 지방 장관인 '도지사'에게만 그러한 적용을 하면 되지 그 이하 지방 관리까지 적용할 필요가 없기에 본토와 달리 규정한 것이라는 해설을 붙인 것이다.

해석의 골자는 ②에 있다. 제4조의 본 취지는 도지사가 사법경찰관으로서 수행하는 검사와 동일한 직무는 특별한 경우 즉 국사범 등 사건에 한정하여 수사하되 그 경우에도 가능한 한 검사에게 그 처분을 맡겨야 한다고 해석하고 있다. 여기서 "가능한 한"이라고 한 것은 조선의 도지사가 임시로 수사하여 일제와 검찰의 목적에 반하지 않고 어떤 문제가 없도록 매끄럽게 처리하면 묵인하겠으나 그렇지 않을 여지가 조금이라도 있을 때는 반드시 검사에게 보고하고 지휘를 받아 한 치도 어긋남이 없도록 하라는 의미이다. 일제 치하 그 어떤 수사라도 검사의 수사권 우산 아래에서 이루어진다는 것을 전제한 것이다. 이는 앞서 소개하였고, 앞으로 소개할 검사의 무소불위를 뒷받침하는 여러 제도문화와 함께 퍼즐을 맞추어 보아도 그 취지는 명백하다. 또한, 검사가 명령하고 경찰은 복종해야 하는 검사의 수사권과 지휘권은 다른 여러 법률과 법령에 명백히 규정하고 있으므로 굳이 이 부분에 대하여는 권위적인 용어로 규정할 필요도 없고, 구체적이고 상세히 규정할 필요도 없는 것이며, 판사와 동등한 사법관으로서 독점적, 배타적, 지배적 수사권을 지닌 검사와 지방 관리가 수사권 또는 수사지휘권 행사에서 동일한 직무를 임시로 수행하도록 한 범위는 공안(公安) 사건에 한정될 뿐만 아니라 이 또한 검사의 혼을 담아 '아바타'로서의 임시 역할 범위에서만 허용된다는 의미이다.

타마나 토모히코는 해설 말미에 「사법경찰직무규범(司法警察職務規範)」을 인용하고 있다. 이에 한 걸음 더 들어가 일본국립국회도서관 홈페이지에서 입수한 자료로서 그가 인용한 일제의 경찰 직무수행 지침 규정을 담은 위 규범(1925년)에 대한 해설서로서 「사법경찰직무규범제요(司法警察職務規範提要)」[40](자료: 서적 **제85쪽**)를 입수하여 한층 더 구체적인 해설을 접할 수 있었다. 다음은 그가 인용한 「사법경찰직무규범(제47~48쪽)」 제20조에 실려 있는 「대정 형사소송법」 제247조(명치 형사소송법 제47조 제1항)에 대한 해석 원문과 그 번역이다.

第二十條　警視總監、地方長官東京府知事ヲ除ク及憲兵司令官ノ搜査ノ權ハ異常ノ場合ニ於テ之ヲ行フヲ例トス此場合ニ於テモ成ルヘク其處分ヲ檢事ニ讓ルヘシ。

本條ノ解釋　元來地方長官等ハ司法警察官ニシテ搜査ニ關シ地方裁判所檢事ト同一ノ權限ヲ付與ヲシタルモノニシテ敏活機宜ノ處置ヲ執ラシムルヲ便ト爲シタルカ爲メナリ。從テ本條ノ趣旨モ亦方長官等ハ非常ナル犯罪例ヘハ騷擾罪ノ如キ犯罪ニ付テハ其地所在ノ地ニ存ス。所謂異常ノ場合トハ非常ナル犯罪例ヘハ騷擾罪ノ如キ犯罪ノ如キ場合ナリ。然レ
一　本條ノ理由　本條ハ警視總監、地方長官及憲兵司令官ト檢事ノ搜査權ニ關シ規定ス。警視總監、地方長官及憲兵司令官ハ各其管轄區域內ニ在リテハ地方裁判所檢事ト同一ノ權限ヲ有スルヲ以テ此等ノ司法警察官ト檢事トノ間ニ權限ノ衝突ヲ來スル虞レアリ。豫メ其職務行使ノ方針ヲ定ムルコト便宜ナリトス。刑事訴訟法第二百四十七條ヲ參照スヘシ。
二　本條ノ解釋　元來地方長官等ハ司法警察官ニシテ搜査ニ關シ地方裁判所檢事ト同一ノ權限ヲ付與ヲシタルモノニシテ敏活機宜ノ處置ヲ執ラシムルヲ便ト爲シタルカ爲メナリ。從テ本條ノ趣旨モ亦方長官等ハ非常ナル犯罪例ヘハ騷擾罪ノ如キ犯罪ノ如キ場合ナリ。然レトモ異常ナル場合ト雖モ急遽ヲ要セサルモノニ在リテハ周ヨリ檢事ノ活動ニ委スルモ差支ナカルヘシ。故ニ警視總監、地方長官ト憲兵司令長官ノ搜査權ハ非常ニシテ急遽ヲ要スル場合ニ行動スルフ通常トナスヘキモノトス。然レトモ檢事ハ專門ノ搜査機關ナルヲ以テ重大ナル事犯アルニ於テハ此ノ搜査處分ハ之ヲ檢事ニ讓ルフ相當ノ措置ト謂フヘシ。而シテ重大ナル事犯アルニ於テハ此ノ搜査處分ハ之ヲ檢事ニ讓ルフ相當ノ措置ト謂フヘシ。司法警察官ト檢事トハ互ニ相連絡ヲ保チ各搜査ノ職務ヲ全ウスルノ必要アルヤ勿論ナリトス。

40　일본국립국회도서관(https://www.ndl.go.jp/) 검색창 '司法警察職務規範提要'

위 원문을 번역하면,

> **제20조** 경시총감, 지방 장관(동경부 지사 제외) 및 헌병 사령관의 수사의 권(權)은 이상(異常)의 경우에 있어 이를 행하는 것으로 하고 **이 경우에도 가능한 한 그 처분을 검사에게 맡겨야 한다.**
>
> 1. 본조의 이유
>
> 본조는 경시총감, 지방 장관 및 헌병 사령관과 검사와의 수사권의 균형을 갖도록 하는 점에 관한 규정이다. 경시총감, 지방 장관 및 헌병 사령관은 각 그 관할구역 내에서는 지방재판소 검사와 동일의 권한을 가짐으로써 이들 사법경찰관과 검사와의 사이에 권한의 충돌을 가져올 우려가 있다. 따라서 미리 그 직무 행사의 방침을 정하면 편의(便宜)하게 된다. 형사소송법 제247조를 참조할 것.
>
> **2. 본조의 해석**
>
> 원래 지방 장관 등을 사법경찰관으로 하여 수사에 관하여 지방재판소 검사와 동일한 권한을 부여한 것은 국사범 또는 한 지방 전반에 걸쳐 범죄, 예를 들어 **소요죄와 같은 범죄**에 대하여는 그 지방 소재의 지방 장관이 민활하게 시기나 형편에 알맞은 처치를 집행하는 것을 편하게 하도록 하기 위함이다. 따라서 본조의 취지도 역시 이에 있다. 소위 이상(異常)의 경우로는 비상(非常)한 범죄, 예를 들어 소요죄와 같은 경우를 말한다. 그러나 **이상(異常)한 경우라도 급속을 요하지 않을 때는 처음부터 검사의 활동에 맡겨도 지장이 없다. 따라서 경시총감, 지방 장관 및 헌병 사령장관의 수사권은 비상하고 급속을 요하는 경우에 행동함을 통상으로 하여야 한다.** 그렇지만 검사는 전문(專門) 수사기관으로서 이상(異常)의 경우라도 가능한 한 수사 처분은 검사에게 맡겨야 상당한 조치라고 말할 수 있다. 그리하여 중대한 사범이 있을 때는 이들 사법경찰관과 검사와는 상호 연락을 유지하고 각 수사의 직무를 다할 필요가 있음은 물론이다.

지방 장관 등이 검사의 대역이 되어 수사권을 행사하는 범위는 ①사법경찰관의 직무로서 ②소요죄 등과 같이 비상상황이고 급속을 요하는 소위 공안(公安) 범죄에서만 동일한 권한을 행사하라는 것이다. 말하자면 급속을 요할 때 검사의 아바타로서 응급처치만 하라는 것이다. 일제가 침략전쟁을 수행하기 위하여 후방의 치안 유지의 핵심인 공안 사건에 극도로 비중을 두어 빈틈이 없도록 하였던 사실을 반증하고 있다. 그리고 검사에 대하여 '전문(專門) 수사기관'이라고 했다. 매우 절제된 표현으로서 일제의 목적 실현을 위한 본질적이고 총체적이며 궁극적인 수사 권력은 어디까지나 검사에게 주어져 있음을 말하는 것이다.

> 이로써 대정 형사소송법 제247조의 "경시총감, 지방 장관 및 헌병 사령관은 각 그 관할구역 내에서 사법경찰관으로서 범죄를 수사함에 있어 지방재판소 **검사와 동일한 권한을** 갖는다."라는 규정은 **제248조와 상호보완적이며 일맥상통하는 무소불위 검사의 아바타적 활용 규정**임이 입증되었다고 본다.

2. 일본, 1948년 검사의 지배적 수사지휘권 제도 폐지

○ 제192조 검경 상호협력 규정

第百九十二條　檢察官と都道府縣公安委員會、市町村公安委員會及び司法警察職員とは、搜査に関し、互に協力しなければならない。

일본은 1948년 「소화 형사소송법」을 공포(관보 자료: 서적 **제66쪽**)하여 패망 전 대정 형사소송법 제247조 및 제248조의 검사의 아바타 규정을 모두 폐지하고, 제192조에 검사와 경찰의 상호협력 수평관계를 규정하였다.

제192조 검찰관과 도도부현 공안위원회, 시정촌 공안위원회, 특별구 공안위원회 및 **사법경찰직원은 수사에 관하여 상호 협력**하여야 한다.

경찰, 검찰의 관계가 지배 복종이 아닌 상호 대등한 협력관계임을 선언하고 있다. 일제의 반인도적, 반문명적 침략전쟁과 식민지 정책을 견인한 검찰의 무소불위에 대한 반성과 해체의 기본 원칙을 형사소송법에 담은 것이다.

○ 제193조 검사의 보충적 수사권

> 第百九十三條 檢察官は、その管轄区域により、司法警察職員に対し、その捜査に関し、必要な一般的指示をすることができる。この場合における一般的指示は、公訴を実行するため必要な犯罪捜査の重要な事項に関する準則を定めるものに限られる。
> 檢察官は、その管轄区域により、捜査の協力を求めるため必要な一般的指揮をすることができる。
> 檢察官は、自ら犯罪を捜査する場合において必要があるときは、司法警察職員を指揮して捜査の補助をさせることができる。
> 前三項の場合において、司法警察職員は、檢察官の指示又は指揮に従わなければならない。

제193조 제1항 검찰관은 그 관할구역에서 사법경찰직원에 대하여 그 수사에 관하여 필요한 일반적 지휘를 할 수 있다. 이 경우에 있어 일반적 지휘는 공소를 실행하기 위한 필요한 범죄 수사의 중요한 사항에 관하여 **준칙을 정한 것에 한한다.**
제2항 검찰관은 그 관할구역에 의하여 사법경찰직원에 대하여 수사의 협력을 구하기 위하여 필요한 일반적 지휘를 할 수 있다.
제3항 검찰관은 스스로 범죄를 수사하는 경우에 있어 필요할 때에는 사법경찰직원을 지휘하여 수사를 보조하게 할 수 있다.
제4항 전 3항의 경우에 있어 사법경찰직원은 검찰관의 지시 또는 지휘에 따라야 한다.

검사의 경찰에 대한 일반적 지휘는 인정하면서 그 범위를 공소 실행을 위하여 미리 준칙에 정한 필요한 범위로 국한하고 경찰의 수사 협력을 받을 필요가 있거나 검사가 직접 수사하는 경우 보조하게 할 수 있으나 검사의 수사권을 견제하는 여러 조항의 작용에 따라 과거 검사의 무소불위는 해체되었다.

3. 대한민국, 1954년 검사의 지배적 수사지휘권 제도 계승

대한민국 정부는 1954년 최초 형사소송법(관보 자료: 서적 **제69쪽**)을 제정하면서 1948년 일본이 폐지한 일제 대정 형사소송법 제2편 → 제1심 → 제1장 수사 편 제248조의 경찰에 대한 지배적인 수사지휘권 규정을 그대로 계승하여 검찰 권력 중심의 수사 구조 구축을 도모하였다.

1954년 대한민국	1922년 일제
제196조(사법경찰관리) ① 수사관, 경무관, 총경, 경감, 경위는 사법경찰관으로서 검사의 지휘를 받아 수사를 하여야 한다. ② 경사, 순경은 사법경찰관리로서 검사 또는 사법경찰관의 지휘를 받아 수사의 보조를 하여야 한다.	제248조 다음에 기재한 자는 검사의 보좌로서 그 지휘를 받아 사법경찰관으로서 범죄를 수사하여야 한다. 1. 청부현의 경찰관 2. 헌병의 장교, 준사관 및 하사
1954년 제정	1948년 폐지

4. 대한민국, 2020년 검사의 지배적 수사지휘권 제도 폐지

대한민국 정부는 2020년 2월 4일 공포(관보 자료: **제71쪽** 참조)한 「형사소송법 일부개정법률」에서 개정 전 제196조 제1항에 두었던 검사의 지배적 수사지휘권 조항을 폐지하고 검사와 경찰의 상호 협력과 수평 관계 조항을 제2편 제1심 수사 편 첫 조항으로 **신설하여 선두에서 견인하도록 하였다.**

> 제195조(검사와 사법경찰관의 관계 등) **검사와 사법경찰관은** 수사, 공소제기 및 공소유지에 관하여 **서로 협력**하여야 한다.

○ 검사의 경찰에 대한 보충적 수사지휘권 조항으로서 제197조에 경찰에 대한 보완수사 요구권을 **신설하였다.**

> 제197조의2(보완수사요구)
> ① **검사는** 다음 각호의 어느 하나에 해당하는 경우에 사법경찰관에게 **보완수사를 요구**할 수 있다.

○ 제197조의3에 경찰의 수사에 대한 시정조치 요구권을 **신설하였다.**

> 제197조의3(시정조치요구 등)
> ① 검사는 **사법경찰관리의** 수사과정에서 법령위반, 인권침해 또는 현저한 **수사권 남용**이 의심되는 사실의 신고가 있거나 그러한 사실을 인식하게 된 경우에는 **사법경찰관에게 사건기록 등본의 송부를 요구**할 수 있다.

이로써 대정 형사소송법 제2편 → 제1심 → 제1장 → 수사 편 제248조에 규정하였던 검사의 경찰에 대한 지배적 수사지휘권 조항을 그대로 계승한 대한민국 제196조 제1항은 제정 이후 66년[41] 만에 폐지가 되었다.

일본의 제193조 제1항은 우리의 검경 간 수사준칙에 관한 것을 규정한 제195조 제2항과 일치하고, 제193조의 제2항~4항은 우리의 검사의 경찰에 대한 보완수사요구 권한을 규정한 제197조의2, 시정조치요구 등을 규정한 제197조의3과 일치한다.

이제 경찰이 제1차 수사권을 갖고, 검사는 제2차적이고 보충적 수사권을 지니는 새로운 시스템이 되었다. 그러나 경찰의 수사권 독립과 실효성 있는 견제와 균형이 아직 요원한 것은 초동 및 현장 수사를 책임지고 있는 경찰이 이에 상응한 체포영장, 압수수색검증영장을 발부받기 위한 강제수사권에 대하여 검사의 지배구조를 그대로 유지하고 있기 때문이다. 이 분야에 대한 발원과 변천 과정은 다른 장에서 상세히 다루도록 한다.

> 이로써 해방 후 1954년 최초 제정된 「형사소송법」에 규정하여 무소불위 검찰 권력을 뒷받침하며 우리나라 형사사법 정의와 절차를 교란하였고, 현재까지도 그 후유증을 남기고 있는 '검사의 지배적 수사지휘권' 조항은 일본이 패망 직후 폐지한 검찰의 무소불위를 악의적으로 취사모방 한 것이고, 66년 만인 2020년 그 폐지는 경찰이 국민보다 검사를 섬기던 검찰의 무소불위 해체를 향하여 한 걸음 더 다가간 선의적 모방이었음을 확인하였다.

41　사실상 1945년 해방 이후로도 그대로 시행되어 2020년 비로소 개정된 것이므로 75년 동안 유지된 것이라고 볼 수 있음

제3장

검사실 검사의 아바타 제도

들어가는 글

1991년 저자가 검찰에 들어왔을 때 검사실에서 검사의 대역(代役)이 되어 피의자를 신문하고 조서를 작성하는 직무를 수행하는 검찰 직원을 '입회계장' 또는 '참여계장'이라고 불렀다. 그 이전에는 '입회서기'라고 불렀고, 그 이후 현재까지 '참여수사관'으로 부르고 있다. 그 정체성의 모호함을 반영하듯 모두 법령상 정식 용어가 아니다.

검찰에서 수사 직무에 종사하는 공무원에 대한 직무 범위는 검찰청법, 형사소송법에 산재하여 간략히 그리고 포괄적으로 규정하고 있다. 검찰청법 제46조, 제47조를 종합해 보면 사법경찰관리로서 검사의 명령 또는 지휘를 받아 직무를 수행한다고 규정하고 있고, 형사소송법 제243조 또한, 검사의 피의자신문에 참여한다고만 규정하고 있어 포괄적일 뿐 구체적인 직무 범위를 규정하고 있지 않다. 수사 직무 수행에 관한 조항임에도 형사소송법 한곳에 모아두지 않은 것 또한 바람직스럽지 않을 뿐만 아니라 가장 큰 문제는 제243조 포괄규정을 빙자하여 검사의 무소불위 직무수행을 위하여 참여수사관을 검사의 아바타로 만들어 검사의 대역은 물론 직무상 발한 명령으로써 매우 광범위하고 다용도로 활용하여 왔다는 점이다.

검사의 무소불위를 뒷받침하며 형사사법 정의와 절차를 교란해 온 검사실 아바타 규정의 발원과 변천 과정, 그 폐지의 필요성에 대하여 알아본다.

1. 참여수사관으로서 저자가 절감한 문제점

　검사실에는 보통 검사 한 명당 참여수사관 한 명 또는 두 명이 근무한다. '참여(參與)'는 어떤 행위의 주체가 아니면서 그 행위를 지켜본 것에 관하여 업무를 수행한다는 의미를 지니고 있다. 제243조 규정대로라면 피의자신문 주체는 어디까지나 검사인 것이다. 그러나 실지 참여수사관은 마치 자신이 검사인 것처럼 직접 시종일관 피의자를 신문하고 조서를 작성한다. 이러한 실상과 진실은 검사실에서 피의자 신분으로 신문을 받아 본 경험이 있는 사람은 장시간에 걸쳐 질문과 답변으로 치열하게 공방을 벌인 상대방은 검사가 아닌 참여수사관이었다고 입증해 줄 것이다. 저자 또한 참여수사관으로서 15명의 검사와 차례로 근무하는 동안 절대적으로 많은 시간과 노력을 쏟아부으며 가장 전력투구한 직무는 시종일관 피의자를 직접 신문하고 조서를 작성하는 업무였다.

　다음은 참여수사관이 검사 대신 피의자 또는 참고인을 포함한 대질신문을 마친 후 이어지는 과정이다.

　조서 파일을 내부통신망을 통하여 검사에게 보내거나 이를 출력하여 검사가 읽어 볼 수 있도록 한다. 검사는 조서 내용을 읽어 보고 그 내용만으로 사건처분이 ① 가능한 경우 ② 어중간한 경우 ③ 어렵거나 불가능한 경우 중 하나로 구분한 다음, 위 ①에 해당하는 것으로 판단되면 참여수사관 앞에 앉아 이미 신문을 받은 사람에게 다가가거나 그를 자신의 책상 앞으로 불러 앉힌 후 참여수사관에게 진술했던 내용이 사실과 다름이 없는지를 물어서 '맞다'고 답하면 신문 및 조서 작성은 그대로 종료가 된다. 그러나 위 ②, ③에 해당하여 그 조서 내용만으로는 사건 처분이 어렵다고 판단되면 참여수사관에게 가감첨삭 또는 추가 신문을 하도록 지시하거나 검사 자신이 직접 추가 신문하고 소급하여 조서 내용 곳곳을 찾아 들어가 가감첨삭 하여 조서를 완성한다. 그러한 조서에 검사가 서명날인하여 자신이 직접 신문하고 작성한 것이라고 법정에 유죄의 증거로 제출해 온 것이다.

참여수사관이 검사의 사건처리 방침에 맞지 않는 ②, ③에 해당하는 조서를 주로 만들어 낸다면 무능한 참여수사관으로 크게 자책하지 않을 수 없으며 이를 탈피하지 못하면 검사실 근무 부적응 및 무능한 직원으로 자리매김을 당하여 검사실에서 배출될 것이다.

검사의 직무수행은 참여수사관의 직무수행 능력에 의존하는 정도가 지대(至大)하여 검사의 참여수사관에 대한 신임은 ①에 가깝도록 얼마나 능수능란하게 신문하고 조서를 작성해 내어 검사에게 바치느냐에 달려 있다. 검사는 장시간 참여수사관이 신문하고 조서를 작성해 주는 덕분에 이외 다른 업무에 대한 완급을 조절하며, 집중적, 선별적으로 능수능란하게 여러 업무를 처리할 수 있어 검사로서 상사가 바라는 성적을 내고 좋은 평가를 받는 데 가장 큰 도움이 되어 주기 때문이다.

「검찰청법」 제46조 제4항에는 참여수사관이 조서 작성에 관하여 검사의 의견과 다른 경우에는 조서의 끝부분에 그 취지를 적을 수 있다고 규정하고 있다. 지금도 건재하게 자리하고 있으나 이는 한마디로 우리나라 형사사법 법률 수준을 가감 없이 보여 주는 좀비(zombie) 조항이다. 우선 검사실에서 참여수사관이 실지 피의자를 신문하고 작성한 조서인데 이에 다른 의견을 적는다는 것은 자가당착이고, 드물게 검사가 시종일관

직접 신문하고 작성한 조서라고 해도 모순이 아닐 수 없다. 참여수사관이 검사의 피의자신문에 관한 직무에 대하여 검사의 얼굴에 크게 먹칠하는 것이어서 일어나지 않을 일이기 때문이다. 어느 쪽이든 검사실에서 생산되는 피의자신문조서는 결국 검사의 브랜드가 붙어 법정에 제출될 조서인데 참여수사관이 이에 다른 의견을 적어 넣는다는 것은 이에 오물을 묻히는 것과 다름없기에 일어날 수 없다는 것이다. 실지로 저자가 검사실 참여수사관으로 피의자신문조서에 검사와 다른 의견을 적은 일은 단 한 번도 없었지만 그런 사례가 있었다는 것 또한 들어 본 적이 없다.

저자의 주장은 참여수사관이 조서에 의견을 적을 수 있게 해 달라는 것이 아니다. 오랜 세월 '검사실 참여'라는 포괄적 규정을 빙자한 직무수행 방식으로 형사사법 정의와 절차를 교란해 온 지금의 반문명적 '검사실 참여' 제도에 대한 폐지의 필요성을 알리고자 하는 것이다.

오랜 세월 검사는 그러한 조서에 서명하여 자신이 신문하고 조서를 작성한 것처럼 유죄의 증거로 법정에 제출하였다. 이러한 조서를 "검사가 신문하고 작성한 조서다."라고 하는 것은 참여수사관의 대역 정도에 따라 거짓 또는 궤변을 넘나든다. 사건관계인의 생사여탈에 크게 영향을 미치는 조서는 계급순으로 올라가면서 가감첨삭 후 완성되면 그 상급자의 의사로서 그 명의의 문서가 되는 공문, 보고서, 결재서류, 기획문서 등과 전혀 성격이 다르기 때문이다.

2. 일제, 검사실 참여 제도

가. 1880년 「치죄법」 제151조

1880년 일제는 치죄법(공포 자료: 서적 **제57쪽**) 제3편 범죄의 수사, 기소 및 예심 → 제3장 예심 → 제4절 피고인의 신문 및 대질 → 제151조에 예심판사의 입회 서기 조항을 두었으나 검사실 입회 서기 조항은 두지 않았다.

> **제4절**
> **피고인의 신문 및 대질**
> **제151조 서기는** 신문 및 진술을 녹취하여 피고인에게 이를 읽어 주어야 한다. **예심판사는** 피고인에게 진술의 상위 여부를 물어 서명날인 하여야 하고 서명날인을 할 수 없을 때는 그 취지를 부기(附記)하여야 한다.

第四節 被告人ノ訊問及ヒ對質
第百五十一條 書記ハ訊問及ヒ陳述ヲ錄取シ被告人ニ之ヲ讀聞カス可シ
豫審判事ハ被告人ニ共陳述ノ相違ナキヤ否ヤ問ヒ署名捺印セシム可シ若シ署名捺印スルコト能ハサル時ハ此旨ヲ附記ス可シ
書記ハ本條ノ式ヲ履行シタルコヲ記載シ豫審判事ト共ニ署名捺印ス可シ

일제 검사의 입회 서기 제도에 관한 규정이 없는 대신 예심 제도에 의한 예심판사를 보좌하는 입회 서기에 관한 규정이다. 예심판사는 판사이면서 검사의 기소 직후 공소유지를 위한 보충수사를 담당하였다는 면에서 현재의 수사검사와 공판검사를 겸한 직무수행에 가깝다고 볼 수 있어 본 조항의 서기는 현재 검사실 참여수사관의 효시라고 볼 수 있다.

나. 1890년 「명치 형사소송법」 제95조

1890년 일제는 「명치 형사소송법」(관보 자료: 서적 **제62쪽**) 제3편 범죄의 수사, 기소 및 예심 → 제3장 예심 → 제4절 제95조에 치죄법 제151조를 계승한 예심판사의 입회 서기 조항을 두었다.

> **제4절 피고인의 신문 및 대질**
> **제95조** 재판소 서기는 신문 및 공술을 녹취하여 피고인에게 읽어 들려주어야 한다. **예심판사**는 피고인에게 그 진술과 서로 다른지 여부를 묻고 서명날인을 하여야 하고, 만일 서명날인 할 수 없을 때는 그 취지를 부기(附記)하여야 한다.

第九十五條　裁判所書記ハ訊問及ヒ供述ヲ錄取シ被告人ニ之ヲ讀聞カスヘシ豫審判事ハ被告人ニ其供述ノ相違ナキヤ否ヤヲ問ヒ署名捺印セシム可シ若シ署名捺印スルコト能ハサルトキハ其旨ヲ附記ス可シ

第四節　被告人ノ訊問及ヒ對質

치죄법과 마찬가지로 검사실 입회 서기에 관한 규정은 아직 없다.

다. 1922년 「대정 형사소송법」 139조

1922년 일제는 대정 형사소송법(관보 자료: 서적 **제64쪽**) 제1편 총칙 → 제10장 피고인 신문 → 제139조에 제136조(판사의 입회 서기)를 인용하여 **검사를 보좌하는 입회 서기 조항을 두었다.**

第百三十六條 被告人ヲ訊問スルトキハ裁判所書記ヲシテ立會ハシムヘシ	第百三十九條 本章ノ規定ハ被疑者ヲ訊問スル場合ニ之ヲ準用ス但シ司法警察官訊問ヲ爲ス場合ニ於テハ司法警察吏ヲシテ立會ハシムヘシ
제136조 피고인을 신문할 때에는 재판소 서기를 입회시켜야 한다.	제139조 본 장의 규정은 **피의자를 신문하는 경우**에 이를 준용한다. 다만, 사법경찰관이 신문하는 경우에는 사법경찰리로 하여금 입회하게 하여야 한다.

제136조(판사의 신문)를 인용한 제139조(검사의 신문)에 비로소 '검사실 참여' 규정이 신설되었음을 알 수 있다. 식민지 조선의 검사실에서는 이러한 포괄규정 하나로 입회 서기가 검사의 아바타로서 피의자를 신문하면서 고문을 일삼던 경찰의 역할을 함께 수행하며 검사의 대역으로서 매우 다중적인 역할을 함으로써 형사사법 경제를 도모한 것이다.

일제 본토와 조선의 검사실에 적용된 이러한 포괄조항이 시행되는 과정에서 어떠한 미묘한 차이점이 있었는지에 대하여까지 구체적으로는 알 길은 없다. 다만 저자가 이 제도에 뿌리를 두고 계승된 검사실의 참여 수사관으로서 15명의 검사와 근무한 처절한 경험을 통해 이 제도에 대하여 통렬하게 절감한 문제점들, 그 궁금증과 개혁의 필요성에 대한 열망으로 연구한 결과로 알게 된 사실에 관한 것을 기술하고자 한다.

일제 검찰 목적 실현의 산실인 검사실에서 입회 서기의 역할은 검사의 형사사법 노예이자, 검사의 탈을 쓰고 검사의 혼을 담은 아바타가 되어 호가호위(狐假虎威)로써 직무를 수행하였다. 식민지 조선에서야말로 검사실 입회 서기의 그러한 역할이 절실했던 이유는 검사의 정원 부족에 더하여 송치사건 과다에 따른 검사의 업무 과중, 조선인을 불령선인으로 여기는 민족 차별, 언어장벽이 복합적으로 작용하였기 때문이다. 검사실 입회 서기는 검사의 대역으로 검사의 입맛에 맞게 피의자를 신문하여 자백이 담긴 조서를 만들어 내어 검사의 직무수행에 대한 효율을 극대화하였다. 다음은 앞서 언급한 이들 요인을 차례로 짚어 본다. 먼저 조선의 검사 인력 부족과 검사실 업무 과중에 관한 자료이다.

"식민지 기간 동안, 조선의 인구는 1910년 12,313,017명에서

1942년 26,361,401명으로, 2배가 증가하였다. 경찰이 집계한 범죄 발생 건수는, 1912년 43,297건(37,609명)에서, 1940년 181,195건 (154,141명)으로 약 4배가, 지방법원에서의 형사사건 접수 건수는 1910년 6,839건에서, 1940년 44,271건으로 약 6.5배가 증가하였다."[42]

다음은 『훈시통첩유찬』 서적 중 카사이 켄타로(笠井健太郞) 검사장이 검사국 감독관에 대한 훈시에서 언급한 검사의 업무 과중이다.

一 朝鮮現下ノ情勢ハ各地トモ概ネ搜査事件檢擧ノ定員ニ比シ甚シク多キニ過キ檢擧ハ其ノ本領ヲ發揮シ難ク殆ト司法警察官ノ送致事件ノ處理ニ忙殺セラレ他ヲ顧ミル餘力ナク偶檢事ニ對シ直接告訴告發ヲ爲シ其ノ發動ヲ求ムルモノアルモ之ガ搜査ニ從事シ難キヲ以テ已ムナク機宜ノ處置ト
1935년 4월 笠井 검사장의 검사국 감독관에 대한 훈시 (제61쪽 13~15행)

1. 조선 현하의 정세는 각지 모두 대체로 **수사 사건이 검사의 정원에 비하여 너무 심하게 많아 검사는 그 본령을 발휘하기 어렵고 거의 사법경찰관의 송치사건의 처리에 망쇄(忙殺)되어 다른 것을 돌아볼 여력이 없어** 이따금 검사에 대하여 직접 고소·고발을 하여 그 발동을 구하는 자가 있어도 그 수사에 종사하기 어려우므로 부득이 적절한 처치로써 (…) |

---

42 문준용, 「한국 검찰제도의 역사적 형성에 관한 연구」, 2004년, 125쪽 상단

식민지 조선의 검찰 최고 권력자인 「검사장」이 업무 과중을 토로하고 있다. 검사의 정원은 일제 본토의 절반밖에 되지 않았다.[43] 수탈과 탄압의 대상인 조선인에게 막대한 비용이 드는 검사 정원을 본토의 자국민처럼 공급할 필요는 전혀 없는 것이다. 일제는 자국민처럼 진실 발견과 정의로운 결정을 해 줄 이유나 필요성이 전혀 없었기에 정원을 절반으로 유지한 때문에 '검사가 사법경찰관이 송치한 사건처리에 정신을 차릴 수 없을 정도로 매우 바빴던 것(忙殺)'이다. 그 빈틈을 메우기 위하여 검찰 밖 현장 수사에서는 경찰을, 검찰 내에서는 입회 서기를 각기 검사의 혼을 불어넣은 아바타로 만들고 이들을 앞세워 업무 과중의 빈틈을 채우고 동시에 검찰의 목적 실현을 위한 형사사법 효율의 극대화를 도모하였다.

경찰이 일에 치여 사는 검사에게 자백이 담기지 않은 조서가 첨부된 사건기록을 송치한다는 것은 검사에 대한 불경이어서 수사 현장에서 자백을 받기 위하여 고문이 창궐하였고, 그러한 경찰이 다른 경찰보다 입신과 영달을 얻었으며 검사실 입회 서기 또한, 검사의 혼이 담긴 아바타로서 발호하며 반인도적, 반문명적, 반인륜적 수사범죄를 자행하였다.

저자가 1991년 검찰에 입문하여 참여계장 선배들에게 듣는 처절한 경험담은 피의자로부터 자백받는 일을 제대로 하지 못하면 검사에게 대우를 받을 수 없고, 검찰에 적응하지 못했다는 평을 얻는다는 것이었다. 심지어 검사가 참여계장이 신문하여 작성한 조서가 마음에 들지 않는다며 참여계장이 보는 앞에서 마구 찢어 버렸다는 소문이 자자한 적이 있었는데 오가다 그 검사 또는 참여계장을 볼 때마다 그 장면이 연상되었던 기

---

43 문준용, 「한국 검찰제도의 역사적 형성에 관한 연구」, 2004년, 125~126쪽 〈표 V-2〉 일본과 조선의 법조인 수와 인구 백만 명당 인원수(1910~1942)

억이 생생하다. 이후 저자는 2000년 5월부터 실지로 검사실 참여수사관으로 근무하게 되었다. 그 당시에도 자백을 받지 못하는 참여계장이 무능한 취급을 받는 것은 여전했고 자백 강요가 만연하였다. 그 이후 자백하지 않는 사건이면 보강증거 수집에 나서는 수사 관행이 인정되기 시작한 때는 국민의 정부가 들어선 후 2002년 서울지검 피의자 구타 사망 사건으로 세상이 떠들썩해지고 검찰총장, 법무부장관이 모두 즉각 경질된 이후부터였다.

일제 검사실에서 검사의 아바타가 필요했던 또 다른 이유는 일에 치여 사는 검사는 민족 차별의 화신이었기 때문이다. 조선인을 불령선인(不逞鮮人)이라며 멸시와 천대로 일관하고 얼굴 대하기를 꺼리며 오로지 일제 형사사법 실적의 대상물로 취급하였다. 검사가 진실을 밝혀 정의롭게 사건처리를 하기 위하여 피의자인 조선인을 앞에 앉혀 놓고 눈을 마주 보고 장시간 신문하는 일은 대체로 일어나지 않았고 검사의 아바타인 입회 서기가 대신 수행해 주었으며 검사의 입신과 영달, 입맛에 맞도록 신문하고 조서를 꾸미고 만들어 검사에게 바치는 것이 입회 서기의 직무이자 존재 이유였다.

그다음 요인은 절대다수를 차지하던 일본인 검사의 언어장벽 때문에 아바타가 절실했다. 조선어에 서툰 검사로서는 일반적인 신문보다 몇 배의 시간과 노력을 들여야 하는 우리말 통역의 불편함이 있었기 때문이다. 피의자신문 과정은 실체적인 사실관계는 물론 미묘한 심리적 현상과 변화를 간파하고 묻고 답함으로써 장시간 신문하여야 하고 사건에 따라서는 수일에 걸쳐 피의자와 참고인을 교대하며 치열하게 공방을 주고받으며 언어 구사를 해야 하는 정신적, 육체적 고역으로서 검사가 몸소 나서서 통역까지 동원하여 장시간 이를 수행한다는 것은 대체로 일어날 수 없는 일이었다.

　검사는 입회 서기가 자신의 입신과 영달, 입맛에 맞게 신문하고 작성한 피의자신문조서에 서명하여 자신이 신문한 것으로 둔갑시켜 일제 법정에 유죄의 증거로 제출하였고, 판사는 그 조서로써 유죄의 증거로 삼아 보다 쉽게 재판을 끝낼 수 있어 법정에서의 소송비용 절감과 재판 실적까지 거둘 수 있었기에 조서재판이 창궐하게 되었다. 이렇게 일제에 부역한 입회 서기는 그 위안(慰安)으로 현재의 집행관에 해당하는 '집달리'라는 관직을 부여받고 입에 재갈을 물고 알고 있는 검사실 그리고 검찰에서 벌어진 수탈과 탄압의 범죄를 무덤까지 가져간 것이다.

3. 일본, 1948년 검사실 참여 제도 폐지

○ 1948년 「소화 형사소송법」 30여 개 조항

일본은 소화 형사소송법(관보 자료: 서적 **제66쪽**)에 검사실 입회 서기 조항을 삭제하고 대신 검찰 내에서 수사업무에 직접 종사하는 자를 '검찰사무관'으로 일원화 및 정예화하고, 형사소송법 제2편 → 제1심 제1장 → 제191조 제2항에 "검찰사무관은 검찰관의 지휘를 받아 수사를 하여야 한다."라고 규정하여 검사의 통제를 받도록 하는 것을 전제로 하되 그 직무 범위를 30여 개 조항으로 세분하고 매우 명확하고 구체적으로 규정함으로써 정체성을 부여하고, 직권남용의 소지를 일소하였다.

다만, 일본의 '검찰사무관'과 현재 우리의 '검찰사무관'을 동격으로 비교할 수는 없다는 것이다. 그 자격과 선발 과정, 양국이 서로 달리하는 특유의 검찰 제도문화의 역사와 환경 그리고 특히 저자가 검찰에서 직간접적으로 경험한 우리나라 검찰사무관 이상 간부들의 개탄스럽기 이를 데 없는 각종 행태 때문이다. 지속적 개선을 통하여 우리나라 검찰 제도의 국가경쟁력 차원에서 획기적으로 개혁하고 달라져야 할 것을 전제로 상당 지면을 할애하여 일제 입회 서기를 대체한 일본의 검찰사무관의 직무 범위에 관한 일본 형사소송법 규정을 번역하여 소개하고자 한다.

> **번역**
>
> **(검찰사무관≒검찰수사관, 구류장≒구속영장, 체포장≒체포영장)**
>
> **제39조** ③ 검찰관, **검찰사무관** 또는 사법경찰직원(사법경찰원 및 사법순경을 말한다. 이하 같다.)은 수사를 위해 필요한 때에는 공소제기 전에 한해 제1항의 접견 또는 수수에 관하여 그 일시 장소 및 시간을 지정할 수 있다. 단, 그 지정은 피의자가 방어준비를 하는 권리를 부당하게 제한하지 않아야 한다.
>
> **제70조** 구인장 또는 구류장은 검찰관의 지휘에 따라 **검찰사무관** 또는 사법경찰직원이 이를 집행한다. 단, 급속을 요하는 경우에는 재판장, 수명재판관 또는 지방재판소, 가정재판소 혹은 간이재판소의 재판관은 그 집행을 지휘할 수 있다.
>
> **제71조 검찰사무관** 또는 사법경찰직원은 필요할 때에는 관할구역 외에서 구인장 혹은 구류장을 집행하거나 그 지역의 **검찰사무관** 혹은 사법경찰직원에게 그 집행을 요구할 수 있다.
>
> **제98조** 보석 혹은 구류의 집행정지를 취소하는 결정이 있을 때, 또는 구류의 집행정지기간이 만료된 때에는 **검찰사무관**, 사법경찰직원 또는 형사시설직원은 검찰관의 지휘에 의해, 구류장 등본과 보석 또는 구류의 집행정지를 취소하는 결정의 등본이나 기간을 지정한 구류의 집행정지 결정 등본을 피고인에게 제시하여 이를 형사시설에 수용하여야 한다.
>
> **제108조** 압수영장, 기록명령부압수영장 또는 수색장은 검찰관의 지휘에 따라 **검찰사무관** 또는 사법경찰직원이 이를 집행한다. 단, 재판소가 피고인의 보호를 위해 필요하다고 인정하는 때에는 재판장은 재판소 서기관 또는 사법경찰직원에게 그 집행을 명할 수 있다.
>
> **제109조 검찰사무관** 또는 재판소 서기관은 압수영장, 기록명령부압수장 또는 수색장의 집행에 대해 필요가 있을 때에는 사법경찰직원에게 보조를 요구할 수 있다.
>
> **제126조 검찰사무관** 또는 사법경찰직원은 구인장 또는 구류장을 집행하는 경우에 필요할 때에는 사람의 주거 또는 사람이 간수하는 저택, 건조물 혹은 선박 내에 들어가 피고인의 수색을 할 수 있다. 이 경우 수색장은 이를 필요로 하지 않는다.
>
> **제127조**, 제111조, 제112조, 제114 및 제118조의 규정은 전조의 규정에 의하여 **검찰사무관** 또는 사법경찰직원이 하는 수색에 대해 이를 준용한다. 단, 급속을 필요로 하는 경우는 제114조제2항의 규정에 의한 것을 필요로 하지 않는다.
>
> **제191조** ① 검찰관은 필요하다고 인정할 때는 스스로 범죄를 수사할 수 있다.
> ② **검찰사무관**은 검찰관의 지휘를 받아 수사를 해야 한다.

제195조 검찰관 및 **검찰사무관**은 수사를 위해 필요할 때는 관할 구역 밖에서 직무를 수행할 수 있다.

제196조 검찰관, **검찰사무관** 및 사법경찰직원 및 변호인, 기타 직무상 수사와 관계가 있는 자는 피의자 기타 사람의 명예를 해치지 않도록 주의하고 또한 수사를 방해하지 않도록 주의해야 한다.

제197조 ③ 검찰관, **검찰사무관** 또는 사법경찰원은 압수 또는 기록명령부 압수를 위해 필요가 있을 때에는 전기통신을 행하기 위한 설비를 타인의 통신용으로 제공하는 사업을 영위하는 자 또는 자신의 업무를 위한 불특정 혹은 다수의 사람의 통신을 매개할 수 있는 전기통신을 행하기 위한 설비를 설치하고 있는 사람에 대해, 그 업무상 기록하고 있는 전기통신의 송신원, 송신지, 통신 일시 그 외의 통신 이력의 전자적 기록 가운데 필요한 것을 특정해, 30일을 넘지 않는 기간을 정하여 이를 소거하지 않도록 서면으로 요구할 수 있다. 이 경우에 해당 전자적 기록에 대해 압수 또는 기록명령부 압수를 할 필요가 없다고 인정하기에 이르렀을 때는 해당 요구를 취소해야 한다.

제198조 ① 검찰관, **검찰사무관** 또는 사법경찰직원은 범죄 수사를 할 필요가 있는 때에는 피의자의 출석을 요구하고 이를 조사할 수 있다.
단, 피의자는 체포 또는 구류되어 있는 경우를 제외하고는 출두를 거부하거나 출두 후 언제든지 퇴거할 수 있다.
② 전항의 취조에 있어서는 피의자에 대해 미리 자신의 의사에 반하여 진술할 필요가 없음을 알려야 한다.
③ 피의자의 진술은 이를 조서에 녹취할 수 있다.
④ 전항의 조서는 이를 피의자에게 열람하게 하거나 읽어 내어 잘못이 없는지 물어, 피의자가 증감변경 신청을 한 때에는 그 진술을 조서에 기재하여야 한다.
⑤ 피의자가 조서에 오류가 없음을 인정한 때는 이에 서명날인을 요구할 수 있다. 단, 이를 거절한 경우는 그러하지 아니하다.

제199조 검찰관, **검찰사무관** 또는 사법경찰직원은 피의자가 죄를 범하였음을 의심할 만한 상당한 이유가 있는 때에는 법관이 미리 발부한 체포장에 의하여, 이를 체포할 수 있나. 나만 30만 엔(형법, 폭력행위 등 처벌에 관한 법률 및 경제 관련 벌칙의 정비에 관한 법률의 죄 이외의 죄에 대하여는 당분간 2만 엔) 이하의 벌금, 구류 또는 과료에 해당하는 죄에 대해서는 피의자가 정해진 주거가 없는 경우 또는 정당한 이유가 없고 전조의 규정에 의한 출두 요구에 응하지 않는 경우에 한한다.

제202조 검찰사무관 또는 사법순사가 체포장에 의하여 피의자를 체포한 때에는 즉시 **검찰사무관**은 이를 검찰관에게, 사법순사는 이를 사법경찰원에게 인치하여야 한다.

제210조 ① 검찰관, **검찰사무관** 또는 사법경찰직원은 사형 또는 무기 또는 장기 3년 이상의 징역 혹은 금고에 해당하는 죄를 범한 것을 의심할 만한 충분한 이유가 있는 경우로, 급속을 요하여 재판관의 체포장을 구할 때에는 그 이유를 고지하고 피의자를 체포할 수 있다. 이 경우에는, 즉시 재판관의 체포장을 구할 절차를 진행하여야 한다. 체포장이 발부되지 않은 때는 피의자를 즉시 석방하여야 한다.
② 제200조의 규정은 전항의 체포장에 관하여 이를 준용한다.

제214조 검찰관, **검찰사무관** 및 사법경찰직원 이외의 자는 현행 범인을 체포한 때에는 즉시 이를 지방검찰청 또는 구검찰청 검찰관 또는 사법경찰직원에게 인계하여야 한다.

제218조 ① 검찰관, **검찰사무관** 또는 사법경찰직원은 범죄 수사에 관하여 필요한 때에는 재판관이 발부하는 영장에 의해 압수, 기록명령부압수, 수색 또는 검증을 할 수 있다. 이 경우에 신체의 검사는 신체검사영장에 의하여야 한다.
④ 제1항의 영장은 검찰관, **검찰사무관** 또는 사법경찰원의 청구에 의해 이를 발부한다.
⑤ 검찰관, **검찰사무관** 또는 사법경찰원은 신체검사영장을 청구함에 있어 신체검사를 필요로 하는 이유 및 신체검사를 받는 사람의 성별, 건강상태, 기타 재판소의 규칙으로 정하는 사항을 제시하여야 한다.

제220조 ① 검찰관, **검찰사무관** 또는 사법경찰직원은 제199조의 규정에 의하여 피의자를 체포하는 경우 또는 현행범인을 체포할 경우에 필요한 때에는 다음 처분을 할 수 있다. 제210조의 규정에 의해 피의자를 체포하는 경우에 있어 필요한 때에도 같다.
1. 사람의 주거 또는 사람이 간수하는 저택, 건조물 혹은 선박 내에 들어가 피의자를 수색하는 것
2. 체포현장에서 압수, 수색 또는 검증을 하는 것
② 전항 후단의 경우에 있어 체포장을 얻을 수 없는 때에는 압수물은 즉시 이를 환부하여야 한다. 제123조 제3항의 규정은 이 경우에 대하여 이를 준용한다.
③ 제1항의 처분을 함에 있어 영장을 필요로 하지 않는다.
④ 제1항 제2호 및 전항의 규정은 **검찰사무관** 또는 사법경찰직원이 구인장 또는 구류장을 집행하는 경우에 이를 준용한다. 피의자에 대해 발부된 구인장 또는 구류장을 집행하는 경우에는 제1항 제1호의 규정도 준용한다.

제221조 검찰관, **검찰사무관** 또는 사법경찰직원은 피의자, 기타의 사람이 유류한 물건 또는 소유자, 소지자 또는 보관자가 임의로 제출한 물건은 이를 영치할 수 있다.

제222조 ① 제99조 제1항, 제100조, 제102조 내지 제150조까지, 제110조 내지 제112조까지, 제114조, 제115조 및 제118조 내지 제124조까지의 규정은 검찰관, **검찰사무관** 또는 사법경찰직원이 제218조, 제220조 및 전조의 규정에 의한 압수 또는 수색에 관하여 제110조, 제111조의2, 제112조, 제114조, 제118조, 제129조, 제131조 및 제137조 내지 제140조까지의 규정은 검찰관, **검찰사무관** 또는 사법경찰직원이 제218조 또는 제220조의 규정에 의한 검증에 관하여 이를 준용한다. 단, 사법순사는 제122조 내지 제124조까지 규정한 처분을 할 수 없다.
② 제220조의 규정에 의해 피의자를 수색하는 경우에 있어서 급속을 필요로 하는 때에는 제114조 제2항의 규정에 의한 것을 필요로 하지 않는다.
③ 제116조 및 제117조의 규정은 검찰관, **검찰사무관** 또는 사법경찰직원이 제218조의 규정에 의한 압수, 기록명령부압수 또는 수색에 대해서 이를 준용한다.
④ 일출 전, 일몰 후에는 영장에 야간에도 검증을 할 수 있다는 취지의 기재가 없으면 검찰관, **검찰사무관** 또는 사법경찰직원은 제218조의 규정에 의하여 검증을 위해 사람의 주거 또는 사람의 간수하는 저택, 건조물 또는 선박 내에 들어갈 수 없다. 단, 제117조에 규정하는 장소에 대해서는 그러하지 아니하다.
⑤ 일몰 전 검증에 착수했을 때는, 일몰 후에도 그 처분을 계속할 수 있다.
⑥ 검찰관, **검찰사무관** 또는 사법경찰직원은 제218조의 규정에 의하여 압수, 수색 또는 검증을 함에 있어 필요한 때에는 이에 피의자를 입회시킬 수 있다.
⑦ 제1항의 규정에 의하여 신체의 검찰관을 거부한 자를 과료에 처하거나 이에 배상할 때에는 재판소에 그 처분을 청구하여야 한다.

제223조 검찰관, **검찰사무관** 또는 사법경찰직원은 범죄 수사를 할 필요가 있는 때에는 피의자 이외의 사람의 출두를 요구하고 이를 조사하거나 이에 감정, 통역 혹은 번역을 촉탁할 수 있다.
② 제198조 제1항 단서 및 제3항 내지 제5항의 규정은 전항의 경우에 이를 준용한다.

제224조 ① 전조 제1항의 규정에 의하여 감정을 촉탁하는 경우에 있어 제167조 제1항에 규정하는 처분을 필요로 하는 때에는 검찰관, **검찰사무관** 또는 사법경찰직원은 재판관에게 그 처분을 청구하여야 한다.
② 재판관은 전항의 청구를 상당하다고 인정한 때에는 제167조의 경우에 준하여 그 처분을 하여야 한다. 이 경우에는 제167조의2의 규정을 준용한다.

제225조 ① 제223조 제1항의 규정에 의한 감정의 촉탁을 받은 자는 재판관의 허가를 받아 제168조 제1항에 규정하는 처분을 할 수 있다.
② 전항의 허가청구는 검찰관, **검찰사무관** 또는 사법경찰직원으로부터 이를 하여야 한다.
③ 재판관은 전항의 청구를 상당하다고 인정하는 때에는 허가장을 발부해야 한다.
④ 제168조 제2항 내지 제4항 및 제6항의 규정은 전항의 허가장에 대해 이를 준용한다.

제226조 ① 제223조 제1항의 규정에 의한 검찰관, **검찰사무관** 또는 사법경찰직원의 조사에 임의의 진술을 한 자가 공판기일에서 앞서 한 진술과 다른 진술을 할 우려가 있고 동시에 그 사람의 진술이 범죄의 증명에 없어서는 안 된다고 인정되는 경우에는 제1회의 공판기일 전에 한하여, 검찰관은 재판관에게 그자에 대한 증인 신문을 청구할 수 있다.
② 전항의 청구를 하려면, 검찰관은 증인 신문을 필요로 하는 이유 및 그것이 범죄의 증명에 없어서는 안 된다고 인정되는 것임을 소명하지 않으면 안 된다.

제229조 ① 변사자 또는 변사의 혐의가 있는 사체가 있는 때에는 그 소재지를 관할하는 지방검찰청 또는 구검찰청의 검찰관은 검시를 하여야 한다.
② 검찰관은 **검찰사무관** 또는 사법경찰원에게 전항의 처분을 하게 할 수 있다.

제268조 ① 재판소는 제266조 제2호의 규정에 의해 사건이 그 재판소의 심판에 회부된 때에는 그 사건에 대해 공소유지에 해당하는 자를 변호사 중에서 지정하여야 한다.
② 전항의 지정을 받은 변호사는 사건에 대해 공소를 유지하기 위해 재판의 확정에 이르기까지 검찰관의 직무를 행한다. 단, **검찰사무관** 및 사법경찰직원에 대한 수사의 지휘는 검찰관에게 위촉하여 이를 행하여야 한다.

제316조의15 8. 조사상황의 기록에 관한 준칙에 의거해 검찰관, **검찰사무관** 또는 사법경찰직원이 직무상 작성하도록 의무화된 서면으로서 신체의 구속을 받고 있는 사람의 조사에 관해 그 연월일, 시간, 장소, 그 외의 조사의 상황을 기록한 것(피고인 또는 그 공범으로서 신체를 구속당하였거나 공소가 제기된 자로서 제5호 가목 또는 나목에 열거한 것에 한한다.)
9. 검찰관 청구증거인 증거물의 압수절차 기록서면(압수절차의 기록에 관한 준칙에 근거해 검찰관, **검찰사무관** 또는 사법경찰직원이 직무상 작성하는 것을 의무화한 서면으로, 증거물의 압수에 관해 그 압수자, 압수의 연월일, 압수 장소 그 외의 압수 상황을 기록한 것을 말한다. 다음 항 및 제3항 제2호 가목에서 동일하다.)

제321조 ③ 검찰관, **검찰사무관** 또는 사법경찰직원의 검증 결과를 기재한 서면은 그 진술자가 공판기일에 증인으로서 신문을 받아 진정하게 작성된 것임을 진술한 때에는 제1항의 규정에 관계없이, 이를 증거로 할 수 있다

제430조 검찰관 또는 **검찰사무관**이 한 제319조 제3항의 처분 또는 압수 혹은 압수물의 환급에 관한 처분에 불복하는 자는 그 검찰관 또는 **검찰사무관**이 소속된 검찰청에 대응하는 재판소에 그 처분의 취소 또는 변경을 청구할 수 있다.

제435조 7. 원판결에 관여한 재판관, 원판결의 증거가 된 증거서류의 작성에 관여한 재판관 또는 원판결의 증거가 된 서면을 작성하거나 또는 진술을 한 검찰관, **검찰사무관** 혹은 사법경찰직원이 피고사건에 대하여 직무에 관한 죄를 지은 것이 확정판결에 의해 증명된 때 단, 원판결을 하기 전에 재판관, 검찰관, **검찰사무관** 또는 사법경찰직원에 대해 공소제기가 이루어진 경우에는 원판결을 한 법원이 그 사실을 알지 못하였을 때에 한한다.

제477조 사형은 검찰, **검찰사무관** 및 형사시설의 장 또는 그 대리자의 입회 후에 이를 집행하여야 한다.

제478조 사형집행에 입회한 **검찰사무관**은 집행시말서를 작성하여 검찰관 및 형사시설의 장 또는 그 대리자와 함께 이에 서명날인을 하여야 한다.

4. 대한민국, 1954년 일제 검사실 참여 제도 계승

1954년 대한민국은 형사소송법(관보 자료: 서적 **제69쪽**) 제243조에 일본이 1948년 폐지한 일제 대정 형사소송법 제136조를 인용한 제139조를 그대로 심었다.

제243조(피의자신문과 참여자) 검사가 피의자를 신문함에는 검찰청수사관 또는 서기관이나 서기를 참여하게 하여야 하고 사법경찰관이 피의자를 신문함에는 사법경찰관리를 참여하게 하여야 한다.

대한민국 형사소송법	1922년 대정 형사소송법	
제243조(피의자신문과 참여자)	제136조	제139조
검사가 피의자를 신문함에는 검찰청수사관 또는 서기관이나 서기를 참여하게 하여야 하고 사법경찰관이 피의자를 신문함에는 사법경찰관리를 참여하게 하여야 한다.	피고인을 신문할 때에는 재판소 서기를 입회시켜야 한다.	본 장의 규정은 **피의자를 신문하는 경우**에 이를 준용한다. 다만 사법경찰관이 신문하는 경우에는 사법경찰관리로 하여금 입회하게 하여야 한다.
1954년 제정	1948년 폐지	

일제 검찰의 목적 실현에 이바지하고 검사의 입신과 영달, 입맛에 맞게 직무를 수행하며 검사의 업무 경감을 위하여 입회 서기는 현장 및 초동 수사에서의 경찰처럼 고문과 가혹 행위로써 피의자로부터 자백을 받아 내어 검사에게 바치고, 기타 검사의 직무명령에 따라 다용도로 활용할 수 있는 일제 입회 서기 제도를 그대로 계승한 검사실 참여 제도가 우리의 형사소송법에 그대로 계승이 된 것이다.

검찰은 작성 명의를 허위로 하거나 진실에 반하는 문서를 이용한 각종 범죄를 처벌하고 있다. 법률에는 검사의 권한과 책임으로 규정해 놓고 참여수사관이 검사의 대역으로 수행하면서 벌어지는 법치 무시, 거짓과 위선, '내로남불'을 우선 지적하고 싶다. 일제 잔재의 대표적 제도 중 하나인 대한민국 특유의 검사실 참여 제도는 일찍이 폐지되었어야 함에도 존속되어 왔다. 제도 존속의 가장 큰 원인은 검찰 내 검사 이외의 수사 직무에 종사하는 이들을 검사의 아바타로 포괄적으로 활용함으로써 검찰 권력 중심의 수사 구조를 뒷받침해 왔기 때문이다.

이 제도가 개혁의 도마 위에 오르지 않은 주요 원인은 다음과 같다.

첫 번째, 그동안 그 실상과 문제점을 잘 알고 있는 전현직 검사나 참여수사관이 스스로 나서서 적나라하게 실상과 진실을 언급하며 내부의 실상을 문제 삼고 개혁하라고 주장하는 것은 검찰 기득권자의 증오의 대상으로 낙인찍히는 배신적 행위이자 자기부정의 행위이므로 이뤄질 수 없는 것이다. 또한, 참여수사관 대부분 오랜 세월 동안 수행한 그 직무에 대하여 자랑으로 여기는 경향이 있고, 이로써 검찰 수구 세력의 기득권 수호와 검사에게 맹목적 충성을 다함으로써 입신 영달에 보탬이 되었기에 이를 비판하는 것은 자가당착이자 두려운 일이다.

두 번째, 검사가 아닌 참여수사관에게 피의자신문을 받았던 하늘의 별처럼 많은 사람들은 한두 번 신문을 받아서는 문제의식이 생길 리 만무했을 것이다. 설사 문제의식이 있더라도 검사실에서 조사를 받았다는 사실을 외부에 언급하는 자체만으로도 겁이 나고, 명예가 손상되는 일이고, 기억하고 싶지도 않으며 남에게 기억되고 싶지도 않은 일이어서 모두 함구하는 것이다.

세 번째, 학자 중 문제가 많은 제도임을 알고 접근을 시도한 분들도 있으나 검사실에서 근무하며 처절히 부딪쳐 본 경험 없이는 그 적나라함을 제대로 알기도 어렵거니와 설사 어느 정도 알고 있더라도 심층 연구하고 문제화시킬 만큼 수준에 도달하기 어렵고, 설사 이에 근접하여도 폐지 주장의 내용과 강도(强度)에 따라 검찰의 성역과 수구 기득권에 정면으로 도전장을 내는 불경스러운 일이기 때문에 엄두를 내지 못한 것이다.

네 번째, 앞서 언급한 문제들을 바로잡으려면 검찰의 무소불위에 대한 견제와 균형에 더욱 박차를 가하는 입법이 이루어져야 하는데 이는 곧 검찰 그리고 검사 기득권에 메스를 가하고 그 권한을 덜어 내는 일이어서 검찰은 물론 이에 아첨하는 검찰 권력 중심의 수사 구조 옹호론자들이 극도로 꺼려 왔기 때문이다.

검찰에서 수사 직무를 수행하는 직원에 대하여는 「형사소송법」제243조에 의한 '검사의 피의자신문에 참여'니 「검찰청법」제46조에 의한 '검사의 명을 받은 수사에 관한 사무'라는 포괄적 규정이 아닌 구체적인 직무 범위를 형사소송법 한곳에 모두 모아 명확히 규정하여 일제 식민지 검사실에서의 반문명적 형사사법 제도문화를 계승한 현재의 검사실 아바타 제도를 폐지하고, 경쟁력 있는 제도로 개혁하여야 한다.

이로써 해방 후 1954년 최초 제정된 「형사소송법」에 규정하여 무소불위 검찰 권력을 뒷받침하며 우리나라 형사사법 정의와 절차를 교란해 온 '검사실 참여' 조항은 일본이 패망 직후 폐지한 일제 검찰 권력의 산실인 검사실에서 행해진 검사의 아바타 제도를 악의적으로 취사모방 한 것으로서 그 문제점과 개혁의 필요성이 수면 아래 감춰진 채 그 명맥과 부작용이 도도히 유지되고 있음을 확인하였다.

제4장

영장청구권 독점에 깃든 검사의 아바타

들어가는 글

헌법 제12조 제3항에는 "체포·구속·압수 또는 수색을 할 때에는 적법한 절차에 따라 **검사의 신청에 의하여** 법관이 발부한 영장을 제시하여야 한다."라고 규정하여 검사에게 강제수사권 행사의 존엄성을 부여하여 그 이외 누구도 가질 수 없는 칼과 방패를 갖추게 하였다. 이로 인하여 경찰은 현장 및 초동 수사에서 신속하고 불가결하게 이루어져야 할 체포, 압수수색검증영장 청구마저 검사의 허가를 받지 않으면 사법심사의 문턱을 한 발짝도 밟을 수 없다. 검찰 부패의 원흉이자 경찰의 사기 저하와 수준 향상에 장애가 되어 왔고, 검경 간 견제와 균형을 심히 해치며 정치검사의 출현과 발호, 선택적 정의를 뒷받침하는 검사의 영장청구권 독점 제도는 폐지되어야 한다.

검찰은 아직도 견제받지 않는 권력으로서 존재하고 있다. 2020년 '고위공직자범죄수사처'가 신설되었으나 영장청구권을 지닌 검사를 주축으로 구성해야 하는 한계와 조직, 구성 면에서 고도의 검찰 부패를 비롯한 고위공직자 범죄에 대하여 허수아비 효과 이상을 기대할 수 없기 때문이다.

강제수사권 행사에 있어 검찰이 일제의 방식대로 또는 이를 가미하여 경찰을 아바타로 활용하는 방법은 두 가지이다. 하나는 경찰을 검사의 대역으로 앞세워 행사하는 것이고, 다른 하나는 경찰이 검사가 지배하는 대로만 움직이게 하는 것으로서 전자는 일제강점기에서 후자는 현재 우리의 영장청구권 독점 제도에서 엿볼 수 있는 방식이다. 검사가 강제수사권을 남용하거나 부패하면 일반 국민과 같이 경찰에 의하여 불시에 체포영장이 집행되거나 압수수색검증영장이 집행되어 강제수사 대상이 될 수 있다는 자각으로 옷깃을 여미도록 헌법과 법률을 개정해야 한다.

 현장 및 초동 수사의 요체인 체포, 압수수색검증영장 직무를 스스로 감당할 수 없는 수준의 경찰 보유를 강요하며 형사사법 정의와 절차를 교란해 온 검사의 영장청구권 독점 제도의 발원과 변천 과정을 알아본다.

1. 일제, 강제수사권 행사 대역 제도

가. 1912년 「조선형사령」 제12조

일제는 1912년 「조선형사령」(관보 자료: 서적 **제47쪽**) 제12조에 검사, 경찰이 직접 영장을 발부하여 강제수사를 할 수 있도록 규정하고 있었다.

> **제12조 제1항 검사는 현행범이 아닌 사건일지라도** 수사의 결과 급속한 처분을 요한다고 사료할 때는 공소제기 전에 한하여 영장을 발하여 검증, 수색, 물건 차압을 하고 피고인, 증인을 신문하거나 감정을 명할 수 있다. 단 벌금, 과료 또는 비용 배상의 언도를 하거나 선서를 하게 할 수 없다.
> **제2항 전항의 규정에 의하여 검사에게 허락된 직무는 사법경찰관 또한 임시로 행할 수 있다.** 단, 구류장을 발할 수는 없다.

식민지 조선은 원칙적으로 일제 명치 형사소송법을 적용(조선형사령 제1조 제10호)하되, 조선형사령은 특별법으로서 우선 효력이 있었다. 일본인에게 형사소송법대로 현행범을 그 대상으로 하나 위 소항에는 **"현행범이 아닌 사건일지라도"** 라고 하여 **현행범은 물론 비현행범까지 적용**하도록 규정한 것이다.

> 第十二條　司法警察官前條第二項ノ規定ニ依リ被告人ヲ訊問シタル後禁錮以上ノ刑ニ該ルヘキ者ト思料スルトキハ十四日ヲ超エサル期間之ヲ留置スルコトヲ得
> 司法警察官ハ前項ノ留置期間內ニ證憑書類及意見書ト共ニ被告人ヲ管轄裁判所ノ檢事ニ送致スヘシ
> 前二項ノ規定ハ司法警察官カ刑事訴訟法第百四十七條第一項ノ職務ヲ行フ場合ニ之ヲ準用ス
> 第十四條　前二條ノ場合ニ付テハ第一條ノ法律中豫審ニ關スル規定ヲ準用ス

제13조 제1항[44] 사법경찰관은 전조 제2항의 규정에 의하여 피고인을 신문한 후 금고 이상의 형에 해당할 자라고 사료(思料)할 때는 14일을 넘지 않는 기간 이를 유치할 수 있다.
제2항 사법경찰관은 전항의 유치 기간 내에 증빙서류 및 의견서와 함께 피고인을 관할 재판소의 검사에게 송치하여야 한다.
제3항 전 2항의 규정은 사법경찰관이 형사소송법 제147조 제1항의 직무를 행하는 경우에 이를 준용한다.

위 제3항에 인용한 명치 형사소송법 제147조 제1항에는 "제144조, 제146조에서 검사에게 허락한 직무는 사법경찰관 또한 임시로 이를 행할 수 있다."라고 규정되어 있고, 제144조, 제146조에는 관할 재판소별 중죄 또는 경죄의 **현행범에 대하여** 검사가 예심판사를 대신하여 강제수사를 할 수 있다고 규정하고 있다. 즉 조선에서는 일제 본토처럼 현행범은 당연히 그 대상이 된다는 것을 보충하려는 조항이다.

44　관보 원문에는 제12조라고 오기, 오기임은 그 직전 조항이 제12조, 그 직후 조항이 제14조로 표시된 것으로서 명백함

나. 「명치 형사소송법」 경찰 강제수사권 조항

第百四十七條 警察官ハ亦假ニ之ヲ行フコトヲ得但勾留狀ヲ發スルコトヲ得ス	제147조 제1항 제144조, 제146조에서 검사에게 허락한 직무는 사법경찰관 또한 임시로 이를 행할 수 있다. 단 구류장을 발부할 수 없다.	第百四十六條 區裁判所檢事ハ其裁判所ノ管轄ニ屬スル輕罪ノ現行犯アルコトヲ知リタル場合ニ於テ其事件急速ヲ要スルトキハ第百四十四條ニ規定シタル處分ヲ爲スコトヲ得	제146조 제1항 구재판소 검사는 그 재판소의 관할에 속하는 경죄의 현행범임을 안 경우에는 그 사건이 급속을 요하는 때는 제144조에 규정한 처분을 할 수 있다.	第百四十四條 地方裁判所檢事及ヒ區裁判所檢事ハ豫審判事ヨリ先ニ重罪又ハ地方裁判所ノ管轄ニ屬スル輕罪ノ現行犯アルコトヲ知リタル場合ニ於テ其事件急速ヲ要スルトキハ豫審判事ヲ待コトナク其旨ヲ通知シテ犯所ニ臨檢シ豫審判事ニ屬スル處分ヲ爲スコトヲ得但罰金及ヒ費用賠償ノ宣渡ヲ爲スコトヲ得ス	제144조 제1항 지방재판소 검사 및 구재판소 검사는 예심판사보다 먼저 중죄 또는 지방재판소의 관할에 속하는 경죄의 **현행범**인 것을 안 경우에 그 사건이 급속을 요하는 때는 예심판사를 기다리지 않고 그 취지를 통지하고 범죄 장소에 임검하여 예심판사에 속한 처분을 할 수 있다. 단, 벌금 및 비용 배상의 언도를 할 수 없다.

위 조항에 따라 경찰의 강제수사권 행사는 **현행범에 대하여만** 행사할 수 있도록 규정한 것임에 반하여 식민지 조선에 적용할 조선형사령에는 현행범, 비현행범을 가리지 않고 경찰이 강제수사권을 행사한다는 것이다.

조선형사령 제12조에서 경찰의 강제수사권 행사의 권원은 검사로부터 나온 것으로서 경찰은 그 대역 즉 아바타였음을 입증하고자 한다.

우선 문언에서 보면 검사의 경우에는 영장 발부 주어를 '**검사는**'으로 규정하여 그 주체를 군더더기 없이 '검사'로 직접 명확히 규정하고 있는 반면에 경찰의 강제수사권 행사는 '**검사에게 허락한 직무**'를 주어로 하여 본래 영장 발부의 주체와 권한은 예심판사에게 있음을 전제하고 있다. 즉 예심판사가 강제수사에 있어 검사로 하여금 경찰을 아바타로 활용하도록 포괄적으로 허락하였다고 볼 수 있다. "**사법경찰관 또한 임시로 이를 행할 수 있다.**"라고 규정한 것도 경찰의 강제수사권은 예심판사가 허락한 검사의 권한을 전제로 하고 어디까지나 그 원천은 검사에게 있는 것이고 경찰은 검사의 대역이 되어 임시로 수행한다는 의미로서 검사의 아바타 규정임을 알 수 있다.

앞서 이미 입증한 '상명하복', '수사권 독점', '수사사무보고 의무', '수사지휘권' 조항에 따라 검사는 경찰에 대하여 강력한 지배력을 갖고 있어 경찰의 모든 수사권 행사는 검사의 우산 아래에 있음을 입증해 보인 바 있다. 강제수사권 행사 역시 검사 인력과 그 직무수행 절차에 대한 비용을 절감함과 동시에 경찰을 이용하여 무소불위 검찰 권력의 극대화를 도모한 것이다. 경찰은 강제수사권 행사에 있어 검사의 아바타로서 현행범, 비현행범을 가리지 않고 무차별적으로 조선인을 가혹하게 탄압하고 수탈하여 일제와 검찰의 목적 실현을 위하여 앞다투어 충성한 것이다.

검찰 권력 중심의 수사 구조 옹호론자들은 해방 후 검사에게 영장청구권을 부여한 이유가 일제 경찰의 강제수사 남용과 고문을 자행한 때문이라고 하나 그 강제수사권 행사는 검사의 아바타로서 행사한 것이고, 고문은 경찰이 앞다투어 검사에게 충성하며 자백이 담긴 조서를 검찰 송치 기록에 첨부하여 검사에게 송치하기 위함이었다. 이러한 설명만으로 일제 경찰의 강제수사권 행사가 검사의 아바타로서 행사한 것이었음을 인정할 리는 없을 것이므로 지금부터 이를 보완하여 입증하도록 하겠다.

다. 1922년 「조선형사령 중 개정의 건」 제12조

1922년 일제는 12월 7일 자 조선총독부 관보(제3097호)에 제령 제14호로 공포한 「조선형사령 중 개정의 건」을 게재하였다.

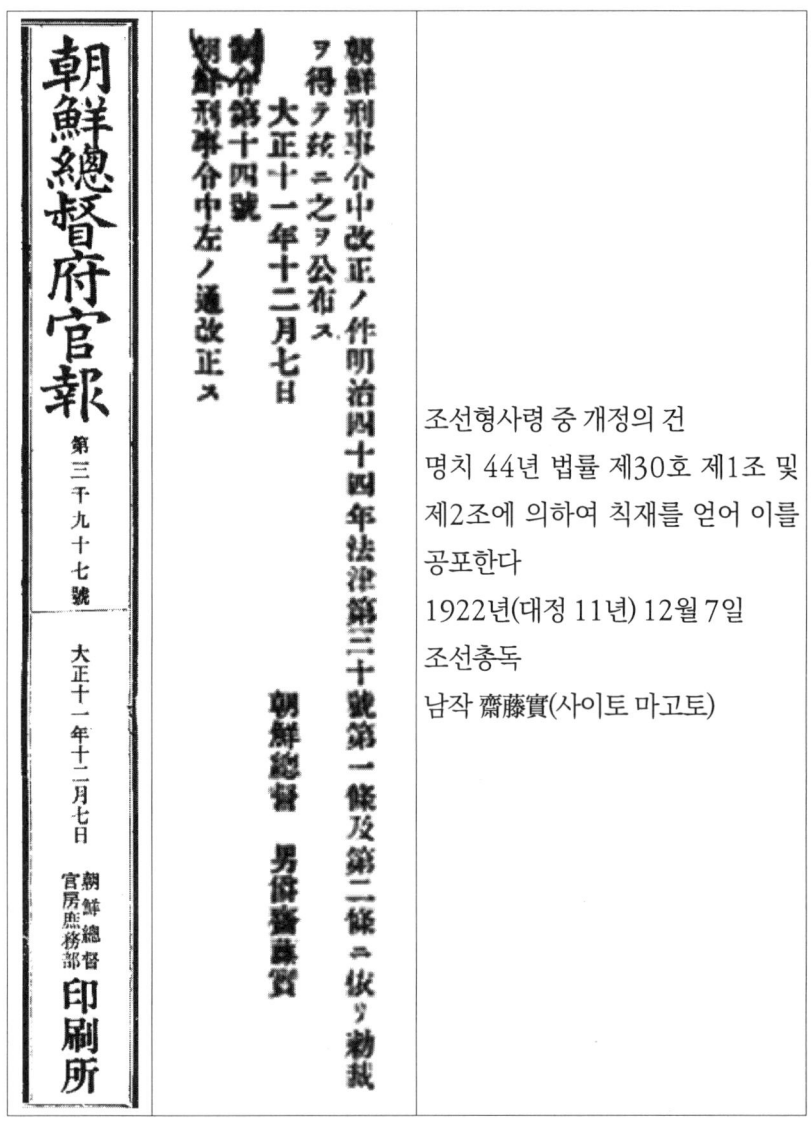

조선형사령 중 개정의 건
명치 44년 법률 제30호 제1조 및 제2조에 의하여 칙재를 얻어 이를 공포한다
1922년(대정 11년) 12월 7일
조선총독
남작 齋藤實(사이토 마고토)

1922년 5월 4일 「대정 형사소송법」 공포(관보 자료: 서적 **제64쪽**)에 따른 후속 입법이다.

> 第十二條 檢事ハ刑事訴訟法ニ規定スル場合ノ外事件カ禁錮以上ノ刑ニ該リ急速ノ處分ヲ要スルモノト思料スルトキハ公訴ノ提起前ニ限リ押收、搜索、檢證及被疑者ノ勾引、被疑者若ハ證人ノ訊問、鑑定、通譯又ハ飜譯ノ處分ヲ爲スコトヲ得
>
> 前項ノ規定ニ依リ檢事ニ許シタル處分ハ司法警察官亦之ヲ爲スコトヲ得

제12조 제1항 검사는 형사소송법에 규정한 경우 외 **사건이 금고 이상의 형에 해당하고 급속의 처분을 요하는 것이라고 사료(思料)한 때**는 공소의 제기 전에 한하여 압수, 수색, 검증 및 피의자의 구인, 피의자 또는 증인의 신문, 감정, 통역 또는 번역의 처분을 할 수 있다.

제2항 전항의 규정에 의하여 **검사에게 허락한 처분은 사법경찰관 또한** 이를 행할 수 있다.

개정 이전과 근본적으로 변함이 없다. 형법상 '금고 이상'에 해당하지 않는 죄명이 많지 않고 특히 '급속의 처분을 요하는 것'이라 함은 주관적이고 자의적으로 행사할 수 있는 길을 열어 둔 것으로 식민지 조선에서 검사의 아바타인 경찰의 마구잡이 강제수사권 행사를 뒷받침하고 있었다.

> 제13조 사법경찰관은 **전조 제2항에 의한** 피의자의 신문 후 형사소송법 **제87조 제1항** 각호에 규정한 사유가 있다고 사료한 때는 **10일을 넘기지 않은 기간** 이를 유치할 수 있다.

개정 전 같은 조항에 구금 가능일 수가 14일이었던 것에서 10일로 줄어든 것에도 별다른 의미가 없다. 검사가 기소하면 수사의 연장인 예심 제도에 의하여 구금이 계속되기 때문이다. 예심 제도는 조선인을 장기 구금하여 가혹하게 탄압하는 데 활용되었던 제도이다.

위 조항에서 인용하는 대정 형사소송법 제87조 제1항에는 즉시 구인이 가능한 경우로서 피의자가 ① 정해진 주거에 있지 않을 때 ② 죄증을 인멸할 우려가 있는 때 ③ 도망한 때 또는 도망할 우려가 있는 때로 규정하고 있었다. 그러나 대신 제89조에는 구인하여 인치한 때로부터 48시간 이내에 신문을 마쳐야 하고, 그 시간 안에 구류장(구속영장)을 발부받지 못하면 석방하도록 규정되어 있다. 조선인에 대하여만 얼마든지 10일 동안 구금이 가능하도록 특별히 차별하여 규정한 것이다.

경찰의 강제수사권 행사 또한, 검사의 아바타로서 행하여졌음을 입증할 자료로서 본 서적 '제3부 일제 검찰 수괴(首魁)의 훈시와 검찰 원리주의' 내용 중 발췌한 「검사장」이 각 도(道)의 경찰 수장에게 훈시한 내용이다.

1931년 6년 8월 松寺 검사장의 경찰부장에 대한 훈시 (제152쪽 3~7행)

조선에서 **사법경찰관**은 본토와 달리 사건 급속을 요한다고 인정할 때는 현행범, 비현행범을 묻지 않고 공히 **피의자의 구속 기타 강제처분을 할 수 있는 법령상의 권한**을 지니고 있으므로 수사의 단서는 경찰관리의 탐지로 발하는 일이 극도로 다수이므로 사법경찰관은 사범의 거의 대부분에 대하여 수사처분의 전반을 행하고 그 결과 단죄의 자료가 됨으로써 그 직무는 **예심판사 및 검사와 같으면서 실로 중요한 것**이라고 말할 수 있다.

一、朝鮮ニ於ケル司法警察官ハ內地ト異リ事件急速ヲ要スト認メタルトキハ現行犯タルト非現行犯タルトヲ問ハス共ニ被疑者ノ拘束其ノ他ノ强制處分ヲ爲スコトヲ得ヘキ法令上ノ權限ヲ有ス而シテ捜査ノ端緒ハ警察官吏ノ探知ニ發スルコト極メテ多數ナルニ因リ司法警察官ハ事犯ノ殆ト大部分ニ付捜査處分ノ全般ヲ行ヒ其ノ結果斷罪ノ資料トナルヘキヲ以テ其ノ職務タルヤ豫審判事及檢事ト同樣ニシテ實ニ重要ナルモノト謂フヲ得ヘシ從テ其ノ職務遂行ノ適否ハ直ニ被疑者ノミナラ

일제강점기 검찰 최고 권력자가 경찰의 강제수사의 성격과 본질을 언급하면서 예심판사 및 검사와 그 직무가 같다고 하고 있다. 경찰이 판사, 검사와 직무상 실지로 권위와 권한이 같다는 것이 아님은 명백하다. 그런데 강제수사에 있어 왜 같다고 하였을까? 그것은 바로 경찰의 강제수사권 행사는 재판소 소속 양대 사법관인 예심판사와 검사의 아바타로서 허락된 것임을 전제하는 발언이다. 검사장의 이러한 언급은 경찰이 아바타로서 행사하는 것이니 예심판사와 검사의 명예와 위신이 손상되지 않도록 권한 행사를 제대로 하라는 내용의 지도와 훈계인 것이다. 이러한 논리는 다음 훈시에서 자명하게 나타난다.

1941년 増永 검사장의 경찰부장에 대한 훈시	
205쪽 1~9행	204쪽 마지막 행
令ヲ受ケタル司法警察官カ相當長期ニ亘ル被疑者ノ身柄拘束權ヲ付與セラレタル所以ノモノハ之ニ依ツテ搜査ノ適法性ヲ確保シ以テ之ヲ明朝化セント企圖シタモノテアリマス、故ニ若此ノ立法ノ精神ニ背反スルカ如キ不法措置アランカ檢察ノ威信ハ全ク地ニ墜チ司法ニ對スル國民ノ信賴ヲ裏フノ結果ヲ招來スルコトハ明白テアリマスカラ、各位ハ克此ノ點ニ留意シ搜査ノ適法性確保ヲ念トシ苟モ犯罪搜査ニ關シ不法拘束其ノ他不當ノ措置ニ出ツルコトナキ樣隷下職員ヲ督勵セラレタイノテアリマス、次ニ注意スヘキハ同法施行後其ノ適用ヲ受クヘキ犯罪ノ搜査ニ關シテハ朝鮮刑事令ノ規定ハ當然排除セラレ、之等ノ法規ニ定メラレタル特別刑事手續ニ依嫌スルコトヲ要スルコトニナリ、司法警察官ハ少クトモ當該事犯ニ關スル限リ檢事ノ命令アルニ非サレハ被疑者ノ身柄拘束其ノ他一切ノ强制處分ニ依リ搜査ヲ爲シ得サルコトトナルノテアリマス、故	県ノ直前ニ迫リ遽ニ指揮ヲ仰クカ如キコトナキ樣注意セラレタイノテアリマス、尙檢事及其ノ命

> 검사 및 그 명(命)을 받은 사법경찰관이 상당 장기에 걸쳐 피의자의 신병 구속권을 부여받은 이유는 이에 의하여 수사의 적법성을 확보함으로써 이를 공정히 하고자 기도(企圖)한 것입니다. 따라서 만일 이 입법의 정신에 배반함과 같은 **불법 조치가 있으면 검찰의 위신은 모두 땅에 떨어져 사법에 대한 국민의 신뢰를 잃는 결과를 초래**하는 것은 명백하므로 여러분은 능히 이 점에 유의하여 언제나 수사의 적법성 확보를 생각하여 만에라도 범죄수사에 관하여 불법구속 기타 부당한 조치에 나가는 일이 없도록 부하 직원을 타일러 근신토록 하기를 바라는 것입니다. 다음으로 주의할 것은 **동법**[45] 시행 후 그 적용을 받을 범죄의 수사에 관하여는 조선형사령 규정은 당연히 배제되어 이들 법규에 정한 특별형사 절차에 의거할 것을 요하게 되어 사법경찰관은 적어도 당해 사범에 관한 한 **검사의 명령이 있지 않으면 피의자의 신병 구속 기타 일절의 강제처분에 의한 수사를 할 수 없는 것이 되는 것**입니다.

"**검사 및 그 명(命)을 받은 사법경찰관이 상당 장기에 걸쳐 피의자의 신병 구속권을 부여받은 이유는**…"이라는 검찰 최고 권력자의 언급은 검사와 사법경찰관이 동급임을 말하고자 함이 아니다. 이는 그다음 언급에서 분명하다. "**입법의 정신에 배반함과 같은 불법 조치가 있으면 검찰의 위신은 모두 땅에 떨어져 사법에 대한 국민의 신뢰를 잃는 결과를 초래**"라고 한 부분이다. 경찰이 강제수사권을 잘못 행사하면 경찰의 위신이 아닌 검찰의 위신이 모두 떨어진다고 하고 있다. 그다음 발언인 "**검사의 명령이 있지 않으면 피의자의 신병 구속 기타 일절의 강제처분에 의한 수사를 할 수 없는 것이 되는 것**"에서도 국방보안법, 치안유지법 등 공안(公安) 사건의 경우에는 이미 부여받은 강제수사권을 아바타로서 대신 행사해

---

45 1941년 3월 6일 법률 제49호 공포 국방보안법, 3월 8일 공포 법률 제54호 개정 치안유지법(두 법률 모두 5월 1일 자 조선총독부 관보 4278호에 게재)

서는 안 되고 반드시 검사가 직접 챙길 것이니 수사지휘를 받으라는 명령으로 사상범에 대하여는 직접 처음부터 챙기겠다는 것이다. 그 이외 사건에는 아바타로서 수행하고 특히 필요하거나 특별한 경우 수사지휘를 받으면 된다는 의미이다. 이에 보충하여 훈시 내용을 2건 더 소개한다.

1938년 5월 增永 검사장의 경찰부장에 대한 훈시 (제185쪽 1~5행)

아시는 바와 같이 1935년 12월 24일 본직으로부터 전 조선 검사정(檢事正)[46]에 대한 사법경찰관리의 교양훈련에 관한 통첩을 발하여 검사가 직접 각기 관내에 있는 사법경찰관리의 교양훈련에 힘쓰고 있습니다만 여러분의 이해와 협력을 얻음과 함께 사법경찰관리가 본 취지를 제대로 이해하고 정려(精勵)한 결과 그 성적이 현저하였던 것은 국가를 위하여 실로 경하할 일로서 여러분에 대하여 심심한 감사를 표합니다.

御承知ノ如ク昭和十年十二月二十四日當職ヨリ全鮮檢事正ニ對シ司法警察官吏ノ通牒ヲ發シ、檢事ヲシテ直接其ノ管內ニ於ケル司法警察官吏ノ敎養訓練ニ努メシメテ居リマスカ、各位ノ理解アル協力ヲ得タルト共ニ、司法警察官吏カ克ク本趣旨ヲ了解シテ精勵セラレタル結果、其ノ成績著シキモノカアリマスコトハ國家ノ爲洵ニ慶賀スヘキコトデアリマシテ、各位ニ對シ深甚ノ謝意ヲ表シマス。然シナカラ、折角訓練ヲ受ケタル司法警察官吏カ間モナク他ノ地位

「검사장」이 한반도 전역에 설치된 검사국 소속 검사로 하여금 직접 관할 경찰관서 소속 경찰을 교육하라는 명령을 내렸다는 것이다. 강제수사권 행사에 대한 구체적 언급은 없으나 검사의 경찰에 대한 수사지도에 있어 그 중심은 강제수사권 행사에 관한 내용의 비중이 크게 차지하였을 것임은 능히 추정할 수 있다.

---

46 지방 재판소 검사국의 장

1941년 增永 검사장의 경찰부장에 대한 훈시 (203쪽 1행~6행)

반전(反戰)에 관한 불온문서 살포사건에 의해서도 알 수 있듯이 적성 제3국의 사상모략 공작도 점점 심각화하고 있다고 생각하지 않을 수 없고 만일 그들의 암약을 허용하여 후방의 치안이 교란됨으로써 성전(聖戰) 목적 달성에 조금이라도 **지장을 초래하는 것과 같은 일이 있어서는** 이 모두 검찰에 직을 봉(奉)하는 자의 책임으로 돌아갈 것이므로 이러한 불령분자에 대하여는 **단호한 처치**로 나감과 동시에 상시 민중의 사상적 동향에 대하여 주도한 사찰내탐(査察內探)을 게을리하지 말고, 사범 발생을 방지함으로써 반도 치안 확립에 결코 어긋남이 없도록 기하기 바랍니다.

ノ反戰的不穩文書撒布事件ニ依ツテモ知リ得ル如ク敵性第三國ノ思想謀略工作モ釜々深刻化スルモノト考ヘネバナラヌモノアリマシテ、荷モ彼等ノ暗躍ヲ許シ銃後ノ治安ヲ攪亂セラレ以テ聖戰目的ノ達成ニ聊ナリトモ支障ヲ生セシムルカ如キコトアランカ、之全ク檢察ニ職ヲ奉スル者ノ責任ニ歸スヘキモノナルカ故ニ、斯ル不逞分子ニ對シテハ斷乎タル處置ニ出ツルト共ニ常時民衆ノ思想的動向ニ對シ周到ナル査察內偵ヲ怠ラス事犯ノ發生ヲ防止シ以テ半島治安ノ確立ニ萬遺算ナキヲ期セラレタイノデアリマス、

경찰이 직무수행을 잘못하여 치안이 교란되거나 지장이 초래되면 그 책임은 모두 경찰이 아닌 검찰에게 돌아간다는 것이다. 경찰에게 '**단호한 처치**'로써 대응하라는 지시는 경찰의 강제수사가 동반됨이 필연적일 수밖에 없다는 뜻이다.

2. 일본, 경찰의 영장청구권 인정 제도

가. 1946년 「日本國憲法」 제33조, 제35조

1946년 일본 정부는 11월 3일 자 관보(호외)에 「日本國憲法」[47]을 게재하여 공포하였다.

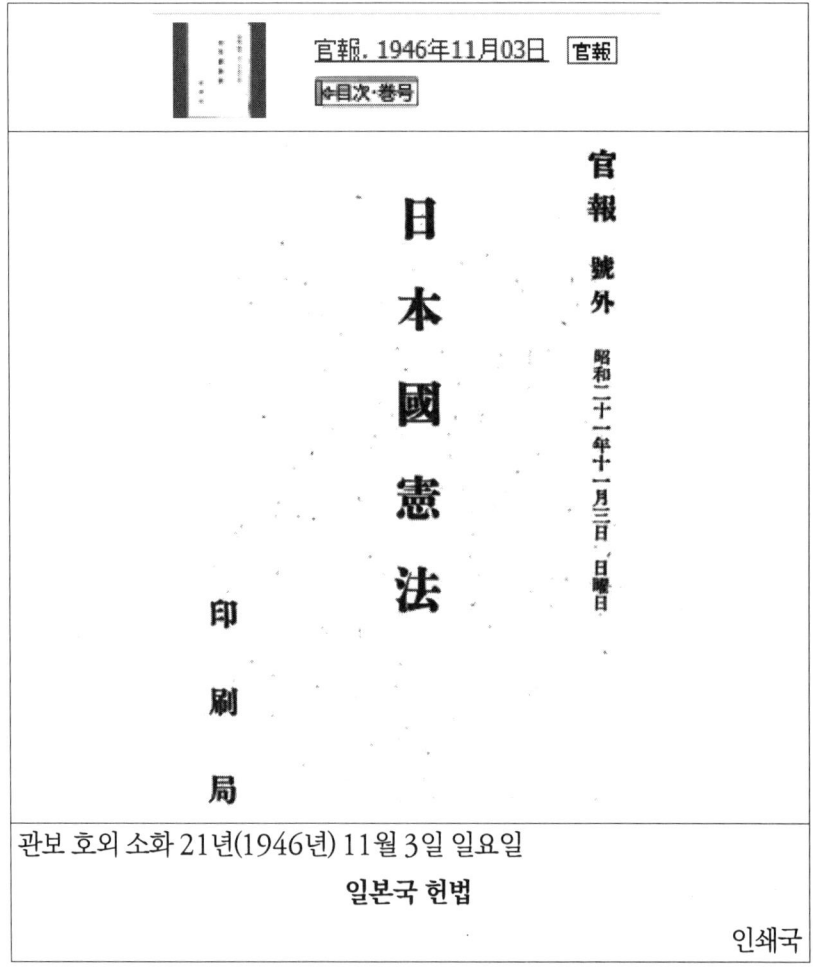

관보 호외 소화 21년(1946년) 11월 3일 일요일
일본국 헌법

---

47 무소불위 검찰과 함께 일제의 목적 실현의 선봉에 있던 양대 권력 중 정치 군부의 무소불위는 일본국헌법 제9조로써 해체되었다.

제33조, 제35조의 영장청구권에 검사를 특정하지 않음으로써 경찰이 검사를 거치지 않고 직접 영장청구권을 행사할 수 있도록 입법의 길을 열어 두었다.

○ 인신구금영장 청구권 조항

第三十三條　何人も、現行犯として逮捕される場合を除いては、權限を有する司法官憲が發し、且つ理由となつてゐる犯罪を明示する令狀によらなければ、逮捕されない。	제33조 누구라도 현행범으로서 체포되는 경우를 제외하고, 권한을 가진 **사법관헌이 발부**한 그리고 이유가 되는 범죄를 명시한 영장에 의하지 않고 체포되지 않는다.

○ 압수수색검증영장 청구권 조항

第三十五條　何人も、その住居、書類及び所持品について、侵入、搜索及び押收を受けることのない權利は、第三十三條の場合を除いては、正當な理由に基いて發せられ、且つ搜索する場所及び押收する物を明示する令狀がなければ、侵されない。 ②　搜索又は押收は、權限を有する司法官憲が發する各別の令狀により、これを行ふ。	제35조 제1항 누구라도 주거, 서류 및 소지품에 대하여 침입, 수색 및 압수를 받지 않을 권리는 제33조의 경우를 제외하고는 정당한 이유에 기초하여 발부된 그리고 수색할 장소 및 압수할 물건을 명시한 영장이 아니면 침해되지 않는다. 제2항에는 수색 또는 압수는 권한을 가진 **사법관헌이 발부**한 각별의 영장에 의하여 이를 행한다.

나. 1948년 「소화 형사소송법」 제199조, 제218조

「일본국헌법」 제33조, 제35조에 따라 1948년 형사소송법 개정에서 체포영장, 압수수색검증영장에 대하여 경찰의 직접 청구권을 명시하였다.

○ 경찰의 체포영장 직접 청구권 인정

第百九十九條　檢察官、檢察事務官又は司法警察職員は、被疑者が罪を犯したことを疑うに足りる相当な理由があるときは、裁判官のあらかじめ発する逮捕状により、これを逮捕することができる。但し、五百円以下の罰金、拘留又は科料にあたる罪については、被疑者が定まった住居を有しない場合又は正当な理由がなく前條の規定による出頭の求めに應じない場合に限る。
前項の逮捕状は、檢察官又は司法警察員の請求により、これを発する。

제199조 검찰관, 검찰사무관 또는 사법경찰직원은 피의자가 죄를 범하였다고 의심할 만한 상당한 이유가 있는 때에는 재판관이 미리 발부한 체포장에 의하여 피의자를 체포할 수 있다. 다만 5백 엔 이하의 벌금, 구류 또는 과료에 해당하는 죄에 대하여는 피의자가 일정한 주거가 없는 경우 또는 정당한 이유 없이 전조의 규정에 의한 출두 요구에 응하지 않은 경우에 한한다.
전항의 체포장은 검찰관 또는 **사법경찰원의 청구에 의하여 이를 발부한다.**

○ 경찰의 압수수색검증영장 직접 청구권 인정

> 第二百十八條 檢察官、檢察事務官又は司法警察職員は、犯罪の搜査をするについて必要があるときは、裁判官の發する令狀により、差押、搜索又は檢證をすることができる。この場合において身體の檢査は、身體檢査令狀によらなければならない。
> 前項の令狀は、檢察官、檢察事務官又は司法警察員の請求により、これを發する。

제218조 검찰관, 검찰사무관 또는 사법경찰직원은 범죄를 수사함에 있어 필요할 때에는 재판관이 발부하는 영장에 의하여 차압, 수색 또는 검증을 할 수 있다. 이 경우에 있어 신체의 검사는 신체검사 영장에 의하지 않으면 안 된다.
전항의 영장은 검찰관, 검찰사무관 또는 **사법경찰원의 청구에 의하여 이를 발부한다.**

일본의 강제수사권 입법은 검사와 경찰을 수사에 있어 대등한 협력관계로 명시한 규정(제192조)을 비롯하여 경찰이 1차 수사권을 갖고, 검사는 제한된 수사권을 행사하는 등 상호 견제와 균형을 바탕으로 경찰이 장기 구금 가능한 구류장(=구속영장)을 제외하고 체포영장 또는 압수수색영장을 검사를 거치지 않고 법원에 직접 청구할 수 있도록 규정(제199조 제2항)하여 초동 및 현장 수사에 신속히, 능동적으로 대처하도록 한 것이다.

3. 대한민국, 경찰의 영장청구권 일시 인정

가. 1948년 「대한민국헌법」 제9조

1948년 대한민국 정부(대통령 이승만)는 9월 1일 자 **관보(제1호)**에 7월 12일 제정[48]한 「대한민국헌법」을 게재하였다.

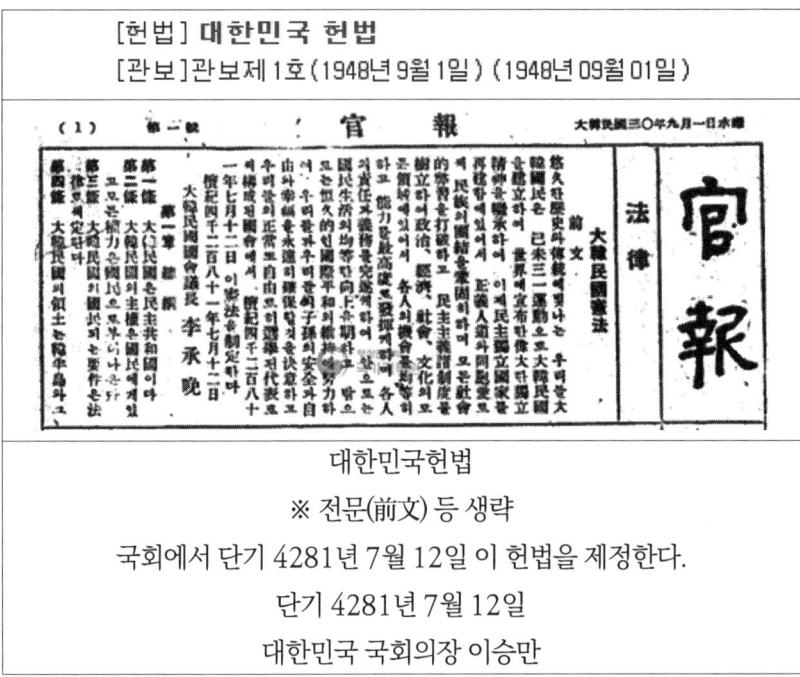

[헌법] 대한민국 헌법
[관보] 관보제1호(1948년 9월 1일) (1948년 09월 01일)

대한민국헌법

※ 전문(前文) 등 생략

국회에서 단기 4281년 7월 12일 이 헌법을 제정한다.

단기 4281년 7월 12일

대한민국 국회의장 이승만

---

48 1948년 7월 17일 공포

○ 제9조에 체포, 구금, 수색에 관한 법관 발부 영장의 필요 조항을 두고 현재와 같은 검사의 수사권 독점 규정을 두지 않았다.

> **제9조** 모든 국민은 신체의 자유를 가진다. 법률에 의하지 아니하고는 체포, 구금, 수색, 심문, 처벌과 강제노역을 받지 아니한다.
> **체포, 구금, 수색에는 법관의 영장이 있어야 한다.** 단 범죄의 현행, 범인의 도피 또는 증거인멸의 염려가 있을 때에는 수사기관은 법률이 정하는 바에 의하여 사후에 영장의 교부를 청구할 수 있다.
> 누구든지 체포, 구금을 받은 때에는 즉시 변호인의 조력을 받을 권리와 그 당부의 심사를 법원에 청구할 권리가 보장된다.

일본 헌법과 같이 법관에 의한 사법심사만 규정하고 있고 검사의 영장청구권 독점 규정은 없다. 이후 헌법은 1952년 7월 7일(1차), 1954년 11월 29일(2차), 1960년 6월 15일(3차), 1960년 11월 29일(4차) 개정이 있었으나 검사의 영장청구권 독점 규정을 신설하지 않았다.

나. 1954년 「형사소송법」 제201조, 제215조

○ 경찰, 검사의 구속영장 청구권, 제201조

> 第二百一條 (拘束) ① 被疑者가 罪를 犯하였다 疑心할만한 相當한 理由가 있고 第七十條 第一項 各號의 一에 該當하는 事由가 있을때에는 檢事 또는 司法警察官은 管轄地方法院判事의 拘束令狀을 받아 被疑者를 拘束할 수 있다. 但 一萬五千圜 以下의 罰金, 拘留 또는 科料에 該當하는 犯罪에 關하여는 被疑者가 一定한 住居가 없는 境遇에 限한다

제헌헌법에 따른 1954년 「형사소송법」 제정에서도 검사의 수사권 독점 조항을 두지 않았다. 검사, 사법경찰관에게 동등한 영장청구권을 인정하였다.

제201조(구속) ① 피의자가 죄를 범하였다고 의심할 상당한 이유가 있고 제71조 제1항 각호의 하나에 해당하는 사유가 있을 때에는 **검사 또는 사법경찰관은 관할 지방법원 판사의 구속영장을 받아 피의자를 구속할 수 있다.** 단 일만오천 원 이하의 벌금, 구류 또는 과료에 해당하는 범죄에 관하여는 피의자가 일정한 주거가 없는 경우에 한한다.

구속영장 청구권에 대하여 검사의 영장청구권 독점 규정은 없다. 헌법에 따라 법률에서 검사, 사법경찰관이 법원에 구속영장[49] 청구를 직접 할 수 있도록 규정하고 있는 것이다. 일본의 법률 규정(제199조, 제218조)과 다른 점은 일본은 장기 구금이 가능한 구속영장 청구권을 검사의 전속으로 두고, 경찰에게는 압수수색검증영장, 체포영장 청구권만을 인정한다는 것을 분명히 규정하였으나 우리는 이를 명문화하지 않았다는 점이다. 저자의 수사 경험에서 보아 일본의 것이 타당하다고 보는 것이다.

---

[49] 우리는 일본과 달리 체포영장에 의한 체포제도를 두지 않음. 우리의 체포영장제도는 1995.12.29. 형사소송법 개정(법률 제5054호)에서 신설(200조의2)되어 1997.1.1.부터 시행되었음

○ 경찰, 검사의 압수수색검증영장 청구권, 제215조

> 第二百十五條 (押收、搜索、檢證) 檢事또는 司法警察官이 犯罪搜査에 必要한 때에는 地方法院判事가 發付한 押收, 搜索令狀에 依하여 押收, 搜索또는 檢證을 할 수 있다

검사, 사법경찰관 모두 법원에 압수수색검증영장 청구를 직접 할 수 있도록 규정하고 있다.

제215조(압수, 수색, 검증) 검사 또는 사법경찰관이 범죄 수사에 필요한 때에는 지방법원 판사가 발부한 압수, 수색영장에 의하여 압수, 수색 또는 검증을 할 수 있다.

앞으로 상세히 소개하겠으나 1961년 박정희 군부의 쿠데타 직후 본 조항은 제201조와 함께 모두 폐지가 된다.

4. 대한민국, 1961년 검사의 영장청구권 독점 제도

가. 1961년 「형사소송법 중 개정법률」 제201조, 제215조

대한민국 정부(대통령 윤보선)는 1961년 9월 1일 자 관보(제2946호)에 국가재건최고회의 의결로 확정되고 법률 제705호로 공포된 「형사소송법 중 개정법률」을 게재하였다.

[법률] 형사 소송법 중 개정 법률(법률 제705호)
[관보] 관보제2946호 (1961년 9월 1일) (1961년 09월 01일)

國家再建最高會議의 議決로 確定된 刑事訴訟法中改正法律을 이에 公布한다

大統領 尹潽善

檀紀四千二百九十四年九月一日

內閣首班 宋堯讚

法務部長官 高元增

◉法律第七○五號

刑事訴訟法中改正法律

국가재건최고회의의 의결로 확정된 「형사소송법 중 개정법률」을 이에 공포한다.
대통령 윤보선
단기 4294년 9월 1일
내각수반 송요찬
법무부장관 고원증
법률 제705호

○ 검사의 구속영장 청구권 독점, 제201조

第二百一條第一項本文中「檢事」以下를 「檢事는 管轄地方法院判事의 拘束令狀을 받아 被疑者를 拘束할수 있고 司法警察官은 檢事에게 請求하여 管轄地方法院判事의 拘束令狀을 받아 被疑者를 拘束할수 있다」로 한다	제201조 제1항 본문 중 「검사」 이하를 「검사는 관할지방법원 판사의 구속영장을 받아 피의자를 구속할 수 있고, **사법경찰관은 검사에게 청구하여** 관할 지방법원 판사의 구속영장을 받아 피의자를 구속할 수 있다」로 한다.

○ 검사의 압수수색검증영장 청구권 독점, 제215조

第二百十五條 (押收, 搜索, 檢證) ① 檢事는 犯罪搜查에 必要한때에는 地方法院判事가 發付한 令狀에 依하여 押收, 搜索 또는 檢證을 할수 있다 ② 司法警察官이 犯罪搜查에 必要한때에는 檢事에게 請求하여 地方法院判事가 發付한 押收, 搜索令狀에 依하여 押收, 搜索 또는 檢證을 할수 있다	제215조를 다음과 같이 한다. 제215조(압수, 수색, 검증) ① 검사는 범죄 수사에 필요한 때에는 지방법원 판사가 발부한 영장에 의하여 압수, 수색 또는 검증을 할 수 있다. ② **사법경찰관이 범죄 수사에 필요한 때에는 검사에게 청구**하여 지방법원 판사가 발부한 압수, 수색영장에 의하여 압수, 수색 또는 검증을 할 수 있다.

제1부 한국 검찰 무소불위의 요람과 변천

헌법에 검사의 영장청구권 독점을 명시한 것은 일제 검사의 지배 장악 하에 경찰이 아바타로서 강제수사권을 행사하던 요소를 반영한 입법이다. 박정희 군부의 5·16 쿠데타 107일 만에 이루어진 헌법 규정에 반하는 위헌적 법률 개정이기도 하다. 헌법에는 아직 검사의 영장청구권 독점을 규정하지 않았음에도 법률이 앞서 이를 초월적으로 규정하고 있기 때문이다. 쿠데타로 집권한 직후 장기 집권을 획책하였던 것이 이를 반증한다. 집권 초기부터 권력을 공고히 하기 위하여 일제 검사의 강제수사권 장악 요소를 악의적이고, 절충적으로 모방하여 형사사법 권력의 핵심인 강제수사권을 서둘러 검찰에 집중한 것이다.

절충적이라고 함은 검사의 법원 청구로 영장주의를 위반하지 않는 형태를 갖추면서 일제 검찰이 경찰을 아바타로 삼았던 요소를 가미하여 절묘하게 검찰의 무소불위를 강화하였다는 것이다. 이 조항은 검사 이외 그 어떤 기관도 검사에게 강제수사권을 행사할 수 없도록 무소불위에 대못을 박은 입법이다. 훗날 살아 있는 독재 권력과 한 몸이 되는 정치 검찰의 출현과 발호, 민주 권력일수록 강하게 맞서고 보복하는 정치 검찰의 강제수사권 남용에 의한 쿠데타는 이미 예견되어 있었다.

나. 1962년 「헌법 개정의 건」 제10조

대한민국 대통령 권한대행 국가재건최고회의 의장 육군대장 박정희[50]는 1962년 12월 26일 자 관보(제3330호)에 국가재건최고회의 의결을 거쳐 국민투표로 확정된 「헌법 개정의 건」을 게재하였다.

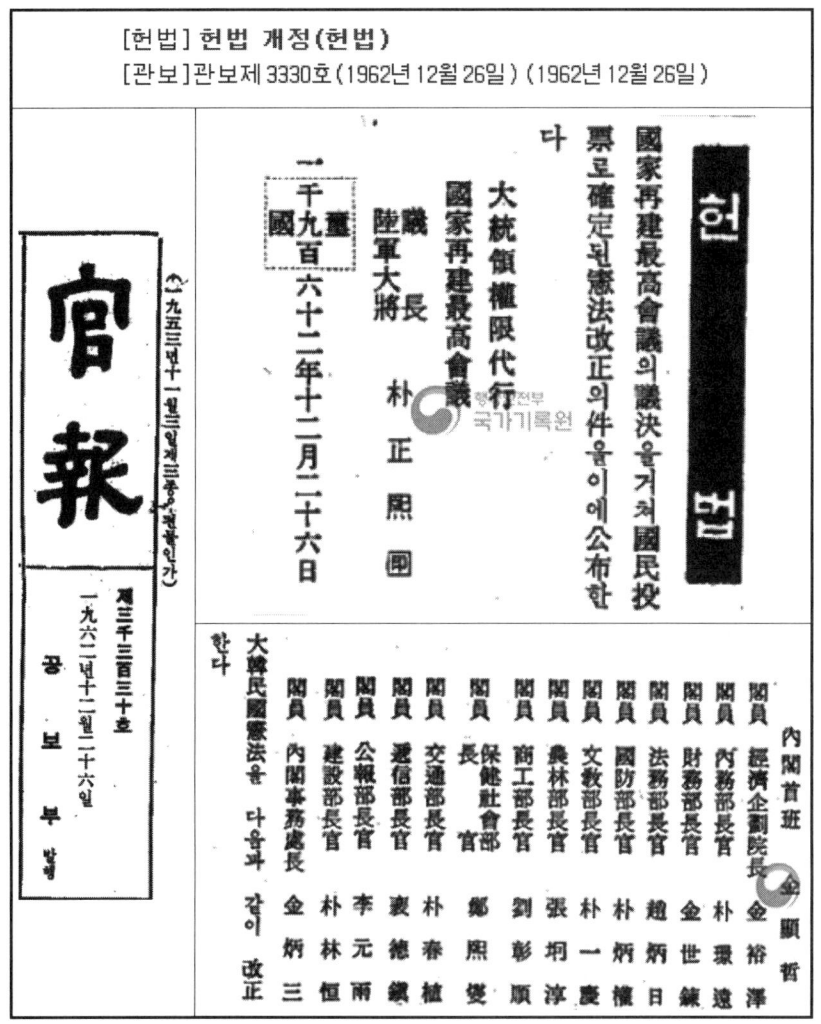

[헌법] 헌법 개정(헌법)
[관보] 관보제3330호(1962년 12월 26일)(1962년 12월 26일)

---

50   5~9대 대통령(1963.12.17.~1979.10.26.)

> **헌법**
> 국가재건최고회의의 의결을 거쳐 국민투표로 확정된 헌법 개정의 건을 이에 공포한다.
> **대통령 권한대행 국가재건최고회의**
> **의장 육군대장 박정희**
> 1962년 12월 26일
>
> 　　내각수반 김현철　　　　　각원 보건사회부장관 정희섭
> 　각원 경제기획원장 김유택　　각원 교통부장관 박춘식
> 　각원 내무부장관 박경원　　　각원 체신부장관 배덕진
> 　각원 재무부장관 김세련　　　각원 공보부장관 이원우
> 　각원 법무부장관 조병일　　　각원 건설부장관 박림항
> 　각원 국방부장관 박병권　　　각원 내각사무처장 김병삼
> 　각원 문교부장관 박일경
> 　각원 농림부장관 장경순　　　대한민국헌법을 다음과 같이 개정한다.
> 　각원 상공부장관 유창순

　○ 형사소송법 개정의 위헌 소지를 없애기 위하여 검사의 체포, 구금, 수색, 압수에 대한 영장청구권 독점 조항을 헌법에 신설하였다.

> 第10條 ① 모든 國民은 身體의 自由를 가진다. 누구든지 法律에 의하지 아니하고는 逮捕·拘禁·搜索·押收·審問을 받거나 處罰을 받지 아니하며, 刑의 宣告에 의하지 아니하고는 强制勞役을 당하지 아니한다.
> ② 모든 國民은 拷問을 받지 아니하며, 刑事上 자기에게 不利한 陳述을 强要당하지 아니한다.
> ③ 逮捕·拘禁·搜索·押收에는 檢察官의 申請에 의하여 法官이 發付한 令狀을 提示하여야 한다. 다만, 現行犯人인 경우와 長期 3年 以上의 刑에 해당하는 罪를 犯하고 逃避 또는 證據湮滅의 염려가 있을 때에는 事後에 令狀을 請求할 수 있다.
>
> **제10조 제3항** 체포, 구금, 압수에는 **검찰관의 신청**에 의하여 법관이 발부한 영장을 제시하여야 한다.

이러한 입법은 1961년 5월 16일 군사쿠데타로 집권한 대통령 권한대행 국가재건최고회의 의장 육군대장 박정희의 전력과 관련이 있다. 박정희는 1944년 일제 육군사관학교 졸업, 1945년 일제 무소불위 군부 권력의 일원으로서 육군 만주군 중위 등 일제에 적극적으로 부역하며 충성했던 인물이다. 박정희와 추종 군부세력은 일제의 무소불위 군부 권력과 검찰 권력에 대한 안목과 풍부한 식견을 바탕으로 강제수사권에 대하여 사법기관에 대한 청구와 발부를 전제로 하는 영장주의는 피할 수 없으니 이는 도입하되 검찰에 영장청구 독점권을 부여했다. 수사권을 검찰에 모아 권력 유지와 강화를 도모하기 위하여 헌법 조항에 심어 넣은 것이다. 이러한 사실은 이후 영구 집권의 기틀을 마련한 1972년 유신헌법(惟新憲法) 또한, 일제의 메이지유신(明治惟新)의 '유신'을 벤치마킹했다는 점에서 능히 추정할 수 있다. 말하자면 박정희 군부는 영장주의를 위반할 수는 없고, 일본처럼 경찰에게 체포영장과 압수수색검증영장을 법원에 직접 청구할 수 있는 권한을 부여하면 검찰을 견제하게 되어 정권 유지와 강화를 약화시킬 수 있으므로 검찰에게만 영장청구권을 부여하여 경찰의 강제수사권 모두를 검찰의 예속하에 둔 것이다.

우리 헌정사에서 검사의 영장청구권 독점 조항이 「헌법」에 신설된 것은 1961년 5월 16일 군사쿠데타로 집권한 박정희 군부정권에 의한 것임을 확인하였다. 수사기관의 강제수사권에 대한 사법 통제는 사법부의 소관이다. 검찰 권력 중심의 수사 구조 옹호론자들은 검사의 영장청구권 독점은 일제 경찰이 강제수사권을 남용하였기 때문이라고 하나 이는 앞서 살펴봤듯이 거짓 또는 궤변으로 경찰의 강제수사권 행사는 모두 검찰의 우산 아래에서 행하여진 것으로서 일제 경찰이 검사의 아바타였던 요소를 접목한 악의적 취사모방이자 검찰 권력 중심의 수사 구조 구축을 더욱 강화하기 위함이었다.

다. 1987년 「헌법개정안」 제12조 제3항

1987년 대한민국 정부(대통령 전두환[51])는 9월 21일 자 관보(제10744호)에 대통령 공고 제94호로 공포된 「헌법개정안」을 게재하였다.

---

51 11~12대 대통령, 12.12 군사반란, 5.18 광주민주화운동 유혈진압으로 정권찬탈, 재임 기간: 1980.8.27.~1988.2.24.

○ 검사의 영장청구권 독점 조항 제12조 제3항으로 이동

> 第12條 ①모든 國民은 身體의 自由를 가진다. 누구든지 法律에 의하지 아니하고는 逮捕·拘束·押收·搜索 또는 審問을 받지 아니하며, 法律과 適法한 節次에 의하지 아니하고는 處罰·保安處分 또는 强制勞役을 받지 아니한다.
> ②모든 國民은 拷問을 받지 아니하며, 刑事上 자기에게 不利한 陳述을 强要당하지 아니한다.
> ③逮捕·拘束·押收 또는 搜索을 할때에는 適法한 節次에 따라 檢事의 申請에 의하여 法官이 발부한 令狀을 제시하여야 한다. 다만, 現行犯人인 경우와 長期 3年 이상의 刑에 해당하는 罪를 범하고 逃避 또는 證據湮滅의 염려가 있을 때에는 事後에 令狀을 請求할 수 있다.

> 제12조
> ③ 체포·구속·압수 또는 수색을 할 때에는 적법한 절차에 따라 **검사의 신청에 의하여 법관이 발부한 영장**을 제시하여야 한다. 다만, 현행범인인 경우와 장기 3년 이상의 형에 해당하는 죄를 범하고 도피 또는 증거인멸의 염려가 있을 때에는 사후에 영장을 청구할 수 있다.

1987년 헌법 개정[52]에서 제12조 제3항에 자리하여 현재에 이르고 있다.

---

52 1972년 8차 개정(관보 자료 생략)에서 제11조 제3항으로 옮긴 바 있음

라. 영장청구권 독점 제도의 폐지 필요성

1987년 「헌법 개정」에서 무소불위 검찰 권력과 그 뿌리가 같은 무소불위 군부 권력에 대하여 정치적 중립을 규정한 제5조를 신설하면서 검사의 영장청구권 독점 조항을 폐지하지 않은 것은 씻을 수 없는 실책이자 역사적 불행이 아닐 수 없다.

경찰 본연의 업무인 초동 및 현장 수사에 필수적인 체포영장, 압수수색검증영장만큼은 검경 각기 독립하여 사법심사를 받도록 하루빨리 개혁하여야 한다. 그러기 위해서는 검찰 권력 중심의 전근대적 수사제도의 대들보인 헌법 제12조 제3항을 우선 폐지하여야 한다. 그리하여 경찰의 남용방지를 위한 안전장치를 마련하면서 구속영장을 제외한 체포영장, 압수수색검증영장에 대한 경찰의 직접 청구권을 인정하여 검찰의 비리를 견제하는 데 이바지할 수 있도록 하여야 한다. 이로써 검찰 권력이 분산되고 검찰의 업무 경감에도 기여가 될 것이다. 그러한 경찰을 가진 것만으로도 검사나 검사의 비호를 받는 사람, 단체, 조직에 관한 범죄정보도 경찰에 유입되어 그들은 경찰로부터 불시에 압수수색을 당할 수 있고, 체포도 될 수 있다는 사실을 명심하고 옷깃을 여미게 될 것이다.

> 이로써 1961년 「형사소송법」 개정, 1962년 헌법 개정에 신설하여 무소불위 검찰 권력을 강력히 뒷받침하며 우리나라 형사사법 정의와 절차를 교란해 온 '검사의 영장청구권 독점' 조항은 강제수사에 있어 일세 검사의 경찰에 대한 아바타적 활용 요소를 악의적으로 취사모방 한 것임과 그 명맥과 부작용이 도도히 유지되고 있음을 확인하였다.

제5장

피의자신문조서의 증거능력 차별 제도

들어가는 글

    2020년 형사소송법 개정 전까지 검사실에서 생산하여 법정에 유죄의 증거로 제출하는 피의자신문조서는 제312조 제1~3항에 따라 증거능력에 있어 경찰의 것보다 특별히 우대를 받았다. 법정에서 경찰 또는 검찰의 수사단계에서 작성되었던 피의자신문조서의 내용에 대하여 신문을 받았던 당사자인 피고인이 "그런 내용으로 진술한 사실이 없다."라고 하거나 "그렇게 진술한 것은 사실이나 그 내용은 진실이 아니다."라고 진술하면 경찰의 조서는 증거능력을 전면 부정당하나 검사의 조서는 피고인이 검사실에서 그렇게 진술하였고, 서명날인 한 사실이 있음을 입증하면 증거능력을 인정받을 수 있는 길이 열려 있었다. 물론 그런 검사 작성 피의자신문조서라는 것은 대부분 형사소송법 제243조의 참여 규정을 빙자하여 참여수사관이 검사의 아바타가 되어 신문하고 작성한 것이다.

    경찰은 "어차피 검찰에서 다시 조사하고, 증거능력에서 차별을 받는다."라는 의식 때문에 무성의하게 조사하고 작성한 조서를 양산하고, 그것은 결국 경찰의 수준 향상을 가로막았다. 검찰은 경찰 조서는 열등한 것으로 의식하고 증거능력상 차별적 우대를 받고자 이미 경찰에서 진술한 내용임에도 사건관계인을 소환해 이중 조사를 하여 큰 불편을 주고, 행정력을 낭비하였다. 그러한 차별은 검사실에서 얻은 피의자의 자백이 승거의 왕이 되게 하여 자백 강요와 가혹 행위를 부추겼다.

    형사사법의 정의와 절차를 교란하였고, 현재까지도 그 후유증을 남기고 있는 피의자신문조서의 증거능력 차별 규정의 발원과 변천 과정을 알아본다.

1. 일제, 조서의 증거능력 포괄 인정

가. 1880년 「치죄법」 제146조 제2항

1880년 일제는 치죄법(공포 자료: 서적 **제57쪽**) 제3편 범죄의 수사, 기소 및 예심 → 제3장 예심 → 제3절 증거 → 제146조에 증거에 관하여 규정하고 있었다.

> 제3절 증거
> 제146조 제1항 법률에는 피고사건의 모양에 의하여 유죄가 되는 추측을 정하지 않는다.
> 제2항 피고인의 자백, 관리의 검증조서, 증거물건, 증인의 진술, 감정인의 신청 기타 **제반의 징빙(徵憑)**[53]**은 재판관의 판정에 맡긴다.**

第三節 證據
第百四十六條 法律ニ於テハ被告事件ノ模樣ニ因リ有罪ナルノ推測ヲ定ムルコトナシ
二任ス
被告人ノ白狀官吏ノ檢證調書證據物件證人ノ陳述鑑定人ノ申立其他諸般ノ徵憑ハ裁判官ノ判定

피의자신문조서는 제반의 징빙에 포함된다. 경찰, 검사의 것에 따른 차별은 없으나 증거능력이 아무런 제한 없이 인정되는 것이고, 전적으로 판사의 재량에 맡겨져 있어 규문주의적 성격이 다분하고, 직권주의에 몰입되어 반문명적이다.

---

53 ① 증거 ② 범죄에 관한 주요 사실을 간접으로 추리하게 하는 사실. 이를 증명할 증거를 간접증거라고 함[일본국어대사전]

나. 1890년 「명치 형사소송법」 제90조

1890년 일제는 명치 형사소송법 제3편 범죄의 수사, 기소 및 예심 → 제3장 예심 → 제3절 증거 제90조에 치죄법 제146조 제2항을 그대로 계승하고 있었다.

> **제3절 증거**
> **제90조** 피고인의 자백, 관리의 검증조서, 증거물건, 증인 및 감정인의 공술, 기타 제반 징빙은 판사의 판단에 맡긴다.

第三節　證據

第九十條　被告人ノ自白、官吏ノ檢證調書、證據物件、證人及ヒ鑑定人ノ供述共他諸般ノ徵憑ハ判事ノ判斷ニ任ズ

치죄법 조항과 마찬가지로 피의자신문조서는 제반의 징빙에 포함된다. 경찰, 검사의 것에 따른 차별은 없으나 증거능력이 아무런 제한 없이 인정되는 것이나 다름없이 모두 판사의 자유로운 판단에 맡겨져 있어 규문주의적이고, 직권주의에 몰입되어 반문명적이다.

다. 1922년 「대정 형사소송법」 제343조 제1항

1922년 대정 형사소송법 제2편 → 제1심 → 제4장 공판 → 제2절 공판절차 → 제343조 제1항에 **비로소 신문조서를 특정하여 규정**하였다.

제343조 제1항 피고인, 기타의 자의 **공술을 녹취한 서류로서 법령에 의하여 작성된 신문조서가 아닌 것**은 아래의 경우에 한하여 이를 증거로 할 수 있다.
1. 공술자가 사망하였을 때
2. 질병 기타의 사유로 인하여 공술자를 신문할 수 없을 때
3. 소송관계인의 이의가 없을 때

第三百四十三條 被告人其ノ他ノ者ノ供述ヲ錄取シタル書類ニシテ法令ニ依リ作成シタル訊問調書ニ非サルモノハ左ノ場合ニ限リ之ヲ證據ト爲スコトヲ得
一 供述者ノ死亡シタルトキ
二 疾病其ノ他ノ事由ニ因リ供述者ヲ訊問スルコト能ハサルトキ
三 訴訟關係人異議ナキトキ
裁判所ノ事件ニ付テハ前項ニ規定スル制限ニ依ルコトヲ要セス

　수사기관의 신문조서에 관한 증거능력을 명문화하였고, 증명력에 대하여도 제337조에 "증거의 증명력은 판사의 자유로운 판단에 맡긴다."라고 하여 이 법률부터는 증거능력, 증명력을 분리 규정하였다. 그러나 법적 절차에서 작성된 것이기만 하면 차별 없이 당연히 증거능력을 인정하고, 그렇지 않은 경우라도 증거능력을 인정할 수 있는 사유를 열거해 놓은 것으로 개정 전보다 진일보하였으나 경찰, 검사실에서 작성된 조서는 법령에 따른 것이므로 모두 증거능력을 인정하고 있으니 반문명적이기는 마찬가지이다. 이와 같은 증거법은 식민지 조선 법정에 그대로 원용되어 경찰, 검찰에서는 '증거의 왕'인 자백을 받기 위한 고문과 가혹 행위가 자행되고 재판정에서는 조서재판이 만연했다.

2. 일본, 조서의 증거능력 엄격 제한

가. 1948년 「소화 형사소송법」 제320조

일본은 소화 형사소송법(관보 자료: 서적 **제66쪽**) 제320조에 조서의 증거능력에 관한 예외 규정(제321~제328조)을 폭넓게 두어 그 증거능력 인정을 원칙적으로 부정하여 엄격히 제안하였고, 기소 전 경찰, 검사의 작성 명의 조서에 대하여 증거능력 인정에 관한 차별을 두지 않았다.

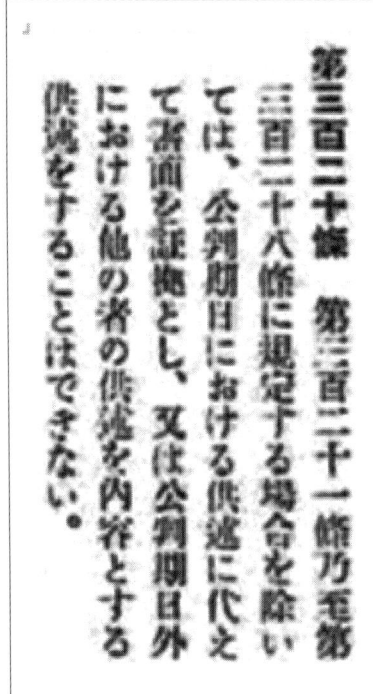

조서의 증거능력을 엄격히 제한하는 전문법칙을 전면 도입하였다.

> **제320조** 제321조 내지 제328조에 규정하는 경우를 제외하고는 공판기일에서 공술에 대신하여 서면을 증거로 하거나 공판기일 외에서 타인의 공술을 내용으로 하는 공술을 할 수 없다.

증거능력을 인정하는 전문법칙의 예외에 관하여 별도의 조항에 매우 상세히 규정하였다. 경찰, 검사 어느 쪽이든지 증거능력을 원칙적으로 인정한다거나 **검사의 피의자신문조서에 대하여 경찰과 달리 증거능력을 인정하는 차별** 규정을 두지 않은 것은 검찰의 무소불위 해체에 부합한다.

나. 전문법칙 예외 조항(제321조 내지 제328조 번역문)

조서에 관하여 원칙적으로 증거능력을 인정하지 않으면서 예외로 인정하는 경우를 매우 명확하고 상세히 규정하여, 수사기관의 자백 강요, 이중 조사는 물론 조서재판을 예방하고 있다.

> **제321조** 피고인 이외의 자가 작성한 공술서 또는 그자의 공술(供述)을 녹취한 서면으로서 공술자의 서명 혹은 압인이 있는 것은 다음의 경우에 한하여 이를 증거로 할 수 있다.
> 1. 재판관의 면전에서 공술을 녹취한 서면에 대하여는 그 공술자가 사망, 정신 혹은 신체의 고장, 소재불명 혹은 국외에 있어 공판준비 혹은 공판기일에서 공술할 수 없을 때 또는 공술자가 공판준비 혹은 공판기일에서 이전의 공술과 다른 공술을 한 때
> 2. 검찰관의 면전에서 공술을 녹취한 서면에 대하여는 그 공술자가 사망, 정신 혹은 신체의 고장, 소재불명 혹은 국외에 있기 때문에 공판준비 혹은 공판기일에서 공술할 수 없을 때 또는 공판준비 혹은 공판기일에서 이전의 공술과 상반(相反)하거나 혹은 실질적으로 다른 공술을 한 때, 다만 공판준비 또는 공판기일에서 공술보다도 전에 공술을 신용할 만한 특별한 정황이 존재할 때에 한한다.
> 3. 전 2회에 열거하는 서면 이외의 서면에 대하여는 공술자가 사망, 정신 혹은 신체의 고장, 소재불명 또는 국외에 있기 때문에 공판준비 또는 공판기일에 공술할 수 없고 동시에 그 공술이 범죄사실의 존부에 대한 증명에 없어서는 안 되는 것인 때. 다만 그 공술이 특히 신용할 만한 정황하에 된 것일 때에 한한다.
>
> **제2항** 피고인 이외의 자가 공판준비 혹은 공판기일에서 공술을 녹취한 서면 재판소 혹은 재판관의 검증의 결과를 기재한 서면은 전항의 규정에도 불구하고 이를 증거로 할 수 있다.
> 검찰관, 검찰사무관 또는 사법경찰직원의 검증의 결과를 기재한 서면은 그 공술자가 공판기일에서 증인으로서 심문을 받아 그 진정하게 작성된 것이

라고 공술한 때는 제1항의 규정에도 불구하고 이를 증거로 할 수 있다.
제3항 감정의 경과 및 결과를 기재한 서면으로서 감정인이 작성한 것에 대하여도 전항과 같다.
제322조 제1항 피고인이 작성한 공술서 또는 피고인의 공술을 녹취한 서면으로서 피고인의 서명 혹은 압인이 있는 것은 그 공술이 피고인에게 불이익한 사실의 승인을 내용으로 할 때 또는 특히 신용할 만한 정황하에 이루어진 것일 때에 한하여 이를 증거로 할 수 있다. 다만 피고인에게 불이익한 사실의 증인을 내용으로 하는 서면은 그 승인이 자백이 아닌 경우에도 제319조의 규정에 준하고, 임의로 된 것이 아니라고 의심될 때는 이를 증거로 할 수 없다.
제2항 피고인의 공판준비 또는 공판기일에서 공술을 녹취한 서면은 그 공술이 임의로 된 것이라고 인정될 때에 한하여 이를 증거로 할 수 있다.
제323조 전 2조에 열거하는 서면 이외의 서면은 다음에 한하여 이를 증거로 할 수 있다.
1. 호적등본, 공정증서 등본, 그 외 공무원(외국의 공무원을 포함한다)이 그 직무상 증명할 수 있는 사실에 대하여 그 공무원이 작성한 서면
2. 상업장부, 항해일지 그 외 업무 통상의 과정에서 작성된 서면
3. 전 2호에 열거한 것 외 특히 신용할 만한 정황하에 작성된 서면

제324조 제1항 피고인 이외의 자가 공판준비 또는 공판기일에서 공술한 피고인의 공술을 그 내용으로 한 것에 대하여는 제322조의 규정을 준용한다.
제2항 피고인 이외의 자가 공판준비 또는 공판기일에서 공술로서 피고인 이외의 자의 공술을 그 내용으로 하는 것에 대하여는 제321조 제1항 제3호의 규정을 준용한다.
제325조 재판소는 전 4조의 규정에 의하여 증거로 할 수 있는 서면 또는 공술이라도 미리 그 서면에 기재된 공술 또는 공판준비 혹은 공판기일에서 공술의 내용이 된 타인의 공술이 임의로 된 것인지 여부를 조사한 후가 아니면 이를 증거로 할 수 없다.

제326조 제1항 검찰관 및 피고인이 증거로 하는 것에 동의한 서면 또는 공술은 그 서면이 작성되거나 공술된 때의 정황을 고려하여 상당하다고 인정된 때에 한하여 제321조 내지 전조의 규정에도 불구하고 이를 증거로 할 수 있다.

제2항 피고인이 출두하지 않아도 증거조사를 행할 수 있는 경우에 피고인이 출두하지 않은 때는 전항의 동의가 있는 것으로 간주한다. 다만 대리인 또는 변호인이 출두한 때는 그러하지 아니한다.

제327조 재판소는 검찰관 및 피고인 또는 변호인이 합의에 의한 문서의 내용 또는 공판기일에 출두하면 공술할 것이 예상되는 그 공술의 내용을 서면에 기재하여 제출한 때는 그 문서 또는 공술할 자를 조사하지 않아도 그 서면을 증거로 할 수 있다. 이 경우에도 그 서면의 증명력을 다투는 것을 방해할 수 없다.

제328조 제321조 내지 제324조의 규정에 의하여 증거로 할 수 없는 서면 또는 공술이라도 공판준비 또는 공판기일에서 피고인, 증인 그 외의 자의 공술의 증명력을 다투기 위해서는 이를 증거로 할 수 있다.

3. 대한민국, 피의자신문조서의 증거능력 차별 제도

가. 1954년 「형사소송법」 제312조

1954년 제정 형사소송법(관보 자료: 서적 **제69쪽**) 제2편 제1심 → 제3장 공판 → 제2절 증거, 제312조에 검찰의 무소불위 강화를 위하여 검사 작성 피의자신문조서에만 특권적으로 증거능력을 부여하였다.

> 第三百十二條 (同前) 檢事 또는 司法警察官의 被疑者 또는 被疑者아닌 者의 陳述을 記載한 調書, 檢證 또는 鑑定의 結果를 記載한 調書와 押收한 書類 또는 物件은 公判準備 또는 公判期日에 被告人 아닌 者의 陳述에 依하여 그 成立의 眞正함이 認定된 때에는 證據로 할 수 있다 但 檢查以外의 搜査機關에서 作成한 被疑者의 訊問調書는 그 被疑者였던 被告人 또는 辯護人이 公判廷에서 그 內容을 認定할때에 限하여 證據로 할 수 있다

제312조(동전) 검사 또는 사법경찰관의 피의자 또는 피의자 아닌 자의 진술을 기재한 조서, 검증 또는 감정의 결과를 기재한 조서와 압수한 서류 또는 물건은 공판준비 또는 공판기일에 피고인 또는 피고인 아닌 자의 진술에 의하여 그 성립의 진정함이 인정된 때에는 증거로 할 수 있다. 단, **검사**[54] 이외의 수사기관에서 작성한 피의자의 신문조서는 그 피의자였던 피고인 또는 변호인이 공판정에서 그 내용을 인정할 때에 한하여 증거로 할 수 있다.

---

54 관보 자료 원문에는 한자 '檢事'를 '檢査'로 오기하였음

이러한 차별 규정은 일제의 반문명적 증거 규정 중 검사 작성 피의자신문조서에 계승한 것으로 해방 후로도 유지된 검찰의 무소불위에 경찰은 고문 또는 가혹 행위에 의한 자백이 담긴 조서를 첨부한 사건기록을 검사에게 송치하는 관행이 지속이 되는 가운데 경찰에서 이미 진술하였음에도 검찰에서 법률상 증거능력 특권을 부여받기 위하여 이중 조사를 하는 새로운 폐단이 생기게 되었다. 한일 양국의 증거 편 첫 번째부터 세 번째 조항을 상징적인 예로 들면 똑같으면서 일본의 경찰, 검사의 조서에 증거 능력상 차별을 두지 않은 부분은 외면한 것에서도 악의적으로 취사모방한 것임을 알 수 있다.

○ 1948년 일본의 형사소송법

제2편 → 제1심 → 제3장 공판 → 제2절 증거
제317조 사실의 인정은 증거에 의한다.
제318조 증거의 증명력은 재판관의 자유로운 판단에 의한다.
제319조 강제, 고문 또는 협박에 의한 자백, 부당하게 장기 억류 또는 구금된 후의 자백 그 외 임의로 된 것이 아니라고 의심되는 자백은 이를 증거로 할 수 없다.

○ 1954년 우리의 형사소송법

第二節　證據

第三百七條　(證據裁判主義)　事實의 認定은 證據에 依하여야 한다

第三百八條　(自由心證主義)　證據의 證明力은 法官의 自由判斷에 依한다

第三百九條　(擬制自白의 證據能力)　被告人의 自白이 拷問, 暴行, 脅迫, 身體拘束의 不當한 長期化 또는 欺罔其他의 方法으로 任意로 陳述한 것이 아니라고 疑心할 만한 理由가 있는 때에는 이를 有罪의 證據로 하지 못한다

제2편 → 제1심 → 제3장 공판 → 제2절 증거

제307조(증거재판주의) 사실의 인정은 증거에 의하여야 한다.

제308조(자유심증주의) 증거의 증명력은 법관의 자유로운 판단에 의한다.

제309조(의제자백의 증거능력) 피고인의 자백이 고문, 폭행, 협박, 신체구속의 부당한 장기화 또는 기망 기타의 방법으로 임의로 진술한 것이 아니라고 의심할 만한 이유가 있는 때에는 이를 유죄의 증거로 하지 못한다.

나. 1961년 「형사소송법 개정법률」 제312조

대한민국(대통령 윤보선)은 1961년 9월 1일 관보(제2946호)에 공포한 법률 제705호 「형사소송법 개정법률」을 게재하였다. 본 공포 전 같은 해 5월 16일 박정희 군부의 쿠데타로 국회가 해산되었고 군부 실세들로 구성된 국가재건최고회의 의결로 개정된 것이다.

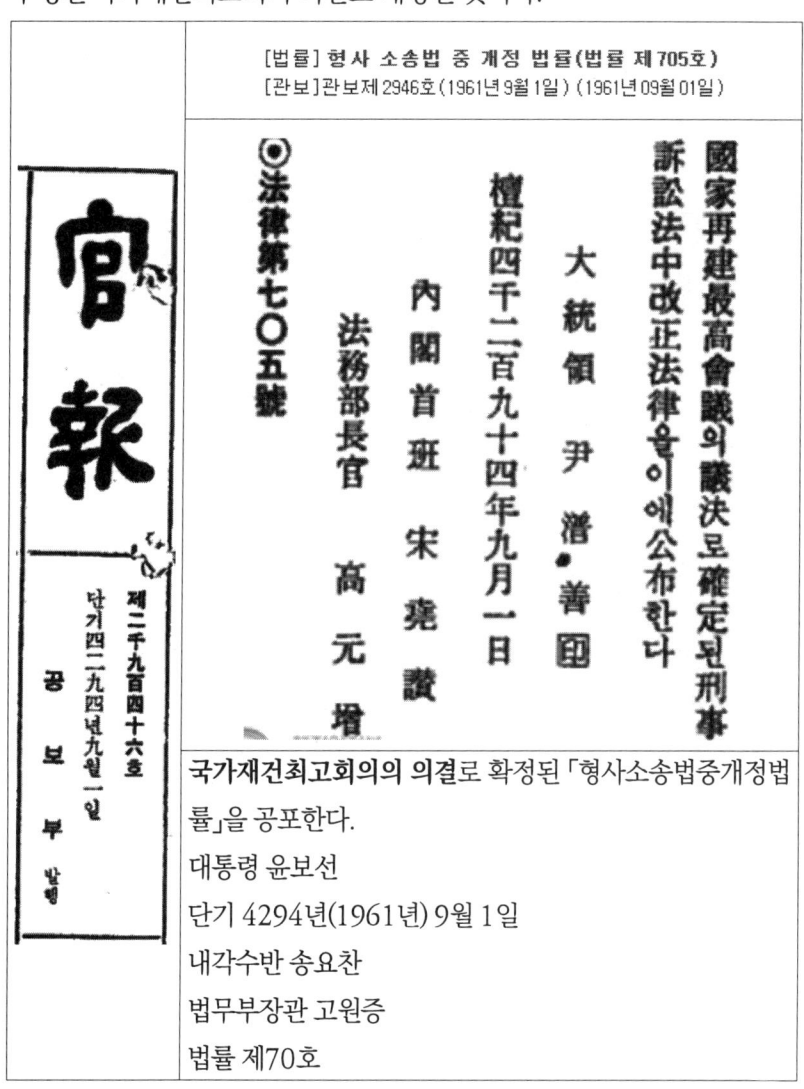

[법률] 형사 소송법 중 개정 법률(법률 제705호)
[관보] 관보제2946호(1961년 9월 1일) (1961년 09월 01일)

국가재건최고회의의 의결로 확정된 「형사소송법중개정법률」을 공포한다.
대통령 윤보선
단기 4294년(1961년) 9월 1일
내각수반 송요찬
법무부장관 고원증
법률 제70호

○ 제312조를 제1, 2항으로 분리하고 "특히 신빙할 수 있는 상태하"라는 조건을 추가하였다. 증거능력상 차별은 여전하다.

> 第三百十二條를 다음과 같이한다
> 第三百十二條 (檢事 또는 司法警察官의 調書) ① 檢事가 被疑者나 被疑者 아닌 者의 陳述을 記載한 調書와 檢事 또는 司法警察官이 檢證의 結果를 記載한 調書는 公判準備 또는 公判期日에서의 原陳述者의 陳述에 依하여 그 成立의 眞正함이 認定된때에는 證據로 할수 있다
> 但 被告人이 된 被疑者의 陳述을 記載한 調書는 그 陳述이 特히 信憑할수 있는 狀態下에서 行하여진때에 限하여 그 被疑者였던 被告人의 公判準備 또는 公判期日에서의 陳述에 不拘하고 證據로 할수 있다

제312조를 다음과 같이 한다.
제312조(검사 또는 사법경찰관의 조서) ① 검사가 피의자나 피의자 아닌 자의 진술을 기재한 조서와 검사 또는 사법경찰관이 검증의 결과를 기재한 조서는 공판준비 또는 공판기일에서의 원진술자의 진술에 의하여 그 성립의 진정함이 인정된 때에는 증거로 할 수 있다. 단, 피고인이 된 피의자의 진술을 기재한 조서는 그 진술이 **특히 신빙할 수 있는 상태하**에서 행하여진 때에 한하여 **그 피의자였던 피고인의 공판준비 또는 공판기일에서의 진술에도 불구하고 그 증거로 할 수 있다.**

○ 신구 조문 비교표

1954년 규정	1961년 규정
제312조(동전) 검사 또는 사법경찰관의 피의자 또는 피의자 아닌 자의 **진술을 기재한 조서**, 검증 또는 감정의 결과를 기재한 조서와 압수한 서류 또는 물건은 공판준비 또는 공판기일에 피고인 또는 피고인 아닌 자의 진술에 의하여 그 성립의 진정함이 인정된 때에는 증거로 할 수 있다. **단, 검사 이외의 수사기관에서 작성한 피의자의 신문조서는 그 피의자였던 피고인 또는 변호인이 공판정에서 그 내용을 인정할 때에 한하여** 증거로 할 수 있다.	제312조(검사 또는 사법경찰관의 조서) ① 검사가 피의자나 피의자 아닌 자의 진술을 기재한 조서와 검사 또는 사법경찰관이 검증의 결과를 기재한 조서는 공판준비 또는 공판기일에서의 원진술자의 진술에 의하여 그 성립의 진정함이 인정된 때에는 증거로 할 수 있다. 단, 피고인이 된 피의자의 진술을 기재한 조서는 그 진술이 **특히 신빙할 수 있는 상태하**에서 행하여진 때에 한하여 그 **피의자였던 피고인의 공판준비 또는 공판기일에서의 진술에 불구하고 그** 증거로 할 수 있다.

4. 대한민국, 검경 피의자신문조서의 증거능력 차별 폐지

　대한민국(대통령 문재인[55])은 2020년 2월 4일 관보(제19681호)에 제16924호로 공포한 「형사소송법 일부개정법률」을 게재하였다.

　제312조에 규정하였던 검사 작성 피의자신문조서의 증거능력 관련 규정을 삭제하여 경찰, 검사 작성 피의자신문조서에 대한 증거능력상 차별 제도를 폐지하였다.

---

55 제19대(2017.05.10.~2022.05.09.)

○ 신구 조문 비교표

구 조문	신 조문
제312조(검사 또는 사법경찰관의 조서 등) ① **검사가 피고인이 된 피의자의 진술을 기재한 조서**는 적법한 절차와 방식에 따라 작성된 것으로서 피고인이 진술한 내용과 동일하게 기재되어 있음이 공판준비 또는 공판기일에서의 피고인의 진술에 의하여 인정되고, 그 조서에 기재된 진술이 특히 신빙할 수 있는 상태하에서 행하여졌음이 증명된 때에 한하여 증거로 할 수 있다. ② **제1항에도 불구하고** 피고인이 그 조서의 성립의 진정을 부인하는 경우에는 그 조서에 기재된 진술이 피고인이 **진술한 내용과 동일하게 기재되어 있음이** 영상녹화물이나 그 밖의 객관적인 방법에 의하여 증명되고, 그 조서에 기재된 진술이 특히 신빙할 수 있는 상태하에서 행하여졌음이 **증명된 때에 한하여 증거로 할 수 있다.**	제312조(검사 또는 사법경찰관의 조서 등) ① **검사가 작성한 피의자신문조서는** 적법한 절차와 방식에 따라 작성된 것으로서 공판준비, 공판기일에 그 피의자였던 피고인 또는 변호인이 그 내용을 인정할 때에 한정하여 증거로 할 수 있다. 〈개정 2020.2.4.〉 ② **삭제 〈2020.2.4.〉**

검경 피의자신문조서 모두 원칙상 증거능력을 인정하지 않고 평등하여 검사실에서 증거능력 특권을 인정받기 위한 자백 강요, 이중 조사 관행에 대한 근본적인 개선과 공판중심주의 강화를 위한 토대가 마련되었다.

이로써 해방 후 최초 제정 「형사소송법」에 규정하여 무소불위 검찰 권력을 뒷받침하며 우리나라 형사사법 정의와 절차를 교란하였고, 현재까지도 그 후유증을 남기고 있는 '피의자신문조서의 증거능력 차별' 조항은 일본이 패망 직후 폐지한 검찰의 무소불위를 악의적으로 취사모방 한 것이고, 66년 만인 2020년 그 폐지는 검찰의 무소불위 해체를 향하여 한 걸음 더 다가간 선의적 모방이었음을 확인하였다.

제2부

위안(慰安) 그리고 재갈

제1장

전관예우

들어가는 글

1991년 검찰에 들어오기 전에는 '전관예우'라는 용어 자체를 알지 못하였다. 그 실태를 알기 시작한 때도 2000년 7급(검찰주사보)에 승진하여 검사실 참여수사관으로 근무하면서부터였다. 그 용어가 검찰 수구 세력의 기득권 수호에 아첨하고 헌신한 이들에 대한 조직적 위안(慰安)으로서 거악(巨惡)이며, 검찰 부패의 진실을 무덤까지 가져가라는 메시지를 담고 있었다는 사실을 알아차린 것은 세월이 더 지난 뒤였다.

돈 될 만한 내용과 규모의 사건 조사를 목전에 두고 있거나 수사 중일 때 거의 어김없이 검사 출신 전관 변호사들이 출몰했고, 사건 길목마다 똬리를 틀고 사건청탁과 몰래 변호로 수사 방해를 일삼으며 사건을 농간하고, 세금 한 푼 내지 않고 빗자루로 돈을 쓸어 담았다. 전관예우로 오염이 되면 사건을 담당한 검사 또는 그의 상사들은 전관 변호사와 한 몸이 되어 몰래 변호에 적극적으로 협력하거나 묵인, 방조하는 가운데 수사기밀과 정황이 더욱 정제된 형태로 사건관계인들에게 누설되고, 공범, 피해자, 참고인 등을 회유, 협박하는 등 정당한 수사절차를 방해하였다.

현직 검사가 전관의 입맛대로 사건을 처리하고 돈을 벌 수 있게 예우하는 것은 보험료를 내는 것이고 훗날 퇴직하여 자신이 같은 예우를 받는 것은 보험금을 받는 것과 같은 구조이다. 전관예우는 검찰 내에서 가장 강력한 구속력과 집행력을 지닌 그들만의 초법적, 관습법적 제도이고, 사건담당 검사들의 이성을 도미노식으로 마비시켜 버리는 약물이며, 용을 미꾸라지로, 호랑이를 고양이로 일순간 변신하게 하는 마법 램프이다. 검찰 내부에서 전관예우를 거역하거나 그 실상을 비판하거나 외부로 발설하면 거의 모든 것을 포기해야 했다.

전관예우의 실상에 대해 그 당사자인 검찰 내부인을 제외하면 이를 가장 잘 알고 있는 조직은 경찰이다. 경찰이 검찰을 신뢰하지 않고, 면종복배하고, 냉소하는 큰 이유 중 하나이다.

범죄자들은 그 죄가 클수록, 범죄를 반복할수록 진실을 말하거나 피해금을 토해 내고 반성하기보다 전관 변호사를 선임하는 것이 수백 배 효과적이고 고위급일수록 더 효과적이라는 것을 절감하게 된다. 전관예우는 사건의뢰인이 불기소 또는 솜방망이 처벌을 받게 하거나 그 상대편이 과도한 처벌을 받도록 청탁하고 이를 성취해 내는 과정에서 사건 농간과 거액의 수임료 수수와 탈세를 동반한다.

사건담당 검사에게 '발품, 전화 품, 접대 품'을 파는 전관들은 지청장 이하 평검사 출신의 애송이 전관들이다. 검사장 이상의 고위 전관이 고위 현관에게 전화 한두 통 하면 그 아래는 도미노처럼 모두 무너졌다. 이들 전직 고위는 "3년 이내에 100억 원을 벌지 못하면 바보"라는 말을 듣는다고 했다.

검찰 제도문화의 수구 기득권 수호를 위한 노고를 위안하고, 거악의 온상에서 부귀영화를 누리도록 배려받는 대신 검찰의 부패한 진실을 간직하고 살다가 모두 무덤으로 가져가도록 동기를 부여하며 우리나라 거악으로 자리매김한 전관예우의 발원과 변천, 척결의 필요성을 알아본다.

1. 일제,「전관예우」제도

가. 1889년 황실 내규「궁정녹사(宮廷錄事)」

1889년 일제는 12월 26일 자 관보(1950호)「궁정녹사(宮廷錄事)」란에「전관예우」에 관한 황실 내규를 게재하였다.

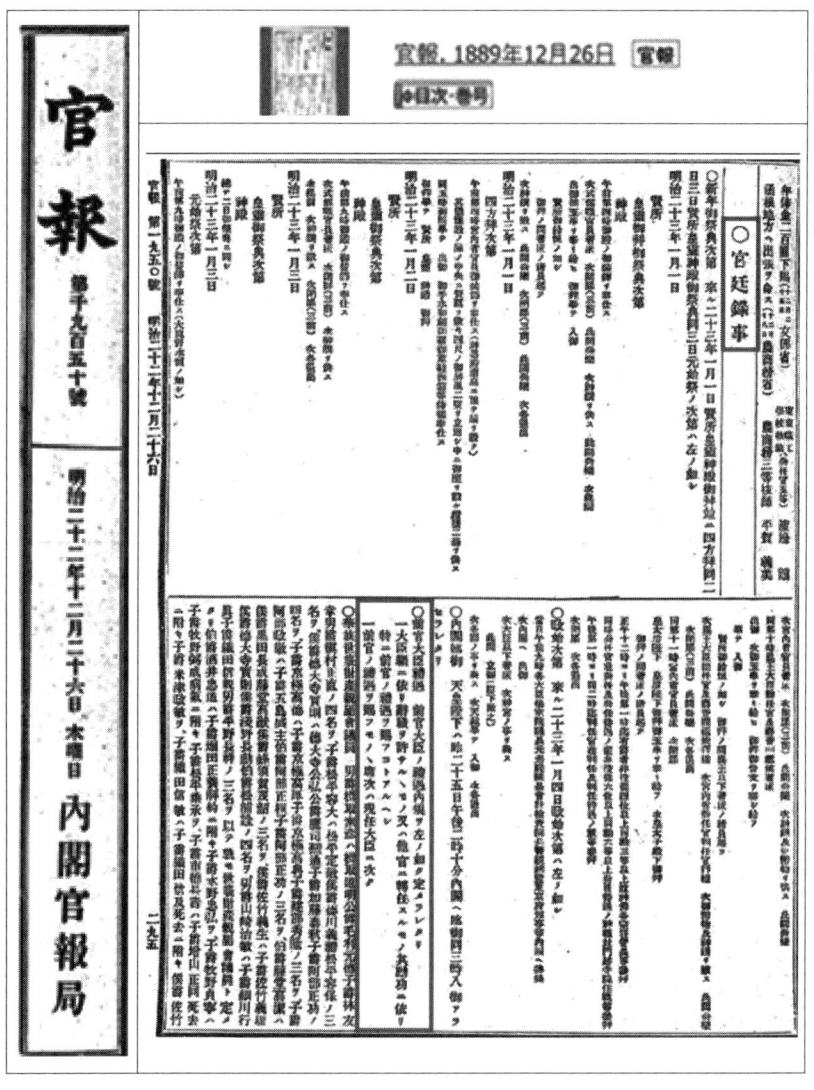

> ○ **전관** 대신의 **예우** 내규를 다음과 같이 정한다.
> 1. 대신의 원(願)에 의하여 사직을 허락받은 자 또는 타관에 전임하는 자의 그 훈공에 의하여 특히 **전관예우를 하사**하기로 한다.
> 2. **전관의 예우**를 받은 자의 차석은 현임 대신이 잇는다.

○ 前官大臣禮遇 前官大臣ノ禮遇內規ヲ左ノ如ク定メラレタリ
一 大臣願ニ依リ辭職ヲ許サルヽモノ又ハ他官ニ轉任スルモノ其勳功ニ依リ特ニ前官ノ禮遇ヲ賜フコトアルヘシ
一 前官ノ禮遇ヲ賜フモノヽ席次ハ現任大臣ニ次ク

우리의 '전관예우' 한자와 점 하나, 획수 하나 다르지 않은 '前官禮遇'는 지금으로부터 135년 전인 1889년 일제 황실에서 탄생하였다. 일제 침략전쟁사의 편린(片鱗)이 이 제도의 발원과 창출 이유를 가늠하게 한다.

메이지유신 이후 1889년 1월 징병령 개정으로 국민개병제를 완성하고, 군비확장으로 군국주의로 무장한 일제는 청일전쟁(1894~1895년) 승리로 제국주의 확장의 발판을 마련한다. 제국주의 성과는 군부와 관료들의 충성과 희생이 없이는 불가능했던 것으로 퇴직 후에도 이들을 위안하고 예우할 필요성이 있었던 것이다.

나. 1926년 「전관예우」 법제화

1926년 일제는 10월 21일 자 관보(제4249호의 호외)에 황실령 제7호로 공포한 「황실의제령(皇室儀制令)」[56]을 게재하였다.

짐(朕)은 추밀원 고문의 자문을 거쳐 「황실의제령」을 재가하여 이를 공포한다.

어명 어새

섭정명

대정 15년(1926년) 10월 21일

궁내대신 一木喜德郎 (이치키 기도쿠로)

내각총리대신 若槻禮次郎 (와카쓰키 레이지로)

육군대신 宇垣 一成 (우가키 가즈시게)[57]

해군대신 財部 彪 (다카라베 다케시)

외무대신 남작 幣原 喜重郎 (시데하라 기주로)

내무대신 濱口 雄幸 (하마구치 오사치)

---

56 제1~4장, 총 36개 조항 및 부칙(附則)으로 구성
57 조선총독 임시대리(1927.4.15.~1927.10.1.), 제6대 조선총독(1931.6.17.~1936.8.5.)

○ 일제 권력서열 규정

「황실의제령」 제4장 '궁중석차'에 관료를 1~10계(階)까지 나누고 다시 그 직위, 등급에 따라 70단계로 서열을 매겼다. 식민지 조선의 입법, 행정, 사법 전권을 거머쥐고 휘두른 **조선총독의 일제 권력 서열은 6위**이다.

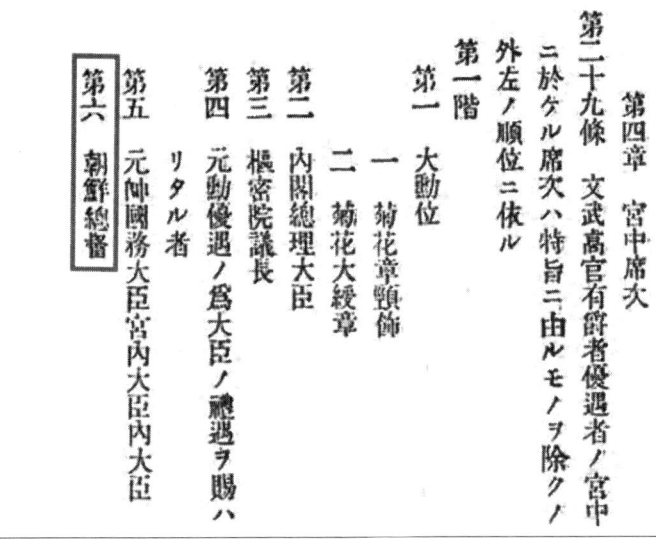

제4장 궁중석차
제29조 문무고관 유작자 유우자(優遇者)의 궁중에서 석차는 특별한 뜻의 사정이 있는 것을 제외하고 다음 순위에 의한다.
제1 대훈위[58]
제2 내각총리대신
제3 추밀원의장
제4 원훈 우대를 위한 대신의 예우를 하사받은 자
제5 원수, 국무대신, 궁내대신, 내대신
제6 조선총독

---

58 일제 최고의 훈등(勳等)

○ 총 36개 조항 중 주요 조항은 제31조, 제33조, 제34조이고, 다른 조항과 서로 연계되어 있다.

> 第三十一條 大臣ノ禮遇又ハ前官ノ禮遇ヲ賜ハリタル者ニシテ其ノ順位ヲ超エタル官ニ任セラレ退官ノ後更ニ前ニ賜ハリタル禮遇ト同順位ノ禮遇ヲ賜ハリタルトキハ前ニ禮遇ヲ賜ハリタル時有シタル席次ニ依リ後ノ禮遇前ノ禮遇ノ下ナルトキハ第三十四條ノ例ニ依ル

제31조 대신의 예우 또는 **전관예우(前官禮遇)를 하사받은 자**이면서 그 순위를 초과하는 관을 맡아 퇴관한 후 다시 전에 하사받은 예우와 동 순위의 예우를 하사받은 때에는 전에 예우를 하사받은 때 있던 석차에 의하고, 후의 예우가 전의 예우의 아래일 때에는 **제34조의 예**에 의한다.

> 第三十三條 退官退職ノ日ヨリ二年以内ニ前官職ト同順位ノ官職ニ就キタルトキハ前ニ有シタル席次ニ依ル

제33조 퇴관, 퇴직의 날부터 2년 내에 전관(前官)직과 동 순위의 관직에 취임한 때는 전에 있던 석차에 의한다.

第三十七條 妻ノ席次ハ夫ニ次グ	제37조 처(妻)의 석차는 남편에 버금간다.	第三十四條 轉官轉職ノ場合ニ於テ其ノ官職同順位ナルトキハ前ニ有シタル席次ニ依リ前ノ順位ヨリ降リタルトキハ其ノ順位ノ首席トス	제34조 전관(轉官), 전직(轉職)의 경우 그 관직이 동순위인 때는 전에 있던 석차에 의하고, 전의 순위에서 내려온 때는 그 순위의 석차로 한다.

관료가 퇴직하면 현직과의 서열 등을 어떻게 정할지에 대하여 규정한 법령으로 「전관예우」 제도가 '황실'의 '의식(儀)과 제도(制)'를 규율하는 법령상 제도로 확고히 자리매김하게 되었다. 이 법령을 접하면서 과거 우리나라 검찰 내 극도로 엄격했던 서열문화의 발원지 또한, 식민지 조선에서 조선총독부의 일원으로 일제와 검찰의 목적 실현을 수행하던 검사들의 물샐틈없는 위계질서와 서열문화가 해방 이후 그대로 전수되었을 것이라고 추정할 수 있다.

황실 내규로 두었던 「전관예우」를 정식으로 법제화한 이유는 무엇일까? 침략전쟁터에서 분골쇄신하는 군인들에게 '위안부(慰安婦)'라는 성노예 시설을 마련하여 위로해 준 것과 맥을 같이한다. 퇴직하는 고위 관료들은 그러한 위안을 받는 대가로 반문명적, 반인도적 국가범죄의 비밀을 발설하지 말고 살다가 무덤으로 모두 가져가라는 지령이 담긴 것이다.

다. 조선일보, 동아일보 전관예우 보도

○ 기사 목록

다음은 '네이버 뉴스라이브러리'에서 '전관예우' 또는 '前官禮遇'로 검색하였다가 1920년 창간된 조선일보, 동아일보 기사 1면에서 발견한 '전관예우' 기사들이다.

보도 일자	신문사	제목(1면)	비고 (성명, 전직)
1925.05.31.	조선	犬養에 前官禮遇	犬養毅(이누카이 쓰요시) 전 체신대신
1929.07.06.	동아	田中 前首相 前官禮遇	田中義一(다나카 기이치) 전 내각총리대신
1931.04.13.	동아	濱口 首相은 前官禮遇, 辭表 聽許後	濱口雄幸(하마구치 오사치) 전 내각총리대신
1932.03.18.	동아	中橋 前內相 前官禮遇	中橋德五郞(나카하시 도쿠고로) 전 내무대신
1932.05.29.	동아	床次, 鈴木 兩氏 前官禮遇	床次竹二郞(도코나미 다케지로) 전 철도대신 鈴木喜三郞(스즈키 기사부로) 전 내무대신, 전 검사총장
1933.09.15.	동아	內田 前外相 前官으로 禮遇	內田康哉(우치다 고사이) 전 외무대신
1934.07.09.	동아	齊藤, 高橋, 山本 三氏에게 特賜 前官禮遇	齊藤實(사이토 마코토) 전 내각총리대신 전 조선총독 高橋是淸(타카하시 고레키요) 전 대장대신 山本達雄(야마모토 다쓰오) 전 내무대신
	조선	齊藤, 高橋, 山本三氏 特히 前官禮遇로	
1937.06.16.	동아	林 前首相 前官禮遇	林銑十郞(하야시 센주로) 전 내각총리대신

1938.02.12.	동아	三土 元鐵相에 前官禮遇	三土忠造(미츠치 츄조) 전 철도대신
1938.02.13.	조선	三土 元鐵道大臣에 前官禮遇	
1938.06.09.	조선	廣田弘毅氏에 前官禮遇 御吩咐	廣田弘毅(히로타 고키) 전 내각총리대신
1938.06.10.	동아	廣田弘毅氏에게 前官禮遇 御吩咐	
1938.10.01.	동아	宇垣 前外相 前官禮遇	宇垣一成(우가키 가즈시게) 전 외무대신
1939.09.07.	조선	前 閣僚 6氏에 前官禮遇 吩咐	6氏(6명)
1939.09.08.	동아	前 閣僚에 前官禮遇	平沼麒一郎(히라누마 기이치로) 전 내각총리대신 米內光政(요나이 미쓰마사) 전 해군대신 荒木貞夫(아라키 사다오) 전 해군대신 有田八郎(아리타 하치로) 전 외무대신 前田米藏(마에다 요네조) 전 철도대신 鹽野季彦(시오노 스에히코) 전 체신대신
1940.06.02.	조선	湯淺氏에 전관예우	湯淺倉平(유아사 구라헤이) 전 내대신
1940.08.06.	동아	星野 前長官에 前官禮遇	星野直樹(호시노 나오키) 전 총무장관

일제 황실에서 퇴직 고위 관료들에게 전관예우를 부여하고 식민지 조선에 이처럼 보도하게 한 이유는 무엇일까? 조선에서도 전관예우로써 이들을 깍듯이 모시고 모범으로 삼으라는 것이다.

○ 신문지면에 실린 전관예우

다음은 전관예우 기사가 실렸던 신문 지면이다. 전관예우 기사는 모두 1면에 실렸다.

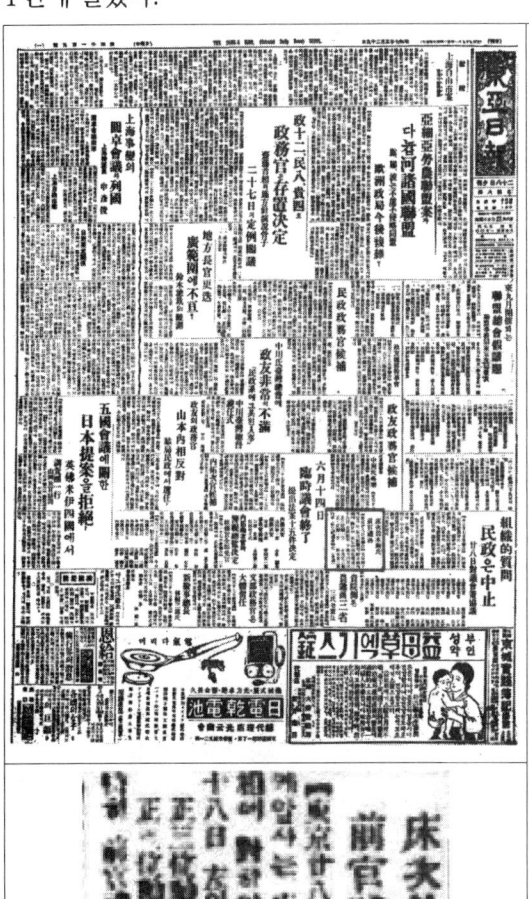

1932년 5월 29일
(동아일보)
『床次, 鈴木, 兩氏 前官禮遇』
(도코나미, 스즈키 둘에게 전관예우)
(요지) 천황 폐하께서는 18일 도코나미 다케지로 전 철도상, 스즈키 기사부로 전 내상에 대하여 재직 중의 공으로 **특히 전관예우를 하사함.**

제2부 위안(慰安) 그리고 재갈 **207**

1937년 5월 1일 (조선일보)

『岡田·廣田 兩氏에 前官禮遇 下賜』

(오카다, 히로다 둘에게 전관예우)

(요지) 천장절의 가절을 맞아 전 내각총리대신 오카다 게이스케 및 히로다 고키 씨에 대하여 **특히 전관예우를 하사하라는 분부가 계셨다.**

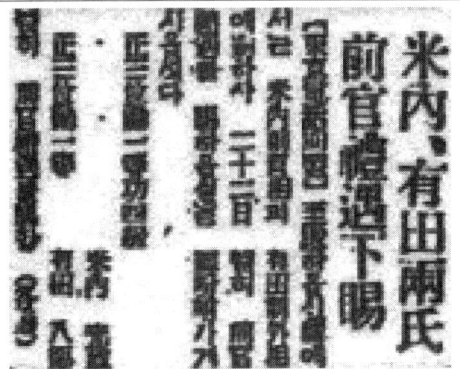

1940년 7월 23일 (조선일보)

米內, 有田八郞 兩氏 前官禮遇 下賜

(요나이, 아리타 둘에게 전관예우 하사)

(요지) 지엄하옵신 측에서 요나이 미츠마사 전 수상과 아리타 하치로 전 외상에 대하여 22일 특히 전관예우를 하사하라는 분부가 계셨다.

1940년 8월 6일 (동아일보)
星野 前 長官에 前官禮遇
(호시노 전 장관에 전관예우)
(요지) 황제 폐하께옵서는 호시노 나오기 씨의 만주국 건국 이래 국정의 중책에 있어 진력한 공을 가상히 여겨 **전관예우를 하사하라는 분부가 계시었다.**

2. 일본, 1947년 전관예우 제도 폐지

가. 1947년 「황실령 및 부속법령 폐기의 건」

1947년 일본 정부는 5월 2일 자 관보(제6087호)에 「황실령」 제12호로 공포한 「황실령 및 부속법령 폐기의 건」을 게재하였다. 이로써 황실령에 규정하고 있던 「전관예우」 제도는 폐지되었다.

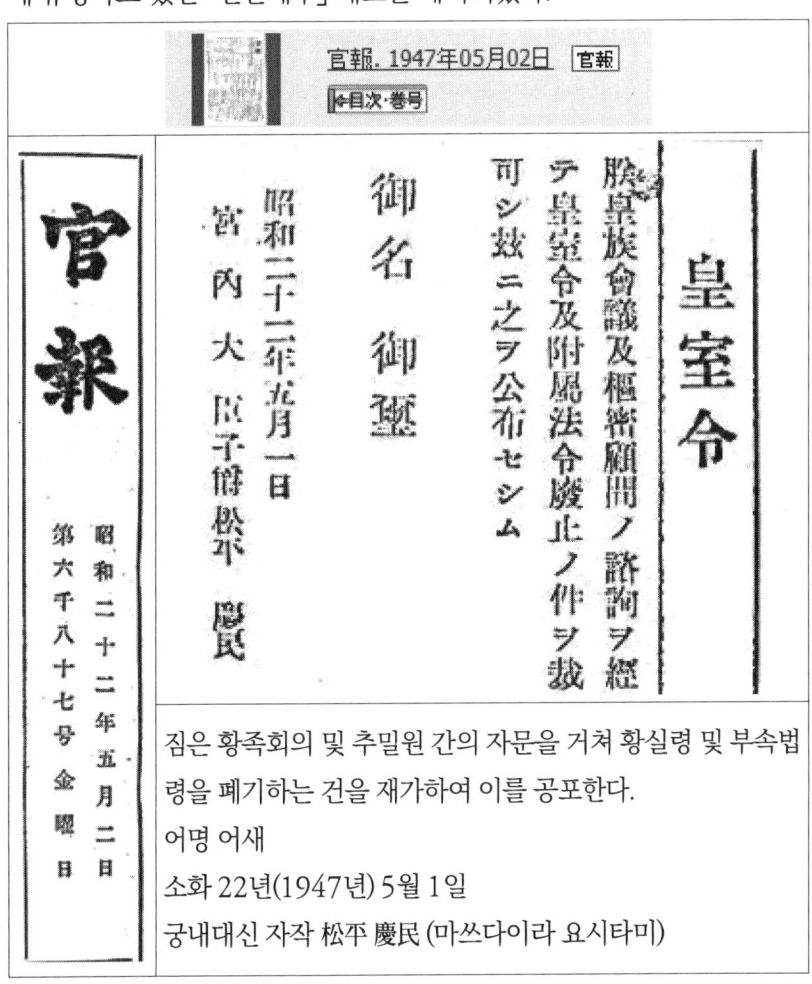

짐은 황족회의 및 추밀원 간의 자문을 거쳐 황실령 및 부속법령을 폐기하는 건을 재가하여 이를 공포한다.
어명 어새
소화 22년(1947년) 5월 1일
궁내대신 자작 松平 慶民 (마쓰다이라 요시타미)

나. 원조국 일본에 없는 우리의 「전관예우」

「전관예우」 제도의 원조인 일본의 포털 사이트 Google, Yahoo 등에 1889년 그들이 '前官禮遇'라는 단어로 만들었다가 이후 '禮'의 약자 '礼'로 바뀐 '前官礼遇' 또는 음독으로서 가타가나 'ゼンカンレイグウ' 또는 히라가나 'ぜんかんれいぐう'라고 전방위적으로 검색을 시도하였다. 그러나 우리와 같은 관련 사연이나 기사는 찾아볼 수 없었다. 그 대신 "원래 국무대신, 추밀원[59]의장, 국내대신, 내대신 등의 공로자에게 퇴관 후로도 재관 당시와 같은 예우가 부여되는 제도"[60]라고 하여 일제에 국한된 제도임을 설명하고 있었다. 한층 부끄럽게도 "한국에만 통상 있는 일로서 (韓国では通常有る事で)"라던가 "법조 전관예우는 한국만의 특이한 현상… 법치주의훼손(法曹前官礼遇は韓国だけの特異な現象… 法治主義毀損)"이라는 글과 우리의 전관예우에 관한 국내의 부끄러운 언론 보도들 여럿이 나타날 뿐이었다.

우리나라와 다른 나라의 실태를 비교하여 보도한 기사를 검색하여도 우리와 같이 전관과 내통하여 몰래 변호를 통하여 수사기밀을 누설하거나 사건 농간을 일삼으며 형사사법 정의 유린과 탈세를 일삼는 「전관예우」에 관한 기사 대신 그러한 것이 전혀 없다는 기사만 발견되었다.

---

59 일제 헌법상 24명으로 구성된 천황의 자문 기관
60 「前官礼遇」: 退官当時の官職と同じ待遇を受けること。特に、もと、国務大臣、枢密院議長、宮内大臣、内大臣などの功労者に退官後も在官当時と同じ礼遇が与えられた制度。

보도 일자	언론기관	기사 제목
2006.07.25.	세계일보	미국 일본 등 외국선 어떻게 하나
2006.12.04.	동아일보	"전관예우 일본선 상상조차 할 수 없어"
2011.01.13.	파이낸셜뉴스	법조계 전관예우, 선진 외국은
2011.01.26.	서울경제	[전관예우의 온상 로펌] 해외에서는
2011.05.19.	매일경제	'전관예우 방지' 외국에선
2013.04.08.	매일경제	[Lawyer] 미국·일본선 안 통해! 전관예우
2013.02.22.	매일경제	[토요 FOCUS] 유독 한국만 '예우'
2014.05.29.	머니투데이	'전관예우', 외국선 걸리면 연금까지 몰수
2015.04.06.	세계일보	"日도 없앤 법조계 전관예우 사라져야"
2015.04.07.	세계일보	"日도 없앤 법조계 전관예우 사라져야"
2015.04.07.	주간경향	"일본은 한국식 전관예우 없다"
2015.04.14.	주간경향	"일본은 한국식 전관예우 없다" — 존경받는 판사 이즈미 도쿠지 전 일본 최고재판소 재판관 방한 —
2019.06.21.	오마이뉴스	사법불신 근원 '전관예우', 외국에선 강력 규제하는데 한국은…
2020.01.20.	내일신문	[전관예우 예방책, 영국 캐나다 사례 눈길] 영국, 법관 임용 시 변호사 재개업 금지
2020.01.28.	노컷뉴스	미국·독일·일본에 '전관예우'란 없다.
2020.02.01.	〃	"사법불신 만드는 전관예우, 영국은 개업도 못 해"
2020.05.21.	대구신문	전관예우1 : 해외 전관예우 규제 사례 등
2020.09.22.	법률방송뉴스	한국 법조계에만 있다는 유일무이한 용어… '전관예우' 근절, 안 하나 못 하나
2022.02.01.	한겨레	국내선 전관 '스토브리그' 열렸는데… 외국은 어떨까
2022.05.20.	오마이뉴스	전관예우 연봉 5억 이상인데… 여당의원들 "○○○ 물욕 없다. 일할 기회 주라"

3. 대한민국, 일제 「전관예우」의 관습법적 계승과 창궐

「전관예우」는 우리 사회가 민주화, 투명화, 정보화되어 감에 따라 그 실태가 국민에게 서서히 알려지기 시작하여 지금은 널리 알려져 있다. 포털사이트마다 검색창에 '전관예우' 또는 '前官禮遇'라고 입력하면 일본과 달리 법조계를 중심으로 전 공직사회에 만연하기에 각종 사연과 인터넷 기사들이 수도 없이 나타난다. 그러한 기사는 먼저 전관예우에 의한 특정 사건의 비리가 폭로된 것에 바탕으로 두고 있다. 그러한 사실이 보도되기까지는 천재일우의 기회가 있어야 가능하다. 마치 오랜 세월 전국 각지에 깊이 묻어 놓은 방대한 오물에서 발생한 침출수의 극소량이 얇아진 지표면에 우연히 스며 나와 비로소 그 매장과 부패 사실을 조금이나마 짐작할 수 있는 정도인 것이다. 서로 돈독하였던 비리 당사자 사이의 인간관계가 파탄에 이르러 그들만의 철통 보안에 금이 가야 하고 봉합을 시도함에도 불구하고 봉합할 수 없어야 하고, 폭로로 인한 이해득실을 저울질하며 고민하다가 그 모든 난관과 수치스러움을 무릅쓰고 자폭하듯 폭로하거나 뜻하지 않게 천기가 누설되고, 이러한 사실이 알려짐을 막지 못하는 몇 겹의 과정을 거쳐야만 이처럼 비로소 세상 밖에 알려진다.

물론 저자가 직간접 경험을 통하여 알고 있는 수없이 많은 전관예우 사례 또는 풍경은 실지로 벌어진 것에 비하면 빙산의 일각 중의 일각이며 그중에서 언론에 보도된 일은 단 한 번도 없었다. 또한, 해방 이후 저자와 같은 신분 또는 검사의 신분으로 검찰에 몸담았던 하늘의 별처럼 많은 이들 모두 저자가 알고 있는 것처럼 그들이 알고 있는 전관예우의 구체적인 사건과 사례는 세상에 알리지 않은 채 그 비밀을 간직하고 살다가 이를 모두 안고 무덤으로 들어갔고, 살아 있는 이들 또한 그들의 뒤를 이을 것이다. 이 나라 사법 불신과 정의와 절차를 심각하게 교란해 온 거악(巨惡)이 아닐 수 없다.

○ 전관예우 신문 기사

「전관예우」에 관하여 일반인의 피부에 와닿기 시작한 때는 고위직 인사청문회 제도 때부터이다. 2000년 6월 23일 「인사청문회법」이 국회를 통과하여 같은 달 26일부터 이틀간 고위공직 후보에 대한 사상 최초의 인사청문회가 개최된 이후 매번 약방에 감초처럼 등장하였기 때문이다. 인터넷에서 검색이 가능한 1991년 이후 전관예우 기사 중 일부를 발췌하여 그 목록을 소개한다.

보도 일자	언론기관	기사 제목(내용)
1991.01.31.	한겨레	한국사회 부패구조의 실상(5) 법조계 비리 개업변호사 – 현직 판·검사 먹이사슬
1992.12.22.	〃	**김기춘 씨 청사 떠날 때 검사 등 20여 명 배웅**
보도 내용 중 "**김 전 장관은 오후 5시 40분께 조사를 마치고 돌아갔으며 청사를 나가는 순간 서울지검 청사 1층 로비에는 검찰청 직원과 검사 20여 명이 늘어서 김 전 장관을 배웅하기도 했다.**"라는 부분이 있다. 전직 고위 검찰 인사가 피조사자 신분으로 조사를 받고 청사를 나가는데 현관에 나온 검사와 직원들의 환송을 받은 것이다. 검찰에서 「전관예우」의 기본 법도는 매우 조직적이며 정신적인 예우로부터 시작한다.			
1993.06.07.	경향신문	이○○(전 국방)·김○○(전 수석) 5억 수뢰 확인
1993.07.13.	한겨레	어떤 '성역'에 대하여
1994.10.21.	한겨레	법조계 '전관예우' 병폐 여전
1995.02.22.	조선일보	법조계 「前官예우」실상 드러나 구속적부심·保釋 "77% 성공"
1995.02.27.	동아일보	前官(전관) 변호사들이 집중적으로 몰려 있는 서울 서초동법조타운 일대

1995.03.04.	경향신문	변호사 집중조명(2)「前官(전관)예우」에 고장 난「法(법)저울」
1995.03.07.	〃	변호사「高位職(고위직)」출신 영향력 막강
1995.03.13.	조선일보	非理(비리)숨긴 법원 – 검찰
1998.02.10.	경향신문	거액 수임비리혐의 이○○ 변호사 수감
1998.03.23.	경향신문	'전관예우'에 무시된 '수사ABC'
1999.01.09.	동아일보	前 고검장 現 부장판사 등 판검사 30명도 사건알선
1999.01.11.	한겨레	개업 1~3년 차 '싹쓸이' 상상 초월 자료로 본 '전관예우'
1999.01.11.	한겨레	10위권 변호사 '전관'이 75%
1999.01.14.	한겨레	의정부사건 뒤 자정결의 비웃듯 작년도 '전관'이 휩쓸었다.
1999.01.20.	한겨레	전관 청탁이 전관예우 부채질
1999.02.01.	조선일보	봉합에만 급급한 검찰
1999.02.06.	조선일보	법원은 巨物(거물)변호사 양성소
1999.02.10.	경향신문	'전관예우' – 초록은 동색인가

2000년 6월 26일 자 연합뉴스「이 총리서리 국정수행능력 집중 추궁 (종합3보)」

위 기사에는 "이 총리서리는 아울러 포천 일대 땅 매입 등 재산형성 과정의 의혹을 물은 야당의원들의 추궁에 **'지난 69년 변호사 개업 당시 전관예우가 관행처럼 돼 있어 그때 번 돈 1천만 원 정도로 땅을 산 것'**이라고 해명하고 (이하 생략)"라고 보도하고 있었다.

※ 전관예우로 거액의 돈을 버는 일은 과거로 거슬러 올라갈수록 창궐하고 당연한 일이어서 부패의 범주에 들어 있지도 않았다. 1969년 당시 그 짧은 기간에 1,000만 원을 벌었다는 것이다. 1960년대 후반 자장면 가격이 20~30원, 1970년도 초반에는 100원대였다고 하니 얼마나 큰 돈인지 짐작이 가고도 남는다. 전직 부장검사 출신이 그 정도였다는 것이고 전직 검사장 또는 그 이상의 직위였던 이들이 실지 벌어들인 액수를 알게 된다면 벌어진 입을 다물 수 없을 것이다. 이후 지속된 인사청문회에서도 고위공직 내정자들 중 전관 변호사로 활동하는 수년 사이에 40~50억 원의 수입

료 수입이 있었다는 사실이 간신히 드러나는 일들이 종종 있었으나 그 액수는 세무당국에 신고하여 부득이 인정하지 않을 수 없는 액수만 해당할 것이다.

2001.09.14.	한국경제	'이용호 게이트' 組暴사장 영장(중수부), 청탁명목 20억 가로채
2001.09.18.	동아일보	이용호 씨 '고위층 가족' 챙겼다.
2001.09.20.	동아일보	[이용호게이트 수사] '전관 전화변론' 다시 도마에
2001.09.20.	한국경제	검찰, 이용호 씨 진정사건 9개월간 방치… 법사위 국감
2001.09.25.	동아일보	검사 출신 또 다른 변호사 1억 받고 사건 맡아
2001.10.12.	매일경제	[李게이트 수사발표] 수사간부 셋 검사복 벗겨
2001.10.21.	동아일보	[이슈추적]수임료 탈세… '前官'–정치인이 단골
2005.09.09.	매일경제	"서울지법 구속사건 수임 전관변호사들이 휩쓸어"
2006.02.28.	한국경제	이○○ 대법원장 변호사 때 화이트칼라 범죄가 70% 넘어
2006.07.13.	국민일보	[김홍수 게이트] 수뢰혐의 10여 명 수사… 고법 부장판사·검사·경찰서장 등
2007.01.08.	세계일보	「시론」사법불신 주범은 전관예우
2007.02.22.	세계일보	"대법원장 6년간 수임료 60억… 전관예우 의혹 해명해야"
2008.02.28.	한겨레	김○○ 법무 후보 '퇴직 뒤 6년간 50억 재산증가' 추궁
2008.02.29.	서울신문	김○○ 법무 인사청문회 전관예우 논란
2008.10.20.	연합뉴스	[연합시론] 전관예우 고질병 말만으로 못 고친다.
2009.07.28.	문화일보	로펌들 "전관 大魚 모셔라"
2011.01.12.	국민일보	[정○○ 낙마] '7개월에 7억' 발목… 청문회 전 낙마 첫 사례
2011.05.02.	한국경제	판사경력 9년 K변호사의 고백 "부장 판·검사 출신 '전관' 첫해 30억 벌어"
2011.05.06.	동아일보	'전관예우 공화국에 공정사회는 헛구호'
2011.05.14.	서울신문	"돈 나와라 뚝딱, 전관예우는 도깨비 감투" "30년 판·검사 수입 3년 만에 벌어"

제2부 위안(慰安) 그리고 재갈 **217**

날짜	신문	제목
2011.05.17.	한국경제	'5000억 원 전관예우도 있는데 뭘…'
2011.06.26.	세계일보	'사후 수뢰'인가 '전관예우'인가
2017.05.26.	프레시안	전관예우는 권력 사유화, '반사회적 범죄'다
2011.07.25.	한겨레신문	검찰, 선박왕 ○○ 회사서 메모지 발견
2012.08.20.	한겨레	"조○○ 삼성특검 아들, 비자금 재판 뒤 특채로 삼성 입사"
2013.02.13.	조선일보	'검찰·법원 고위직출신, 로펌서 세금 빼고 월 5000만 원 받아'
2013.02.18.	국민일보	"고위직 퇴임 후 로펌 가면 최소 월 5000만 원 받아"
2013.02.18.	조선일보	'로펌이 10억 원 벌면… 그중 3억~5억 원은 前官들의 몫'
2013.02.18.	동아일보	'월평균 1억 원 보수, 전관예우가 아니면 뭔가'
2013.02.19.	조선일보	'고위 판·검사 출신이 법 어기면 법치 사회 불가능'
2013.02.20.	한겨레	'공직→로펌→공직' … 회전문 인사 악순환
2013.02.20.	중앙일보	'공직 물러나면 부자 되는 나라'
2013.02.20.	중앙일보	'취업기간 제한으로 전관예우 못 막아'
2013.02.21.	서울신문	'공직자 전관예우 국민 눈높이에 맞출 때다.'
2013.02.21.	경향신문	'고위공직의 회전문 고리 이제는 끊어야 한다.' '군·관 경력으로 퇴직 후 고소득… 법으로 못 막는 그들만의 관행' '전관예우 막으려면, 대가성 상관없이 금품 받으면 처벌해야'
2013.02.21.	동아일보	'돈방석 前官, 표절 논문, 부정 입학… 지도층의 민낯'
2013.02.21.	조선일보	'공직→로펌→장관·수석 관료들 로펌이 申, 사안마다 눈치 볼 판'
2013.02.18.	동아일보	[사설] 월평균 1억 원 보수, 전관예우가 아니면 뭔가
2013.03.14.	조선일보	[양승태 대법원장 편집인協 토론] "전관예우는 법원의 원죄(原罪)와도 같으며 끊임없이 법원을 괴롭히는 족쇄가 되고 있다"
2014.05.02.	헤럴드POP	제도 두어도, 정권 바뀌어도 왜 전관예우 사라지지 않나

날짜	언론사	제목
2014.05.26.	오마이뉴스	안대희 '5개월 16억 수임' **전관예우** 받은 사람이 국가개조?
2014.05.27.	문화일보	관피아 이어 '법피아' 도마… 청문회마다 전관예우 논란
2014.05.28.	매일경제	안○○, 후보 전격 사퇴… 전관예우에 꺾인 '책임 총리'
2014.05.30.	문화일보	기업은 왜 '前官 모시기' 열 올리나
2014.05.30.	문화일보	경제부처 실무급까지 영입한 로펌, 법인稅 2100억→0원 '승소'
2014.06.02.	조선일보	6大 로펌 소속 고문·전문위원 83%가 '官피아'
2015.03.24.	변협	"대법관 출신, 3년에 100억 못 벌면 바보란 말도…"
2015.05.13.	한겨레	검사장 출신 '전관 변호사', 전화 한 통화로 '8천만 원'
2015.06.03.	국민일보	황○○, 이번엔 '전화변론' 의혹
2015.08.20.	이투데이	"전관예우 해결하면 실력 있는 변호사들에게 기회… 김한규 서울변호사회회장"
2015.09.21.	한겨레	최○○, '김○○ 사위' 마약 사건 '몰래 변호' 의혹…
2015.09.21.	조선일보	'高檢長 출신 변호사, 선임계 안 내고 몰래 활동'
2015.09.21.	헤럴드경제	여전한 前官 '몰래 변론' 징벌적 제재로 뿌리 뽑아야
2015.09.22.	TV조선	선임계 안 내고 '몰래 변론'한 검사장급 전관 1명 더 있다
2015.09.22.	연합뉴스	[연합시론] 고위 전관 '몰래 변호' 차단할 길 찾아야
2015.09.23.	동아일보	[사설] '전관 몰래 변론' 최교일 前 고검장뿐이겠는가
2015.10.05.	뉴시스	'검찰 출신 변호사들'…… 선임계 미제출·수임제한 위반 잇따라 적발
		공정위 전담 법관 20명 중 12명 대형로펌행
2015.10.07.	조선일보	[전관예우 백약무효] '몰래 변론' 8년간 적발 14명… 대부분이 검찰 출신
2015.10.08.	중앙일보	그만둔 대법관 35명 중 24명 1년 내 변호사 개업
2015.10.16.	경향신문	'강○○ 감형' 변호사들, 부장판사와 동문·향판 출신
2016.03.19.	조선비즈	[전관예우 백약무효](28) 법복 벗은 거물급 판검사, 공직자 윤리…

2016.05.10.	한국경제	관선변호·포스트잇 선임계… 법조계 '민낯' 드러낸 은어
2016.05.24.	SBS뉴스	"변호사 소개료와 탈세는 서로 연결" 전직 검사장의 고백
2016.06.05.	매일경제	[매경데스크] 전관예우… 범죄 부추기는 사회
2016.09.05.	한겨레	이번엔 '스폰서 부장검사'… 수사검사에 사건무마 청탁
2016.09.22.	연합뉴스	"법조 3륜, 제 식구 잘못엔 '솜방망이'… 징계 규정 재검토 필요"
2016.09.22.	연합뉴스	"법조계 내부 비위 척결 의지 믿기 어려워… 일벌백계해야"
2016.10.03.	연합뉴스	전관예우, 20년 전에도 있었다… 몰래변론·거액수임 '천태만상'
2016.10.13.	헤럴드경제	한○○ 전 검찰총장, 일본계 금융회사 '몰래 변론' 의혹
2016.10.10.	연합뉴스	"전 검찰총장 20억에 수사무마" 의혹 제기… 법조계 뒤숭숭
2016.11.23.	newsis	김○○ "최재경, 효성그룹 형제의난 사건 몰래 변론"
2016.12.09.	경향신문	[속보]'전관예우' 검찰 출신 홍만표 변호사 징역 3년 선고
2016.12.12.	한겨레	홍○○ '몰래 변론' 유죄… 접촉 검사는 감찰조차 안 해
2017.01.05.	중앙일보	'정운호 게이트' 최유정 변호사, 징역 6년… 브로커 이동찬은 징역 8년
2017.01.13.	세계일보	'정운호 게이트' 김수천 부장판사 징역 7년
2017.01.23.	조선일보	변협, '정운호 게이트' 홍○○·최○○ '제명', 우○○에 '과태료 1000만원'
2019.10.27.	미디어오늘	"공정·전관예우 줄이려면 판결문 공개 확대해야"
2020.02.18.	YTN	'전관예우' 받고 탈세로 70억 강남 아파트 구입
2020.09.22.	법률방송뉴스	한국 법조계에만 있다는 유일무이한 용어… '전관예우' 근절, 안 하나 못 하나

| 2022.02.01. | 한겨레 | 국내선 전관 '스토브리그' 열렸는데… 외국은 어떨까 |
| 2022.05.20. | 오마이뉴스 | 전관예우 연봉 5억 이상인데… 여당의원들 "○○○ 물욕 없다. 일할 기회 주라" |

「전관예우」 제도를 만들어 일제의 목적 실현에 활용한 일본은 패망 후 이를 사멸시켰으나 우리가 이를 관습법적으로 흡수하고 변이를 거듭시켜 우리나라 특유의 대표적 부패문화로 정착시킨 과정은 악의적 취사모방의 전형적인 형태가 아닐 수 없다.

일제 당시와 오늘날 우리의 전관예우의 양상은 다르나 공통점은 위안(慰安)을 위한 보상과 부패와 수구 기득권 수호의 비밀유지를 위한 재갈물림이다. 일제의 전관예우는 현직에서 일제의 목적 실현을 위하여 헌신한 관료에 대한 위안과 보상이자 국가범죄의 비밀을 무덤까지 가져가라는 것이고, 우리나라 검찰에서의 전관예우는 수구 세력의 기득권 수호를 위하여 공헌한 것에 대한 위안과 보상 그리고 현직에서 경험한 무소불위 검찰 권력에 의한 부패한 실상을 발설하지 말고 무덤까지 가져가는 것이다. 이 땅에 사법 불신의 원혼이 구천을 떠돌고 국민이 검찰에 관한 언론 보도의 홍수 속에서 검찰개혁이라는 과제를 늘 안고 살아가는 원인 중 하나이다.

2016년 「부정청탁 및 금품 등 수수의 금지에 관한 법률」이 시행된 후 전관예우의 대담성과 빈도가 차츰 줄어 획기적인 개선이 있었던 것은 전관예우는 청탁을 먹고 살기 때문으로 청탁을 법에 가두고 어느 정도 감시 역할을 하여 견제의 실효성이 발휘되었기 때문이다. 이 법이 제정되기까지의 과정은 험난했다. 2011년 당시 김영란 국민권익위원장이 국무회의에서 처음 제안한 이후 사회적인 공감대가 형성되어 가고 있었다. 그러나 정치권과 공직사회에서는 매우 시큰둥하고 냉소하여 입법이 지지부진하고 자칫 물 건너가려다 2014년 '세월호참사' 이후 급물살을 타는 천신만고 끝에 2015년에야 입법되었다. 나이 어린 원혼들의 소리 없는 외침이 없었더라면 입법이 되지 못하였을 것이다.

> 이로써 우리나라 특유의 관습법적이며 강력한 집행력을 지닌 거악 「전관예우」는 1889년 일제 황실에서 발원한 후 법제화한 제도를 악의적으로 취사모방 한 것이고, 아직 사멸되지 않은 채 우리 사회 부패의 원흉으로 자리매김하고 있음을 확인하였다.

제2장

일제 특혜 제도 계승 집행관 임명제도

들어가는 글

집행관은 각 지방법원 또는 지원에 소속되어 재판의 집행과 서류의 송달 사무 등을 담당하는 관직으로 퇴직 검찰 또는 법원 직원에게만 특권적으로 부여가 되고 있다. 집행관의 결원이 생긴 해당 법원의 지방법원장이 임명 권한을 가지고 있으나 검찰 몫은 검찰에서 추천하므로 그 부분 몫의 실질 인사권은 검찰에 주어져 있다. 검찰 내에서 전직 검사들에 대한 전관예우가 검찰 내에서 광범위하고 파격적, 신분적, 관습법적인 예우였다면 퇴직 검찰 직원에 대한 집행관직 부여는 한정적(집행수수료 수입), 신분적, 실정법적인 예우라고 볼 수 있다.

집행관은 공직자이면서 그 수입은 집행수수료로 충당되는 특별한 제도이다. 검찰 직원 몫의 집행관은 거의 절대적으로 고위 일반 직원들에게 부여가 된다. 현직에서 고액의 봉급을 받다 퇴직하여 고액의 연금이 보장된 이들에게 주어지는 별도의 특혜이자 전관예우의 다른 형태이다. 검찰의 부패와 낡은 제도문화, 수구 기득권에 대한 개혁에 뜻을 두고 목소리를 내는 검찰 직원이라면 감히 넘볼 수 없을 것이다.

집행관으로 재직하며 거두어들이는 집행수수료 수입이 거액이어서 황금알 낳는 거위로 여겨져 왔고, 무소불위 검찰 권력 중심의 제도문화를 지탱해 준 든든한 버팀목으로서 검찰의 자정작용과 개혁을 가로막아 왔다.

고위 직원일수록 검찰 제도문화의 부패한 내면과 실상을 누구보다도 잘 알고 있으나 현직에서는 집행관직을 부여받기 위한 선택적 처신으로 검찰의 자정작용을 가로막고, 퇴직하여서도 침묵으로 일관하다 그 진실을 모두 무덤까지 가져가도록 강한 동기부여를 해 온 우리나라 특유의 집행관 임명제도의 발원과 변천, 개혁의 필요성을 알아본다.

1. 일제, 「집달리」 제도

가. 1890년 「집달리 등용규칙」 제1조, 제11조

일제는 1890년 8월 1일 자 관보(제2127호)에 사법성령 제2호로 공포한 「집달리 등용규칙」을 게재하였다.

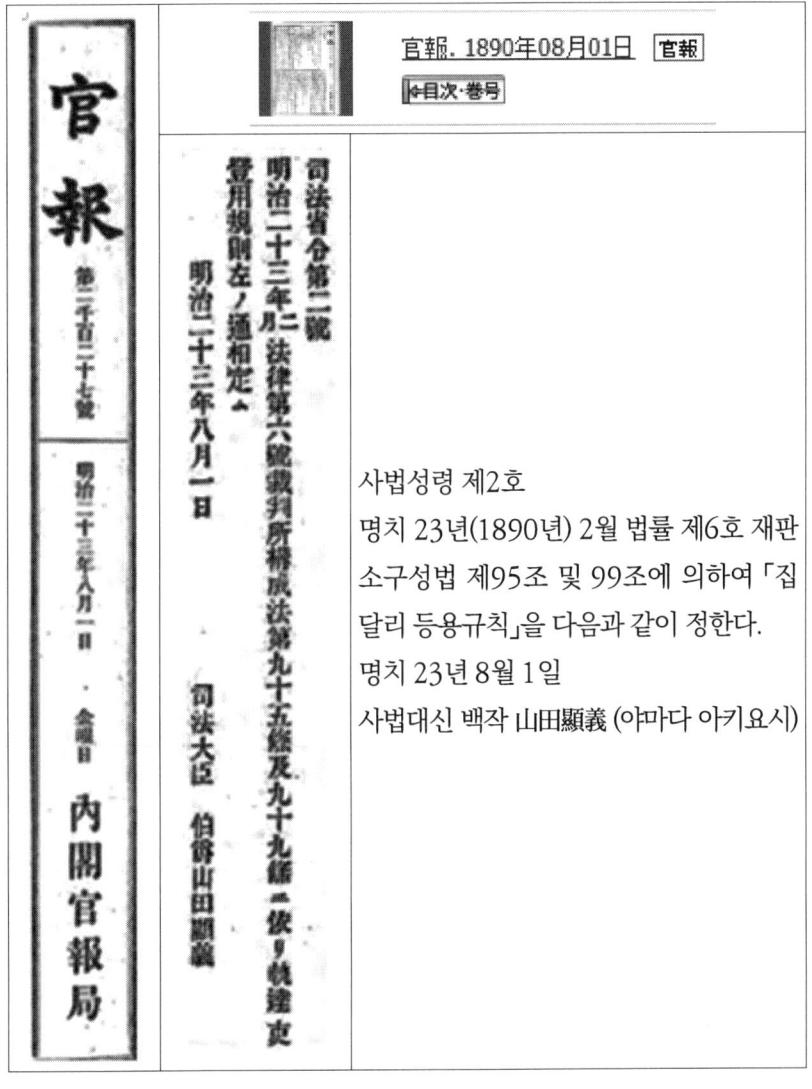

사법성령 제2호
명치 23년(1890년) 2월 법률 제6호 재판소구성법 제95조 및 99조에 의하여 「집달리 등용규칙」을 다음과 같이 정한다.
명치 23년 8월 1일
사법대신 백작 山田顯義 (야마다 아키요시)

제1조에 집달리 응시자격 기본조건을 규정하였다.

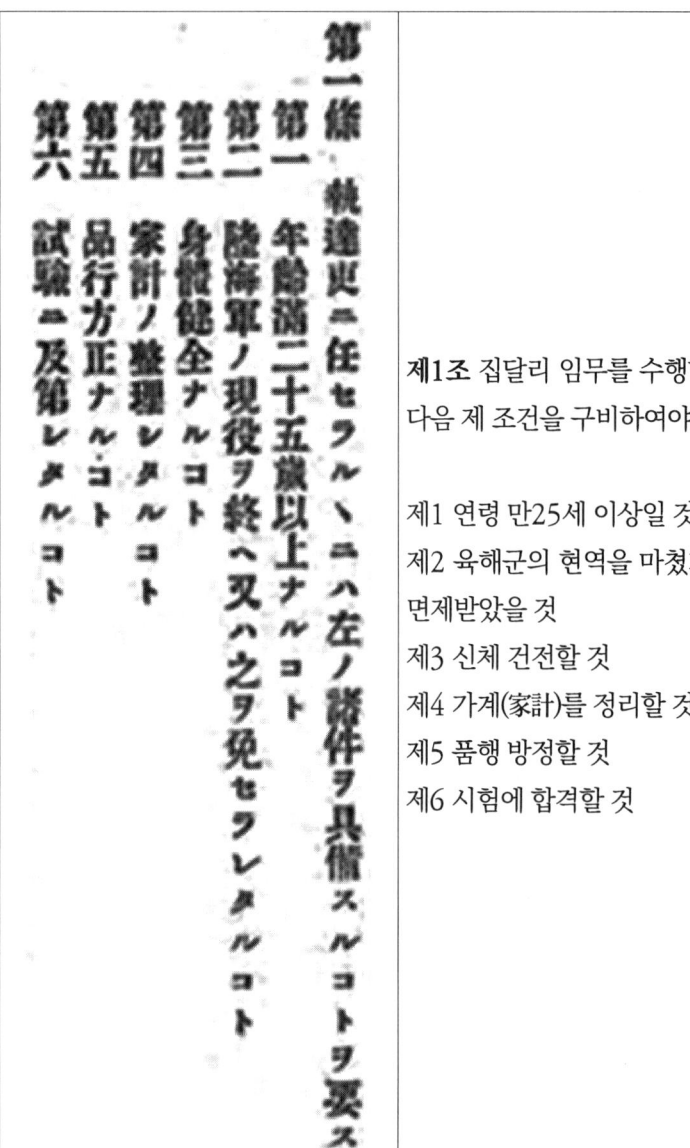

제1조 집달리 임무를 수행함에 있어 다음 제 조건을 구비하여야 한다.

제1 연령 만25세 이상일 것
제2 육해군의 현역을 마쳤거나 이를 면제받았을 것
제3 신체 건전할 것
제4 가계(家計)를 정리할 것
제5 품행 방정할 것
제6 시험에 합격할 것

```
第十一條 試驗ハ筆記口述ノ二樣トス
  口述試驗ハ筆記試驗ニ及第シタル者ニ之ヲ行フ
第十二條 試驗ハ左ノ科目ニ就キ之ヲ行フ
  第一 民事訴訟法及治罪法ノ中書類送達及執行ニ關スル規程
  第二 執達吏ニ關スル諸規則
  第三 算術(加減乘除分數比例)
  第四 讀書筆寫
```

제11조에는 집달리 자격시험에 관하여 시험방식을 규정하고, 제12조에는 시험과목을 규정하였다.

제11조 시험은 필기, 구술 두 가지로 한다. 구술시험은 필기시험에 합격한 자에 대하여 이를 행한다.
제12조 시험은 다음의 과목에 관하여 이를 행한다.
제1 민사소송법 및 치죄법 중 서류송달 및 집행에 관한 규정
제2 집달리에 관한 제 규칙
제3 산술(가감승제 분수비례)
제4 독서필사[61]

일제 본토의 집달리 채용제도이다. 공개경쟁방식을 도입하고 있는 것에 대하여 식민지 조선에서는 어떻게 법제화되고 시행이 되었는지, 1945년 일제 패망 후 일본과 우리나라에서 각기 제도에 어떤 변화가 있었는지를 비교하는 출발점이라고 할 수 있다.

---

61 도서를 읽고, 써서 옮김(베껴 씀)

나. 1912년 「조선민사령」 제4조, 제6조

일제는 1912년 3월 18일 자 관보(제465호)에 조선총독부 제령 제7호로 공포한 「조선민사령」을 게재하였다.

[기타] 조선민사령
[조선총독부관보]조선총독부 관보(1912년 03월 18)

朝鮮總督府官報 第四百六十五號 明治四十五年三月十八日 朝鮮總督府印刷局

制令第七號
朝鮮民事令
朝鮮民事令明治四十四年法律第三十號第一條及第二條ニ依リ勅裁ヲ得テ茲ニ之ヲ公布ス
明治四十五年三月十八日
朝鮮總督 伯爵 寺內 正毅

조선민사령
명치 44년(1912년) 법률 제30호 제1조 및 제2조에 의하여 칙재를 얻어 이를 공포한다.
명치 45년 3월 18일
조선총독 백작 寺內 正毅[62](테라우치 마사다케)
제령 제7호

---

62 초대 조선총독(1910.10.1.~1916.10.16.)

제4조에 집달리 임명자격을 규정하였다.

> **제4조** 제1조의 법률 중 공증인 및 집달리에 속한 직무는 재판소 서기가 이를 행한다. **재판소 및 검사국의 장**은 경찰관리, 그 이외 적당하다고 인정되는 자로 하여금 **집달리**의 직무를 행하게 할 수 있다.

第四條　第一條ノ法律中公證人及執達吏ニ屬スル職務ハ裁判所書記之ヲ行フ　裁判所及檢事局ノ長ハ警察官吏其ノ他適當ト認ムル者ヲシテ執達吏ノ職務ヲ行ハシムルコトヲ得

'재판소 및 검사국의 장'이 임명권자이고, 현직에 있는 재판소 서기가 담당하는 것을 원칙으로 하고 있다. 검찰이 '검사국'이라는 기관 명칭으로 재판소(법원)에 병치(竝置[63])되어 있었기에 지금의 법원 또는 검찰청 직원에게 부여하고 있는 현 제도와 같다. 다른 점은 그 이외 적당한 자를 임명할 수 있도록 포괄적으로 규정하고 있다는 것이다. 일제의 목적 실현에 앞다투어 공헌한 사법 종사자들에게 **충성 정도에 따라 그 대가로 주어진 관직**이었음을 알 수 있다.

63 　두 가지 이상의 것을 한곳에 나란히 두거나 설치함. 통감부재판소령(이후 조선총독부 재판소령) 제9조에는 '병치(竝置)', 일제 「재판소구성법」 제6조에는 '부치(附置)'라고 규정하고 있음

제6조에 집달리의 수입에 관한 규정을 두었다.

제6조 집달리의 직무를 행할 자는 제1조의 법률의 적용에 대하여는 이를 집달리로 간주한다. **다만 국고로부터 봉급 또는 급료를 받는 자**는 집달리의 직무를 행할 경우에 있어 받는 수수료 및 여비는 국고의 수입으로 한다.

第六條 執達吏ノ職務ヲ行フ者ハ第一條ノ法律ノ適用ニ付テハ之ヲ執達吏ト看做ス但シ國庫ヨリ俸給又ハ給料ヲ受クル者カ執達吏ノ職務ヲ行フ場合ニ於テハ其ノ受クヘキ手數料及旅費ハ國庫ノ收入トス

단서에 '국고로부터 봉급 또는 급료를 받는 자'를 특별히 규정한 이유는 재판소 서기로서 집달리 업무를 수행하는 경우 국고로서 봉급 또는 급료를 받는다는 원칙으로, 임명대상이 경찰관리 그 이외에 적당하다고 인정된 자를 대상으로 하기에 국고가 아닌 재원으로 봉급 또는 급료를 받는 경우가 있음을 전제한 것이다. 그것은 바로 집행수수료이다.

이 제도를 계승한 오늘날은 퇴직 직전에 집행관 임명 여부가 확정된 후 퇴직 후 바로 집행관 업무를 수행하면서 전적으로 집행수수료를 수입으로 충당한다는 점에서만 차이가 있을 뿐 그 임명 대상자에 대하여 검찰 내부에서 그의 행적과 공적을 평가하여 추천으로 하는 임명 방식은 같음을 알 수 있다.

이 장의 핵심은 일제 본토와 식민지 조선의 임용 방식이 전혀 다르다는 것이다. 본토는 사법기관 종사자에 대한 임의적, 포괄적 특별채용이 아닌 공개채용으로서 시험방법(필기와 구술), 시험과목(민사소송법 등 서류송달 및 집행에 관한 규정, 집달리에 관한 제 규칙, 산술, 讀書筆寫) 등에 대하여 법령으로 규정하고 있었다. 식민지 조선에서는 그런 공개경쟁 채용이 아닌 특별채용으로서 법원, 검찰, 경찰 등 사법사무에 종사하면서 일제의 목적에 앞다투어 부역하고 충성한 자가 아니면 낙점될 수 없는 것이다.

일제의 목적 실현을 위하여 그 치안 유지의 중추를 담당하고 있던 사법기관 종사자들의 충성 부역 경쟁을 유도할 필요성이 절실했던 데서 나온 특별제도로서 법원 또는 검찰, 경찰관이 앞다투어 일제에 충성하도록 강하게 동기부여를 하였다. 집달리에 임명된 자들은 그 대가로 식민지 수탈과 탄압, 인권유린의 국가범죄를 간직하고 살다가 모든 비밀을 무덤까지 가져간 것이다.

재판소의 장이 사법 종사자들을 지배할 수 있도록 배려함과 동시에 검사국의 장 또한 그러하도록 임명권을 규정하고 있는 것도 현재 검찰 직원에 대한 추천권을 전적으로 검찰 수뇌부에서 행사하는 것과 같은 맥락이다.

2. 일본, 일제 본토의 임명제도 장점 계승

가. 1947년 「재판소법」 제62조

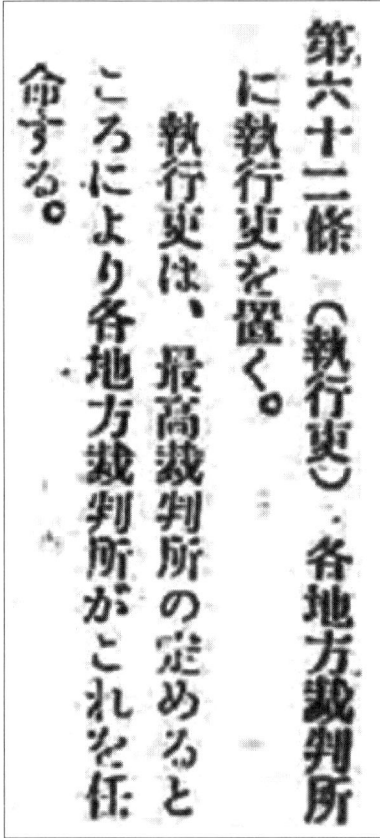

일본은 1947년 제정한 재판소법(관보 자료: 서적 **제49쪽**) 제62조에 집행리 임명자격을 규정하여 시행하였다.

> **제62조 제2항(집행리)** 각 지방재판소에 집행리를 둔다.
> **제2항** 집행리는 최고재판소에 정한 바에 의하여 각 지방재판소가 이를 임명한다.

1945년 패망 후 개정 전 「집달리」의 명칭을 「집행리」로 변경하고, 임명자격에 관한 규정은 최고재판소에서 정하고, 임명은 각 지방재판소에서 담당하도록 하였다. 일제 본토에서 시행하던 공개경쟁제도의 장점은 그대로 계승하게 된다.

나. 1966년 「집행관법」 공포

일본 정부는 1966년 7월 1일 자 관보(제84호의 호외)에 법률 제111호로 공포한 「집행관법」을 게재하였다.

昭和41年 1966年7月1日付 官報 号外 第84号 16頁 **法律 執行官法公布** 本文： 法律 執行官法をここに公布する。 御名御璽 昭和41年7月1日 內閣総理大臣佐藤栄作 法律第111号 執行官法	소화 41년(1966년) 7월 1일부 관보 호외 제84호 16항 법률 집행관법 공포 본문: 법률 집행관법을 여기에 공포한다. 어명어새 소화 41년 7월 1일 내각총리대신 佐藤 栄作(사토 에이사쿠)

다. 「재판소법」 제62조

집행관의 직무수행에 대하여 규정한 법률로 직무 범위, 수수료 등에 관하여 규정하고 있다. 임용자격은 우리의 「법원조직법」에 해당하는 「재판소법」 제62조에 규정하고 있었다.

○ 재판소법 제62조

裁判所法
第六十二条（執行官）　各地方裁判所に執行官を置く。 ②　執行官に任命されるのに必要な資格に関する事項は、最高裁判所がこれを定める。
제62조(집행관) 각 지방재판소에 집행관을 둔다. ②집행관에 임명되는 데 필요한 자격에 관한 사항은 최고재판소가 이를 정한다.

○ 제2항에 임명 규정 제정은 최고재판소의 소관으로 규정하고 있어 최고재판소 홈페이지에 접속하여 이를 규정하고 있는 「집행관 규칙」[64]을 확인하였다. 원문은 생략하고 번역하여 이를 소개한다.

64　최고재판소 홈페이지(https://www.courts.go.jp/) → 통계·자료 → 규칙집 → 민사사건관계 → 집행관 규칙

집행관 규칙
제1장(임명 및 감독 등) **제1조** 집행관은 다년 법률에 관한 실무를 경험한 자로서 최고재판소가 정한 기준에 해당하는 자 중에서 필기 및 면접의 시험에 의하여 집행관으로서 필요한 법률 지식 및 자질을 지닌 자를 선고하여 임명한다. 2. 재판소 서기관으로 있던 자 또는 재판에 관한 사무를 행하기 위하여 필요한 국가시험에 합격한 자에 대하여는 전항의 필기시험의 전부 또는 일부를 면제할 수 있다. **제2조** 전조 제1항의 시험은 최고재판소가 정한 것에 의하여 지방재판소가 행한다.

　집행관 임용에 대한 제 규정에 따른 최후 임용 방식은 최고재판소 홈페이지에 게시된 채용 정보[65]를 찾아 들어가 집행관 채용 선고 시험 안내(執行官採用選考試驗案內) 내용을 보고 알 수 있었다.

65　최고재판소 홈페이지(https://www.courts.go.jp/) → 採用情報 →執行官採用選考試驗

라. 집행관 채용 선고 시험 안내

일본 야후(https://www.yahoo.co.jp/) 검색창에 '執行官採用選考試驗案內'라고 입력하면 일본 최고재판소[66] 사이트로 바로 접속이 가능하고, 집행관 채용 선고 시험 안내 메뉴로 들어갈 수 있다. 공개경쟁이고, 여러 직군에 개방되어 밀실, 폐쇄, 특권적인 우리와 정반대이다.

---

66 우리나라의 대법원(大法院)과 같은 최고 심급 법원

2. 選考資格

法律に関する実務を経験した年数が通算して10年以上である者。ただし、次に該当する者は、選考の対象から除く。

- 日本の国籍を有しない者
- 国家公務員法(昭和22年法律第120号)第38条の規定に該当する者

(1) 次の実務は、「法律に関する実務」として扱われます。

一般職の職員の給与に関する法律(昭和25年法律第95号)第6条第1項各号に規定する俸給表のうち、次の(ア)から(エ)までに掲げる俸給表の適用又は準用を受ける職員としての実務

(ア) 行政職俸給表(一)
(イ) 税務職俸給表
(ウ) 公安職俸給表(一)
(エ) 公安職俸給表(二)

弁護士、弁理士、司法書士又は不動産鑑定士としての実務
銀行、長期信用銀行、信用金庫、労働金庫又は信用協同組合における実務

(2) (1)の実務を経験した年数が通算して10年以上である者以外の者については、その者の経歴、資格等に基づき、執行官採用選考委員会が、法律に関する実務を経験した年数が通算して10年以上である者に該当するか否かを個別に審査します。

(3) 法律に関する実務の経験年数は、採用予定日を基準日として判定されます。

2. 선고 자격

법률에 관한 실무를 경험한 연수가 통산하여 10년 이상인 사람, 다만 다음에 해당하는 사람은 선고 대상으로부터 제외됨.

● 일본 국적을 지니지 않은 사람
● 국가공무원법(1947년 법률 제120호) 제38조 규정에 해당하는 사람

(1) 다음의 실무는 「법률에 관한 실무」로서 취급됩니다.

일반직 직원의 급여에 관한 법률(1950년 법률 제95호) 제6조 제1항 각호에 규정한 봉급표 중 다음의 (가)부터 (라)까지 열거한 봉급표 적용 또는 준용을 받는 직원으로서의 실무

(가) 행정직 봉급표(一)
(나) 세무직 봉급표
(다) 공안직 봉급표(一)
(라) 공안직 봉급표(二)

변호사, 변리사, 사법서사(司法書士)[67] 또는 부동산감정사로서의 실무
은행, 장기신용은행, 신용금고, 노동금고 또는 신용협동조합에서의 실무

---

67 법무사

(2) (1)의 실무를 경험한 연수가 통산하여 10년 이상인 사람 이외의 사람에 대하여는 그 사람의 경력, 자격 등에 기초하여 집행관 채용 선고 위원회가 법률에 관한 실무를 경험한 연수가 통산하여 10년 이상인 사람에 해당하는지 아닌지 개별로 심사합니다.

(3) 법률에 관한 실무의 경험 연수는 채용예정일을 기준으로 판정됩니다.

3. 試験内容

第1次試験

- 筆記試験(択一式)
  出題分野: 憲法、執行官法、民法、民事訴訟法、民事執行法、民事保全法、刑法
  出題数: 憲法、執行官法、民事訴訟法、民事保全法及び刑法各2問並びに民法及び民事執行法各5問 (計20問)
  試験時間: 1時間
- 筆記試験(論文式)
  出題分野: 民法、民事訴訟法、民事執行法
  出題数: 各1問 (計3問)
  試験時間: 3時間
- なお、過去の執行官採用選考試験の筆記試験問題 (択一式・論文式) 及び正答 (択一式) を下記「6. 執行官採用選考筆記試験問題」に掲載しています。

第2次試験

- 面接試験
  人物、適性及び執行官に必要とされる専門的能力についての個別面接

3. 시험내용

제1차 시험

● 필기시험(택일식)

출제 분야: 헌법, 집행관법, 민법, 민사소송법, 민사집행법, 민사보전법, 형법

출제 수: 헌법, 집행관법, 민사소송법, 민사보전법 및 형법 각 2문과 민사집행법 각 5문(계 20문)

시험 시간: 1시간

● 필기시험(논문식)

출제 분야: 민법, 민사소송법, 민사집행법

출제 수: 각 1문(계 3문)

시험 시간: 3시간

● 또한, 과거 집행관 채용 선고 시험 필기시험 문제(택일식·논문식) 및 정답(택일식)을 하기(下記) 「6. 집행관 채용 선고 필기시험 문제」에 게재하고 있습니다.

제2차 시험
● 면접시험

인물, 적성 및 집행관에 필요로 하는 전문적 능력에 대하여 개별면접

---

4. 受験申込みから採用まで

執行官採用選考試験は、欠員状況等に応じて、各地方裁判所が実施します。
原則として年に1回実施される執行官採用選考試験（第1回試験A選考）の日程は下記のとおりです。これとは異なる日程で実施されることもあります。
日程の詳細については執行官採用選考試験実施庁のウェブサイトに掲載される受験案内をご覧ください。

1. 募集要項掲示（裁判所ウェブサイト掲載）・受験案内配布（7月上旬頃）
2. 受験申込受付（7月中旬頃から7月下旬頃まで）
3. 第1次試験（筆記試験）（8月中旬頃）
4. 第1次試験合格発表（9月上旬頃）
5. 第2次試験（面接試験）（9月上旬頃から9月下旬頃まで）
6. 最終合格発表（9月下旬頃）
7. 採用（翌年4月1日（原則））

※第1回試験A選考を実施した結果、筆記試験合格者が募集数に満たなかった地方裁判所において、他の地方裁判所が同じ年度に実施した第1回試験A選考の第1次試験合格者（最終合格者を除く）を対象に、面接試験（第1回試験B選考）を実施する場合があります（実施される場合の試験の日程の詳細は、10月上旬頃に執行官採用選考試験実施庁のウェブサイトに掲載される受験案内をご覧ください。）。

※欠員や採用の状況により、第2回試験が実施される場合があります（実施される場合の試験日程の詳細については、12月上旬頃に執行官採用選考試験実施庁のウェブサイトに掲載される受験案内をご覧ください。）。

---

4. 수험 신청부터 채용까지

집행관 채용 선고 시험은 결원상황에 응하여 각 지방재판소가 실시합니다. 원칙으로서 연 1회 실시되는 집행관 채용 선고 시험(제1회 시험A 선고) 일정은 하기(下記)와 같습니다. 이와 다른 일정으로 실시되는 경우도 있습니다. 일정의 상세에 대하여는 '집행관 채용 선고 시험 실시청' 웹사이트에 게재되는 수험 안내를 보시기 바랍니다.

1. 모집 요항 게시(재판소 웹사이트 게재)·수험 안내 배포(7월 상순경)
2. 수험 신청 접수(7월 중순경부터 7월 하순경까지)

3. 제1차 시험(필기시험)(8월 중순경)
4. 제1차 시험 합격 발표(9월 상순경)
5. 제2차 시험(면접시험)(9월 상순경부터 9월 하순경까지)
6. 최종 합격 발표(9월 하순경)
7. 채용(익년 4월 1일)(원칙)

※제1회 시험A 선고를 실시한 결과, 필기시험 합격자가 모집 수에 달하지 못한 지방재판소에서 다른 지방재판소가 같은 연도에 실시한 제1회 시험A 선고의 제1차 시험 합격자(최종 합격자 제외)를 대상으로 면접시험(제1회 시험B 선고)을 실시하는 경우가 있습니다. (실시되는 경우의 시험 일정의 상세는 10월 상순경에 '집행관 채용 선고 시험 실시청' 웹사이트에 게재되는 수험 안내를 보시기 바랍니다.)

※ 결원이나 채용 상황에 따라 제2회 시험이 실시되는 경우가 있습니다. (실시되는 경우 시험 일정의 상세에 대하여는 12월 상순경에 '집행관 채용 선고 시험 실시청' 웹사이트에 게재되는 수험 안내를 보시기 바랍니다.

> **5. 執行官採用選考試験実施庁**
>
> 第1回試験A選考の試験実施庁は、例年、7月上旬頃に掲載します。
>
> ※第1回試験B選考が実施される場合には10月上旬頃に、第2回試験が実施される場合には12月上旬頃に、それぞれ試験実施庁を掲載します。
>
> **6. 執行官採用選考筆記試験問題**
>
> 令和4年度
>
> 択一式
> - 令和4年度執行官採用選考筆記試験問題（択一式・第1回）（PDF:290KB）
> - 令和4年度執行官採用選考筆記試験問題正答（択一式・第1回）（PDF:52KB）
> - 令和4年度執行官採用選考筆記試験問題（択一式・第2回）（PDF:274KB）
> - 令和4年度執行官採用選考筆記試験問題正答（択一式・第2回）（PDF:38KB）
>
> 論文式
> - 令和4年度執行官採用選考筆記試験問題（論文式・第1回）（PDF:93KB）
> - 令和4年度執行官採用選考筆記試験問題（論文式・第2回）（PDF:83KB）
>
> 令和3年度
>
> 択一式
> - 令和3年度執行官採用選考筆記試験問題（択一式・第1回）（PDF:271KB）

5. 집행관 채용 선고 시험 실시청

제1회 시험 선고 시험 실시청은 7월 상순경 재개합니다.

※제1회 시험B 선고가 실시되는 경우에는 10월 상순경에, 제2회 시험이 실시되는 경우에는 12월 상순경에 각기 시험 실시청을 게재합니다.

6. 집행관 채용 선고 필기시험 문제

2022년도

택일식

● 2022년도 집행관 채용 선고 필기시험 문제 (택일식·제1회)

● 2022년도 집행관 채용 선고 필기시험 문제 정답 (택일식·제1회)

● 2022년도 집행관 채용 선고 필기시험 문제 (택일식·제2회)

● 2022년도 집행관 채용 선고 필기시험 문제 정답 (택일식·제2회)

논문식
● 2022년도 집행관 채용 선고 필기시험 문제 (논문식·제1회)
● 2022년도 집행관 채용 선고 필기시험 문제 정답 (논문식·제2회)

2021년도
● 2021년도 집행관 채용 선고 필기시험 문제 (택일식·제1회)

　일본은 임용 요강을 일반에 상세히 공개하고 공개경쟁 채용 시험을 채택하고 있다. 업무의 전문성, 공익성을 고려하여 일정 급수 이상의 국가공무원, 지방공무원은 물론 일반인으로서 변호사, 변리사, 사법서사, 부동산감정사를 비롯하여 여러 직업군에 개방되어 있으며 공개적이고 다양한 공개경쟁 방식으로 임명제도를 유지하고 있다.

　앞서 살펴본 바와 같이 일제는 본토에서 공개경쟁 시험을 거쳐 임명하였던 반면에 식민지 조선에서는 일제에 부역하는 법원, 검찰, 경찰 직원에게 특권적으로 부여를 하였다. 패망 후 일본은 일제 임명 방식의 장점을 그대로 계승하여 공개경쟁 채용을 채택하여 오늘에 이르고 있다. 일제가 조선을 다스리기 위하여 일제에 부역 경쟁을 유도하여 충성 정도에 따라 특혜로 부여한 반문명적 임명 방식을 우리가 그대로 계승하여 오늘에 이르고 있음을 입증하도록 하겠다.

3. 대한민국, 식민지 조선의 특혜 제도 계승

가. 1961년 「집달리법」 제3조

대한민국 정부(대통령 윤보선) 1961년 8월 31일 자 관보(제2945호)에 국가재건최고회의의 의결로 확정되어 법률 제702호로 공포한 「집달리법」을 게재하였다.

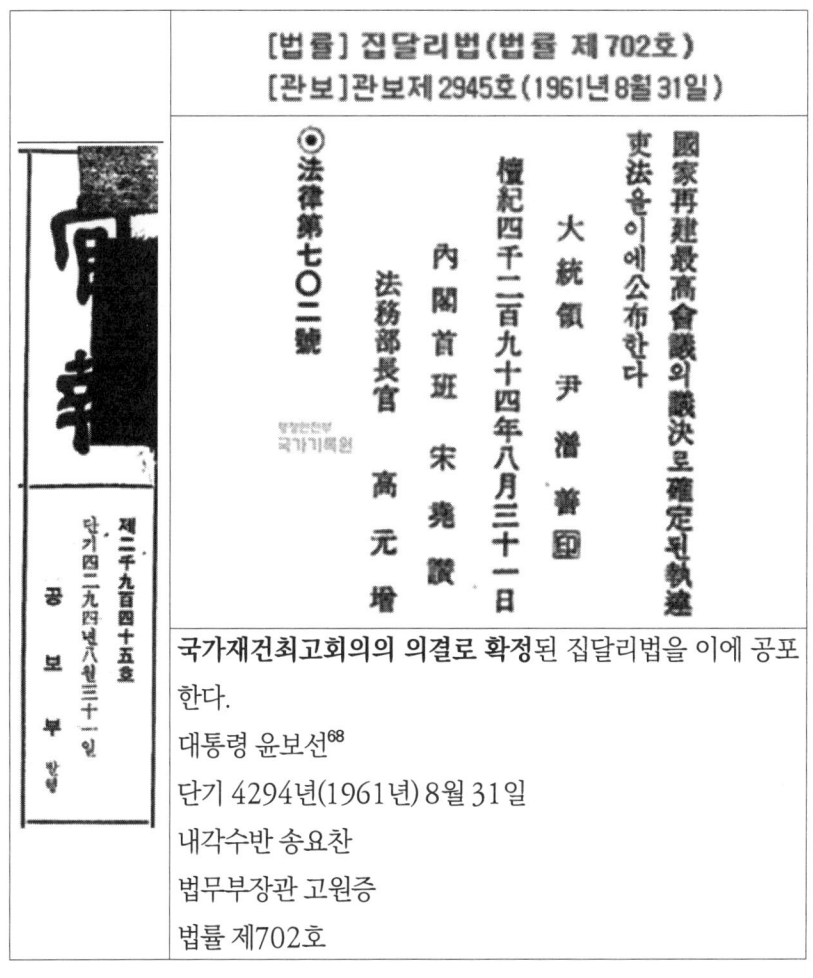

국가재건최고회의의 의결로 확정된 집달리법을 이에 공포한다.
대통령 윤보선[68]
단기 4294년(1961년) 8월 31일
내각수반 송요찬
법무부장관 고원증
법률 제702호

---

68 제4대(1960년 8월 13일~1962년 3월 24일) 대통령

> 第三條 (任命資格) 執達吏는 十年以上法院 또는 檢察廳書記以上의 職에 있던 者中에서 地方法院長이 任命한다

제3조에 임명자격을 규정하였다.

> **제3조(임명자격)** 집달리는 10년 이상 법원 또는 검찰청 서기 이상의 직에 있던 자 중에서 지방법원장이 임명한다.

식민지 조선에서 일제에 부역한 그 충성도에 따라 검찰, 법원, 경찰 직원 등에게 특권적으로 부여하던 임명제도의 골격을 그대로 계승하면서도 경찰은 그 대상에서 제외하여 토사구팽(兎死狗烹)적 입법 정신을 엿볼 수 있다.

'국가재건최고회의 의결로 확정된 법률'이다. 제정 시점이 박정희 군부의 1961.5.16. 군사 쿠데타 직후 국회를 해산하고 구성된 의결 기구에 의하여 제정되었다는 점에도 의미가 있다.

나. 1981년 「집달리법중 개정법률」

대한민국 정부(대통령 전두환)는 1981년 1월 29일 자 관보(제8753호)에 법률 제3363호로 공포한 「집달리법중 개정법률」을 게재하였다.

「집달리법」 명칭을 「집달관법」으로 개정하는 내용으로 관직 명칭을 「리(吏)」에서 「관(官)」으로 변경하였다.

다. 1995년 「집달관법 개정 법률」 제3조

대한민국 정부(대통령 김영삼[69])는 1995년 12월 6일 자 관보(제13182호)에 법률 제5002호로 공포한 「집달관법 개정 법률」을 게재하였다.

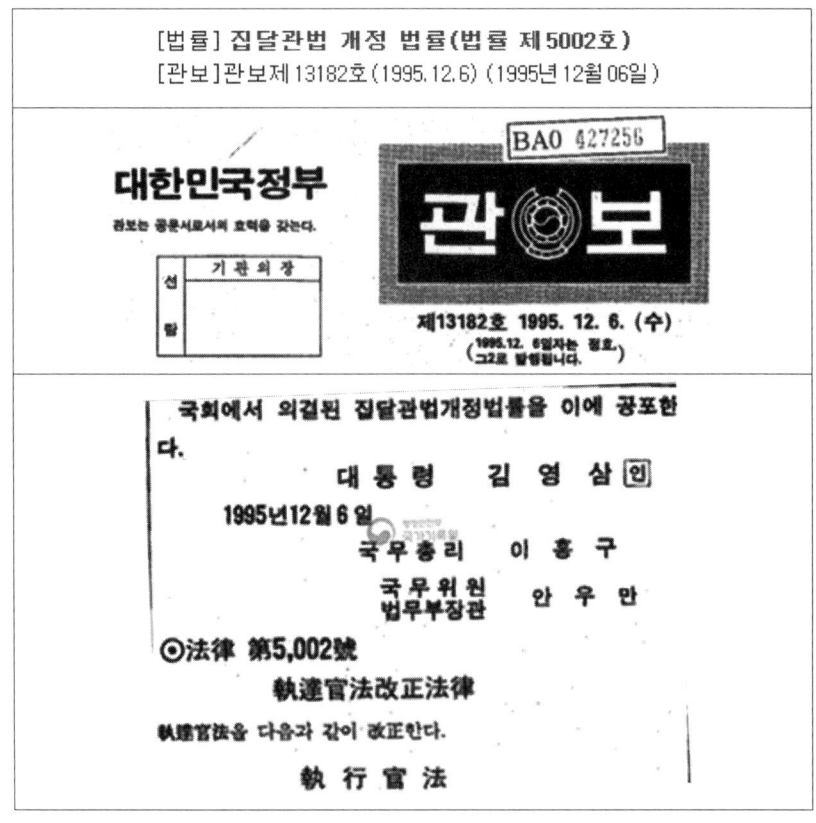

법률 명칭을 「집행관법」으로 변경하고, 그 임명자격으로 신설된 검찰마약수사직을 추가한 것이다.

---

69   제14대(1993.2.25.~1998.2.24.) 대통령

> 第3條(任命資格) 執行官은 10年이상 法院主事補·檢察主事補 또는 麻藥搜査主事補이상의 職에 있던 者중에서 地方法院長이 任命한다.

개정 전 법률 조항은 임명자격 대상으로 이전에 없던 검찰의 '마약수사직'이 추가되었다. 이는 1995년 8월 4일 「검찰청법 개정」(법률 제4961호)에서 제45조(검찰청직원)에 '마약수사직'이 증설되면서 집행관직 임명자격에도 이를 확대 반영한 것이다.

우리의 「집행관법」 명칭 도입이 1995년 12월 당시 개정 전의 「집달리법」 개정에 의하여 최초 이루어진 것을 보면 1966년 일본의 「집행관법」 제정 이후 29년이 지나 법률과 관직 명칭을 그대로 모방하면서 법률에 규정한 그들 제도의 장점은 도외시하고 악의적 취사모방을 그대로 유지하였다는 것을 알 수 있다.

라. 인터넷 기사

포털 사이트에서 집행관에 대하여 발굴한 언론 보도 중 일부를 소개한다.

보도 일자	언론기관	기사 제목(내용)
1995.02.22.	동아일보	「집달」이라는 복마전
1995.02.23.	경향신문	執達官(집달관)도 썩어 있었다.
1995.02.24.	동아일보	검은돈 훑는 「경매계장 – 집달관」
1995.02.24.	조선일보	집달관에 「前官(전관)예우」… 부정 묵인
1995.03.02.	한겨레	집달관 한 달 수입 8백만 원도 적었나
1995.03.02.	동아일보	집달관 月收(월수) 818萬(만) 원
2011.08.25.	한국일보	월수입 2000만 원 '神의 직업' 법원 집행관
2014.06.30.	주간동아	평균 연봉 2억… 최고 13억 '로또복권' 집행관 아십니까?
2014.10.7.	한겨레	[단독] '2억 대 수입' 재판 집행관, 법원 고위직 출신이 독식
2015.06.15.	주간동아	'법피아' 법원 집행관의 막무가내 갑질
2015.10.08.	아시아경제	판·검사 연봉 2배 넘는 알토란 직업 '법원 집행관'
2015.11.10.	중도일보	법원 집행관 평균 연봉 '2억'...판·검사보다 2배 많아
2016.09.25.	연합뉴스	"'억대 연봉' 집행관, 법원·검찰 고위직 특혜 통로"
2017.10.12.	세계일보	법원 집행관, 법원·검찰 퇴직 공무원이 독식
2017.10.12.	연합뉴스	"억대 연봉 집행관, 법원·검찰 공무원 재취업 수단 변질"
2017.10.13.	전국매일신문	최근 3년 임명 집행관 전원 고위직 공무원
2017.10.17.	전북일보	집행관 억대 연봉 피눈물 나는 돈으로 만들어져
2018.03.27.	법률신문	"집행관 선발제도 개선해야"
2018.06.08.	MBN	법원 집행관들 '출장비 부풀려 수천만 원 사기' 적발
2018.06.16.	한겨레	궁중족발 사건 한편에는 구멍 뚫린 집행관 제도
2018.10.10.	서울일보	법원 집행관, 법원-검찰 고위직 싹쓸이
2018.10.10.	뉴스1	[국감브리핑] "법원집행관은 법원·검찰 고위공무원 재취업용"
2018.10.19.	매일신문	신규 임용된 법원 집행관 중 절반은 임기 못 채워

2018.11.12.	시사코리아	집행관 수익구조, 폭력적 철거 부른다.
2018.12.17.	세계일보	"돈이 되면 철거하고 안 되면 안 하죠"…집행관 제도 어쩌나
2019.03.25.	MBN	가짜 조서로 수수료 빼돌린 법원 집행관 등 무더기 적발
2019.04.01.	법률신문	집행관, '경력자 임명' 아닌 시험으로 선발해야
2019.04.14.	한국경제	'전관예우' 법원 집행관은 개혁 무풍지대
2019.09.30.	한겨레	억대 수입 법원 집행관 '전관예우' 판쳐…"무소불위 법피아"
2020.09.28.	프레시안	법원집행관, 수도권 제외 대다수 해당 지방 법원·검찰 출신
2022.08.18.	한국일보	허위 조서로 집행수수료 8,000만 원 빼돌린 법원 집행관들

법원이야말로 본 제도에 대한 자정과 개혁의 목소리가 나오길 바란다.

이로써 검찰의 자정작용을 가로막고, 형사사법 정의와 절차를 교란해 온 집행관 임명제도는 일제가 식민지 조선을 통치할 목적으로 검찰, 법원 직원 등에게 부역 경쟁을 유도하기 위하여 특별히 부여하던 반문명적 제도를 악의적으로 취사모방 한 것으로서 집달리 → 집달관 → 집행관으로 변천하여 오늘에 이르렀으며 그 명맥이 도도히 유지되고 있음을 확인하였다.

제3부

一제 검찰 수괴(首魁)의
훈시와 검찰 원리주의

들어가는 글

1945년 패망 후 일본에서는 정치 군부, 정치 검찰의 무소불위가 각기 해체되었다. 만일 이들을 해체하지 않고 그 숙주였던 군국주의, 제국주의, 천황제 파시즘만 해체하였다면 훗날 군부는 무기를, 검찰은 무소불위 검찰 제도를 이용해 쿠데타를 일으켜 각기 파쇼 또는 독재국가가 탄생하고 발호하는 역사적 경험을 하였을 것이다.

일제 고등법원검사장(이하 「**검사장**」이라고 함)은 오랜 기간 한반도 각지에 설치된 재판소를 옮겨 다니며 검사로서 업무를 두루 섭렵하여 식민통치를 위한 검찰 업무의 달인이자 공안통, 특수통, 기획통의 최고 경지에 오른 검찰 수괴이다. 이들이 각 도(道) 경찰 수장인 경찰부장에게 행한 훈시가 담긴 『고등법원검사장훈시통첩유찬(高等法院檢事長訓示通牒類纂)』 서적은 1920년 9월부터 1941년 6월까지 나카무라 타케조(中村 竹藏)를 비롯한 5명의 「검사장」이 차례로 재임하면서 ① 검사국 감독관을 상대로 20회 ② 경찰부장을 상대로 21회에 걸쳐 행한 훈시와 ③ 고등법원소속 고위 검사가 검사국 감독관을 상대로 16회에 걸쳐 행한 주의(희망) 사항을 비롯하여 검찰 예규, 지침, 법령을 망라한 당시 최고 수준의 검찰 업무 자료이다.

①~③을 번역한 결과 훈시 ②의 내용이 ①, ③의 내용을 내서 포함하고 있고, 특히 훈시 ②가 식민지 현장 및 초동 수사를 담당하는 경찰을 상대로 지도, 훈육한 것이기에 조선인의 피부로 직접 전달되고 체감되었던 것으로서 매우 중요한 의미를 지니고 있어 훈시 ②의 원문(96쪽 분량)과 번역을 본 서적에 수록하였다. 지면당 원문은 **왼쪽**에 번역은 그 바로 **오른**

쪽에 두어 한눈에 비교할 수 있도록 하여 일제강점기 관공서에서 사용하던 문어체(文語體) 해독에 관심 있는 분들이 쉽게 비교해 볼 수 있도록 하였다.

「검사장」들이 훈시에서 크게 무게를 둔 것은 독립운동의 목적으로 일어나 일제를 위협한 각종 사상, 사회, 노동, 학생운동에 대한 진압이다. 이 중에서도 공산주의에 대한 언급이 많은 비중을 차지하고 있다. 이는 전체주의로서 제국주의(군국주의), 천황제 파시즘으로 무장하여 침략전쟁과 식민지 수탈, 탄압에 광분한 일제가 같은 전체주의인 공산주의를 비난하는 자가당착이 아닐 수 없다. 일제강점기 때 이 땅에 일어난 공산주의가 일제의 수탈과 탄압, 민족 말살 정책이 얼마나 혹독했으면 이를 벗어나기 위하여 그러한 반문명적 사상에서 출구를 찾으려는 경향마저 나타났겠느냐 하는 점, 그 동기와 목적, 내용이 오로지 독립운동이었다는 역사적 사실, 공산주의는 이미 인류가 받아들일 수 없는 허구와 모순으로 가득하여 세계사에서 종말을 맞이하였다는 점, 추호도 용납할 수 없고, 용납되지도 않는 현재 북한 공산주의와 연계될 수 없다는 점과 전체적인 맥락에서 보아 「검사장」의 독립운동 사상 탄압에 대한 저자의 비판에 대하여 불필요한 오해와 논란이 없기를 바란다.

이번 제3부 내용을 통하여 일제 검찰은 경찰을 지배하고 조정한 형사사법 탄압의 주범이자 사냥꾼이었고, 경찰은 검찰의 목적 실현에 충성한 아바타, 경비견, 사냥견이었으며 조선인은 그러한 경찰의 차별과 무차별 탄압의 대상이었음을 확인하게 될 것이다. 무엇보다 초점이 맞춰져야 할 점은 해방 후 우리가 일본이 폐기한 반문명적 일제 검찰 제도문화의 골격과 골수를 그대로 계승하여 70여 년 동안 그대로 유지하며 형사사법 정의와 절차를 스스로 교란하였다는 부끄러운 역사적 실패와 오점이다.

제1장

식민지 조선을 호령한 검찰 수괴(首魁)

1. 「고등법원검사장훈시통첩유찬(高等法院檢事長訓示通牒類纂)」

가. 서적의 존재

『고등법원검사장훈시통첩유찬(高等法院檢事長訓示通牒類纂)』(이하 「훈시통첩유찬」이라고 함)은 우리나라 국회도서관, 국공립도서관 등을 망라하여 모두 3권이 존재하고, 국회도서관은 이를 모두 소장하고 있었다.

○ 1925년 발간(제1권)

1925년 5월 고등법원검사실 소속 河村靜水(가와무라 시미즈)가 편저하였다. 中村竹藏(나카무라 타케조) 검사장이 1920년 9월 취임부터 1925년 재임 중간인 그때까지 행한 훈시, 통첩, 예규, 지침, 법령 등을 담았고, 목차 등을 포함하여 총 203쪽 분량이다.

○ 1936년 발간(제2권)

1936년 5월 고등법원검사실 소속 山澤佐一郎(야마사와 사이치로)가 편저하였다. 1920년 9월부터 1935년 12월까지 역대 「검사장」이 행한 훈시, 통첩, 예규, 지침, 법령 등을 담았고, 목차 등을 포함하여 총 492쪽 분량이다.

○ 1942년 발간(제3권)

1942년 1월 고등법원검사실 소속 齊藤榮治(사이토 에이지)가 편저하였다. 1920년 9월부터 1941년 6월 30일까지 역대 「검사장」이 행한 훈시, 통첩, 예규, 지침, 법령 등을 담았고, 목차 등을 포함하여 총 597쪽 분량이다. 이에 실린 역대 「검사장」의 경찰부장에 대한 훈시가 위 1~2권에 실린 훈시 모두를 포함(21회)하고 있어 이를 번역하여 원문과 함께 저자의 서적에 실은 것이다.

1942년 발간이 마지막인 것은 1945년 일제가 패망하고 검찰의 무소불위가 해체되어 「검사장」 모두는 전범(戰犯)일 뿐 이후 편저의 목적과 필요가 사라져 버렸기 때문이다. 일제강점기 검찰 업무의 실태를 알 수 있는 최고 수준의 자료이자 현재 우리나라 검찰 사무처리 체계의 발원이며 그 골격과 골수를 체계적으로 담고 있다. 3권 중 제2권은 국회도서관을 직접 방문하여 이를 사본하여 입수하였고, 제1, 3권은 국회도서관 홈페이지에서 하나의 파일로 묶인 채로 제공되고 있어 이를 내려받기(Download)하여 1~3권 모두 입수한 것이다.

나. 1942년 발간(제3권) 서적 표지 및 범례

○ 서적 첫머리에 참고 사항을 적은 '범례'이다.

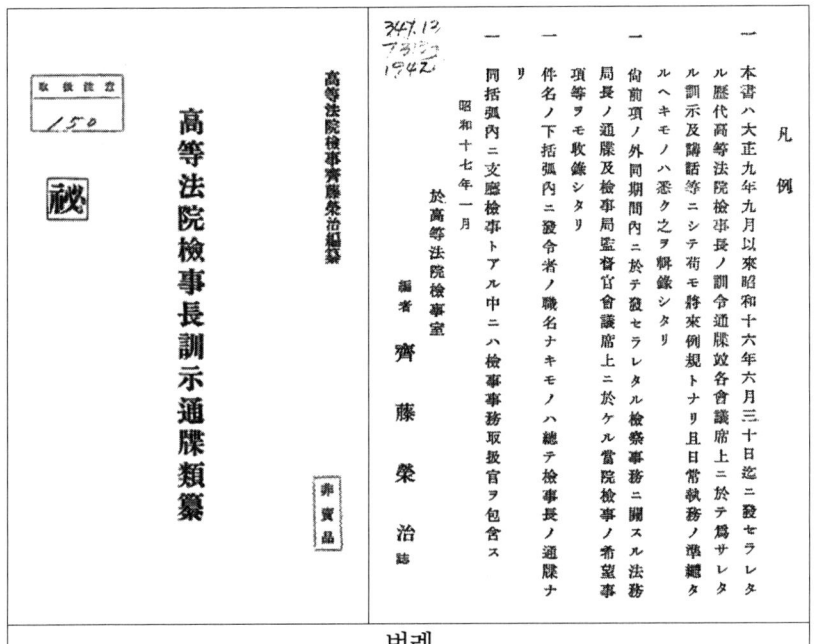

범례

1. 본서는 1920년 9월 이래 1941년 6월 30일까지 발하신 역대 고등법원 검사장의 훈령통첩과 각 회의 석상에서 하신 훈시 및 강화 등 실로 장래 예규로 되고 일상 집무의 준승(準繩)이 되는 것은 모두 이를 집록했다.
1. 더욱이 전항 외 동기간 내에 발하신 검찰사무에 관한 법무국장의 통첩 및 검사국 감독관 회의 석상에 있어 당원 검사의 희망 사항 등도 수록했다.
1. 건명 아래 괄호 안에 발령자의 직명이 없는 것은 모두 검사장의 통첩이다.
1. 동 괄호 안에 지청 검사라고 되어 있는 중에는 검사사무 취급관을 포함한다.

1942년 1월
고등법원검사실에서
편자 齊藤榮治(사이토 에이지) 誌

훈시의 주체는 모두「검사장」이다. 훈시라는 용어 자체가 상명하복 관계에 있는 상관이 하관에게 직무상 주의 또는 중점에 둘 사항에 대하여 지도, 훈육하는 것으로서『훈시통첩유찬』서적을 통하여 식민지 조선의 모든 수사와 공소유지, 형의 집행을 통할하며 경찰을 앞세워 일제와 검찰의 목적을 실현하기 위한 수사권, 수사지휘, 강제수사 권원(權原)은 검사에게 주어져 있었으며 이들의 최고 수괴는「검사장」이었음을 확인하였다.

2. 고등법원검사장

가. 어떤 벼슬인가?

일제 본토와 조선에서 지금의 검찰청에 해당하는 검사국은 재판소(법원)에 속해 있었다. 본토에는 최종심 재판소로서 '대심원(大審院)'이 있고, 이에 대응한 검사국의 최고 수장을 '검사총장(檢事總長)'이라고 규정하였다. 이와 달리 식민지 조선은 일제 본토와의 위상을 고려해 최종심은 '고등법원(高等法院)'이라 했고, 이에 대응한 검사국의 최고 수장을 '검사장(檢事長)'이라고 규정하였다. 이러한 직책 명칭 규정 원리는 식민지 검찰 수장이 한반도 전역을 호령하여 벼슬이 아무리 높더라도 일제 본토의 검찰 수장에 버금갈 수 없기 때문이다.

「검사장」의 위상에 대한 법적 근거를 보면 1890년 일제가 제정한 「재판소구성법」 제6조에 "각 재판소에 검사국을 부치(附置)한다."라고 규정하고, 제43조에 "대심원(大審院)을 최고재판소로 한다."라고 규정하였으며 제56조에는 "대심원의 검사국에 검사총장을 둔다."라고 규정하였다. 식민지 조선의 검찰 최고 수장은 일제가 1912년 제정한 「조선형사령」 제2조에 "대심원의 직무는 고등법원, 대심원장의 직무는 고등법원장, **검사총장의 직무는 고등법원검사장**, 검사장의 직무는 복심법원검사장, 공소원 검사의 직무는 복심법원검사, 지방재판소 검사 및 검사의 직무는 지방법원 검사가 이를 행한다."라고 규정한 것에 그 근거를 두고 있다.

나. 고등법원검사장 5명

1920년 9월부터 1941년 6월까지 21년 동안 中村竹藏(나카무라 다케조), 松寺竹雄(마츠데라 다케오), 境長三郎(사카이 쵸사부로), 笠井健太郎(가사이 겐타로), 增永正一(마스나가 쇼이치) 등 모두 5명이 차례로 재임하였다. 이들의 한반도에서의 행적에 대하여는 3·1운동 이듬해인 1920년 9월 20일 취임부터 1929년 10월 30일 의원면직(依願免職)까지 무려 9년을 재임하며 한반도를 호령한 형사사법 탄압의 수괴 중 수괴였던 中村竹藏에 초점을 맞춰 한일 관보 인사 자료, 신문 기사 등에서 발굴한 자료로서 별도로 상세히 소개하도록 하고, 나머지 4명에 대하여는 다음과 같이 간략히만 소개[70]하고자 한다.

㉠ 松寺竹雄(마츠데라 다케오)
 - 1893년 동경제국대학 법과대학 영법과 졸업
 - 경성지방검사정, 평양복심법원검사장, 대구복심법원검사장, 조선총독부법무국장
 - **1929~1933년 고등법원검사장**

㉡ 境長三郎(사카이 쵸사부로)
 - 1901년 동경제국대학 법과대학 영법과 졸업
 - 1908~1921년 경성지방재판소 판사, 검사, 공주지방법원 검사
 - 1922~1925년 보통시험위원회 위원, 경성지방법원 검사, 공증인징계위원회 위원, 사법관시보실무시험위원, 대구복심법원 검사

---

[70] 출처: ㉠, ㉢~㉣ - 일본 위키피디아, ㉡ - 한국사데이타베이스(https://db.history.go.kr/), 나고야 대학 '일본 연구를 위한 역사정보(https://jahis.law.nagoya-u.ac.jp/)'

- 1928~1932년 대구복심법원 검사장, 경성복심법원 검사장, 고등법원 검사
- **1933~1934년 고등법원검사장**

ⓒ 笠井健太郎(가사이 겐타로)
- 1904년 경성제국대학교 법과대학 법률과 졸업, 일본 각지 판사, 검사
- 조선총독부 검사로 발령받은 후 경성지방법원검사, 법무국 형사과장, 고등법원 검사, 경성지방법원 검사정, 법무국장
- **1934~1937년 고등법원검사장**

ⓓ 增永正一(마스나가 쇼이치)
- 1908년 동경제국대학 법과대학 독법과 졸업, 판사
- 1920년 조선총독부 재판소로 발령받은 후 고등법원 판사, 고등법원 부장, 조선총독부 법무국장
- **1937~1943년 고등법원검사장**

3. 中村竹藏(나카무라 다케조)의 행적

가. 일제 본토에서의 행적

1869(生)~1945(亡), 1892년 동경제국대학 법과대학 졸업, 일제 본토 각지 판사, 검사로 재직 (출처: 일본 위키피디아 발췌)

나. 식민지 조선에서의 행적(출처: 한일 관보 자료 등)

○ 1909년 11월 1일 조선 통감부 판사로 발령(관보 제7909호)

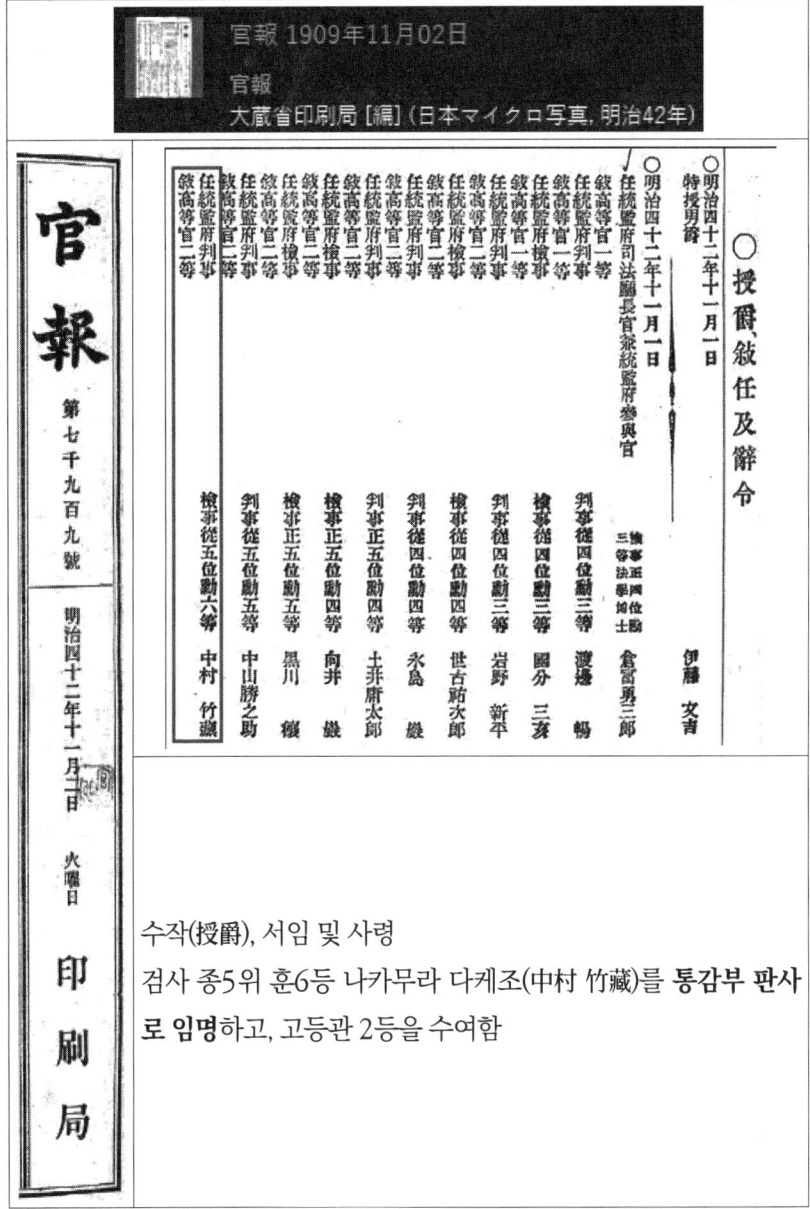

수작(授爵), 서임 및 사령
검사 종5위 훈6등 나카무라 다케조(中村 竹藏)를 **통감부 판사로 임명**하고, 고등관 2등을 수여함

다. 식민지 조선 진출 이후

○ 통감부 공보(1909년 11월 6일 자, 126호 부록)

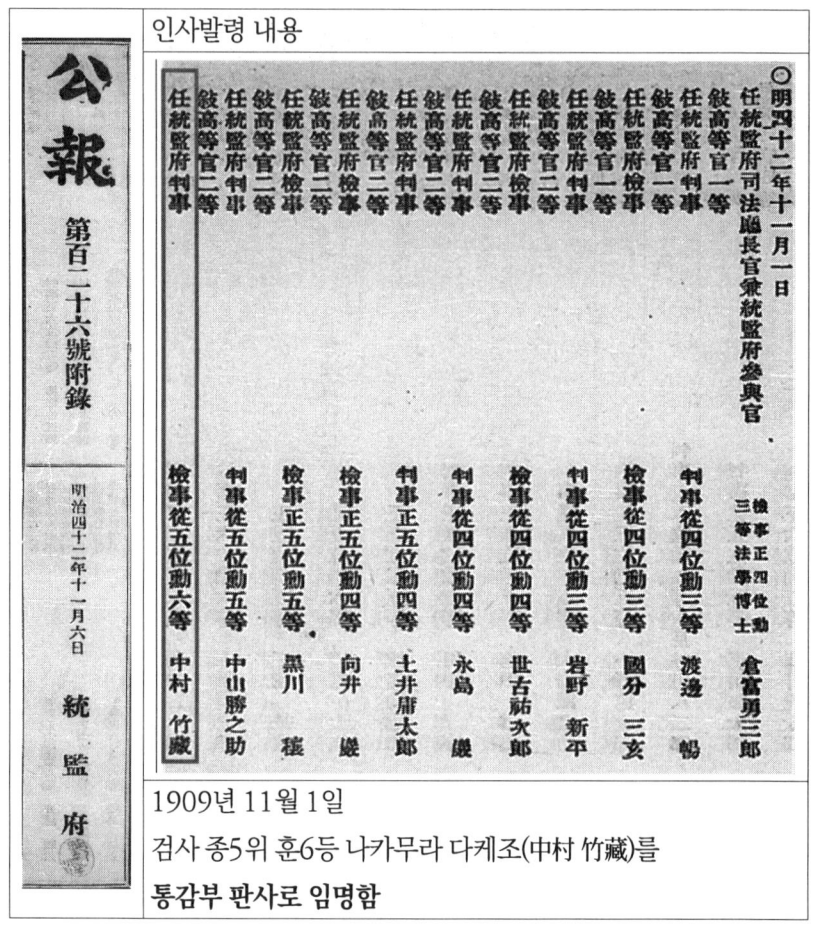

인사발령 내용

1909년 11월 1일
검사 종5위 훈6등 나카무라 다케조(中村 竹藏)를
통감부 판사로 임명함

※ 이하 표에서 소개하는 인사 자료는 관보에 실린 내용 중에서 핵심만을 발췌, 요약한 것임.

○ 통감부 공보

발령 일자	인사 발령(명령) 내용	공보 게재 일자, 호수
1909.11.01.	경성지방재판소장에 보(補)함	11월 7일 자 호외
1910.03.08.	수원 구재판소 출장	3월 12일 자 제143호
1910.06.24.	훈5등 서(敍), '瑞寶章' 수여	7월 9일 자 제180호

○ 조선총독부 관보(관보 내용 요약)

발령 일자	인사 발령(명령) 내용	관보 게재 일자, 호수
1910.11.04.	3급봉 하사, 경성공소원검사장에 보(補)함	11월 10일 자 제61호
1911.01.10.	'2급봉'을 하사함	1월 13일 자 제110호
1911.12.26.	훈4등을 서(敍)하고, '서보장(瑞寶章)'71을 수여함	1912년 1월 4일 자 제404호
1912.04.01.	경성복심법원검사장에 보(補)함	4월 1일 자 호외
1914.08.20.	평안남북도에 출장을 명함	8월 21일 자 제617호
1915.03.30.	종4위에 서(敍)함	4월 6일 자 제799호
1915.10.26.	경도시(京都市)에 출장을 명함	11월 5일 자 제978호
1915.10.26.	동경시(東京市)에 출장을 명함	11월 13일 자 제984호
1916.05.25.	훈3등에 서(敍)하고, '瑞寶章'을 수여	5월 30일 자 제1145호
1916.06.02.	대구 및 마산에 출장을 명함	8월 7일 자 제1152호
1916.11.15.	○ 관청 사항: 경성복심법원장은 관내 공주지방법원 및 홍성, 서산지청 사무 시찰을 위하여 본월 13일 출발	11월 15일 자 제1285호
1916.12.29.	고등관 1등에 승진(陞進)을 서(敍)함	1917년 1월 13일 자 제1330호
1917.04.21.	구미(歐美) 출장에 분부를 내리심	4월 27일 자 제1417호
1917.07.25.	유럽(歐洲) 출장을 면함(被免)	8월 1일 자 제1498호
1917.10.11.	동경(東京)에 체재(滯在)할 것을 명함	10월 16일 자 제1560호

71　국가 또는 공공에 공로가 있는 자에게 수여되는 일본의 훈장

1918.04.09.	동경시(東京市)에 출장을 명함	4월 11일 자 제1701호
1920.05.21.	전주, 정읍, 광주 및 목포에 출장을 명함	5월 24일 자 제2334호
1920.05.31.	正4位를 서(敍)함	6월 7일 자 제2346호
1920.09.20.	'2급봉'을 하사하고, 고등법원검사장에 보함	9월 27일 자 제2439호
1920.10.30. 조선총독부판사 징계위원회 결정[72] 조선총독부판사징계위원회는 해주지방법원 재령지청 판사 조선총독부 판사 니시무라 시게오(西村茂夫)에 대한 징계 사건에 붙여 10월 30일 다음과 같이 결정함 **결정:** 위 사람에 대한 조선총독부판사 징계사건에 붙여 당위원회는 고등법원검사장 中村竹藏의 의견을 듣고 결정한 바는 다음과 같음 **주문:** 조선총독부판사 西村茂夫를 견책(譴責)에 처할 것 **이유: (※요지)** 소속 등기사무 담당 직원의 말소 수입인지 비리에 대한 관리 감독 소홀		11월 18일 자 제2482호
1921.09.13.	신의주, 의주, 부산, 대구에 출장을 명함	9월 15일 자 제2730호
1921.09.29.	동경시(東京市)에 출장을 명함	10월 3일 자 제2743호
1922.01.11.	보통시험위원을 명함	1월 13일 자 제2823호
1922.03.02.	마산 및 진주에 출장을 명함	3월 4일 자 제2865호
1922.08.02.	보통시험위원을 명함	8월 3일 자 제2993호
1922.09.23.	개성에 출장을 명함	9월 26일 자 제3038호
1922.09.28.	군산, 광주, 전주, 공주 및 청주에 출장을 명함	9월 30일 자 제3042호
1922.11.20.	황해도 출장을 명함	11월 21일 자 제3084호
1923.02.21.	신의주, 봉천(奉天) 및 평양 출장을 명함	2월 23일 자 제3159호
1923.03.23.	경주에 출장을 명함	3월 29일 자 제3187호
1923.05.29.	훈2등, 서보장(瑞寶章) 수여	6월 4일 자 제3243호

72　조선총독부판사 징계위원회 최고 결정 위치에 있었던 것으로 보임

1925.07.15.	從3位를 서(敍)함	10월 27일 자 제3957호
1925.11.23.	동경시(東京市) 출장을 명함	11월 27일 자 제3982호
1925.12.31.	연봉(年俸) 5백 원 가사(加賜)	1926년 1월 9일 자 제4014호
1926.04.14.	동경시 출장을 명함	4월 15일 자 제4094호
1927.05.14.	동경시 출장을 명함	5월 16일 자 제111호[73]
1928.11.10.	1928년 칙령 제188호의 취지(旨)에 의하여 대례기념장(大禮記念章)[74]을 수여함	6월 21일 자 제740호 부록
1929.05.01.	조선박람회 평의원을 명함	5월 15일 자 제708호
1929.10.30.	의원(依願) 면(免) 본관(本官)	11월 4일 자 제852호
1929.11.22.	특명(特旨)으로 위1급 진급(被進)	12월 2일 자 제875호

73　연호가 소화(昭和)로 바뀌어 관보 호수 새로이 시작
74　일본 정부가 국가행사 참가자 또는 국가사업 관계자에게 수여하는 표창

○ 신문 기사[75]

1922년 10월 9일 자 동아일보 4면

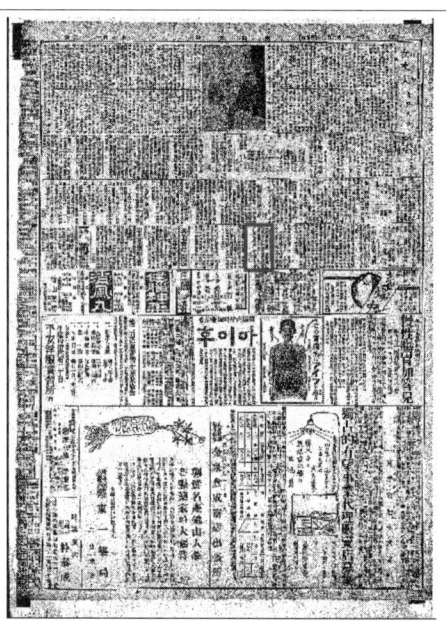

'나카무라(中村) 검사장 착발'

경성고등법원검사장 나카무라 다케조 씨는 군산 법원지청 사무 시찰을 위하여 10월 1일 군산에 도착하여 2일 체재 3일 광주로 출발

(군산)

---

[75] (출처) 동아일보: 한국사 데이터베이스(https://db.history.go.kr/) 연속간행물, 조선일보: 네이버 뉴스라이브러리(https://db.history.go.kr/)

1922년 12월 4일 자 동아일보 2면

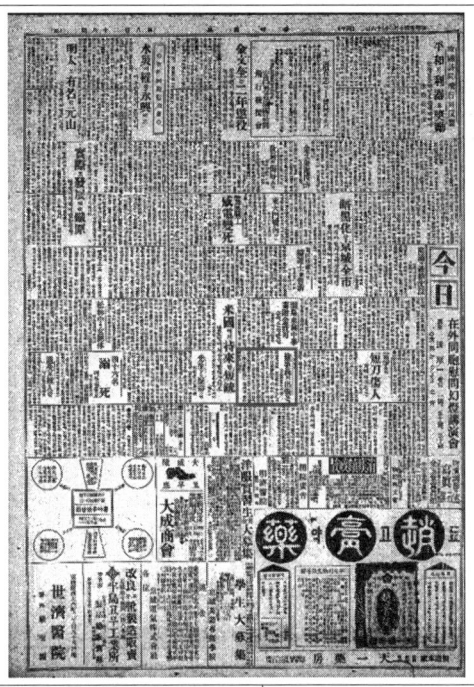

'검사장의 출장은 법원문부조사뿐'
경성에 있는 고등법원 중촌 검사장(中村檢事長)이 해주에 출장하였다 함은 이미 보도한 바거니와 중촌 검사장과 같이 온 고등법원 서기 정상정박(井上正博) 씨는 말하되 금번 출장한 것은 다만 이곳 법원의 문부조사뿐이오. 신생활사(新生活社)와는 관계가 없다 하더라(해주)

1929년 8월 9일 자 조선일보 2면

우로부터 기사 제목

1, 양법원순차취조후 여운형 예심회부

※ 中野 차석검사가 조사를 하고, 長尾 검사정이 中村 고등법원검사장, 草場 복심법원 검사장을 순차로 방문하고 **장시간 밀의**….

2. 삼 검사 밀의 후 복심검사장에 보고

3. 제령위반과 치(안)유(지)법 위반으로

검사 취조 마치고 나오는 여운형

1929년 10월 4일 자 조선일보 2면

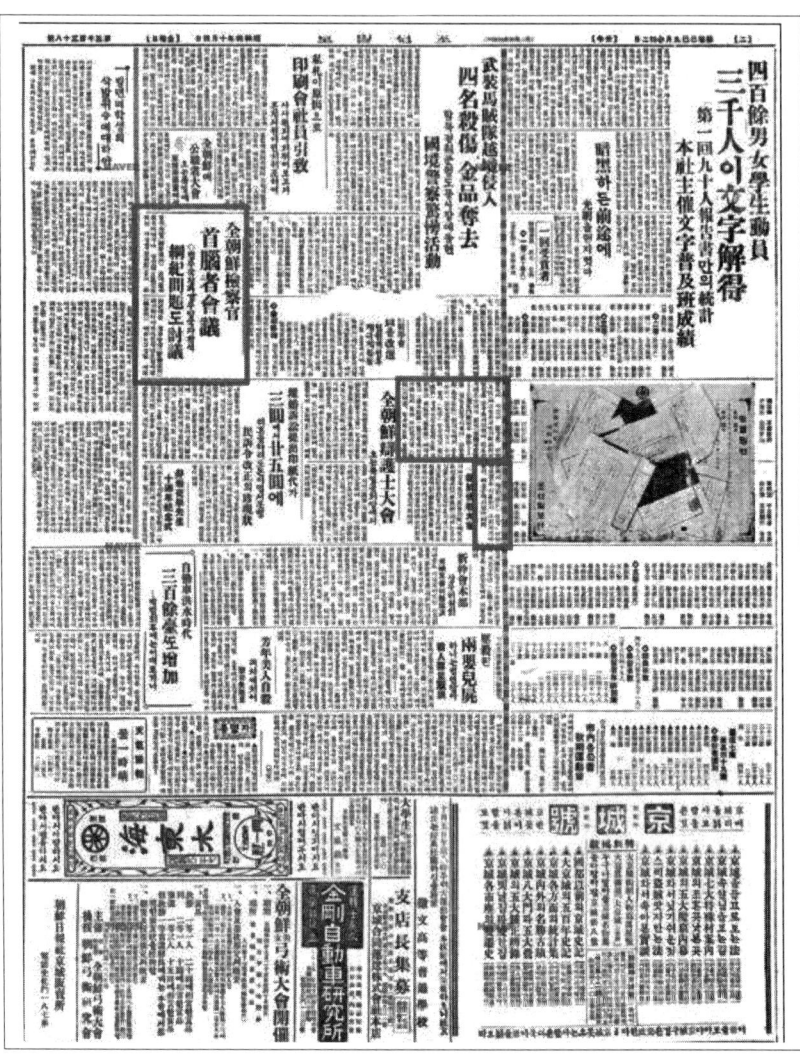

수뇌자 회의

◇강기숙청(綱紀肅淸) 문제를 비롯하여 더구나 급진적으로 진출하는 사상법(思想犯) 등의 단속 문제 등 경무당국(警務當局)과 같이 다사(多事)하여진 재판소 검사국(檢事局)에서는 그 검찰 사무통일과 사건의 발생 전 미연(未然)에 그 범죄의 방지와 단속의 방침을 강구하기 위하여 전 조선 재판소 수뇌자 회의(首腦者 會議―사상전문검사도 참석―)를 삼 일 오전 9시부터 고등법원(高等法院) 회의실에서 **중촌(中村) 고등법원검사장의 주재**와 송사(松寺) 법무국장 천리(淺利) 경무국장 등 참석으로 개회하고 비밀리(祕密裏)에 의사토의(議事討議)를 진행하는 중이라는 바 목하 다단한 시국(時局)의 해결, 정치적으로 불안한 문제의 정화(淨化) 방침이 어떠한 귀결을 지을는지 그 회의 내용이 매우 중대시된다더라

1929년 10월 30일 자 동아일보 석간 1면

東亞日報

法務局長更迭

二十日의閣議에서如左히決定하얏더라

總督府法務局長 松寺 竹雄

任總督府檢事(一等)

補高等法院檢事長

大邱覆審法院長

總督府判事 深澤新一郞

任總督府法務局長(一等)

高等法院檢事長

總督府檢事 中村 竹藏

依願免本官

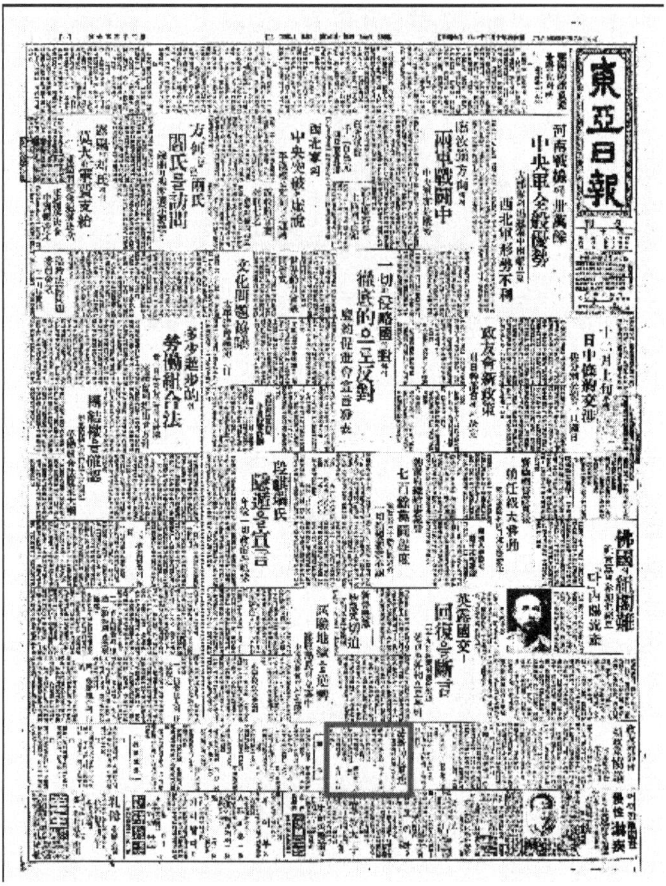

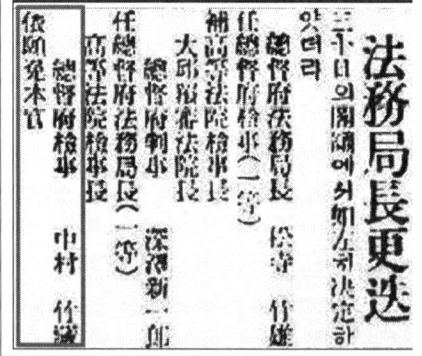

총독부 검사 中村 竹藏

의원(依願) 면(免) 본관(本官)

수사보고 문서[76]

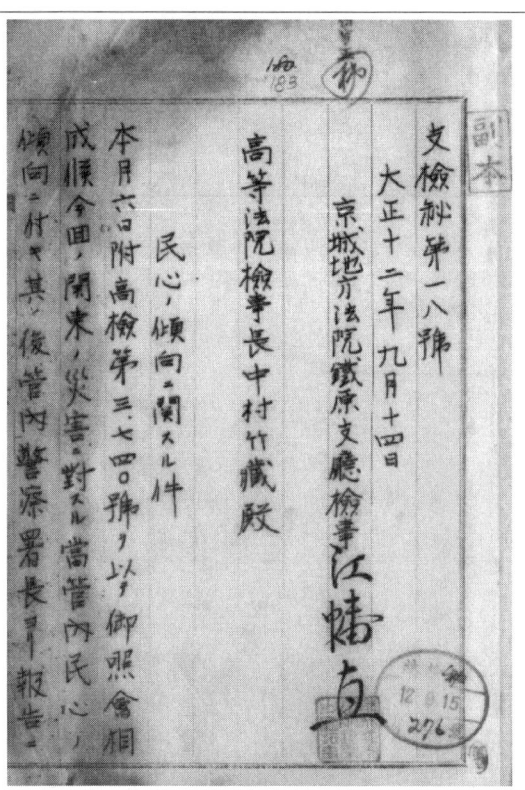

지청비 제18호
1923년 9월 14일
경성지방법원 철원지청 검사 江幡直

고등법원검사장 중촌죽장(中村竹藏) 전(殿)

민심경향에 관한 건

본월 6일부 고검 제3740호로써 조회

조회하신 이번의 관동의 재해에 대한 당 관내 민심의 경향에 붙여 그 후 관내 경찰서장으로부터 보고에 (…)

---

76 출처: 한국사 데이터베이스(https://db.history.go.kr/) 문서/국내 항일운동 자료/경성지방법원 검사국 문서

제2장

훈시(訓示)의 역사적 배경과 검찰 원리주의

1. 훈시의 역사적 배경

○ 일제는 식민지 조선에 「보안법」[77], 「조선형사령」, 「조선태형령」, 「조선감옥령」[78], 「치안유지법」[79] 등을 공포하여 한반도 전역을 감옥화한 가운데 조선인의 일거수일투족을 사찰, 단속, 검거하고 가혹하게 처벌(**이하 '탄압'이라고 함**)하였고, 국가총동원법, 여러 전시 체제 법령과 경제통제 법령을 공포하고 탄압과 침략전쟁을 위한 수탈에 광분하였다. 일제와 검찰의 목적 실현을 위하여 검찰은 사냥꾼이고, 경찰은 아바타, 경비견, 사냥견으로서 검찰에 앞다투어 충성하였다.

○ 「검사장」은 조선에서 오로지 독립운동을 위하여 일어난 3·1 운동, 민족자결주의, 무정부주의, 공산주의, 천황제 파시즘 반대, 각종 종교운동, 학생운동, 노동쟁의, 소작쟁의 등 사상 및 사회운동(**이하 '독립운동'이라고 함**) 모두를 망동(妄動), 불령사상(不逞思想), 불온사상(不穩思想), 과격사상(過激思想), 위험사상(危險思想), 국헌문란(國憲紊亂) 등으로 규정하면서 일제와 검찰의 목적 실현을 위하여 총력을 기울여 이들 운동 모두와 언론, 출판, 집회, 종교 활동의 일거수일투족을 탄압하고, 발본색원, 삼제(芟除), 절멸하라고 훈시하고 있다.

○ 「검사장」은 경찰에게 조선인의 경미한 범죄를 미죄(微罪), 경죄(輕罪), 소죄(小罪) 등으로 표현하며 경각심을 주기 위하여 일단 모두 검거하라고 훈시하고 있고, 경찰의 조선인 탄압을 늘 극찬, 격려하면서 탄압을 위한 경찰의 수사 전반에 대하여 미시적, 거시적으로 매우 치밀하고 주도

---

77 1907년 7월 27일 법률 제2호 공포[7월 29일 자 대한제국 관보(부록)]
78 1912년 3월 18일 제령 제11호(조선형사령), 제13호(조선태형령), 제14호(조선감옥령) 공포[3월 18일 자 조선총독부 관보(호외)]
79 1925년 4월 21일 법률 제46호 공포(4월 22일 자 일제 관보 제3797호), (4월 27일 자 조선총독부 관보 제3807호), 시행(5월 13일 자 조선총독부 관보 제3820호)

면밀하게 지도, 훈육하고 있다.

○ 「검사장」의 훈시 내용 곳곳에서 3·1운동을 비롯하여 우리 민족의 독립운동이 치열하고 활발하여 일제에 매우 위협적임을 스스로 드러내는 발언을 하고 있다.

○ 「검사장」의 훈시는 제2차 대전이 격화되어 갈수록 내용량이 많아지고 국가총동원법을 비롯한 여러 전시 체제 법령 집행에 따른 단속, 검거, 처벌을 강조하며 침략전쟁 물자 조달을 위하여 경찰에 '경제 경찰관'으로서 임무까지 부여하고 경제통제 강화에 따른 단속과 검거에 전력투구하도록 지도, 훈육하고 있으며, 일군(日軍)의 전황(戰況)이 긴박한 가운데 조선 내에서 독립운동이 더욱 활발해지면서 치안 확보에 총력을 기울이고 있다.

○ 오늘날 일반 국민의 뇌리에는 역사 교과서 기술과 독립기념관 전시물을 비롯하여 극히 한정된 검찰 역사에 대한 자료, 보도 등을 통하여 일제강점기 고문, 가혹 행위 등을 비롯한 혹독한 형사사법 탄압의 책임은 동네를 순찰하는 순사(巡査), 일선 초동 및 현장 수사를 담당하는 경찰, 교도소 간수들이었다는 선입견일 뿐 이들을 강력히 지배하며 그 탄압의 선봉에서 지배 조종한 검찰이 그 만행의 실질적 주범이라는 사실은 알지 못하고 있다.

2. 일제 경찰의 고문과 검찰의 책임

○ 일제 검찰은 경찰의 고문에 책임이 없는가?

저자가 훈시와 고등법원 고위 검사의 주의(희망) 사항을 번역하면서 가장 먼저 깊이 가졌던 의문은 「검사장」들이 경찰에 대하여 고문의 부작용을 예로 들며 근절하라고 지도, 훈육하고 있고, 어떤 어구에서는 간절함마저 느껴졌다. 그 간절한 발언 내용 자체만 보면 조선인을 고문하지 않고도 일제와 검찰의 목적을 실현하고 싶은 심정이 헤아려지는 대목도 있었다. 그러나 경찰을 지배 조종한 형사사법 탄압의 최고 통솔자이자 수괴로서 그 어떤 미사여구로도 그것은 진의로 받아들일 수 없다. 「검사장」들은 침략전쟁과 식민지 탄압과 수탈의 선봉에서 국가범죄를 저지른 전범(戰犯)일 뿐이다.

○ 「검사장」들의 고문 근절 외침과 정의로운 온갖 미사여구는 경찰에게 책임을 전가하려는 위선이다.

고문의 부작용과 근절을 자주 강조하고, 조선인의 정의, 복리, 인권을 말하는 이면에는 검찰은 조선인을 위하여 정의롭게 직무를 수행하고자 매진하는데 경찰이 잘 따라 주지 않아서 목적대로 정의롭게 하지 못하고 있다는 전제를 깔고 있는 것이고, 수사 중 조선인에 대한 고문은 경찰이 한 것이라고 책임을 전가하기 위한 교활한 위장술에 불과하다.

○ 「검사장」들은 경찰부장에게 형사사법 수단을 총동원하여 강력히 탄압하라고 훈시하고 있다.

「검사장」들은 경찰의 범죄 검거, 송치사건, 치안유지법 단속, 학생운동 단속 등에 관한 각종 통계를 제시하고, 지난 수사 평가, 앞으로 행할 수사에 대하여 지도, 훈육하면서 가벼운 범죄라도 빠짐없이 검거하고, 독립운동에 대하여는 엄벌, 박멸, 청소적 검거, 발본색원, 절멸 등 극단적인 용어로써 탄압을 강력히 지시하고 있다. 이는 경찰에 대한 고문 지시와 다름이 없다.

○ **검찰은 경찰의 고문을 처벌하지 않고 관용주의로 일관하였다.**

「검사장」의 경찰 수사 중 고문에 대한 진의는 불처벌 원칙에서 드러난다. 『훈시통첩유찬』 1부 1류 '검사국 감독관에 대한 훈시' 중 境長三郎 「검사장」은 통계를 제시하며 고문으로 고소를 당한 경찰관에 대하여 모두 불기소 처분하였다고 발언하고 있다. 일절 처벌하지 않고 고문을 부추긴 것이다. 그가 제시한 통계는 실지 현장에서 벌어지는 고문의 빙산의 일각 중 일각만 통계에 반영된 것임은 두말할 나위 없다.

> **1933년 7월 검사국 감독관에 대한 境 고등법원검사장 훈시 (제60쪽 11~14행)**
>
> 경찰관의 폭행 능학에 대한 고소 사건은 1932년도는 29건 40명(9건 10명 **기소유예**, 20건 30명 **혐의 없음**)이었고, 1933년(1~9월)도에는 이미 44건 74명(7건 11명 기소유예, 37건 63명 **혐의 없음**)의 다수에 달하여 심히 증가를 보여 준 중에는 침소봉대, 과장적인 사실을 만들어 고소 신고를 한 것으로 의심되는 것이 있는 중 **7건 11명 범죄 있다고 인정**될 뿐 대다수는 혐의 없는 것으로서 처분 (…)

범죄가 있다고 인정된 7건의 11명 또한 위 제시한 통계에서 밝히고 있듯이 모두 기소유예 처분하였다.

警察官ノ暴行陵虐ニ對スル告訴事件ハ昭和七年度ニ於テハ二十九件四十人(九件十人 起訴猶豫、二十件三十人 嫌疑ナシ)ナリシニ同八年(自一月 至九月)ニ於テハ既ニ四十四件七十四人(七件十一人、三十七件六十三人 嫌疑ナシ)ノ多數ニ達シ甚シキ増加ヲ示シタル中ニハ針小棒大ニ誇張的ノ事實ヲ構ヘテ告訴申告ヲ爲シタルモノト疑ハルルモノアリテ内七件十一人犯罪アリト認メラレタルノミニテ大多數ハ嫌疑ナキモノトシテ處分サレタルモ猶然原告ニ出テタリト認メ難

고문의 폐해를 지적하고, 근절을 지시하면서 단지 그 감소를 말하고 있다. 경찰을 식민지 조선인 통치를 위한 아바타, 경비견, 사냥견으로 이용하기 위하여 처벌하지 않고 관용주의로 일관한 것이다.

1923년 5월 23일 경찰부장에 대한 中村 고등법원검사장 훈시 (제130쪽 12~16행)

1. 마지막에 임하여 한마디 하고 싶은 것은 여러분 부하 직원의 독직죄는 그 통계를 내 보니 작년은 재작년보다 감소했습니다. 이는 여러분이 부하의 개선과 감독에 심심한 노력을 다한 결과라고 생각합니다. 국가를 위하여 기뻐할 일입니다. 아울러 이 범죄는 절멸을 기하는 것은 불능이라도 한층 **감소의 여지는 넉넉하게 있다**고 생각하는 것입니다. 특히 고문과 같은 것은 민심에 악영향을 미치는 일이고 심대한 것은 말할 나위 없는 것이므로 이 **감소에는 한층 일단의 노력**을 간절히 바랍니다. (표 생략)

一 終リニ臨ミ一言シタキハ各位部下職員ノ瀆職罪ハ之ヲ統計ニ徴スルニ昨年ハ一昨年ヨリ減少シマシタ是各位カ部下ノ改善ト監督ニ甚深ナル努力ヲ盡サレタル結果ニ外ナラヌト思ヒマス國家ノ爲慶スヘキ事テアリマス併シ此ノ犯罪ハ絶滅ヲ期スルコトハ不能トシテモ尙減少ノ餘地ハ綽々アルト思フノテアリマス殊ニ拷問ノ如キハ民心ニ惡影響ヲ及ホスコト甚大ナルコトハ申ス迄モナイノテアリマスカラ此カ減小ニハ尙一段ノ努力ヲ切望シマス （表省略）

○ 검찰은 경찰의 고문에 의한 송치사건을 그대로 기소하였다.

1921년 4월 29일 경찰부장에 대한 中村 고등법원검사장 훈시 (제116쪽 5~13행)

고문의 폐(弊)는 외국인의 배일사상 선전에 호재를 부여하여 불령선인의 독립운동에 좋은 미끼를 제공하고 또한 양민에게 총독 정치를 저주하게 하여 제반의 행정에 지장을 낳게 하는 것임은 여러분이 이미 다 아는 바일 뿐만 아니라 재판상 실로 한심한 악영향을 낳는 것이 되고, 무릇 **형사사건의 증거자료로서 가장 많이 차지하고 있는 것은 경찰관의 조서임**. 그렇지만 지금 그 조서로써 고문한 나머지 나온 것이라고 하면 증거는 태반 이를 상실한 것이라고 말하지 않을 수 없음. 그 결과로써 피고는 무죄를 언도(言渡)받거나 적어도 죄증 박약한 이유로 적당한 형보다 현저히 가벼운 형에 처하는 폐단에 이르는바 단지 고문의 형적(形跡) 명료한 사건만이 아니라 다른 일반의 사건까지도 고문의 혐의가 더해져 재판관의 심증을 해치는 일이 적지 않음. 이래서는 간사하고 음흉한 무리로 하여금 법망으로부터 벗어나게 하여 형정상(刑政上) 실로 한심한 결과를 낳는 것임.

底ノ大弊害ノ生スルニ想到セサルニ因ルモノノ如シ夫レ拷問ノ弊ハ外國人ノ排日思想宣傳ニ好餌柄ヲ與ヘ不逞鮮人ノ獨立運動ニ好餌ヲ供シ又良民ニ總督政治ヲ呪ハシメ諸般ノ行政ニ支障ヲ生セシムルコトハ各位ノ旣ニ知悉セラルル所ナルノミナラス裁判上實ニ寒心スヘキ惡影響ヲ生スルモノナリ凡ソ刑事事件ノ證據資料トシテ最多キヲ占ムルモノハ警察官ノ調書ナリ然ルニ今其ノ調書ニシテ拷問ノ餘ニ出テタルモノセンカ證據ハ大半之ヲ喪失シタルモノトシテ被告ハ無罪ヲ言渡サルルカ又ハ少クトモ證據薄弱ノ故ヲ以テ適當ノ刑ヨリ著シク輕キ刑ニ處セラルルノ弊ヲ生スシテ實際ニ於テ此ノ如キ例證ニ乏シカラス加之所謂一事ヲ萬事ノ例ニ漏レス裁判官ノ心證ヲ害スルコトヲノ形跡明瞭ナル事件ノミナラス他ノ一般ノ事件迄モ拷問ノ嫌疑加ハリテ裁判官ノ心證ヲ害スルコトヲカラス斯クテハ奸婦ノ徒ヲシテ法網ヨリ逸セシメ刑政上實ニ寒心スヘキ結果ヲ生スヘシ夫レ刑事政策

「검사장」은 형사사건의 증거자료로서 가장 많이 차지하고 있는 것은 경찰관의 조서임을 스스로 밝히고 있다. 경찰에게 고문의 폐단을 예로 들면서 근절하라고 훈시하나 훈시 내용 곳곳에서 알 수 있듯이 경찰 수사에서 창궐한 고문이 행여 독립운동으로 이어질 것에 대한 염려일 뿐 경찰의 고문에 의한 성과를 적극적으로 활용하였다. 「검사장」의 고문에 관한 정의로운 미사여구는 사람을 우리에 가둔 채 굶주린 사자를 그 안에 들여보내며 물지 말라고 하는 위선에 불과하다.

일제 법정에서 경찰이 고문에 의하여 얻은 자백 조서임이 밝혀질 리 만무하겠으나 판사에 의하여 극히 일부가 드러난 것에 관하여 고문의 부작용을 들어 이를 근절하라고 하고 있다. 그러나 경찰의 고문에 의하여 자백이 담긴 조서를 법정에 유죄의 증거로 제출한 자는 모두 검사이다. 경찰에서 사건을 송치받은 후 경찰에서 고문 또는 가혹 행위를 당했는지, 이로 인하여 자백한 것인지 여부는 관심만 있다면 걸러 냈을 수 있음에도 그대로 기소를 감행하고도 경찰에게 책임을 전가하고 있다. 검찰이야말로 고문의 주체였기에 사건이 검찰에 송치된 후 피의자가 경찰에서 고문을 받았다고 주장해도 들어 줄 리 만무하고 그러한 주장을 하면 오히려 입회 서기에게 고문을 당했을 것이고, 그것이 입회 서기의 역할이자 존재 이유였다. 「검사장」은 법정에서 극도로 드물게 이를 지적한 판사를 원망하고, 경찰에게 책임을 전가하고 있다.

○ 「검사장」들은 검사의 수사 명령에 대한 경찰의 복종 성적을 경찰의 성적 표준으로 삼으라고 지시[80]하고 있었다.
경찰은 일제 본토와 달리 현행범, 비현행범을 가리지 않고 검사의 아바

---

80 『훈시통첩유찬』 서적 120쪽 15행~121쪽 1~3행(제3장 번역 참조)

타로서 경찰에 부여된 강제수사권을 동원하여 무차별 압수수색과 체포를 하고, 고문에 의하여 자백을 받은 조서를 검사에게 바치며 충성 경쟁을 하였고, 「검사장」들은 그러한 경찰의 탄압 실적에 대하여 성공, 노고에 감사, 기쁘기 그지없음이라는 등 온갖 칭송으로 늘 극찬을 아끼지 않고 있음은 고문을 하라는 것과 다름이 없다.

○ 일제 검찰에서 검사와 입회 서기는 조선인을 고문하지 않았다는 말인가?

『훈시통첩유찬』 서적 어디에도 검찰의 고문에 대하여는 일절 언급이 없다. 검찰은 신성불가침의 성역이자 그 자체로서 그 이외 모든 기관과 조직, 사람을 강력히 지배하는 무소불위의 형사사법 기관이었다. 검찰에서 고문을 당한 사람이나 검찰의 내면을 엿볼 수 있었던 경찰 모두는 이를 입에 담지 못하였고, 그 누구도 검찰의 허물을 입에 담는 것은 금기되었고, 이를 어기는 자는 망동, 불령, 불온, 과격, 용공, 국헌문란 등으로 검찰의 표적이 되고 보복을 당할 것이다.

○ 일제강점기 고문 창궐의 궁극적 책임은 검찰 나아가 일제에 있다.

일제는 언제나 침략전쟁 전시 체제 그리고 독립운동에 대처하고 있었다. 검찰은 경찰에 훈시하고, 경찰은 이를 받들어야 하는 위상으로서 이들 관계는 군대의 지휘관과 그 지휘와 명령에 복종하는 예속 부대와 다름이 없을 정도로 수직관계에 있었다. 일본군이 여러 식민지에서 학살을 자행한 것에 대하여 그 지휘관에게 가장 책임을 지워야 함이 당연한 것과 마찬가지로 경찰을 지배하는 검찰 권력 수행자인 검사, 나아가 그 최고 수괴이면서 일제의 형사사법 탄압정책을 통할한 「검사장」이 가장 무거운 책임을 져야 할 뿐만 아니라 최종의 궁극적인 책임은 경찰의 고문을 조선 통치의 수단으로 삼은 일제에 있음은 명백하다.

○ 해방 후로도 경찰, 검찰의 고문과 가혹 행위 수사는 끊이지 않았다.

일제의 골격과 골수를 계승한 때문에 해방 후로도 경찰, 검찰의 용공 조작, 고문에 의한 수사와 조서재판에 의하여 형장의 이슬로 사라졌거나 억울한 옥살이를 한 사건이 수도 없이 많았고, 빙산의 일각 중의 일각임에도 독재, 권위주의 시대의 그런 사건들이 재심 결과 무죄판결이 줄을 잇고 있음은 주지의 사실이다.

그중 경찰 고문의 대표적 사례는 1986년 6월 '부천서성고문' 사건과 1987년 1월 '박종철 고문치사' 사건이 있다. 전자의 사건은 세상에 알려져 떠들썩했음에도 검찰은 아랑곳하지 않고 기소유예로 불기소 처분하였고, 1987년 6월 민주화운동에 힘입어 재수사가 이루어져 경찰관은 중형을 선고받았다. 후자의 박종철 고문치사 사건 또한 민주화운동이 없었더라면 진실이 밝혀지고 제대로 평가되기 어려웠을 것이다.

검찰 또한 고문이 끊이지 않았으며 그 대표적인 사례는 2002년 서울지검 '피의자 구타 사망 사건'을 들 수 있다. 그해 10월 서울지검 조사실에서 피의자로부터 자백을 받기 위하여 잠을 재우지 않고 구타 등으로 고문을 가하여 이를 견디지 못한 피의자가 사망한 사건이다. 군부 권력 종식 후 민주 정부에서 벌어진 일로써 검찰총장, 법무부장관이 경질되었고, 검사, 수사관들은 재판을 받고 중형을 선고받았다. 저자는 이 사건 당시 서울지검 북부지청 검사실에 근무하고 있었다. 그때까지 검찰에 만연했던 일단 체포 후 밤샘 조사 등 육체적, 정신적 가혹 행위로 자백을 강요하던 수사가 만연한 사실에 대하여 생생히 기억하고 있는 가운데 그 사건

이후 실질 변화가 와서 육체적 가혹 행위 근절에 대하여는 큰 진전이 있었던 사실 또한 생생히 기억하고 있다. 그 이전까지 상급 청에서 고위직들이 초도순시, 지도 방문을 오면 늘 훈시가 있었고 그 내용에는 수사 중 가혹 행위를 하지 말라는 언급이 자주 있었다. 그러나 그들은 일선 경찰, 검찰에서 이루어지는 가혹 행위로써 이루어지는 수사 성과의 수혜자였으며 가혹 행위 근절에 대한 진의와 제대로 된 실천은 없었다. 경찰, 검찰에서 육체적 고문과 가혹 행위가 사라지기 시작한 것은 정치권, 경찰, 검찰의 노력이 전혀 아닌 오랜 세월 경찰, 검찰에게 그러한 해를 입은 사람들의 희생에 의한 숭고한 결과물이다.

3. 훈시 내용에서 본 검찰 원리주의

훈시 내용 번역 소개에 앞서 독자의 이해를 돕기 위하여 저자가 확인한 검찰 원리주의적 요소를 먼저 소개하고자 한다.

① **정치검사**
전체주의, 제국주의, 파쇼, 독재 친화적

② **확증편향(確證偏向)**
검찰의 목적 실현을 위하여 원하는 정보만 선택적으로 모으는 편향된 방법을 동원하고, 침략전쟁, 식민지 탄압과 수탈을 성전(聖戰), 대동아공영권(大東亞共榮圈) 실현이라고 주장함

③ **아바타(Avatar)적 경찰 지배**
검경 간 일심동체(一心同體), 혼연일체(渾然一體) 강조, 경찰을 검사에 대한 복종, 보좌, 보고의무 수행자로 규정, 검사 중심 일원적 수사체제 수립 강조, 내사 착수부터 검사에게 보고 및 검사의 수사 명령 준수 여부를 사법경찰관의 성적 표준으로 삼도록 지시, 경찰의 실패는 검찰의 실패임을 강조하는 등 경찰을 검사의 아바타로 활용

④ **주구(走狗)적 경찰 지배**
경찰의 형사사법 탄압 실적 칭송하며 경비견, 사냥견으로서 임무를 부여하고 앞다투어 충성하도록 지속적으로 격려

⑤ **경찰에 대한 책임 전가**
경찰의 고문 수사로 인한 실적을 검찰의 실적으로 삼으면서 경찰에게 고문 근절을 외침, 검찰은 정의롭게 잘하려 하나 경찰이 잘 따라 주지 않는 것인 양 경찰을 지도, 훈육하며 책임을 모두 경찰에게 전가

⑥ **독립운동에 대한 망동(妄動) 몰이, 표적(標的) 수사**

오로지 민족독립을 위하여 일어난 3. 1운동, 여러 사상운동, 노동운동, 사회운동, 종교운동, 학생운동 모두를 집중 표적 삼아 이를 망동, 망거, 불령, 불온, 과격, 용공 몰이를 하며 사찰, 검거, 진압, 박멸, 삼제(芟除) 하도록 강력히 지도, 훈육

⑦ **위선과 궤변**

조선인을 불령선인(不逞鮮人), 인문 미개, 특유의 뇌동성, 잔학성을 지녔고, 온건 사상이 결핍되었고, 걸핏하면 시비를 따지는 민족으로 멸시하고, 차별하면서 내선일체(內鮮一體)를 강조하고 조선의 정의를 말함

⑧ **무결점, 선민(選民)주의**

검찰은 경찰과 달리 고문, 가혹 행위도 없고, 식민지 조선의 정의와 조선인의 재산과 명예를 위하여 직무를 수행하고, 정의구현을 위한 최고의 관청, 관직인 것처럼 발언하는 등 천상천하 검찰, 검사 독존적 선민(選民), 특권, 권위의식을 보임

⑨ **명령(시행령) 정치의 화신**

검찰은 식민지 조선의 입법, 행정, 사법 삼권을 모두 거머쥔 조선총독이 일제의 목적 실현을 위하여 공포한 명령을 받들어 경찰을 앞세워 조선인 탄압과 수탈에 선봉 역할을 함

⑩ **일제 부역 친일파 칭송**

일제의 목적 실현에 앞다투어 부역하고자 부읍면(府邑面) 의원선거, 면(面) 협의회 회원, 학교평의회원, 도회(道會) 의원 등 각종 선거에 출마한 친일파에 대하여 "일반 민중의 정치사상이 문화의 진전에 따라서 현저히 향상되어 선거에 대한 관심이 매우 높아진 때문"[81]이라고 발언하거나 "지방 유력자(有力者)가 시국을 능히 인식하여 제국의 국책에 참되이 협력하

---

81 『훈시통첩유찬』 서적 175쪽 1~3행(제3장 번역 참조)

고 민중의 지도자로 될 수 있는 인물을 선출되게 하는 것"[82]이라고 칭송하고, 사상범으로 분류되던 이들이 전향하여 '시국대응사상보국연맹(時局對應思想報國聯盟)' 결성에 참여한 것에 대하여 "실천 운동으로서 결실을 계속 거두고 있는 것을 시작으로 종교계 언론계 함께 다른 사회 각층에 걸쳐 현저히 사상의 호전을 보였다."[83]라고 칭송

⑪ **선택적 정의**

「검사장」들이 수시로 입에 담으며 추구하는 조선의 '정의'는 오로지 일제와 검찰의 목적 실현을 위한 선택적 정의임

---

82   『훈시통첩유찬』 서적 208쪽 4~6행(〃)
83   『훈시통첩유찬』 서적 193쪽 1~5행(〃)

제3장

경찰부장에 대한
고등법원검사장 훈시 원문 및 번역

第一部 第二類

一 警察部長ニ對スル中村高等法院檢事長訓示（大正十年四月二十九日）

茲ニ警察部長各位ノ會同席ニ臨ミ平素ノ所信ノ一端ヲ述ヘ兼ネテ司法警察事務ニ關シ注意スヘキ事項ヲ開陳スルノ機會ヲ得タルハ本職ノ欣幸トスル所ナリ

一昨年春以來ノ妄動ハ一時ハ何時終熄スヘキヤ殆ト豫測ニ苦マシメタルモ案外速ニ鎭定シ今日ハ其ノ鎭壓上一段落ヲ告クルノ時期ニ達シタリト謂フヘシ實ニ國家ノ爲慶賀セサルヲ得タルハ外ナラス思惟ス今回ノ成績ハ實ニ警察官ノ一大成功ト稱セサルヲ得ス唯局外者ノ感想ハ區々ニシテ或ハ當局ノ感想ト之ヲ同フスルモノアリト雖或ハ又危險思想ノ根絶ナキ限リハ治安ノ恢復ナシト主張スルモノアリ此ノ後ノ感想ニ對シ批判ヲ試ムルハ必スシモ不必要ト思惟セサルヲ以テ自分ハ自分ノ立場ト

第一部 第二類 警察部長ニ對スル高等法院檢事長訓示

一一三

(113쪽)

제1부 제2류[84]

1. 경찰부장[85]에 대한 中村 고등법원검사장 훈시
(1921년 4월 29일)

경찰부장 여러분의 회동석(會同席)에 임하여 평소 소신의 일단을 말할 겸 사법경찰사무에 관하여 주의할 사항을 개진할 기회를 가져 다행이고 기쁘게 여기는 바임.

재작년 봄 이래 망동(妄動)[86]은 한때 언제 종식할지 거의 예측하기 어려웠으나 의외로 빨리 진정이 되어 오늘 그 진압(鎭壓)의 일단을 알릴 시기에 도달[87]하였다고 말할 수 있어 실로 국가를 위하여 경하하지 않을 수 없음. 이는 **첫째 경찰관이 열성으로 직무에 매진하고 다대(多大)한 희생을 치름과 여러분이 지도, 지휘를 적절**히 하여 얻은 결과에 다름 아니라고 생각함. 이번 성적은 실로 경찰관의 일대 성공이라고 말하지 않을 수 없고 다만 이와 관계없는 사람의 감상(感想)은 구구(區區)하거나 당국(當局)의 감상과 같을지라도 혹은 또 위험사상의 근절 없는 한 치안의 회복은 없다고 주장하는 사람 있어 이후의 감상에 대한 비판을 시도함이 불필요하다고 생각하지 않기에 나는 나의 입장으로서

---

84 제1부 1류: 검사국 감독관에 대한 고등법원검사장 훈시(20회)
    제1부 2류: 경찰부장에 대한 고등법원검사장 훈시(21회) ※본 서적 게재
    제1부 3류: 검사국 감독관에 대한 고등법원검사 주의 사항(16회)
85 각 도(道) 경찰 수장
86 1919년 3·1운동과 이후 국내외 독립운동
87 3·1운동 이후 독립운동 진압에 총 2년 2개월여가 소요되었음을 알 수 있음

第一部　第二項　警察部長ニ對スル高等法院檢事長訓示

シテ刑事政策ノ見地ヨリ之ヲ論評セント欲ス夫レ刑事政策ハ犯罪者及其ノ他一般不良者ノ惡性即反社會性ヲ矯正シ惡意ヲ根絶セシムルヲ以テ其ノ究極ノ目的トセラルヽ各國ノ實驗ニ依リテ現時ノ刑事制度及刑事施設ヲ以テ其ノ目的ヲ遺憾ナク達成スルコトハ頗ル難事トスル所ニシテ之ニ依リテ確實ニ達成シ得ル程度ハ犯罪者及其ノ不良者ヲシテ反社會性ノ根絶如何ハ暫ク措キ能ク其ノ惡性ノ發揮ヲ抑制シ容易ニ反社會的行動ニ出テシメサルノ效果ヲ擧クルニ止マルニ故ニ折ニ觸レ機ニ乘シ犯罪再發シ斯クテ社會全體ノ上ニ常ニ犯罪繰返ヘサルルコトアリトスルモ不斷ニ之ヲ鎭壓シ其ノ暴威ヲ逞フスルコト能ハサラシメハ以テ治安ニ缺陷アルモノト謂フテ可ナラン故ニ若シ假リニ之ヲ以テ治安ニ缺陷アルモノトセンカ何レノ社會モ皆紊亂セルモノト謂ハサルヲ得ス其ノ妄タルヤ辯ヲ要セス故ニ今假ニ朝鮮ニ危險思想根絶セストスルコトハ妄擧ヲナスモノ殆ト絶滅ニ近キタル今日ヲ以テ社會平定セストノ評スルハ酷ニシテ其ノ當ラサルコトハ萬萬ナリ尤モ新思潮トシテ刑事政策ハ敎化主義ニ改メ威嚇主義ヲ捨テヽ敎化主義ヲ取ラサルヘカラストスルモノアレトモ此ノ如キハ純然タル理想ニ屬シ之ヲ實現セル根本的ニ改造スルニ非サレハ社會ノ平和ハ完全無缺ナラストシ刑事政策ハ敎化主義ニ改メ威嚇主義ヲ根本的ニ改造スルニ非サレハ社會ノ平和ハ完全無缺ナラストシ刑事政策ハ敎化主義ニ改メ威嚇主義ナレハ朝鮮ノ現狀ヲ以テ社會ノ治安ハ十分ニ維持セラレタルモノト斷言シテ憚ラサルト同時ニ此ノ狀態ヲ招來セラレタル警察官憲ニ對シ其ノ成功ヲ祝セサルヲ得サルナリ然リ而シテ危險思想根絕如何ノ論ヲ外ニシテ國境外ニ何不逞鮮人ノ餘喘ヲ保ツアリ而シテ朝鮮ノ人文尙未タ開ケス時勢ヲ解スルモ

一二四

(114쪽)

 형사정책의 견지로부터 이를 논평하고 싶음. 대체로 형사정책은 범죄자 및 기타 일반 불량자의 악성 즉 반사회성을 교정하여 악의를 근절시킴을 그 궁극의 목적으로 함에도 불구하고 각국의 실험에 의하면 현재의 형사제도 및 형사시설로써 그 목적을 유감없이 달성하는 것은 매우 어려운 일이라면서 이에 의하여 확실히 달성할 수 있는 정도는 범죄자 및 기타 불량자로 하여금 반사회성 근절 여부는 일단 차치하고 능히 그 악성의 발휘를 억제하여 쉽게 반사회적 행동으로 나가지 않게 하는 효과를 거두는 것에 머문다고 말할 수 있고, 기회를 틈타 범죄 재발하며 사회 전체상 늘 범죄 되풀이되는 일 있다고 해도 부단히 이를 진압하여 그 폭위(暴威)를 부리지 못하게 한다면 치안에 결함 있는 것으로 여길 것이 아님. 만일 가령 이로써 치안에 결함이 있는 것이라고 하면 어느 사회도 모두 문란한 것이라고 말하지 않을 수 없음. 그 분별 없는 논쟁을 필요로 하지 않으므로 지금 만일 조선에 위험사상 근절하지 않았다 함도 망거(妄擧)를 하는 자 거의 절멸에 가까운 지금 이로써 사회 평정하지 않았다고 평가함은 가혹하면서 타당하지 않은 것이라고 함이 간절하고, 가장 신사조(新思潮)로서 불량자의 반사회성을 근본적으로 개조함이 아니라면 사회의 평화는 완전무결하지 않는다고 하며, 형사정책은 위혁주의(威嚇主義)를 버리고 교화주의(敎化主義)를 취하지 않으면 안 된다고 하는 자가 있으나 이는 순연(純然)한 이상에 속하고 이를 실현하는 사회 거의 없으므로 조선의 경찰 관헌에 대하여 지금 이상의 성적을 요망함은 불능한 일을 강요하는 까닭이 되므로 조선의 현상으로 사회의 치안은 충분히 유지되고 있는 것이라고 단언해도 거리끼지 않고, 동시에 이 상태를 초래한 **경찰 관헌에 대하여 그 성공을 축하**하지 않을 수 없는 것은 당연하므로 위험 사상 근절 여부는 논외로 하고, 국경 밖에는 한층 불령선인(不逞鮮人)[88]이 목숨을 부지하고 있으므로 조선의 인문 여전히 아직 열리지 않은 시세를 이해하지 못한

---

88 일제에 불복종 조선인을 총칭하여 불온, 불량한 사람이라고 비하한 용어

ノ少ナク動モスレハ他ノ煽動ニ乗セラレ易キヲ以テ未タ遽ニ警戒心ヲ解クヘキニアラス故ニ警察官憲ニ於テ不斷ノ警戒ヲ爲スニ非サレハ治安ヲ保全スル能ハス各位ハ今後ニ於テモ猶常ニ這邊ノ消息ヲ察シ警戒ニ犯罪檢舉ニ充分ニ留意セラレンコトヲ切望ス
普通犯ノ檢舉ニ付テハ昨年ニ優リ本年ハ亦昨年ニ優ルノ傾向ニ在リト雖之ヲ以テ妄動事件發生以前ノ成績ニ比スレハ遜色アルヲ免レス此ノ一ニハ妄動事件ノ爲警察力ノ大部分ヲ之ニ減セラレタルニ原因スヘシト雖此ノ狀態ヲ永續スルトキハ社會ノ安定ヲ缺クコト甚大ナルモノアルヲ以テ從來ヨリ一層ノ努力ヲ希望セサルヲ得ス因ニ微罪不檢舉ニ付一言セン微罪不檢舉ハ其ノ用語ノ適當ナラサルヲ以テ下級警察官中或ハ之ヲ誤解シテ微罪ハ初メヨリ不問ニ付スルモ差支ナシトスルモノナキニ非サルカ如シト雖其ト眞義ハ否ラス犯罪ハ如何ニ輕微ノモノト雖必スシモ之ヲ檢舉シテ犯人ノ性格不良ナラサル限リハ之ヲ訓戒放免ニ付シ又ハ之ヲ起訴猶豫ニ付スルノ外ナラス謂ハ之ヲ訓戒放擧ト云フニ換ヘ之ヲ言ヘハ微罪ナリ蓋シ刑政ノ威力ハ質ニ如何ナル犯罪モ發覺セラレサルモノアリトセンカ不良ノ徒ノ僥倖心ヲ唆リ犯罪増加ノ大原因トナルヤ言ヲ俟タス故ニ微罪檢舉ハ一日モ忽ニスヘカラサル重要ノ事項ニ屬ス仍テ各位ハ微罪檢舉ニ關シ十分ニ部下ヲ督勵セラレンコトヲ希望ス

第一部 第二類 幹務部長ニ對スル高等法院檢事長訓示

(115쪽)

자 적지 않아 자칫하면 다른 선동에 편승하기 쉬워서 아직 갑자기 경계심을 풀어서는 안 되기에 경찰 관헌은 부단(不斷)의 경계를 하지 않으면 치안을 보존할 수 없음. 여러분은 앞으로도 여전히 언제나 저변(這邊)의 소식을 살피고 경계하여 범죄 검거에 충분히 유의하기를 간절히 바람.

보통범의 검거에 대하여는 망동 사건의 진압에 대한 것과 같은 찬사를 보낼 수 없음은 유감임. 물론 작년의 검거 성적은 재작년보다 나았고 올해 역시 작년보다 나아지는 경향에 있더라도 그 망동 사건 발생 이전의 성적에 비하면 손색이 있음을 피할 수 없고 이 첫째는 망동 사건 때문에 경찰력의 대부분을 이에 투입한 것이 원인일지라도 이 상태를 영속할 때는 사회의 안정을 결할 것이 심대해질 것으로 망동이 진정된 오늘 경찰력에 얼마간 여력이 생겼을 것이므로 보통범의 진정에 대하여 특히 종래보다 한층 노력을 희망하지 않을 수 없음. 덧붙여 미죄(微罪) 불검거에 대하여 한마디 하면 그 용어는 적당하지 않고 하급경찰관 중 혹 이를 오해하여 미죄는 처음부터 불문에 부쳐도 지장이 없다고 하는 자 없지 않은 것 같은데 그 진의는 그렇지 않아서 범죄는 아무리 경죄(輕罪)라도 반드시 검거한 다음 범인의 성격 불량하지 않은 한 그를 훈계방면에 붙이거나 그를 기소유예에 붙인다는 것을 말하는 것이고, 처음부터 검거에 이르지 못함을 이르는 것이 아님. 미죄 불검거는 바꾸어 말하면 미죄는 검거되고 생각건대 형정(刑政)의 위력은 실로 어떠한 범죄도 발각되지 않는 자 없는 것을 이르는 것에 있음. 만일 범죄이면서 발각되지 않는 자가 있다고 하면 불량한 무리의 요행심(僥倖心)을 부추겨 범죄 증가의 일대 원인이 됨은 말할 나위 없으므로 미죄 검거는 하루도 소홀히 할 수 없는 중요한 사항에 속하므로 여러분은 미죄 검거에 관하여 충분히 부하를 독려할 것을 희망함.

第一部　第二題　警察部長ニ對スル高等法院檢事長訓示

拷問ハ一時ニ比シ近來大ニ減少シタリ是レ主トシテ各位ノ部下ノ指導其ノ宜シキヲ得タル結果ニ外ナラス雖尚未タ全ク其ノ跡ヲ絶タサルヲ遺憾トス惟フニ警察官中罪證ヲ蒐ムルハ犯人ノ自白ヲ徵スルヨリ簡便ナル方法ナク又威喝若ハ暴力ヲ以テスルニ非サレハ實ノ告ケサル者朝鮮人ヨリ甚タシキモノナシトシ拷問ヲ以テ罪證蒐集ノ最捷徑ノ方法ナリト爲シ拷問ノ利ヲ以テシテハ到底償フコト能ハサル底ノ大弊害ノ生スルニ想到セサルニ因ルモノノ如シ夫レ拷問ノ弊ハ外國人ノ排日思想宣傳ニ好辭柄ヲ與ヘ不逞鮮人ノ獨立運動ニ好餌ヲ供シ又良民ニ總督政治ヲ呪ハシメ諸般ノ行政ニ支障ヲ生セシムルコトハ各位ノ既ニ知悉セラルル所ナルノミナラス裁判上實ニ寒心スヘキ惡影響ヲ生スルモノナリ凡ソ刑事事件ノ證據資料トシテ最多キヲ占ムルモノハ警察官ノ調書ナリ然ルニ今其ノ調書ニシテ拷問ノ餘ニ出テタルモノトセンカ證據ハ大半之ヲ喪失シタルモノトシテ被告ハ無罪ヲ言渡サルルカ又ハ少クトモ證據薄弱ノ故ヲ以テ適當ノ刑ヨリ著シク輕キ刑ニ處セラルルノ弊ヲ生スシテ實際ニ於テハ此ノ如キ例證ニ乏シカラス加之所謂一事ガ萬事ノ例ニ漏レス其ノ處ニ拷問ノ形跡明瞭ナル事件ノミナラス他ノ一般ノ事件迄モ拷問ノ嫌疑加ハリテ裁判官ノ心證ヲ害スルコト少カラス斯クシテ奸嬌ノ徒ヲシテ法網ヨリ逸セシメ刑政上實ニ寒心スヘキ結果ヲ生スヘシ夫レ刑事政策ニ於テハ斯刑ノ適切ナランヨリハ犯罪檢擧ノ遺漏ナキヲ重シトシ犯罪ノ檢擧ヨリハ罪證ノ確實ナルコトヲ重シトス卽刑事政策ハ罪證ノ確實ヲ期スルヲ以テ其ノ第一位ニ置ケリ拷問ノ爲スヘカラサル更ニ辭說ヲ要セサルヘシ各位ハ部下ニ對シ此ノ趣旨ヲ闡明シ拷問ノ根絶ヲ期セラルヘシ

一一六

(116쪽)

고문은 이전에 비교하여 근래 많이 감소하였고 이는 주로 여러분이 부하를 잘 지도하여 얻은 결과이나 아직 끊이지 않음은 유감임. 염려스럽게도 경찰관 중 **죄증을 수집함은 범인의 자백을 받아 내는 것보다 간편한 방법이 없**고 또 큰소리로 위협하고 혹은 폭력으로써 하지 않으면 진실을 말하지 않는 자 조선인보다 심한 자 없다 하여 고문으로써 죄증 수집의 최첩경(最捷徑)의 방법이 된다고 하여 고문의 이로움을 가지고서는 도저히 보상받을 수 없는 저변의 큰 폐해가 일어나는 생각에 이르지 못함으로 인하여 **고문의 폐(弊)**는 외국인의 배일사상 선전에 호재를 부여하여 불령선인의 **독립운동에 좋은 미끼를 제공**하고 또한 양민에게 총독 정치를 저주하게 하여 제반의 행정에 지장을 낳게 하는 것임은 여러분이 이미 다 아는 바일 뿐만 아니라 재판상 실로 한심한 악영향을 낳는 것이 되고, 무릇 형사사건의 증거자료로서 가장 많이 차지하고 있는 것은 경찰관의 조서임. 그렇지만 지금 그 조서로써 고문한 나머지 나온 것이라고 하면 증거는 태반 이를 상실한 것이라고 말하지 않을 수 없음. 그 결과로써 피고는 무죄를 언도(言渡)받거나 적어도 죄증 박약한 이유로 적당한 형보다 현저히 가벼운 형에 처하는 폐단에 이르는바 단지 고문의 형적(形跡) 명료한 사건만이 아니라 다른 일반의 사건까지도 고문의 혐의가 더해져 재판관의 심증을 해치는 일이 적지 않음. 이래서는 간사하고 음흉한 무리가 법망에서 벗어나도록 하여 형정상(刑政上) 실로 한심한 결과를 낳는 것임. 형사정책에서는 과형의 적절보다는 범죄 검거의 실수 없음을 중요시하고 범죄 검거의 실수가 없기보다 죄증(罪證)을 확실히 하는 것이 중요함. 즉 형사정책은 죄증의 확실을 기하는 것으로서 그 제1위에 두어 고문을 하지 말아야 함은 재차 자세한 설명이 필요하지 않음. 여러분은 부하에 대하여 이러한 취지를 천명하여 **고문의 근절을 기하여야 함.**

司法官ハ一ニ法令ニ依リテ行動シ一般行政官ニ比シ自由裁量ノ範圍極メテ狹少ナリト雖近時ハ法令ノ運用ニ關シ其ノ形式的解釋ノ旺盛ナリシ時代ヲ脫シ從ニ形式論ニ捉ハルルコトナク努メテ時勢ニ順應セントスルノ時代ニ達セリ殊ニ刑事ニ關シテハ刑事政策ニ依據シテ行動スルコトトナリ自由裁量ノ範圍舊時ニ比シ著シク擴張セラレタリ故ニ徒ニ法規ノ末ニ拘泥シテ時勢ニ適セサルカ如キ處置ヲ執ルハ檢事ノ努メテ避ケントスル處ナリ此ノ意味ヲ以テ檢事ハ政治上經濟上社會上ノ現狀ヲ察スルノ必要アルコトハ無論ニシテ其ノ一般ニ涉ルモノハ兎ニ角特殊ノモノニシテ警察官ノ通報ニ俟タサレハ知ルヘカラサルモノノ如キ是非トモ事件送致ニ當リ都度腹藏ナク檢事ニ通報セラルヘシ否ラサレハ檢事ノ處分事情ニ適セス時ニ施政ノ大方針ニ觝觸ス來スノ俱ナシトセス故ニ警察官ハ司法警察事務ニ付テハ檢事ト一心同體トナリテ其ノ間ニ何等藏ス所ナク又何等飾ル所ナク一切ノ事情ヲ打明ケチ檢察處分ニ誤ヲ招來セシメサル樣部下ニ注意ヲ與ヘラレンコトヲ望ム

二 憲兵隊長ニ對スル中村高等法院檢事長訓示 （大正十年五月二十七日）

本日憲兵隊長各位ノ會同ニ臨ミ御挨拶旁事務ニ關シ聊注意事項ヲ開陳スルノ機會ヲ得タルハ欣幸ニ堪ヘサルナリ然シ普通警察事務ハ大體ニ於テ警察官ニ譲ラレ居ルコトト承知セルヲ以テ此ニ語ルヘキ多クヲ有セス幸ニ諒セラレタシ

却說妄動事犯ハ一昨年春勃發シテ以來漸ク狙獗トナリ一時ハ何時終熄ヲ告クルヤ殆ト豫測ノ外ニ在リ

(117)

사법관은 첫째 법령에 따라 행동하고 일반 행정관에 비하여 자유재량의 범위 극히 협소하더라도 최근에는 법령의 운용에 관하여 그 형식적 해석이 왕성하여 시대를 벗어나 헛되이 형식론에 얽매이지 않고 노력하여 시세에 순응하려는 시대에 달하여 특히 형사에 관하여는 형사정책에 의거하여 행동하는 것으로 되고 자유재량의 범위 구시대에 비하여 현저히 확장되므로 헛되이 법규의 말단에 구애되어 시세에 맞지 않는 처치에 집착함은 검사의 노력으로 피하도록 하는 의미로써 **검사는 정치상 경제상 사회상의 현상을 살펴** 필요한 것은 물론이면서 그 일반보통에 걸친 것은 어쨌든 특수한 것으로서 경찰관의 통보에 기대하지 않으면 알 수 없는 것이므로 반드시 사건송치에 임할 때마다 감추지 말고 검사에게 통보하여야 함. 그렇지 않으면 검사의 처분이 사정에 맞지 않아 때때로 시정의 대방침(大方針)에 저촉을 초래할 우려가 없지 않으므로 **경찰관은 사법경찰사무에 대하여는 검사와 일심동체(一心同體)가 되어 그 사이 아무런 감추는 바 없이, 아무런 꾸밈이 없이 일체의 사정을 숨김없이 말하여 검찰 처분에 오류를 초래하지 않도록 부하에게 주의 주기를 바람.**

2. 헌병대장에 대한 中村 고등법원검사장 훈시
(1921년 5월 27일)

오늘 헌병대장 여러분의 회동에 임하여 인사도 드리고 사무에 관하여 주의사항을 개진할 기회를 얻어 다행이고 기쁘기 그지없음. 그러나 보통 경찰 사무는 대체로 경찰관에게 양보[89]하는 것으로 알고 있으므로 말할 것이 많지 않아 다행이라는 생각임.

망동 사범은 재작년 봄 발발(勃發)한 이래 점차 창궐하여 한때는 언제 종식을 고할지 거의 예측 밖에 있었으나

---

89 '헌병경찰제'를 '보통경찰제'로 변경, 1919년 8월 19일 칙령 제387호로 '조선총독부경찰관서관제 폐지' 공포(8월 20일 자 조선총독부 관보 제2113호)

第一部　第二類　憲兵隊長ニ對スル高等法院檢事長訓示

シモ各位ノ之カ鎭壓ニ盡瘁セラレタル結果警察官軍隊司法官等ノ努力ト相俟ッテ早クモ今日ハ鎭定ノ域ニ達シ社會ノ治安ハ恢復セラレタリ誠ニ國家ノ爲慶賀ニ堪ヘサルナリ殊ニ此ノ場合治安警察ノ期スル所ハ民衆ヲシテ累ネテ妄擧ヲ敢テスルコト能ハサラシムルニ在リ必シモ不逞思想ヲ來サシメントスルモノニ在ラサリシニ拘ラス今囘ノ鎭壓ハ所期以上ノ效果ヲ奏シタリ卽チ之ニ因リテ一般民衆ハ朝鮮ノ獨立ノ不可能ナルコトヲ覺リ獨立思想ハ此ノ覺醒ト一面現政治ニ因リテ漸ク朝鮮人モ內地人ト共存共榮ノ望ミアルコトヲ認メタルコトト相俟ッテ著シク緩和セラレ此ノ治安上一新紀元ヲ劃シタルノミナラス思想上前途ニ光明ヲ與ヘタルモノト謂フ可シ此レ自分カ此ニ各位ニ對シ贊辭ヲ呈スル所以ナリ然リ而シテ朝鮮内ノ妄動ハ終熄シタリトスルモ國外ハ尙不逞ノ徒餘喘ヲ保チ依然蠢動ヲ繼續シ又朝鮮內ト雖人文未タ開ケス良民モ動モスレハ不逞輩ノ爲煽動セラレ易シ故ニ警備警戒ハ一日モ緩フスヘカラサルモノアリ各位ハ尙不斷ノ努力ヲ以テ職務ニ盡瘁セラレンコトヲ望ム
次ニ妄動事犯ノ檢擧及處分ニ關シ今後ノ方針ヲ一言センニ從前妄動事犯ノ頻繁ニ續發シタル際ハ一般民衆ヲ威嚇シテ其ノ不逞思想ノ發揮ヲ抑壓スル必要アリ苟モ妄動ニ參加シタルモノハ犯情ノ輕重ヲ論セス悉ク檢擧シ嚴重ノ處分ヲ行ヒ以テ今日ノ鎭定ヲ招來セシカ今日ハ妄動事犯モ終熄ニ近ツキ民心亦平穩ニ歸シタルヲ以テ其ノ檢擧處分ニ付他威ノ必要ハ頗ル其ノ程度ヲ減シ又一面ハ民心ノ安定治安ノ維持ヲ益促進スルノ必要アレハ今後此ノ形勢ニ順應シ從來ノ方針ニ多少ノ加減ヲ行ハサルヘカラス

(118쪽)

여러분이 맡은바 **진압에 진력**한 결과 **경찰관, 군대, 사법관 등의 노력과 협조로 빠르게도 지금은 진압**하여 진정의 역(域)에 달하고 사회의 치안은 회복되어 실로 국가를 위해 경하해 마지않으며 특히 이 경우 치안경찰이 도모할 바는 민중이 거듭하여 망거(妄擧)를 감행하지 못하게 함에 있고 반드시 **불령사상**의 소장(消長)을 불러오려고 한 것은 아니었음에도 이번의 진압은 기대 이상의 효과를 완수하고 있는즉 이로 인하여 **일반 민중은 조선의 독립이 불가능함을 깨닫고 독립사상은 이 각성과 일면(一面) 현 정치에 의하여 점차 조선인도 내지인(內地人)[90]과 공존공영을 바라는 것을 인정하여 서로 어울려서 현저히 완화되어 이에 정치상 하나의 신기원을 도모**하였을 뿐만 아니라 사상상(思想上)에도 일대 변화를 낳고 있고 즉 여러분의 노력은 조선의 치안을 회복하였을 뿐만 아니라 실로 조선 통치상 전도에 광명을 부여하는 것이라고 말할 수 있어 본직은 **여러분에 대하여 찬사를 보내는 바**이고 그리하여 조선 내의 망동(妄動)은 종식했다 해도 **국외는 오히려 불령(不逞)의 무리가 목숨을 부지하여 의연히 준동을 계속**[91]하고 또한, 조선 내라도 인문 아직 열리지 않은 양민(良民)이 자칫하면 불령 무리 때문에 선동되기 쉬워서 경비 경계는 하루라도 완화할 수 없으니 여러분은 한층 더 부단한 노력으로써 직무에 진력하기 바람.

다음으로 망동 사범의 검거 및 처분에 관하여 앞으로의 방침을 한마디 하면 종전 망동 사범이 빈번하게 연발한 때는 일반 민중을 위혁하고 그 불령사상의 발휘를 억압할 필요 있어 적어도 망동에 참가한 자는 범정(犯情)의 경중을 논하지 말고 모두 검거하여 엄정히 처분함으로써 오늘의 진정을 초래했으나 오늘날 망동 사범도 종식에 가까워 민심 역시 평온하게 돌아오므로 그 검거 처분에 대하여 달리 경계의 필요는 매우 그 정도가 줄고 또 일면에는 민심의 안정, 치안의 유지를 더욱 촉진할 필요 있으면 앞으로 이 형세에 순응하여 종래의 방침을 다소 가감하지 않을 수 없음.

---

90 일본인
91 1919년 4월 11일 상해임시정부 수립 등 국외에서 지속되고 있는 독립운동

三　警察部長ニ對スル中村高等法院檢事長訓示　（大正十一年五月十二日）

今囘各位ノ會同ヲ機トシ玆ニ司法警察事務ニ關シ聊所懷ヲ述フルコトヲ得タルハ本職ノ欣幸トスル所テアリマス

一　大正十年中ニ於ケル司法警察事務ノ成績ニ付テ述ヘマスカ檢事局受付件數大正九年五萬八千八百二十八件ニシテ昨年ハ一比較シ八千六百四十件ノ増加ヲ來シ之カ増加率ハ一割四步八厘テアリマス檢事局受付事件ノ大多數ハ警察官憲ノ送致ニ係ルモノテスカラ檢事局受付件數ノ増加ニ外ナラナイノテ倘其ノ増加ノ主ナルモノハ政治犯ニアラスシテ普通犯罪ナルノ點カラ觀察シマスレハ獨立運動減少ノ結果其ノ取締上ヨリ生ス餘力ヲ以テ一意普通犯罪ノ檢舉ニ力ヲ致サレタル爲此ノ如キ増加ヲ見ルニ至ッタノテアルト信シマス社會ノ安固ハ一昨年ニ比シ夫レ丈ケ多タ確保セラレタル譯テアッテ洵ニ國家ノ爲同慶ニ堪

故ニ例ヘハ妄動事件ニシテ殺人強盜放火爆彈投下兵器蒐集等ノ如キ重大ナル犯罪ヲ交ヘサル限ハ若之ヲ檢舉處分セントスレハ却テ一地方ノ一般民衆ノ恐慌ヲ惹起スル場合又ハ一地方ノ安定ニ影響ナシトスルモ舊キ事犯ニ付官憲ノ執拗ナル追及ヲ受ケ爲ニ犯人ヲシテ歸服ノ機會ヲ得サラシムル場合ノ如キハ檢舉ノ爲ササルヘカラサルモ處分トシテハ訓誡放免ニ付スルモ可ナリ唯言フ迄モナク重要ナル案件ニ付テハ檢事ト協議シ相當措置ヲ採ラルヘシ

(119쪽)

따라서 예를 들면 망동 사건이면서 살인, 강도, 방화, 폭탄 투하, 병기 수집 등과 같은 중대한 범죄를 동반하지 않는 한 만약 이를 검거 처분하려고 하면 오히려 한 지방의 일반 민중의 공황을 야기(惹起)하는 경우 혹은 한 지방의 안정에 영향이 없어도 옛 사범에 대하여 관헌의 집요한 추궁을 받은 때문에 범인이 귀순하여 항복할 기회를 얻지 못하게 하는 경우처럼 검거는 할 수 없었음에도 처분으로서는 훈계 방면에 붙임도 가능하고 다만 말할 나위 없이 **중요한 안건에 관하여서는 검사와 협의하여 상당한 조치를 취해야 함.**

3. 경찰부장에 대한 中村 고등법원검사장 훈시 (1922년 5월 12일)

이번 여러분의 회동을 기하여 사법경찰사무에 관하여 **잠시 소회를 말할** 수 있게 되어 본직은 다행이고 기쁘게 여기는 바입니다.

1. **1921년도 사법경찰사무의 성적**에 대하여 말하자면 **검사국 접수 건수는 1920년 58,080건, 1921년 66,728건으로 작년은 재작년에 비하면 8,640건이 증가하여 14.8%의 증가율**을 보였습니다. **검사국 접수 사건의 대다수는 경찰 관헌의 송치**에 의한 것으로 검사국 접수 건수의 증가는 경찰서 송치사건의 증가에서 벗어나지 않고 역시 그 증가의 주요 부분은 정치범이 아닌 보통 범죄인 점에서 관찰한다면 독립운동 감소의 결과 그 단속상으로부터 생긴 여력으로서 오로지 보통 범죄의 검거에 힘을 쏟아 이러한 증가를 보기에 이르렀다고 믿습니다. 사회의 탄탄함은 재작년에 비하면 그 정도 많이 확보한 것으로서 당연히 함께 국가를 위해 기쁘기 그지

第一部　第二類　警察部長ニ對スル高等法院檢事長訓示

ヘサルト同時ニ各位ハ無論各位ノ指導ノ下ニ努力セラレタル警察官ノ勞ヲ謝セサルヲ得マセヌ然シ民衆ニ甚深ナル不安ノ念ヲ起サシムヘキ強盜放火ノ如キ重大ナル事犯ノ檢擧セラレサルモノ往々アルノハ尙遺憾トスル所テアリマスカラ此ノ如キ犯罪檢擧ニ付テハ一層各位ノ努力ヲ望ム次第テアリマス又司法警察官中捜査ニ熟練セサルモノノ尠カラサルノ感アリマスカラ是亦十分修熟スル様指導セラレンコトヲ希望シマス

一　刑事々件ノ送致ニ關シ一言述ヘマスカ司法警察官カ不逞ノ徒ヲ檢擧スルニ當リ其ノ反抗ヲ受ケテ射殺ノ已ムナキコトアリ又刑事被告人取扱中被告人カ疾病等ノ爲死亡スルコト往々アリテ何レモ其ノ死亡ニ付テハ司法警察官ニ何等過失ナシト思ハルルモノモ之ヲ警察官限ノ査定ニ放置シ置クカ爲甚タシク世間ノ疑惑ヲ惹起スルコトカ屢アリマス現ニ本年ノ議會ニ於テ問題トナリシモノノ內議會ノ問題トナリテ初メテ檢事ニ於テ其ノ事件ノ發生ヲ知得シタモノカアリマス凡ソ刑事被告人カ司法警察官ノ取扱中ニ死亡シタルトキハ其ノ原因ノ何タルヲ問ハス專案ヲ檢事局ニ送リ檢事ノ判定措置ニ一任スルカ有效テ且公正ノ態度ト思ハレマスニヨッテ爾今此ノ如キ事故發生シタルトキハ速ニ捜査ヲ遂ケ事件ヲ檢事ニ送致シ檢事ノ査定ヲ俟ッコトニ留意セラレンコトヲ望ムノテアリマス

一　捜査復命ニ付テ述ヘマスカ檢事局ノ直受事件ニ付檢事ヨリ警察官ニ捜査ヲ指揮シタル場合之ニ對スル報告甚タシク遲延スル事例頗ル多イノテアリマス凡ソ犯罪ハ速ニ檢擧セラレサレハ刑罰ノ

(120쪽)

없음과 동시에 여러분의 지도하에 노력한 **경찰관의 노고에 감사**하지 않을 수 없습니다. 그러나 민중에 심심(甚深)한 불안의 염(念)을 일으키는 강도, 방화와 같은 중대한 사범이 검거되지 않는 것이 왕왕 있음은 역시 유감스러운 바로 이와 같은 범죄의 검거에 대하여는 한층 여러분의 노력을 희망하는 바입니다. 그 위에 또 **사법경찰관 중 수사에 숙련되지 않는 자 적지 않은 감이 있으므로 이 역시 충분히 숙련되도록 지도**해 주기를 희망합니다.

1. 형사사건의 송치에 관하여 한마디 하겠으나 **사법경찰관이 불령(不逞)의 무리를 검거함에 임하여 반항을 받아 사살을 피할 수 없고 또는 형사피고인 취급 중 피고인이 질병 등으로 사망하는 일이 왕왕 있어** 어느 쪽도 그 사망에 대하여는 사법경찰관에게 아무런 과실이 없다고 생각하더라도 그 경찰관에 한정된 사정으로 방치에 둠으로써 심히 세간의 의혹을 불러일으키는 일이 자주 있습니다. 실제로 올해 의회(議會)에서 문제가 되었던 것 중 의회 문제가 되니 처음으로 검사가 그 사건 발생을 알게 된 일이 있습니다. 무릇 **형사피고인이 사법경찰관의 취급 중에 사망한 때는 그 원인이 무엇인지를 묻지 말고 사안을 검사국에 보내 검사의 판정 조치에 일임**하는 것이 세상의 의혹을 풀기에 유효함과 동시에 공정한 태도라고 생각하므로 이제부터 이와 같은 사고가 발생한 때는 속히 수사를 수행하여 사건을 검사에게 송치하여 검사의 사정(查定)을 기다리도록 유의하기를 바랍니다.

1. 수사 복명(復命)에 대하여 말합니다만 검사국의 직수사건에 대하여 **검사가 경찰관에게 수사를 지휘하는 경우 이에 대하여 보고를 심히 지연하는 사례**가 대단히 많습니다. 무릇 범죄는 신속하게 검거하지 않으면 형벌의

効果ハ大部分削減セラルル所以テアレハ從テ捜査復命ノ速ナランコトヲ要シマス而シテ尚此ノ如キ場合ハ警察署ニ於テ之ヲ新件トシテ處理シ司法警察官ノ成績標準ニ加フルハ差支ナキコトナレハ報告ノ遲延セサル樣督勵セラレンコトヲ望ムノテアリマス

一　下級警察官ノ修養ニ付テ述ヘマスカ警察官ノ統計ニ依ルニ警察官ノ瀆職罪ハ其ノ數昨年ニ比シ増加シテ居リマス此ノ増加ハ警察官ノ増員ニ伴フモノテアッテ必スシモ其ノ率ハ増加シタルモノニ非スト認メラルルモ此ノ現象ハ下級警察官ノ風紀ノ改マラサルノ證左ト觀ルノ外アリマセヌ凡ソ此ノ風紀ノ匡正ハ獨リ刑罰ノミニ依ルヘキテアリマセヌノテ亦精神修養ト相俟ッヘキ事テアリマス從來ノ事例ニ付觀ルニ下級警察官ハ職務ノ內外ニ論ナク民衆カ暴言ヲ吐キ或ハ傲慢不遜ノ態度ニ出テ又或ハ多少ノ暴行ヲ爲シタリトテ直ニ憤怒シテ毆打シ傷害ヲ加ヘタルモノカ頗ルクアリマスヲ如何ニモ寬宏ノ度量ニ乏シキ感カアリマス直ニ被告人ノ訊問等ニ付テモ此ノ性癖カ表ハレテ被告力強情ニシテ實ヲ吐カスト疑フトキハ直ニ彼虐ノ行爲ニ及フノ例モ少ナカナイノテアリマス此ノ如キハ性癖ノ然ラシムル所ト云ヘ一面民衆ヲシテ警察官ニ威壓主義ヲ抱ケルモノノ如ク疑ハシメテ民心ニ影響スル所甚大ト思ヒマス故ニ此ノ如キ性癖ハ之ヲ陶冶スルニ御留意ヲ希望スル所テアッテ收賄ニ關シテモ廉直ノ氣風ヲ養フ樣ニ希望スルノテアリマスノ勿論從來トモ各位カ常ニ下級警察官ノ精神修養ニ意ヲ用キ性格ノ矯正ニ努力セラルルコトハ既ニ知諒スル所ナルモ尚一段ノ努力ヲ加ヘラレンコトヲ望ムノテアリマス

第一部　第二篇　警察部長ニ對スル高等法院檢事長訓示

一二一

(121쪽)

효과는 대부분 깎이고 없어지게 되므로 **수사복명(修史復命)을 신속히 하는 것이 필요**합니다. 그리고 더욱이 이 경우 경찰서에서 **이를 신건(新件)으로 입건하여 처리하고 사법경찰관의 성적 표준으로 삼는 것에 지장이 없도록 하고 보고가 지연되지 않도록 독려**하기를 바랍니다.

1. 하급경찰관의 수양에 대하여 말합니다만 통계에 의하면 경찰관의 독직죄는 그 수가 작년은, 재작년에 비하면 증가하고 있습니다. 이 증가는 경찰관의 증가에 따른 것도 있어 반드시 그 비율은 증가한 것이 아니라고 인정하면서도 이 현상은 하급경찰관의 풍기(風紀)를 개선하지 않은 증좌(證左)로 볼 수밖에 없습니다. 무릇 이 풍기를 바로잡아 고침은 오로지 형벌만으로 의할 일이 아니라 역시 정신 수양과 더불어 할 일입니다. 종래의 사례에 대하여 보니 하급경찰관은 직무의 내외를 불문하고 **민중이 폭언을 토하거나 방만 불손의 태도로 나오거나 다소 폭행을 하였다고 하여 바로 분노하여 구타하고 상해를 가하는 것도 적지 않습니다**. 어떻든 너그럽고 큰 도량이 부족한 감이 있습니다. 따라서 피고인의 신문 등에 대하여도 이러한 성벽(性癖)이 나타나 **피고가 고집으로써 사실을 털어놓지 않는다고 의심스러울 때는 바로 능학(凌虐)의 행위에 이르는 예도 적지 않습니다**. 이와 같음은 성벽(性癖)이 그렇게 만드는 바라고는 하나 일면(一面) 민중으로 하여금 경찰관이 위압주의(威壓主義)를 품은 것으로 의심하게 하여 민심에 영향을 미치는 바 심대하다고 생각합니다. 그러므로 이와 같은 성벽은 그 도야(陶冶)에 유의를 희망하는 바로써 수뢰(收賂)에 관하여도 결백하고 정직한 기풍을 기르도록 희망하는 바입니다. 물론 종래에도 여러분이 언제나 하급경찰관의 정신 수양에 뜻을 두고 성격 교정을 위하여 노력하고 있음은 이미 알고 있는 바임에도 한층 노력해 주기를 바라는 바입니다.

第一部 第二類 警察部長ニ対スル高等法院検事長訓示

一 少年犯罪者ノ取扱ニ付テ述ヘマスカ之ニ付テハ過日司法官會議ノ際總督ヨリ訓示セラレタル所ニテ本年帝國議會ヲ通過シタル少年法ハ差當リ朝鮮ニ施行セラレストモ其ノ趣旨ヲ酌ミ取扱フヘキ旨指示セラレタルニ依リテ其ノ取扱ニ付テハ裁判所ニ於テノミナラス司法警察官ニ於テモ此ノ趣旨ヲ遵奉セネハナラヌノテアリマス夫レテ一應同法ノ精神ヲ御話シテ置キタイノテスカ夫レニハ同法ノ由來ヲ申セハマス少年ノ保護制度ハ文明諸國ノ等シク採用スル所テアッテ其ノ起源ハ元少年犯罪者ヲ普通犯罪者ト同一ノ刑罰ニ服セシメマシタカ改善ノ最因難ナル職業的習慣犯ハ年ヲ逐フテ増加スルノミナラス而シテ刑罰ハ少年大部分ハ少年時罪ヲ犯シ刑罰ニ處セラレタルモノナルコト發見セラレ而シテ研究ノ結果ハ刑罰ハ少年者ニハ不適當テアルト云フコトカ明カニナリマシタ蓋少年ハ心身共ニ發達ノ途中ニアリテ未タ事ノ是非善惡ニ付明確ナル理解モナク又意思モ薄弱ナルノカ常テアリマス故ニ其ノ非行ニ付刑罰ヲ加フルモ痛切ニ其ノ非ヲ曉ルト云フニ反省心ニ乏シイノテス反省心カ起ラナケレハ刑罰ノ効果ハ殆ト無イト云フテ宜イノテアリマス故ニ刑罰ハ少年ニ對シテ效果乏シキノミナラス修養ノ大切ナル時期ニ監獄ニ在リテ世ノ擯斥ヲ受クルコトトナルカラ社會不適合性ヲ増進スルノミナラス出獄スレハ刑餘ノ人トシテ不良性ヲ帯ヒテ不良ニ陷リテ出獄スルコトナリマス、ソレテ少年ノ不良性ヲ矯正スルニハ出來得ル限刑罰ヲ避ケ寧ロ保護ヲ加ヘテ善導シ教化スルニ若カスト云フノカ年年保護制度ノ起源ニナッテ居リマス之テ自然少年法ノ根本觀念ハ御釋リノ事ト存シマスカ尙少年

(122쪽)

1. 소년 범죄자의 취급에 관하여 말합니다만 이에 관하여는 지난 사법경찰관 회의 때 총독께서 훈시하신 바로 올해 제국의회(帝國議會)를 통과한 「소년법」은 당분간 조선에 시행되지 않으나 그 취지를 참작하여 취급하도록 지시하셨으므로 그 취급에 대하여는 재판소에서만이 아니라 사법경찰관에 있어서도 이 취지를 따르고 지키지 않으면 안 되는 것입니다. 우선 사법의 정신을 말해 두고 싶습니다만 동법의 유래를 말하면 이해하기 쉽다고 생각합니다. 소년 보호제도는 문명 여러 나라가 한결같이 채용하는 바이고 그 기원은 처음에는 소년 범죄자를 보통 범죄자와 동일의 형벌을 주었습니다만 개선이 가장 곤란한 직업적 습관범(習慣犯)은 해가 갈수록 증가할 뿐만 아니라 그 대부분은 소년 때 죄를 범하여 형벌에 처해졌던 자인 것이 발견되었고, 그리고 연구의 결과는 형벌은 소년에게는 적당치 않다고 하는 것이 판명되었습니다. 생각건대, 소년은 심신이 함께 발달의 도중에 있어 아직 일의 시비선악에 대하여 명확한 이해도 없고 또한 의사도 박약한 것이 보통입니다. 따라서 그 비행에 대하여 형벌을 가해도 절실히 그 나쁨을 깨달았다고 말할 반성심이 결핍한 것입니다. 반성심이 생기지 않으면 형벌의 효과는 거의 없다고 말하여 마땅한 것입니다. 따라서 형벌은 소년에 대하여 효과가 결핍할 뿐만 아니라 수양이 중요한 시기에 감옥에 있어 수양을 정지하는 것이므로 사회 부적합성을 증진할 뿐만 아니라 출옥하면 전과자로서 세상의 배척을 받게 되어 자연히 자포자기에 빠지고 불량성은 그대로 견고하여 없어지지 않는 것입니다. 그래서 소년의 불량성을 교정함에는 가능한 형벌을 피하고 오히려 보호를 가하여 선도하고 교화함이 상책이라고 하는 것이 소년 보호제도의 기원이 되어 있습니다. 이로써 자연 소년법의 근본 관념은 이해하고 있다고 생각합니다만 나아가 소년

審判所設置ノ鼻祖タル米國ノ不良少年取扱ノ狀況ヲ一言シテ其ノ運用ノ御參考ニ供シマス彼ノ國ノ警察官カ少年ノ非行ヲ認知セハ非行ノ輕微ニシテ附近ニ家庭アル場合ハ直ニ之ニ引渡シ否ラサル場合ハ共ニ窃ニ自動車ニ乘リテ少年審判所ニ連行キマス審判所ハ之ヲ受取ッテ留置場ニ留置シマスカ名ハ留置場ト云フモ日本ノ夫レト大ニ趣ヲ異ニシ恰モ普通ノ家庭ニ於ケル部屋ト毫モ異ルモノカアリマセヌ相當ノ裝置モアリ種々ノ裝飾モ施シテアリマシテ更ニ拘束場タルノ感ヲ起サシメセヌ而シテ審判所ニハ保護司ナルモノカアッテ先ツ本人ノ身上ノ關係家庭ノ狀況其ノ他一切ノ環境ヲ取調ヘ判事ノ處分ノ資料ヲ作リマス、ソレカラ審問ニ移ルノテスカ審問所チハ少年ト間一卓子ニ差向ヒニ席ヲ占メ此ニ兩親又ハ其ノ保護者及辯護士ノ外入ルコトヲ許シマセヌ、ソレテスカラ法廷ラシキ感カ起リマセヌ少年ヲシテ愧恥又ハ恐怖ノ念ヲ起サシメナイノテアリマス又其ノ入口ノ「ドアー」ハ故ラニ之ヲ開放シテアリマス開放スルノハ幽閉ノ念ヤ不安ノ心ヲ起サシメナイ爲テアッテ少年心理ノ微細ノ點迄注意ヲ拂ッタモノテアリマス無論審問ハ判事ハ威容ヲ整ヘス至ッテ平易ニ而モ溫情ヲ以テ之ヲ行ヒ宛モ家庭ニ於テ慈父カ愛子ヲ訓戒スルニ似テ居リマス判事ノ處分ハ可成入監セシメサル方針ニテ之ヲ取リ保護善導ニ努メサセマス或ハ家庭ニ或ハ感化院ニ或ハ學校ニ或ハ工場ニ托シ倘保護司ヲシテ之ト連絡ヲ取リ保護善導ニ努メサセマス殺人犯ノ如キ重大ナル犯罪ニ付テハ入監セシメマスカ少年ヲ收容スル監獄ノ處遇ハ感化院ニ於ケルト同樣テ一例ヲ舉クレハ少年ノ能力ニ從ヒ將來ヲ慮リ出獄後生活ノ基礎トナルヘキ作業ヲ選擇シテ授業

第一部　第二項　警察部長ニ對スル高等法院檢事長訓示

一二三

(123쪽)

 심판소 설치의 원조인 미국의 불량소년 취급 상황[92]을 한마디 하여 그 운용의 참고로 제공하겠습니다. 그 나라의 경찰관이 소년의 비행을 인지하면 비행이 경미(輕微)하고 가까이에 가정이 있는 경우는 바로 이에 인도하고 그렇지 않은 경우는 함께 조용히 자동차에 타고 소년심판소로 연행합니다. 심판소는 그를 수취하여 유치장에 유치하지만 이름은 유치장이라고 해도 일본의 그것과는 크게 분위기를 달리하여 흡사 보통의 가정에 있는 방과 조금도 다르지 않습니다. 상당한 장식도 되어 있고 우선 본인의 신상 관계, 가정의 상황 기타 일체의 환경을 조사하여 판사 처분의 자료를 만듭니다. 그런 다음 심문으로 옮겨집니다만 심문소에는 소년과 동일한 탁자에 서로 마주 보게 좌석을 점하고 이에는 양친 또는 그 보호자와 변호사 이외 들어오는 것을 허락하지 않습니다. 그렇기에 법정다운 느낌이 일어나지 않습니다. 소년이 부끄러움, 공포의 생각이 일어나지 않게 하는 것입니다. 또한, 그 입구의 문은 원래부터 이를 개방하여 둡니다. 개방하는 것은 유폐(幽閉)의 생각이나 불안한 마음을 일으키지 않도록 하기 위함으로 참으로 소년 심리의 미세한 점까지 주의를 기울이는 것입니다. 물론 심문에는 판사는 위용을 갖추지 않고 평이하게 더구나 온정으로써 이를 행하여 마치 가정에서 자부(慈父)가 애자(愛子)를 훈계하는 것과 닮았습니다. 판사의 처분은 가급적 입감(入監)시키지 않는 방침으로 보호사의 조사 자료를 참작하여 이를 혹은 가정에 혹은 감화원에 혹은 학교에 혹은 공장에 맡기고 한층 보호사로 하여금 이와 연락을 취하여 보호 선도에 힘쓰게 합니다. 살인범과 같이 중대한 범죄에 대하여는 입감시키나 소년을 수용할 감옥의 처우는 감화원에 있어서와 같아 일례를 들면 소년의 능력에 따라 장래를 고려하여 출옥 후 생활의 기초가 될 작업을 선택하여 수업

---

92 1917년 4월 27일 자 조선총독부 관보(제1417호)에 中村 검사장은 같은 해 4월 21일 구미(歐美) 출장이 게재되었고, 8월 1일 자 관보(제1498호)에는 7월 25일 유럽(歐洲) 출장을 마친 것이 게재되어 있는 것으로 보아 구미의 소년범 취급 실태를 실지 시찰하였던 경험을 말하고 있는 것으로 보임

第一部 第二題 警察部長ニ對スル高等法院檢事長訓示

シ少年ノ利益ヲ計ル樣ニ致シ作業ニ依リテ監獄ノ收益ヲ計ルカ如キコトハ致シマセヌ要スルニ少年犯罪者ノ取扱ニ付テハ保護感化ヲ旨トスルノテアリマス故ニ警察官モ此ノ趣旨ニ依リ少年犯罪者ヲ引致スル場合ニハ可成秘密裡ニ此ヲ行ヒ留置ニ付テモ普通犯罪者ト同居セシメス又取調ニ之ヲ密行シテ威嚇ノ態度ニ出テサル樣ニ注意セナケレハナラヌノテアリマス所期スル取扱ヲ爲スニハ諸種ノ設備ヲ要スルノテアリマスケレトモ今日ノ現狀ニ於テ出來得ル限其ノ趣旨ヲ參酌シテ取扱ヲナスコトニ注意セラレンコトヲ望ムノテアリマス

一 終リニ過激社會運動ニ對スル司法處分ニ付述ヘテ聽キタイト思ヒマスソレニ付近時世界ニ宣傳セラルル共產主義ノ朝鮮內外ニ於ケル傳播ノ狀況ハ各位ノ知悉セラルル所テ此ニ述ヘマセヌカ一言シタキコトハ此ノ共產主義ハ朝鮮人ノ思想ニ照シ其ノ歡迎ヲ受クルモノナルヤ否テアリマス民族性トモ申サンカ日韓併合以來漸ク朝鮮人ノ一部ニ朝鮮民族獨立思想カ湧出シマシテ或ハ朝鮮獨立運動或ハ參政權獲得運動ト云フカ如ク諸種ノ形ニ依リテ其ノ思想カ顯レマシタ而シテ今ヤ格別熾烈ナ運動モナイ樣テスカ其ノ思想ハ依然心底ニ蟠ツテ居ルト見ヘマシテ其ノ思想ノ頃ハ民族結合ヲ熾烈ニシテ民族意識ヲ永遠ニ持續セント努ムルノ兆候カ見ヘマス而シテ其ノ思想ノ實現ニハ手段方法ヲ選ハス苟モ最利便ナリトスルモノハ之ヲ利用スル傾向カアリマス故ニ此迄モ或ハ宗敎ヲ藉リ或ハ民族自決主義ト云フカ如キ一種ノ思想ヲ藉リマシタ而シテ今ハ廣ク世ヲ見渡スニ恐ラクハ共產主義程其ノ思想實現ニ利便ナル手段ハ他ニナキカノ感カアリマス此ノ主義ハ經

(124쪽)

하여 소년의 이익을 도모하도록 하고 작업에 의하여 감옥의 수익을 도모함과 같은 일은 하지 않습니다. 요컨대 소년 범죄자의 취급에 대하여는 보호 감화를 으뜸으로 하는 것입니다. 그리하여 경찰관도 이 취지에 따라 소년 범죄자를 인치(引致)하는 경우에는 가능한 비밀리에 이를 행하고 유치에 대하여도 보통 범죄자와 동거하게 하지 않고 또한 조사는 이를 은밀히 행하여 위혁의 태도로 나가지 않도록 주의하지 않으면 안 되는 것입니다. 물론「소년법」이 기대하는 취급을 함에는 여러 종류의 설비를 필요로 하는 것이지만 오늘의 현상에서 가능한 한 그 취지를 참작하여 취급하는 것에 주의하기를 바라는 것입니다.

1. 끝으로 과격 사회운동에 대한 사법처분에 대하여 말해 두고 싶습니다. 이에 대하여 최근 세계에 선전되는 **공산주의의 조선 내외에서의 전파 상황**은 여러분이 다 아는 바여서 이에 언급하지 않지만 한마디 해 두고 싶은 것은 공산주의는 조선인의 사상에 비추어 그 환영을 받기도 받지 않기도 합니다. 민족성이라는 것은 말할 것도 없지만 **일한 병합 이래 점차** 조선인의 일부에 조선 민족 독립사상이 솟아 나와 혹은 조선 독립운동 혹은 내정(內政) 독립운동 혹은 참정권 획득 운동이라고 하는 것처럼 **여러 종류의 형태에 의하여 그 사상이 나타났습니다.** 그리고 지금 각별 치열한 운동도 없는 것 같지만 그 사상은 의연히 마음 깊은 곳에 서리어 있다고 보여 최근 민족 결합을 치열히 하고 민족의식을 영원히 지속하려고 힘쓰는 징조가 보입니다. 그리고 그 사상의 실현에는 수단 방법을 가리지 않습니다. 적어도 가장 편리하다고 하는 것은 이를 이용하는 경향이 있으므로 지금까지도 혹은 **종교를 빙자하여 혹은 민족자결주의라고 하는 것처럼 일종의 사상을 빙자**했습니다. 그리고 지금은 넓게 세상을 보지 않고 아마도 **공산주의만큼 그 사상 실현에 편리한 수단은 달리 없다는 감**이 있습니다. 이 주의는 **경**

四 警察部長ニ對スル中村高等法院檢事長訓示 （大正十二年五月二十三日）

濟上ノ現組織ヲ破壞スルノミナラス政治ノ現狀ヲ變革スルノテアリマスカラ其ノ傳播ノ愈旺盛ナルニ從ヒ益利便ナルノ手段ト考フルニ至ルタラウト思ハレマス故ニ此ノ主義ハ朝鮮人ノ思想ニ照シ朝鮮ニハ傳播ノ可能性アルモノト思フノテアリマス尤モ現時共産主義ノ根源ノ宣傳者ハ平和ノ手段ニ依リテ之ヲ傳播セントスルモノニ至テアリマス其ノ末ニ至リテハ必シモ然ラスシテ殊ニ其ノ主義ノ信仰者ニ非スシテ之ヲ利用セントスルモノニ至リテハ過激手段ヲ採ルニ至ラナイトハ申サレマセヌ嗜殺爆彈投擲等ノ如キ兇行ハ勿論集團的妄動ノ起ルヘキコトハ必スシモ不可ナリト言フ者カアリマセヌ識者中或ハ思想ハ思想ヲ以テ改善スヘク刑罰ヲ以テ之ヲ制セントスルハ不可ナリト言フ者カアリマス是固ヨリ一理アルコトテ又參考トスヘキ事テアリマスカ一朝妄動起リテ民心ヲ擾亂スルニ至ラハ治安維持上加擔者ヲ處罰スルハ當然ナルノミナラス偷斯カル妄動ノ生スル虞アル宣傳モ看過スヘカラサルモノテアリマス故ニ今後此ノ如キ妄動起ラハ無論宣傳ニ付テモ事案ノ如何ニ依リ或ハ保安法或ハ大正八年制令第七號ニ依リ相當處罰ヲ行フ見込テアリマスカラ其ノ趣旨ニ依リ犯罪ヲ檢擧セラレタイノテアリマス

本日警察部長會議ノ開催ニ際リ司法警察事務ニ關シ聊卑見ヲ陳フル機會ヲ得タルハ本職ノ欣快トスル所テアリマス

第一篇 第二頭 警務部長ニ對スル高等法院檢事長訓示

一二五

(125쪽)

제상의 현 조직을 파괴할 뿐만 아니라 정치의 현상을 변혁하는 것이기 때문에 그 전파 점점 왕성해짐에 따라서 더욱 편리한 수단으로 여기려는 것으로 생각됩니다. 따라서 이 주의(主義)는 조선인의 사상에 비추어 조선에는 전파의 가능성 있다고 생각하는 것입니다. 다만 현재 공산주의의 근원의 선전자(宣傳者)는 평화 수단에 의하여 이를 전파하려는 경향이지만 그 마지막에 이르러서는 반드시 그렇지는 않고 특히 그 주의의 신앙자(信仰者)에 있는 이를 이용하려는 것에 이르러서는 과격 수단을 택함에 이르지 않는다고 말할 수 없습니다. 암살, 폭탄 투척 등과 같이 흉행(兇行)은 물론 **집단적 망동**이 일어날 것이라고 함은 반드시 기우라고는 말할 수 없습니다. 식자 중 행여 사상은 사상으로써 개선할 것이고 형벌로써 이를 다스리려는 것은 불가하다고 말하는 자가 있습니다. 이는 원래 일리 있는 말이고 또한 참고로 할 일이지만 **돌연 망동이 일어나 민심을 교란**하게 되면 치안 유지상 가담자를 처벌하는 것은 당연할 뿐만 아니라 한층 망동이 일어날 우려 있는 선전도 간과하면 안 되는 것입니다. 따라서 앞으로 이와 같은 **망동이 일어나는 것은 물론 선전에 대하여도** 사안 여하에 의하여 혹은 「보안법」 혹은 「대정 8년 제령 제7호」[93]에 의하여 상당한 처벌을 할 예정이므로 그 취지에 따라 범죄를 검거하기를 바랍니다.

4. 경찰부장에 대한 中村 고등법원검사장 훈시
(1923년 5월 23일)

오늘 경찰부장 회의 개최에 즈음하여 사법경찰사무에 관하여 다소 비견(卑見)을 말할 기회를 얻어 본직은 다행이고 기쁘게 여기는 바입니다.

---

[93] 3.1 운동 진압을 위하여 1919년 4월 15일 자 조선총독부 관보(호외)에 같은 날 공포한 '정치에 관한 범죄 처벌의 건'을 게재함

第一部　第二類　警察部長ニ對スル高等法院檢事長訓示

一　犯罪檢擧ノ成績　大正八年警察制度變更ノ當時ハ各所ニ妄動頻發シ之カ取締ニ忙殺セラレタル爲自然一段普通犯罪ノ檢擧ノ手カ弛ミ社會ノ秩序維持ニ缺陷ヲ生シタノテアリマスカ其ノ後漸ク妄動モ鎭定シ普通犯罪ノ檢擧ニ餘力ヲ生シタル結果漸ク其ノ檢擧件數ヲ增加シ遂ニ大正十年度及同十一年度ノ犯罪檢擧件數及檢擧率ハ警察制度變更前ノ大正七年度ノ夫レヨリ稍凌駕スルノ域ニ逹シ今日ハ社會ノ秩序ハ其ノ當時ノ狀態ニ恢復セラレタルモノト斷言シテ差支ナキニ至リマシタ殊ニ民心ニ最影響ヲ生スヘキ爆彈投下ノ如キ暴擧モ都度相應ニ檢擧セラレテ何等民心ノ動搖ヲ來シマセヌ是レ畢竟各位ノ精勵努力ト部下ノ指導其ノ宜シキヲ得タル結果ニ外ナラストト考ヘルノテ國家ノ爲慶賀ニ堪ヘヌ次第テアリマス乍去別表ヲ一覽スレハ了解セラルルカ如ク大正十一年度ノ犯罪件數カ同七年度ノ犯罪件數ニ比シテ殆ト增減ナキ事實ハ犯罪ハ逐年增加スル傾向アルモノナルコトニ照合シテ考察スルトキハ犯罪探知ニ不十分ナル點ナキニアラスヤト思ハシムルノテアリマス此ノ點ニ付尙一層部下ヲ督勵シ遺憾ナキコトヲ期セラレタイノテス

一　犯罪檢擧ニ關スル注意　近頃警察官吏中或ハ小罪ヲ檢擧スルモ時ニ司法警察官ノ訓誡放免トナリ時ニ檢事ノ起訴猶豫トナリ被告ハ實刑ヲ科セラレサルニ了リ其ノ豫期ヲ裏切リ折角ノ苦心モ徒勞ニ屬スルヲ以テ此ノ如キ犯罪ハ初メヨリ檢擧セサルノ可ナルニ如カストノ感想ヲ抱クモノアルヤニ仄聞シマス萬一此ノ如キ感想ヲ懷抱スルモノアリトセンカ刑政上甚タ寒心ニ堪ヘサルモノカアルノテアリマス抑罪ハ一度犯サレタル以上ハ大小ニ論ナク必ス發覺セラレ不檢擧ニ了ルコトナ

(126쪽)

1. 범죄 검거의 성적

1919년 경찰제도 변경 당시는 **각처에 망동 빈발**하여 이를 단속하는 데 정신을 차릴 수 없을 정도로 매우 바빠 자연히 일단 보통 범죄 검거의 손이 느슨해져 사회의 질서유지에 결함이 생겼습니다만 그 후 점점 망동도 진정하고 보통 범죄의 검거에 여력이 생긴 결과 점차 **그 검거 건수를 증가시켜 마침내 1921년 및 1922년의 범죄 검거 건수 및 검거율은 경찰제도 변경 전의 1918년을 약간 능가하는 영역에 달하여** 오늘날 사회의 질서는 그 당시의 상태로 회복하는 것이라고 단언하여 지장이 없기에 이르렀습니다. 특히 민심에 가장 영향이 생길 폭탄 투하와 같은 폭거도 있을 때마다 상응하게 검거하여 어떠한 민심의 동요를 초래하지 않았습니다. 이것은 필경 **여러분의 정려노력(精勵努力)과 부하에 대한 지도를 적절히 하여 얻은 결과라고 생각하여 국가를 위하여 기쁘기 그지없는 바**이면서 앞서 별표를 일람하면 이해하겠지만 1922년 범죄 건수가 1918년의 범죄 건수에 비교하여 거의 증감 없는 사실은 범죄는 해를 거듭하여 증가하는 경향이 있는 것에 대조 확인(照合)하여 고찰할 때는 범죄 탐지에 불충분한 점 없지 않다고 생각하게 되는 것입니다. 이 점에 대하여 역시 한층 부하를 독려하여 유감없도록 기하기를 바랍니다.

1. 범죄 검거에 관한 주의

최근 경찰관리 중 행여 소죄(小罪)를 검거해도 때로 사법경찰관의 훈계방면으로 되고, 때로 검사의 기소유예로 되어 피고는 실형을 받지 않고 끝나 그 기대를 배신하고 모처럼 고심도 헛수고로 이어져 이와 같은 범죄는 처음부터 검거하지 않는 것이 상책이라는 감상을 품는 자 있다고 얼핏 들었습니다. 만일 이와 같은 감상을 회포(懷抱)한 자가 있다면 형정상(刑政上) 매우 한심하기 그지없는 것이 있습니다. 대개 **죄는 한 번 범한 이상은 대소를 막론하고 반드시 발각되어 불검거로 끝나는 일 없다는**

第一部　第二類　警務部長ニ對スル高等法院檢事長訓示

シトノ警戒ヲ世ニ示シテ始メテ一般世人ノ非社會性ヲ抑制シ犯罪ヲ未發ニ防止スルコトカ出來ルノテアリマス此ノ事ハ既ニ先年モ申述ヘタノテアリマス然ルニ檢擧後ノ處分ニ爲シテ檢擧ノ手ヲ弛メルカ如キハ民衆ノ犯罪ニ對スル警戒心ヲ弛メ非社會性ノ發現ヲ抑制シ難ク社會ノ秩序ヲ維持スルニ困難ナルコトハ嘗テ迄モナイコトテス各位ハ部下ヲ戒メテ此ノ如キ謬想ヲ抱カサル樣ニ指導セラレタイノテアリマス

抑檢擧セラレタル犯罪ニ對スル司法處分ハ今日ハ昔時ノ如ク犯罪必罰ト云フカ如キ單純ナル思想ヲ以テ行フ譯ニハ行キマセヌ若斯樣ナ思想ヲ以テ行フタナラハ如何ナル小罪モ必ス起訴シ此ニ金刑ハ暫ク措キ短期ノ自由刑ヲ科スルカ否ラサレハ不相當ニ峻嚴ナル自由刑ヲ科スルノ外ナシト思ヒマスカ若短期ノ自由刑ヲ科スルモノトセハ刑罰ノ威嚴ニ改化遷善ノ實ヲ擧クル前ニ却テ同囚者ノ惡感化ヲ受ケタル儘出獄シ若又犯人ハ自由刑ヲ科スルモノトセハ甚シク社會ノ正義感念ニ背馳スルノミナラス犯人ヲシテ社會ノ無情ヲ恨ミ却テ其ノ反社會性ノ增長スル弊ヲ生シマスカ之加之レノ取扱ヲ爲スモ出獄後ハ刑餘ノ人トシテ人ノ指彈ヲ受ケテ世ニ容レラレマセヌ曹ニ其ノ名譽心ノ毀損セラルルノ窮境ニ陷ルノコトハ決シテ珍ラシキ現象テハアリマセヌルコト能ハサルノ結果ハ途ニ罪ヲ累ヌルニ非サレハ生存ヲ完フスル獄在監者ノ現在數ハ就テ見ルニ約其ノ三分ノ二カ累犯者ヲ占メ殘三分ノ一カ初犯者ナリト云フ現象ニ照シテモ此ノ理ハ明カテアルト思ハレマス卽科刑ニ依テ犯罪ヲ減少セントシテ却テ犯罪ヲ增

一二七

(127쪽)

경계(警戒)를 세상에 보임으로써 비로소 일반 세인의 비사회성을 억제하여 범죄가 발생하기 전에 방지하는 것이 가능한 것입니다. 이러한 일은 이미 지난해도 말씀드렸으나 검거 후의 처분을 운위(云爲)하며 검거의 손을 느슨히 하는 것과 같음은 민중의 범죄에 대한 경계심을 느슨히 하여 비사회성 발현을 억제하기 어려워 사회의 질서를 유지함이 곤란한 것은 말할 나위 없습니다. 여러분은 부하를 교육하여 이처럼 잘못된 생각을 품지 않도록 지도해 주기 바랍니다.

대개 검거된 범죄에 대한 사법처분은 오늘날은 예전과 같이 범죄 필벌(必罰)이라는 단순한 사상으로써 행할 이유는 없습니다. 만일 그런 식의 사상으로 행한다면 어떠한 소죄(小罪)도 반드시 기소하여 이에 금형(金刑)은 일단 차치하고 단기의 자유형을 과하지 않으면 상당(相當)치 않으니 준엄한 자유형을 과하는 이외에는 없다고 생각하겠지만 만일 단기의 자유형을 과하는 것으로 하면 범인은 형벌을 준엄하게 느껴 개화천선(改化遷善)의 열매를 거두기 전에 오히려 같은 수형자로부터 나쁜 감화(感化)를 받은 끝에 출옥하여 만약 또 준엄한 자유형을 과하는 것이라면 심히 사회의 정의감념(正義感念)에 배치할 뿐만 아니라 범인이 사회의 무정함(無情)을 증오하여 오히려 그 반사회성을 증장(增長)하는 폐(弊)를 낳습니다. 그뿐만 아니라 어떤 취급을 하여도 출옥 후는 전과자로서 사람에게 지탄받아 세상에 받아들여지지 않습니다. 비단 그 명예심이 훼손되는 것뿐만 아니라 생활도 불행한 처지에 떨어져 죄를 거듭하지 않으면 생존할 수 없는 궁지에 떨어지는 것은 결코 흔한 일이 아닙니다. 현재 1920년 말의 내지(內地) 감옥 재감자의 현재 수에 관하여 보니 약 그 3분의 2가 누범자를 점하고 나머지 3분의 1이 초범자라고 하는 현상에 비추어 이 이치는 명확하다고 생각됩니다. 즉 과형에 의하여 범죄를 감소시키려다 오히려 범죄가 증

第一部　第二類　警務部長ニ對スル高等法院檢事長訓示

加スルノ嫌カアリマス此ニ反シテ訓誡放免又ハ起訴猶豫ニ付シタルモノカ累犯ニ陷ルコトハ極メテ稀ナト無キニ近シトモ過言テハアリマセヌ此ハ申スマテモナク受刑者ノ如ク同囚人ノ惡感化ヲ受クルトカ刑餘ノ人トシテ社會ノ排斥ヲ受クルトカ云フ事ナク自尊心ハ傷ケラレス圓滿ナル生活ヲ營ム事カ出來ルカラテアリマス凡ソ刑事政策ハ犯人ヲ匡正シテ累犯ニ陷ラサシムルコトヲ要求スルト同時ニ一般世人ヲシテ罪科ニ陷ラサシムル樣警戒ヲ要望スルコトハ無論テアリマスカ事犯重大ナルカ又ハ處刑ヲ以テセサレハ一般警戒ヲ完フスルコト能ハサルモノニ非サル限卽刑罰ヲ加ヘスートモ社會ニ對シ些シタル惡影響ヲ及ホササルカ如キ程度ノ犯罪ニ付テハ此ヲ罰シテ盆罪科ニ陷ラシムルヨリハ刑罰ヲ加ヘスシテ訓誡シ自發的ニ悔ヒ改メ再ヒ罪科ヲ累ネシメナイトモ云フ方カ犯罪ヲ減少シ刑事政策ノ要求ニ適フコトトナルノテアリマスサレハ今日ノ執法者ニシテ犯罪必罰主義ヲ奉スルモノナク又新刑事訴訟法ニ於テモ第二百七十九條ニ於テ犯人ノ性格年齡及境遇並犯罪ノ情狀及犯罪後ノ情況ニ依リ訴追ヲ必要トセサルトキハ公訴ヲ提起セサルコトヲ得規定シ任意主義ヲ採用シタル次第テアリマス各位ハ部下ヲシテ右述ヘタルカ如ク犯罪ノ檢擧モ處分モ共ニ刑事政策ノ要求スル犯罪鎭壓ノ目的ヲ達センカ爲ナルコトハ同一ナルモ檢擧ト處罰トハ必シモ常ニ相伴フモノニ非サルノ眞意義ヲ諒解セシメ檢擧ト處罰トハ之ヲ引離シテ考察シ檢擧ヲ一日モ弛フスヘカラサルコトヲ知悉セシメラレタイノテアリマス
玆ニ附言シタキハ右ノ次第ナルヲ以テ犯罪檢擧ノ功ヲ論スルニ當リテハ獨リ重大犯罪ヲ檢擧シタ

一二八

(128쪽)

가하여 바람직스럽지 않습니다. 이에 반하여 훈계방면 또는 기소유예에 붙인 자가 누범에 빠진 것은 극히 드물어 거의 없음에 가깝다고 해도 과언이 아닙니다. 이는 말할 나위 없이 수형자와 같은 수인(囚人)의 악감화(惡感化)를 받거나 전과자로서 사회의 배척을 받는 일 없이 자존심이 상처받지 않고 원만한 생활을 영위하는 일이 가능하기 때문입니다. 무릇 형사정책은 범인의 잘못을 바로잡아 고쳐 누범에 빠지지 않게 하는 것을 요구함과 동시에 일반 세인(世人)으로 하여금 죄과에 빠지지 않도록 경계를 요망하는 것은 물론이나 사범 중대하거나 처형(處刑)하지 않으면 일반 경계를 다 할 수 없는 것이 아닌 한 즉 형벌을 가하지 않아도 사회에 대하여 조금밖에 악영향을 미치지 않는 정도의 범죄에 대하여는 이를 벌하여 더욱 죄과에 떨어지게 하는 것보다는 형벌을 가하지 않고 훈계하여 자발적으로 후회하고 고쳐 죄과를 거듭하지 않게 한다는 방법이 범죄를 감소하고 형사정책의 요구에 적절한 것이 되는 것입니다. 그러니까 집법자(執法者)이면서 범죄 필벌주의를 받들지 않고, 또한 **신「형사소송법」에서도 제279조에 범인의 성격, 연령 및 경우와 범죄의 정상 및 범죄 후 정황에 의하여 소추를 필요로 하지 않을 때는 공소를 제기하지 않을 수 있다고 규정**[94]하여 임의주의(任意主義)를 채용하고 있는 바입니다. 여러분은 부하로 하여금 앞서 말한 바와 같이 범죄의 검거도 처분도 함께 형사정책의 요구하는 범죄 진압의 목적을 달성하기 위한 것은 같아도 검거와 처벌과는 반드시 언제나 서로 함께하는 것은 아닌 참다운 의의를 양해시켜 검거와 처벌과는 이를 떼어 놓고 고찰하면서 **검거를 하루도 느슨히 하지 말아야 함**을 모두 알게 하였으면 합니다.

이에 부언(附言)하고 싶은 것은 앞서 언급한 대로 범죄 검거의 공(功)을 논함에는 단독 중대범죄를 검거한

---

94 일제는 1922년 5월 4일 법률 제75호로 공포한 「대정 형사소송법」 제279조에 최초로 기소편의주의를 명문화하였다. (5월 5일 자 일제 관보 제2925호)

場合ニ於テノミナラス幾多ノ犯罪ヲ周到ニ檢擧シタル場合ニ於テモ之ヲ良成績ト認メラレタイノテアリマス

一 訓誡放免ニ關スル注意　刑事處分ニ付司法警察官ニ付與セラレタル訓誡放免ノ處分ハ前述ヘタル所ニ依リ自ラ明ナルカ如ク刑政上重要ナルニ此ノ職權ヲ行使セラルルコト極メテ寡キヲ遺憾トシマス殊ニコノ處分ハ檢事カ略ホ此ト同樣ノ處分ヲ行フヨリハ處理ニ手數ヲ省キ未決勾留日數ヲ減スル等國家ニ取リ頗ル利益ナルヲ以テ將來ハ此ノ職權ヲ發揮シ訓誡放免ノ擴張ニ努力スル樣部下職員ヲ指導セラレタイノテアリマス

一 過激思想ニ關スル取締　目下司法上最注意ヲ要スルモノハ過激思想テアルト思ヒマス朝鮮人ノ一部ニ今尙獨立思想ヲ抱クモノナイテハアリマセヌカ而シテ其ノ目的ヲ達成スルニハ或ハ爆彈投下ノ如キ直接行動ニ依リ或ハ民族團結ニ依ラントシ或ハ共產主義ニ依ラントシテ居リマス爆彈投下ハ主トシテ國外ニ在ル鮮人ノ暴擧ナルノミナラス此カ取締及檢擧ニハ周到ナル用意ヲ拂ヒ甚深ノ努力ヲ盡サレ居ルノ以テ何等申スコトハアリマセヌカ尙民族團結ハ姑ク措キ殊ニ共產主義ハ朝鮮ノ四圍ノ狀況朝鮮人ノ獨立思想等ガ因ヲ爲シテ幾分蔓延ノ傾向ヲ示シテ居リマス穩健ナル思想ヲ有スル民衆ノ多キ文明社會ハ兔モ角朝鮮ノ如キ穩健ナル思想ヤ判斷ニ乏シキ民衆ノ多キ鮮人ハ無論鮮內ニ於テハ動モスレハ是非ヲ辨ヘスシテ漫然之ニ附和雷同スルモノヲ生シ國外ノ不逞鮮人ハ無論鮮內ト雖妄動ヲ惹起スコト絕無ト申サレマセヌ況ンヤ單ナル主義宣傳スラ一般民衆ヲ不安ナラシムルコ

第一部　第二類　警察部長ニ對スル高等法院檢事長訓示

一二九

(129쪽)

경우뿐만 아니라 여러 범죄를 주도하게 검거한 경우에도 이를 좋은 성적이라고 인정하고 싶은 것입니다.

1. 훈계방면에 관한 주의

형사처분에 대하여 사법경찰관에 부여된 훈계방면의 처분은 전항에 언급한 바에 따라 스스로 명확한 바와 같이 형정상(刑政上) 중요한 직권임에도 불구하고 종래 이 직권을 행사하는 일 극히 적어 유감입니다. 특히 이 처분은 검사가 대부분 이와 같은 처분인 기소유예를 하는 것보다 처리에 수고를 줄이고 미결구류 일수를 줄이는 등 **국가에 있어** 피고인에 있어서도 **매우 이익인 처치**[95]로 장래는 이 직권을 발휘하여 훈계방면의 확장에 노력하도록 부하 직원을 지도하기를 바랍니다.

1. 과격사상에 관한 단속

현재 사법상 **가장 주의를 필요로 하는 것은 과격사상**이라고 생각합니다. 조선인의 일부에 지금 한층 독립사상을 지닌 자가 없지 않습니다. 그리고 그 목적을 달성함에는 폭탄 투하와 같이 직접 행동에 의하거나 민족 단결에 의하려거나 공산주의에 의지하려 하고 있습니다. **폭탄 투하는 주로 국외에 있는 조선인의 폭거**일 뿐만 아니라 이 단속 및 검거에는 빈틈없이 용의(用意)를 기울이고 심심한 노력을 다하고 있어 뭐라고 말할 것이 없습니다만 오히려 민족 단결은 일단 차치하고 **특히 공산주의는 조선 사방의 상황, 조선인의 독립사상 등이 원인이 되어 어느 정도 만연한 경향**을 보고 있습니다. 온건한 사상을 지닌 민중이 많은 문명사회는 어찌 되었든 **조선과 같은 온건한 사상이나 판단이 결핍된 민중이 많은 사회에서는 걸핏하면 시비를 따지므로 만연하게 이에 부화뇌동하는 일이 생겨 국외의 불령선인은 물론 조선 내라도 망동을 일으키는 일이 전혀 없다고 말할 수 없습니다.** 하물며 단순한 주의선전(主義宣傳)조차 일반 민중을 불안하게 하는

---

95 「범죄즉결례」[1910년 12월 15일 공포 제령 제10호(조선총독부 관보 제90호)]에 의한 경찰의 즉결처분, 훈계방면 등 경찰에 사건 종결권을 부여하고 이를 권장함은 형사정책 면도 있겠으나 인구당 일제 본토 정원의 절반가량이던 검사의 업무 과중 절감과 형사사법 경제를 도모하려는 목적을 포함하고 있음

第一部　第二類　警察部長ニ對スル高等法院檢事長訓示

一　社會運動ニ關スル取締　目下朝鮮ニ於ケル社會運動中吾人ガ注意ヲ拂フヘキモノハ小作爭議、勞働爭議、禁酒禁煙、禁煙耕作ニ關スル同盟會、物産獎勵會、青年黨、青年聯合會等テスカ此ノ內勞働爭議、小作爭議ハ今日迄ノ如ク地主小作人、雇主ト勞働者トノ協調問題ニ止マラハ司法上何等關涉スル必要カナイノテアリマスカ其ノ爭議ニシテ共産主義ニ依ルモノトスレハ之カ取締ヲ要スルコトハ言フヲ俟タス又禁酒禁煙及禁煙耕作ニ關スル同盟會又ハ物産獎勵會モ其ノ標榜スルカ如ク何等政治的意味ヲ有セサルモノトスレハ亦司法上注意ノ必要ナキモノノ如キモ今後若政治的ノ色彩ヲ帶ヒ此ノ如キ團結ニ依テ非望ヲ遂ケントスルノ傾向ヲ現ハスニ至ラハ相當取締ノ要アルコト亦宜フヲ俟チマセヌ各位ハ各種團體ノ行動ノ推移ニ注意シ大事ニ至ラサルノ前ニ當リ適當ノ處置ヲ執ルニ遺算ナカランコトヲ望ミマス

一　終リニ臨ミ一言シタキハ各位ガ部下職員ノ瀆職罪ハ之ヲ統計ニ徵スルニ昨年ハ一昨年ヨリ減少シマシタ是ハ各位ガ部下ノ改善ト監督ニ甚深ナル努力ヲ盡サレタル結果ニ外ナラヌト思ヒマス國家ノ爲慶スヘキ事テアリマス併シ此ノ犯罪ハ絶滅ヲ期スルコトハ不能トシテモ尙一段ノ努力ヲ切望シマス　（表省略）

ト ハ免レナイトイハルルノテ此ノ主義ニ胚胎スル各樣ノ言論及各種ノ社會運動ニ付テハ常ニ深甚ノ注意ヲ拂ヒ大事トナラサル以前ニ當リテ此ヵ防遏ニ努力セラレンコトヲ望ムノテアリマス

一三〇

(130쪽)

것은 면할 수 없다고 하므로 이 주의(主義)에 배태(胚胎)한 **각양의 언론 및 각종의 사회운동에 대하여는 언제나 심심(深甚)한 주의**를 기울여 큰일이 일어나기 전에 임하여 이를 막아 내기 위하여 노력하기를 바라는 것입니다.

1. 사회운동에 관한 단속

현재 조선에서 사회운동 중 우리가 **주의를 기울여야 할 것은 소작쟁의, 노동쟁의, 금주금연, 금연경작(禁煙耕作)에 관한 동맹회, 물산장려회, 청년당, 청년연합회 등**입니다만 이중 노동쟁의, 소작쟁의는 지금까지와 같이 지주와 소작인, 고용주와 노동자와의 협조 문제에 국한하면 사법상 아무런 관섭(關涉)할 필요가 없습니다만 그 쟁의이면서 **공산주의에 의한 것이라면 그 단속을 필요로 하는 것**은 말할 나위 없고 금주금연 및 금연경작에 관한 동맹회 또는 물산장려회도 그 표방하는 바와 같은 아무런 정치적 의미를 지니지 않는다면 역시 사법상 주의할 필요가 없음과 같아도 앞으로 만일 **정치적 색채를 띠고 이와 같은 단결에 따라 분에 넘치는 야망을 수행하는 경향을 나타냄에 이른다면 상당한 단속이 필요한 것** 역시 말할 나위 없으므로 여러분은 각종 단체의 행동 추이에 주의하여 큰일에 이르기 전에 임하여 적당한 처치를 취급함에 어긋남이 없도록 바랍니다.

1. 마지막으로 한마디 하고 싶은 것은 여러분 부하 직원의 독직죄는 그 통계를 내 보니 작년은 재작년보다 감소했습니다. 이는 여러분이 부하의 개선과 감독에 심심한 노력을 다한 결과라고 생각합니다. 국가를 위하여 기뻐할 일입니다. 아울러 이 범죄는 절멸을 기하는 것은 불능이라도 한층 감소의 여지는 넉넉하게 있다고 생각하는 것입니다. 특히 **고문과 같은 것은 민심에 악영향을 미치는 일이고 심대한 것은 말할 나위 없는 것이므로 이 감소에는 한층 일단의 노력**을 간절히 바랍니다. (표 생략)

五　警察部長ニ對スル中村高等法院檢事長訓示　（大正十三年六月）

本日各位ノ會同ニ際シ司法警察事務ニ關シ意見ヲ開陳スルノ機會ヲ得マシタノハ洵ニ欣幸トスル所テアリマス

一　過激思想及過激運動ノ取締　此ノ問題ニ付テハ昨年モ各位ノ御會同ノ際一言致シタノテアリマスカ本日モ尚其ノ必要ヲ感シマスカラ更ニ少シ御話シタイト思ヒマス

近來出版界ニ於テハ民族自決主義ニ依ル朝鮮獨立思想ヲ明ニ宣傳スルトマテハ認メラレサルモ暗ニ之ヲ鼓吹スル論說又ハ記事ヲ揭ケ又ハ共產主義ニ依ル獨立思想ヲ同シク明ニ宣傳スルマテニハ達セサルモ暗ニ之ヲ推獎スル論說又ハ記事ヲ揭クルモノ少クナイノテアリマス又社會運動トシテハ勞働爭議、小作爭議カ現實ニ行ハレ來リ就中共產主義者カ其ノ爭議ヲ煽動シテ益其ノ勢ヲ大ナラシメント盡策シツツアルノテアリマス此ノ如キ思想ヤ運動ハ為政家モ一般有識者モ危險思想ト認メテ之カ善導ノ必要ニ迫ラレ近來ハ頻リニ思想善導ト言フコトカ高調セラレテ參リマシタ私モ其ノ必要ナルコトハ無論之ヲ認メテ居リマスルノテ少セハ其ノ思想ヲ善導シ得ルヤトノ私ノ考ヲ申シテ見タイノテス元來思想ヲ宣傳スル者ハ思想ヲ以テ相制スヘキモノト思想ト相爭フテ始メテ社會ニ最適當ナルモノカ殘存シ然ラサルモノハ淘汰サルルノテアルカラ自然ニ之ヲ放任シテ猥リニ强力ヲ以テ之ヲ壓迫スルノ必要ナク又壓迫スヘキモノテナイト主張シ又

第一部　第二類　警察部長ニ對スル高等法院檢事長訓示

(131쪽)

5. 경찰부장에 대한 中村 고등법원검사장 훈시
(1924년 6월)

오늘 여러분의 회동에 즈음하여 사법경찰사무에 관하여 의견을 개진할 기회를 얻어 매우 다행이고 기쁘게 여기는 바입니다.

1. 과격사상 및 과격운동의 단속

이 문제에 대하여는 작년에도 여러분의 회동 때 한마디 했었습니다만 오늘도 한층 그 필요를 느끼므로 다시 조금 말하고 싶습니다.

근래 **출판계**에서는 민족자결주의에 의한 **조선독립 사상**을 분명히 **선전**하도록은 인정되지 않음에도 몰래 이를 **고취하는 논설 또는 기사**를 게재하거나 **공산주의에 의한 독립사상**을 같은 방법으로 명확히 선전함까지는 도달하지 않아도 몰래 이를 **추천 장려하는 논설 또는 기사**를 게재하는 일이 적지 않습니다. 또한, **사회운동**으로서는 **노동쟁의, 소작쟁의**가 현실로 행하여져 오고 그 가운데서도 특히 **공산주의자가 그 쟁의를 선동**하여 더욱 그 세력을 크게 하려고 계속 획책하고 있는 것입니다. 이와 같은 사상이나 운동은 위정가(爲政家)도 일반 유식자도 **위험 사상**이라고 인정하여 이를 선도할 필요를 절감하여 근래는 자주 사상 선도라고 하는 것이 고조되어 오고 있습니다. 저도 그 필요한 것은 물론 그것을 인정하고 있으므로 **어떻게 하면 그 사상을 선도할 수 있느냐라는 저의 생각**을 말하여 보고 싶습니다. 원래 사상을 선전하는 자는 사상으로써 서로 견제할 것이어서 하나의 사상과 그 반대의 사상이 서로 경쟁하여 비로소 사회에 가장 적당한 것이 잔존(殘存)하고 그렇지 않은 것은 도태하는 것이기 때문에 자연히 이를 방임하고 함부로 강력으로써 이를 압박할 필요 없고 또 압박할 것이 아니라고 주장하고 또

第一部　第二類　警察部長ニ對スル高等法院檢事長訓示

社會運動ヲ試ムル者ハ斯ノ如キ社會運動ハ世界流行ノ思潮ニ胚胎スルモノテアルカラ當然ノ自由行動テアルト主張シテ居リマスカ此ノ主張ヲ抑認想ニ囚ハレタルモノニシテ如何ニ思想ハ自由ナリトスルモ現在ノ社會ノ安寧秩序ヲ紊シ或ハ其ノ根本組織ヲ破リ延テ國憲ヲ紊亂スルニ至ルモ尙思想ハ自由ナリトノ信奉ハ社會共存ノ本義ニ悖ルモノニシテ到底之ヲ容ルヘキモノニアリマセヌ此ノ謬想ヲ匡スノカ思想善導ニ最適切ニシテ且最必要ナル方法ト思ヒマス言葉ヲ換ヘテ言ヘハ此ノ謬想ノ根源ハ社會共存ノ要件タル法律ヲ尊重セサルニアリマス蔑視スルニアリマスカラ彼ノ輩ノ思想ヲ善導スルニハ先ツ第一ニ法律ヲ尊重セシメ之ヲ遵奉セサルヘカラサル信念ヲ懐カシメナケレハナラヌ此ノ信念ヲ懐カシメサレハ如何ニ其ノ他ノ方法ヲ以テ之カ善導ヲ圖ルトモ蓋其ノ效果ハ甚タ薄イカト思ハレマス而シテ法律ヲ尊重セシムルニハ其ノ思想ノ善惡正邪ハ別問題トシテ苟モ其ノ思想ヨリシテ社會ノ安寧秩序ヲ紊シ國憲ヲ損スルカ如キ言動ヲ惹起シタリトセハ之ヲ嚴重ニ檢擧シ相當ノ處罰ヲ爲スニ若クハアリマセヌ固ヨリ斯ノ如キ禁ヲ犯ササル限思想ノ自由ヲ認メテ差シ支ナイカ實際其ノ思想ヲ發揮スル上ニ於テハ法ニ觸ルルモノカ蓋尠クナイノテアリマス此ノ見地カラ出版界ニ於ケル民族自決主義ニ依ル獨立鼓吹又ハ共產主義宣傳ノ如キハソレソレ法ニ據リテ處罰スルノ必要アルコトハ勿論勞働爭議ニセヨ小作爭議ニセヨ平和手段ニ依リテ之ヲ解決セント試ムルカ如キハ固ヨリ法ノ干涉スル所ニアラサルモ之ヲ解決センカ爲ニ勞働者又ハ小作人等カ大擧シテ資本主又ハ地主ニ迫リ示威運動ヲ試ムルカ如キ又ハ之ヲ抑制セントスル官憲ニ抗

(132쪽)

사회운동을 시도하는 자는 이와 같은 사회운동은 세계 유행의 사조로 배태한 것이므로 당연히 자유행동이라고 주장하고 있습니다만 이 주장이 대개 잘못된 생각에 갇힌 것으로 아무리 사상은 자유라 하더라도 현재의 사회의 안녕질서를 어지럽히고 혹은 그 근본조직을 깨어 결국 국헌을 문란하기에 이르러도 역시 사상은 자유라는 신봉은 사회공존의 본의에 어긋나는 것으로서 도저히 이를 허용할 일이 아닐 것입니다. 이러한 잘못된 생각을 바로잡는 것이 사상 선도에 가장 적절하고 동시에 가장 필요한 방법이라고 생각합니다. 바꾸어 말하면 이 잘못된 생각의 근원은 사회공존의 요건인 법률을 존중하지 않고, 멸시함에 있기 때문에 그 무뢰배의 사상을 선도함에는 **우선 첫 번째로 법률을 존중하게 하고 이를 따르고 지키지 않으면 안 되는 신념을 품게 하여야** 합니다. 이 신념을 품게 하면 아무리 기타 방법으로 그 선도를 도모해도 생각건대 그 효과는 매우 미미하다고 생각합니다. 따라서 법률을 존중하게 함은 그 사상의 선악, 바르고 사악함은 별문제로서 만일 그 사상으로부터 사회의 안녕질서를 어지럽히고 국헌을 해치는 것과 같은 언동을 일으키거나 하면 이를 **엄중히 검거하여 상당한 처벌을 하는 것보다 나은 것은 없습니다.** 처음부터 이와 같은 금지를 범하지 않는 한 사상의 자유를 인정하여 지장이 없으나 실제 그 사상을 발휘함에 법에 저촉하는 것이 생각건대 적지 않은 것입니다. 이 견지로부터 **출판계**에서 민족자결주의에 의한 독립 고취 또는 공산주의 선전과 같은 일은 각기 법에 의거 처벌할 필요 있는 것은 물론 **노동쟁의**든지 **소작쟁의**든지 평화 수단에 의하여 이를 해결하려고 시도함과 같이 처음부터 법의 간섭하는 바에 있지 않아도 이를 해결하기 위하여 노동자 또는 소작인 등이 크게 일어나 자본주의 또는 지주를 압박하고 시위운동을 시도하거나 이를 억제하려는 관헌에 항

第一部　第二類　檢察部長ニ對スル高等法院檢事長訓示

一　刑事令ノ運用　新刑事令新刑事訴訟法ニ付テハ其ノ意義ヲ明ニシタル學者又ハ實際家ノ刊行物カ汗牛モ管ナラサル程世間ニ流布シテ居リマスカラ特ニ其ノ法規ヲ說明スル樣ナ事項ヲ申述フル必要ヲ認メマセヌカ只其ノ運用ニ關シテ一ツ御話シテ置キタイコトカアルノテアリマスソレハ各位ノ部下ニシテ而モ下級ニ在ル警察官吏ニ對シ此ノ法令ノ運用ニ付テハ其ノ解釋ニ單ニ形式論ス

拒スルカ又ハ官憲カ斯ノ如キ暴動者ヲ檢束シタルニ對シ之カ取戾ノ爲騷擾ヲ爲スカ如キ其ノ他種々ノ暴擧ニ出テタル場合ハ無論嚴重ニ之ヲ檢擧シテソレソレ法ニ據ツテ處分スヘキモノト思ハレマス尤モ何等ノ暴擧ニ出テスシテ單ニ勞働者カ同盟罷業ヲ爲シ小作人カ小作料不納同盟ヲ爲スカ如キ又斯ノ如キ同盟ヲ勸誘シ若クハ煽動シタルカ如キ場合ハ法ノ問フ所テハアリマセヌケレトモ斯ノ如キ場合ニ往々同盟ニ加ハル意思ナキ勞働者又ハ小作人ヲ脅迫シテ之ニ加入セシムルコトカアリマス斯ノ如キ場合ハ其ノ脅迫者ヲ罰スヘキコトハ無論テアリマス又共產主義者カ勞働爭議又ハ小作爭議ニ關係スルコトアリマスカ矢張同一ノ處置ニ出ツヘキテハアルカ其ノ關係ルニ當ツテ往々主義ノ宣傳ヲ試ミントスル者カアルカラ斯ノ如キ場合ニハ出版界ノ思想宣傳ト同樣之ヲ檢擧シ處分スヘキモノト思フノテアリマス此ノ外種々ノ場合モ起ルニ相違アリマセヌカ要スルニ法ニ觸ルルトキハ嚴重ニ檢擧シテ處罰スルコトカ必要テアルコトカ其ノ反面同時ニ思想ノ善導トナルノテアリマス各位ハ此ノ趣旨ヲ體シテ相當努力セラレンコトヲ希望シマス

(133쪽)

거하거나 관헌이 이와 같은 폭동자를 검속(檢束)함에 대하여 이를 하지 못하도록 소요를 하는 것과 같이 기타 여러 폭거로 나갈 경우는 물론 엄중하게 이를 검거하여 각기 법에 의거 처분해야 할 것으로 생각됩니다. 더욱이 아무런 폭거에 나가지 않고 단지 노동자가 동맹파업을 하고 소작인이 소작료 불납동맹을 하는 것과 같이 또는 이와 같은 동맹을 권유하고 또는 선동하는 경우는 법에 저촉되는 것은 아니나 종종 동맹에 가담할 의사 없는 노동자 또는 소작인을 협박하여 이에 가입하게 하는 일이 있습니다. 이 경우에는 그 협박자를 벌해야 함은 물론입니다. 또 **공산주의자가 노동쟁의 또는 소작쟁의에 관계하는 일**이 있습니다만 역시 동일한 처치로 나가야 합니다만 그 관계함에 당하여 종종 주의(主義)의 선전을 시도하려는 자가 있으므로 이 경우에는 출판계의 사상 선전과 마찬가지로 **이를 검거하여 처분**해야 한다고 생각하는 것입니다. 이 외 여러 경우도 일어남에 틀림이 없으나 요컨대 법에 저촉한 때는 엄중히 검거하여 처벌하는 것이 필요하고 이는 사상의 단속임과 동시에 사상 선도가 되는 것입니다. 여러분은 이 취지를 명심하여 상당한 노력을 해 줄 것을 희망합니다.

1. 형사령의 운용

신「**형사령**」, 신「**형사소송법**」[96]에 대하여는 그 의의를 명확히 한 학자 또는 실제가(實際家)의 간행물이 많기가 이만저만이 아닐 정도로 세간에 유포되어 있으므로 특히 그 법규를 설명함과 같은 사항을 말할 필요를 느끼지 않습니다만 그 운용에 관하여 한 가지 말하여 두고 싶습니다. 그것은 여러분의 부하이면서 하급에 있는 경찰관리에 관한 이 법령의 운영에 대하여는 그 해석에 단지 형식론

---

96 신「형사소송법」은 1922년 5월 4일 공포 법률 제75호(5월 5일 자 관보 제2925호)를 말하고, 신「형사령」은 1922년 12월 7일 공포 제령 제14호 「조선형사령 중 개정의 건」을 말함

第一部 第二類 警察部長ニ對スル高等法院檢事長訓示

ノミニ依ラスシテ常ニ常識ヲ用キテ具體的妥當性ヲ見出シテ妥當ノ處理ヲ爲ス様ニ指導シテ戴キタイノデアリマス私ハ此ノ法令ノ運用ニ關シテハ其ノ理由ハ省キマスカ結論トシテ法令ノ解釋ニ單ニ形式論ニ拘泥シ常識ニ訴ヘテ其ノ具體的妥當性ヲ得サルモノハ違法テアルト言フ澤テアリマス即常識ヲ用ウルト言フコトハ法令ノ運用上ノ要件ト認メテ居ルノデアルカラ警察官吏ノ常識涵養ニハ是非御盡力ヲ願ヒタイノデアリマス申スマテモナク司法警察官ハ新法令ニ依レハ被疑者ヲ十日間留置スルコトカ出來マス斯ノ如キ規定カアルカラ形式論カラ申セハ常ニ被疑者ヲ十日間留置シテ終了スルモノト認メラルル場合ニ漫然之ヲ以テ之カ取調ヲ爲セハ二三日ヲ出テスシテ差支ナイ様ニ思ハレマスカ若事件簡單ニシテ誠意ヲ以テ之カ取調ヲ爲セハ二三日ヲ出テスノ處理トハ申サレマセヌ殊ニ被疑者ノ取調ニ當リテ之ヲ虐待スルカ如キハ最非常識ナ取扱テアツテ其ノ不當ナルコトハ申スマテモアリマセヌカ近時警察官吏ノ拷問モ各位ノ御指導ニ依リ餘程減少シテ來マシテ朝鮮統治ノ爲慶賀ノ至リニ堪ヘマセヌカ尚未タ全ク其ノ跡ヲ絶ツニ至ラサルハ甚タ遺憾ニ堪ヘマセヌ又新法令ハ人權尊重ヲ最高調セルヲ以テ今後ハ從來ヨリ一層此ノ點ニ付テ御留意ヲ願ハナケレハナリマセヌ又證人ノ喚問ニ付テモ事案ヲ深ク翫味セス搜査ノ方針ヲ確立セサル二徒ニ多數ノ證人ヲ喚問スルカ如キハ之亦穩當ノ處置ト言フコトカ出來ナイノデアリマス其ノ他物件ノ押收ニセヨ家宅搜索ニセヨ深ク事案ヲ考察シテ搜査ノ方針ヲ確立シ必要ト認メタル場合ノミニ限定シ之ヲ濫用スルカ如キハ最慎ムヘキコトテアリマス以上ハ人權又ハ人ノ自由ヲ尊重セネ

一三四

(134쪽)

에만 의하지 않고 언제나 상식을 활용하고 구체적 타당성을 찾아내어 타당한 처리를 하도록 지도하여 주었으면 합니다. 저는 이 법령의 운용에 관하여는 그 이유는 생략합니다만 결론으로서 법령의 해석에 단지 형식론에 구애되어서 상식의 호소로 그 구체적 타당성을 얻지 못하는 것은 위법이라고 생각합니다. 즉 상식을 이용한다고 말하는 것은 법령 운용상의 요건으로 인정하고 있는 것이므로 경찰관리의 상식 함양에는 반드시 힘을 다해 주기를 바라는 것입니다. 말할 나위 없이 **사법경찰관은 신법령에 의하면 피의자를 10일간 유치할 수 있습니다.**[97] 이와 같은 규정이 있으므로 형식론으로부터 말하면 언제나 피의자를 10일간 유치해도 지장이 없는 것처럼 생각됩니다만 만일 사건이 간단하여 성의를 가지고 조사하면 **2~3일 못 가서 종료한다고 인정되는 경우에 만연히 이를 10일간 유치함은 매우 비상식인 취급**으로 타당한 처리라고 말할 수 없고 특히 피의자의 조사에 임하여 학대하는 것은 가장 비상식인 취급으로서 그 부당함은 말할 나위 없습니다. 최근 **경찰관리의 고문도** 여러분의 지도에 의한 나머지 **그 정도가 감소해 와 조선 통치를 위하여 기쁘기 그지없지만** 역시 아직 그 자취를 끊는 데 이르지 못한 것은 매우 유감스럽기 그지없고 **신법령은 인권 존중을 최고조(最高調)함으로써** 앞으로는 종래보다 한층 이 점에 대하여 유의를 바라지 않을 수 없습니다. 또한, 증인을 소환하여 신문하는 것에 대하여도 사안을 깊이 음미하지 않고, 수사의 방침을 확립하지 않고 함부로 다수의 증인을 소환하여 신문함은 그 역시 온당한 처치라고 말할 수 없는 것입니다. 기타 **물건의 압수이든 가택수색이든 사안을 깊이 고찰하여 수사의 방침을 확립하고 필요하다고 인정한 경우에만 한정하고 이를 남용하는 것은 가장 신중해야 할 것입니다.** 이상은 **인권 또는 사람의 자유를 존중하지**

---

97 각주 95)에서 언급한 신「형사령」제13조 규정, 동 조항 원문은 서적 **153쪽** 참조

ハナラヌト言フ社會ノ通念ニ基キタル例テアリマスカ尚新法令ハ被疑者其ノ他關係者ノ名譽尊重

淳風美俗ノ確保等ヲ精神トシテ居リマス之亦社會ノ通念テアリ常識テアリマス斯ノ如キ通念ハ能ク

部下ヲシテ心得シメ常規ヲ逸スルカ如キ行動ニ出ツルコトナキ樣御指導ヲ希望シテ止ミマセヌ

六 警察部長ニ對スル中村高等法院檢事長訓示　（大正十四年五月）

今回各位ノ會同ニ際リ所懷ヲ開陳スルノ機會ヲ得タルハ欣幸トスル所テアリマス

一 集團的運動ニ關スル取扱ニ付テ 近レニ付テハ先般司法官會同ニ際シ各檢事局監督官ニ對シ斯

樣ニ申シマシタ卽「近時小作爭議ト言ハス勞働爭議ト言ハス宗敎上ノ爭ト言ハス將タ思想上ノ爭

ト言ハス其ノ他社會ノ各方面ノ事ニ著シク集團的運動ノ增加シ來レルヲ見受ケルノテアリマス是

レ蓋シ社會ノ進運ニ伴フ當然ノ事相テアッテ今後共ノ傾向ハ益增加スルモノト思ハナクテハナリマ

セヌ何トナレハ一人ニテ爲シ能ハサルコトモ多衆相寄レハ之ヲ遂ケ得ルハ理ノ當然テ世ノ進步ニ

伴フテ愈多ク多衆ノ力ヲ利用スルニ至ルヘキハ常然ノ趨勢テアルト觀シラレルカラテアリマス故

ニ今ニ於テ其ノ集團的運動ナルモノニ付司法ノ方面ヨリ研究シ傋クノ必要アルモノト信スルノテ

アリマス抑多衆ノ運動ハ之ヲ利用スレハ大ニ有益ナル事ヲ遂ケ得ルト同時ニ之ヲ惡用スレハ甚タ

シキ害毒ヲ遺スモノナルコトハ深ク贅フヲ俟タサルニ拘ラス從來ノ立法ハ共ノ惡用サレタル場合

ニ對スル取締ニ付用意ヲ缺キ一人若ハ數人ノ行爲ニ關スル取締ニ付テハ遺憾ナク規定ヲ設ケ居レ

第一部　第二篇　警務部長ニ對スル高等法院檢事長訓示

一三五

(135쪽)

않으면 안 된다는 사회의 통념에 기초한 예입니다만 역시 **신법령은 피의자 기타 관계자의 명예 존중, 순풍미속(淳風美俗)의 확보 등을 정신으로 하고 있는** 이 역시 사회의 통념이고 상식입니다. 이와 같은 통념을 능히 부하로 하여금 명심시켜 상규를 벗어나는 행동으로 나가는 일이 없도록 지도를 희망해 마지않습니다.

6. 경찰부장에 대한 中村 고등법원검사장 훈시
(1925년 5월)

이번 여러분의 회동에 즈음하여 사무에 관한 소회를 개진할 기회를 얻어 다행이고 기쁘게 여기는 바입니다.

1. 집단적 운동에 관한 단속에 대하여

이에 대하여는 지난번 사법관 회동 때 각 검사국 감독관에 대하여 이렇게 말하였습니다. 【최근 소작쟁의라고 말하지 않고, 노동쟁의라고 말하지 않고, 종교상의 다툼이라고 말하지 않고, 이럭저럭 사상상(思想上) 다툼이라고 말하지 않고, 그 밖의 **각 방면의 일에 현저한 집단적 운동의 증가를 초래**하고 있는 것으로 보입니다. 이는 생각건대 사회의 진운(進運)에 동반하는 당연한 상태로서 앞으로 그 경향은 더욱 증가할 것으로 생각하지 않으면 안 됩니다. 왜냐하면, 한 사람으로서 할 수 없는 일을 다중이 서로 의지한다면 할 수 있는 이치는 당연하여 세상의 진보에 따라 점점 많은 다중의 힘을 이용함에 이를 것은 당연한 추세라고 보이기 때문입니다. 따라서 지금 그 집단적 운동인 것에 대하여 사법의 방면으로부터 연구하여 둘 필요가 있다고 믿습니다. 다중의 운동은 이를 이용한다면 크게 유익한 일을 수행할 수 있고 동시에 이를 악용한다면 심한 해독을 남기는 것은 깊이 말할 나위 없음에도 불구하고 **종래의 입법**은 그 악용된 경우에 대한 단속에 관한 용의(用意)를 결(缺)하여 **한 사람 혹은 수인의 행동에 관한 단속에 대하여는 유감없이 규정을 만들어 놓고**

第一部　第二類　檢察部長ニ對スル高等法院檢事長訓示

トモ集團的ノ行動ニ關スル取締ニ付テハ殆ト規定ヲ缺クト言フ狀態テ從テ執法者モ一人若ハ數人ノ犯行ヲ取締ルノ精神ヲ以テ及ホシテ集團的ノ犯行ニ臨ンタノテアリマス斯ノ如キ取締方法テハ到底集團的ノ犯行ノ弊ヲ除クニ何等ノ力ナク取締上遺憾少クナカツタノテス茲ニ於テ近時立法ハ斯ノ如キ時代ノ趨勢ニ迫ラレ其ノ缺陷ヲ補フ爲集團的ノ犯行ニ對シテハ一人若ハ數人ノ犯行トハ別段ナル取締規定ヲ設クルノ傾向ヲ生スルニ至ツタノテアリマス最近發布セラレタル治安維持法ノ如キハ其ノ一例テアリマス叉朝鮮ニ於テ既ニ大正八年ニ發布サレタル制令第七號ノ如キモ亦其ノ一例テアリマス此ノ二個ノ法令ニ依リ始メテ集團的ノ犯行取締方針ノ曙光ヲ見出スコトヲ得ルノテアリマス卽此ノ二個ノ法令ト刑法ノ騷擾罪ノ規定ト併セ見テ考察スレハ或ル行動ヲ單獨又ハ數人ニテ行ヘハ或ハ罰セラレス或ハ罰セラルルトモ輕キ處分ヲ受クルニ過キサル場合モ集團的ニ行ヒタルカ故ニ問セラレ集團的運動ナルカ故ニ重ク罰セラルルト言フ結論ヲ得ルノテアリマス此レカ集團的犯行ヲ司法上如何ニ取扱フヘキカノ方針ヲ授ケルモノテハアルマイカト考ヘラルルノテアリマス卽集團的ノ犯行ハ社會ノ治安維持ノ方面ヨリ觀察シ之ヲ單獨又ハ數人ノ犯行ニ比シテ極メテ危險ナリ又著シク害ヲ爲スモノナルカ以テ之カ司法上ノ取扱ニ單獨若ハ數人ノ犯行ヨリハ尤シク取扱フヘキテアル凡ソ斯樣ノ方針ヲ以テ之カ發見セラルルコトト信シマス尤モ集團的ノ行動ニハ加擔者ノ多クハ所謂群集心理ニ捉ハレ單獨又ハ數人ニテハ容易ニ爲サントハセサル事ヲモ群集ト言フ勢ニ驅ラレ

一三六

(136쪽)

있음에도 **집단적 행동에 관한 단속에 대하여는 거의 규정을 결(缺)**하고 있다고 말할 상태여서 집법자(執法者)는 한 사람 혹은 수인의 범행을 단속하는 정신을 들어맞추게 하여 집단적 범행에 대처했던 것입니다. 이와 같은 단속 방법에는 도저히 집단적 범행의 폐를 제거함에 아무런 힘이 없고, 단속상 유감적지 않았으므로 이에 **최근 입법**은 이와 같은 시대의 추세를 절감하고 그 결함을 보완하기 위하여 **집단적 범행에 대하여**는 1인 혹은 수인의 범행과는 **별도로 단속 규정을 마련**하는 경향이 생기기에 이른 것입니다. **최근 발포(發布)된 「치안유지법」**[98]이 그 일례입니다. 또한, 조선에서 이미 1919년에 발포된 **「제령 제7호」**와 같은 것도 역시 그 일례입니다. 이 두 개의 법령에 의하여 비로소 집단적 범행 단속 방침의 서광(曙光)을 찾아낼 수 있게 된 것입니다. 즉 **이 두 개의 법령과 형법의 「소요죄」의 규정**과 함께 보아 고찰하면 **어떤 행동을 단독 또는 수인이 행하면 혹은 벌을 받지 않고 혹은 벌을 받아도 가벼운 처분을 받기에 지나지 않은 경우도 집단적으로 행한 이유로 벌받고 집단적 운동이어서 무겁게 벌을 받는다고 하는 결론**을 얻은 것입니다. 이것은 집단적 범행을 사법상 어떻게 취급해야 할지 방침을 내려야 하지 않나 하고 생각한 것입니다. 즉 집단적 범행은 사회의 치안 유지의 방면으로부터 관찰하여 이를 단독 또는 수인의 범행에 비하여 극히 위험하고 또한, 현저히 해를 끼치는 것으로 그 사법상의 취급에 단독 혹은 수인의 범행보다는 더욱 엄하게 취급해야 하여 무릇 이와 같은 방침이 발견된 것이라고 믿습니다. 더욱이 집단적 행동에는 가담자의 대부분은 소위 군집(群集) 심리에 사로잡혀 단독 또는 수인으로는 쉽게 하지 않는 일을 군집이라고 하는 세력으로 치달아

---

98 1925년 4월 21일 법률 제46호로 공포(4월 27일 자 조선총독부 관보 제3807호)

第一部　第二項　警察部長ニ對スル高等法院檢事長訓示

テ容易ニ之ヲ行フニ至ルノデ各人ノ心理狀態ヲ窺ヒ見レバ犯情極メテ輕シト言フニ歸スル場合カ多イノデスサルカラニ從來ノ裁判ニ於テハ此ノ心理狀態ニ輕キヲ置イテ其ノ犯行ヲ寬大ニ取扱フノ例カ往々アッタノデアリマス成程刑ノ量定ハ犯人ノ性格ニ重キヲ置クヘシトノ純然タル主觀主義ニ依レバ左樣ナ取扱トナルヤモ知レマセヌカ然シ如何ニ社會ニ恐怖ヲ惹起シ又損害ヲ生起セシメタモノニ犯人ノ性格ノ良否ノミニ着眼シテ其ノ取扱ヲ寬ニナストモ差支ナシトセンカ社會ノ保護ヲ以テ目的トスル刑罰ノ本旨ニ悖ルモノト言ハナケレバナリマセヌ故ニ從來聲明シタルカ如ク刑ノ量定ハ犯人ノ性格ノ外ニ客觀的事實ニモ重キヲ置カナケレバナリマセヌ此ノ事由ト新立法ノ趨勢ト又其ノ精神ニ照ラシテ多衆ノ犯行ニ付テハ犯人各個ノ個性ノミニ重キヲ置カズ其ノ結果ノ重大ナルニ顧ミ相當嚴重ノ取扱ヲ爲スヘキモノト思フノデアリマス此ノ事ハ獨リ刑ノ量定ニ關シテノミナラス其ノ他百般ノ犯行ニ付テ此ヲ言フノデアリマス昨今流行ノ小作爭議及ハ勞働爭議ヨリ生スル集團的運動ノミナラス其ノ他百般ノ社會運動ニ付テ此ヲ言フノデアリマス
「ム」ト言フタメノ趣旨デアリマス一言以テ之ヲ掩ヘハ集團的犯行ニ付テハ之ヲ一人若ハ數人ノ犯行ニ比シテ社會ノ治安維持上著シク危險ナルカ故ニ一言以上ニ嚴重ニ處罰セナケレハナラヌト言フ趣旨ノ外ナラナイノデアリマス一人若ハ數人ノ犯行ヨリハ豫リ以上ニ嚴重ニ處罰セナケレハナラヌト言フ趣旨デアリマス但シ如何ナル非行モ其ノ犯跡明瞭ナラサレハ之ヲ處分スルコト能ハサルハ當然ノコトデ殊ニ集團的犯行ハ擧證ニ頗ル困難ナル場合多
ハナラヌト言フ趣旨ノ外ナラナイノデアリマス各位モ亦此ノ趣旨ニ據リ司法警察事務ノ取扱ヲ爲スヘク部下警察官吏ヲ指導セラレンコトヲ望ムノデアリマス

(137쪽)

쉽게 이를 행하기에 이른 것으로 심리 상태를 엿보면 범정(犯情) 극히 가볍다는 것에 귀착하는 경우가 많았기에 종래의 재판에서 이 심리 상태에 무게를 두고 그 범행을 관대하게 취급한 예가 왕왕 있었던 것입니다. 역시 형의 양정은 범인의 성격에 무게를 두어야 한다는 순연(純然)한 주관주의에 의하면 혹은 다음과 같은 취급이 되는지 모르겠습니다만 그러나 아무리 사회에 공포를 일으키고 손해를 생기게 한 행동이라도 첫째는 범인의 성격의 양부(良否)에만 착안하여 그 취급을 관대히 해도 지장이 없으나 사회의 보호를 목적으로 하는 형벌의 본지에 거슬린다고 말하지 않을 수 없기에 종래 선언한 바와 같이 형의 양정은 범인의 성격 외에 객관적 사실에 무게를 두지 않으면 안 됩니다. 이런 사유와 신입법의 추세와 또한 그 정신에 비추어 **다중의 범행에 대하여는 범인 각개의 개성에만 무게를 두지 않고 그 결과의 중대함을 돌아보고 상당히 엄중한 취급을 하여야 한다고 생각**하는 것입니다. 이 일은 오로지 형의 양정에 관한 것에만 있지 않고 기소, 불기소 결정을 하는 것에 대하여 역시 단지 **작금 유행의 소작쟁의 또는 노동쟁의로부터 생긴 집단적 운동만이 아니라 기타 여러 방면의 사회운동에 대하여 이를 말하는 것**입니다. 양찰(諒察) 바랍니다.]라고 말했던 것입니다. 이를 한마디로 말하면 집단적 범행은 이를 1인 또는 수인의 범행에 비하여 사회의 치안 유지상 현저히 위험한 때문에 1인 또는 수인의 범행보다는 더 이상으로 엄중히 처치하지 않으면 안 된다고 하는 취지와 다름이 없는 것입니다. 여러분도 역시 이 취지에 의거 사법경찰사무의 취급을 하여야 하고 부하 경찰관리를 지도할 것을 바라는 것입니다. 다만 어떠한 비행도 그 범적(犯跡)이 명료하지 않으면 이를 처분하는 것을 능히 할 수 없음은 당연한 것으로 특히 집단적 범행은 거증(擧證)에 매우 곤란한 경우가 많으므로

第一部　第二頭　警察部長ニ對スル高等法院檢事長訓示

キカ故ニ特ニ此ノ場合ノ擧證ニ留意セシムル様指導アランコトヲ是又希望スル所デアリマス

二　少年犯罪ノ取扱ニ付テ　少年犯罪者ノ刑務所ニ入所スルモノ漸ク增加ノ傾向ヲ生シ本年四月初旬開城少年刑務所ニ就テ調査シタルニ當時ノ入所者ハ三百七十名ニ達シ從來ノ增加率ヲ以テ推セハ此所一兩年ヲ出テスシテ六百名ヲ下ラサル入所者ヲ見ルノ趨勢ニアル様ニ思ハレルノテアリマス今日ニ於テモ斯ノ如キ少年犯罪者ヲ收容スルニ困難ヲ感シ居ルノテ今後ハ益收容難ニ苦シムノテハアルマイカト認メラルル狀況ニアリマス之ニ付テモ先般司法官會同ノ際檢事局監督官ニ對シ斯様ニ申シマシタ即「最近開城少年刑務所ニ就テ調査シタル所ニ依レハ在所者ニハ乞丐又準乞丐ノ少年多クテ中ニハ良性ノ著シキ者アルニハ相違ナキモ亦中ニハ單ニ口腹ヲ滿スカ爲竊盗其ノ他ノ不正行爲ヲ爲シタルニ過キサルモノト認メラルル者勘ナクハアリマセン少年刑務所ハ先天的ノ又ハ後天的ニ不良性ヲ帶ヒタル者ヲ矯正スルヲ以テ其ノ本來ノ使命トスヘキモノテアリマス然ルニ大體少年乞丐ノ如キハ口腹ヲ滿タスニ過キサル爲其ノ他ノ不正行爲ヲ爲スニ止マリ其ノ不正行爲タルヤ一面之ヲ考察スルトキハ必スシモ惡事ヲ行ハサルヘシト思料セラルルモノ即チニアラスシテ若之ニ相當ノ保護ヲ加フレハ必スシモ惡事ヲ行ハサルヘシト思料セラルルモノ即チ其ノ不正行爲ハ逆境カ因トナリ其ノ性格カ原因ヲ爲サストモ調ヒ得ルモノカ多イノテス斯ノ如キ者ハ本來社會事業ノ保護ニ俟ツヘキモノニシテ刑務所ノ矯正ヲ要スヘキ目的物ニハアラサルヲ以テ斯ノ如キ輩ヲ入所セシムルハ其ノ當ヲ得ナイモノト謂ハナケレハナリマセン尤モ朝鮮ニテハ此

(138쪽)
특히 이 경우 거증에 유의하도록 지도할 것을 또한 희망하는 바입니다.

2. 소년범죄의 취급에 관하여

소년 범죄자의 형무소 입소가 잠시 증가의 경향이 생겨 올해 4월 초순 개성 소년형무소를 대상으로 조사한 당시의 입소자는 370명에 달하여 종래의 증가율로 미루어 양(兩) 1년을 지나지 않아 600명을 내려가지 않는 입소자를 보이는 추세에 있는 것으로 생각됩니다. 오늘날 이와 같은 소년 범죄자를 수용함에 곤란을 느끼고 있으므로 앞으로 더욱 수용에 어려움이 있지 않을까 생각되는 상황입니다. 이에 대하여 지난 사법관 회동 때 검사국 감독관에 대하여 이렇게 말했습니다. 즉 【최근 **개성 소년형무소**에 관하여 조사한 바에 의하면 **재소자에 거지 또는 준거지의 소년이 많은 중**에는 양성(良性)이 현저한 자가 있음이 틀림없어도 역시 그중에는 단지 배를 채우기 위하여 절도 기타 부정행위를 함에 지나지 않은 것이라고 인정되는 자 또한 적지 않습니다. 말할 나위 없이 소년형무소는 선천적 또는 후천적으로 불량성을 띤 자를 교정함을 그 본래의 사명으로 할 것입니다. 그런데 대체 소년 거지는 배를 채우는 것에 지나지 않는 절도 기타의 부정행위를 함에 그치고 그 부정행위라는 것이 일면(一面)을 고찰할 때는 소위 생존을 전부로 한 급박행위로 보이지 않는 것 아니므로 만약 그에 상당한 보호를 가하면 반드시 나쁜 짓을 하지는 않을 것이라고 사료(思料)되는 자 즉 그 부정행위는 역경이 원인이 되었지 그 성격이 원인이 되지 않았다고 말할 수 있는 것이 많습니다. 이와 같은 자는 본래 사회사업의 보호에 기댈 것이면서 형무소의 교정을 필요로 할 목적물에 있지 않으므로 이와 같은 무뢰배를 입소하게 함은 그 당위를 얻을 수 없다고 말하지 않을 수 없습니다. 더욱이 조선에서는

七　警察部長ニ對スル中村高等法院檢事長訓示　(大正十五年七月)

(表省略)

本日各位ノ會同ニ際リ既往ノ經驗ニ顧ミ一言意見ヲ披瀝スルノ機會ヲ得タルハ洵ニ欣幸トスル所テアリマス

從來警察官ト檢事ト常ニ協調ヲ保チ互ニ相提攜シ其ノ問何等隔意アルヘカラストハ申シ來リマシタ兩者ハ各立場コソ異ナレ均シク治安維持ヲ以テ任スルコトテアルカラ今後トテモ無論此ノ方針ニ依リ進

警察官吏ヲ指導セラレンコトヲ切望シテ止ミマセヌ

ル途アルヘシト想ハルルヲ以テ及フ限リ乞丐ノ徒ニ對シテハ前述ノ趣旨ニ依リ取扱フヘキ樣部下

接ノ關係モアリ又地方民トモ直接ノ交渉アルヲ以テ足等ト連絡ヲ採リ多少ノ保護方法ヲ講セラル

護方法ヲ講スルコトハ頗ル無理ナル注文ヲ致スモノハアリマスカ警察官憲ハ道郡面等ノ各官衛ト密

上甚タ寒心スヘキ結果ヲ生シ不祥案テアリマスカラ社會事業ノ擧ラサル今日乞丐ノ徒ニ特殊ノ保

スケレトモ本來收容スヘカラサル者ヲ收容スルハ不當ニ收容雜ニ苦シムノミナラス刑務所行刑上將タ刑政

務所ニ收容スヘキ性質ノ者ハ如何程增加スルモ萬雜ヲ排シテ刑務所ニ收容スヘキハ當然テアリマ

鞭ニ對スル起訴ハ努メテ差控ヘラレタイモノテアリマス」ト斯樣ニ申シタノテアリマス卽本來刑

ノ方法ヲ以テ其ノ保護ヲ講セシメ漫然司法處分ニ付スルカ如キ態度ヲ採ラサル樣指導シ以テ此ノ

ノ擧ヲ收容シ保護スル機關トシテ特段ノ設備ハアリマセヌケレトモ主トシテ警察官ヲシテ何等カ

リマス

第一部　第二項　特務部장에對する高等法院檢事長訓示

(139쪽)

이러한 무뢰배를 수용하고 보호할 기관으로서 특단의 설비는 없지만 **주로 경찰관으로 하여금 어떤 방법으로 그 보호를 강구하게 하여 만연 사법처분에 붙이는 것과 같은 태도를 택하지 않도록 지도**하여 이 무뢰배에 대한 기소는 노력하여 삼가하기를 바라는 것입니다.]라고 말했던 것입니다. 즉 본래 형무소에 수용할 성질의 자는 어느 정도 증가해도 온갖 어려움을 물리치고 형무소에 수용해야 함은 당연하지만 본래 수용할 수 없는 자를 수용함은 부당 수용난으로 힘들게 할 뿐만 아니라 행형상(行刑上) 이럭저럭 형정상(刑政上) 매우 한심한 결과를 낳아 좋은 계책이 되지 못하므로 사회사업이 일어나지 않은 오늘날 **거지의 무리에 특수한 보호 방법을 강구하는 것이 매우 도리가 아닌 주문을 하는 감은 있습니다만 경찰 관헌은 도군면(道郡面)** 등 각 관아(官衙)와 밀접한 관계도 있고 또한 지방민과도 직접 교섭[99]이 있으므로 이들과 연락을 취하여 다소의 보호 방법을 강구할 방도가 있어야 한다고 생각하므로 가능한 한 거지의 무리에 대하여는 앞서 언급한 취지에 따라 취급하도록 부하 **경찰관리를 지도**하여 주시기를 간절히 바라 마지않습니다.

7. 경찰부장에 대한 中村 고등법원검사장 훈시
(1926년 7월)

오늘 여러분의 회동에 즈음하여 기왕의 경험을 돌아보고 한마디 의견을 피력할 기회를 얻어 매우 다행이고 기쁘게 여기는 바입니다.

종래 **경찰관과 검사와는 언제나 협조를 유지하고 서로 제휴하여 그사이 아무런 격의 없어야 한다**고 말하여 왔습니다. 양자는 각 입장이야 달라도 한결같이 치안 유지를 담당하는 것이므로 앞으로도 물론 이 방침에 의하여 나아가야

---

99 경찰의 타 관공서 및 토호(土豪)와의 유착 활용

第一部　第二顆　警務部長ニ對スル高等法院檢事長訓示

ムヘキテアルコトハ言フヲ俟チマセヌ而シテ今日迄ノ經驗ニ依レハ時ニ或ハ檢事ノ措置カ警察官ノ希望ニ副ハサルヤノ感ヲ生セシムルモノ絕無トハ申シ兼ネルノヲ遺憾トシマス斯樣ナコトハ極メテ勘シトスルモ自然疎隔ノ因ヲナスモノカラ左樣ナ事ニ生シナイ樣ニシテ置キタイト思フノテアリマス蓋檢事カ警察官ノ希望ニ副ハヌト云フコトニハ或ハ警察官ニ於テ檢事ノ職責ニ付テ幾部誤解カアリハシナイカトノ杞憂カモ知レマセヌカ一ノ虞ヲ懷イテ居ルノテアリマス夫レテ檢事ノ職責ト云フコトニ付テ簡單ニ申述ヘテ御諒察ヲ得レハ自然其ノ樣ノ事ハ生セヌテアラウト思フノテアリマス
司法官ハ法律正義又ハ社會正義ノ執行者テアリ檢事ハ刑事ニ關シ法律正義ヲ執行スル者テアリマス正義トハ自分ノ了解スル所テハ衡平ノ意義ト略同一ニ見テ居リマス然ラハ衡平トハ何ソヤト言ヘハ事物ヲ觀察シ又ハ處理スル上ニ於テ偏依セス又ハ極端ニ流レスシテ能ク其ノ中庸ヲ得ルノ謂ヒニシテ卽中庸又ハ中正ト異稱同義ト思フノテアリマス檢事ハ此ノ意義ニ於ケル正義ニ依リテ其ノ職務ヲ終始シテ居ルノテアリマス
而シテ檢事ハ刑事ニ關シ法律正義ヲ執行スル者ナルヲ以テ犯罪ヲ豫防シ鎭壓シ又ハ減少スルコトヲ以テ其ノ目的トシテ居リマス此ノ目的ノ以外ニハ檢事ハ何等ノ達スヘキ目的ヲ持ッテ居リマセヌ而シテ此ノ目的ヲ達スルニハ犯罪ヲ一般豫防及特別豫防ノ兩方面ヨリ觀察シ尚犯罪者ノ犯情及被害者ノ被害程度ノ兩方面ヲ觀察考慮シテ其ノ中庸ヲ得相當措置スルノテ卽刑事政策ニ立脚シテ其ノ職責ヲ盡スノテアリマスカラ政治ト云ヒ行政ト云ヒ均シク正義ニ感潤セサルヘカラサルモノトハ言ヒマスケレトモ台

一四〇

(140쪽)

할 것은 말할 나위 없습니다. 그리고 오늘까지 경험에 의하면 때로 혹은 검사의 조치가 경찰관의 희망에 부응하지 않느냐는 감(感)을 생기게 하는 것도 전혀 없다고는 말할 수 없는 것을 유감으로 생각합니다. 그와 같은 일은 극히 적어도 자연 소격(疏隔)의 원인이 되는 것이기 때문에 다음과 같은 일이 생기지 않도록 하여 두고 싶다고 생각하는 것입니다. 생각건대 검사가 경찰관의 희망에 부응하지 않는다는 말에는 혹은 경찰관이 검사의 직책에 대하여 어느 부분 오해가 있음이 아닐까 하는 기우인지 모르나 하나의 우려를 품고 있는 것입니다. 그래서 검사의 직책이라고 하는 것에 관하여 간단히 말하여 헤아려 살핌을 얻으면 자연히 그와 같은 일은 생기지 않으리라고 생각하는 것입니다. 사법관은 법률 정의 또는 사회 정의의 집행자이고 **검사는 형사에 관하여 법률 정의를 집행하는 자**입니다. 정의라는 것은 제가 아는 바로는 형평의 의의(意義)와 거의 같은 것으로 보고 있습니다. 그러면 형평이 무엇이냐고 말하면 사물을 관찰하고 또한 처리함에 있어 치우치지 않고 또는 극단에 흐르지 않아 능히 그 중용(中庸)을 얻는 것이라고 말하기도 하여 중용 또는 중정(中正)과 이칭동의(異稱同議)라고 생각하는 것입니다. **검사는 이 의의(意義)에 있어 정의에 의하여 그 직무를 종시(終始)**하고 있는 것입니다.

따라서 **검사는 형사에 관하여 법률주의를 집행하는 자로서 범죄를 예방하고 진압하거나 감소(減少)함을 그 목적**으로 하고 있습니다. 이 목적 이외에는 검사는 도달해야 할 아무런 목적을 지니고 있지 않습니다. 따라서 이 목적 도달에는 범죄를 일반예방 및 특별예방의 양 방면에서 관찰하여 한층 범죄자의 범정(犯情) 및 피해자의 피해 정도의 양 방면을 관찰하고 조사하여 그 중용을 얻어 상당한 조치를 함으로써 즉 **형사정책에 입각하여 그 직책을 다하는 것이므로 정치(政治)**라고 말하고, 행정(行政)이라고 말하고 한결같이 정의에 기조(基調)하지 않을 수 없다고 믿으면서도 정치

ヤ行政ハ此ノ以外ニ尚目的ヲ有スルコトカアルノテ動モスレハ刑事政策ト相容レサル場合ヲ生スルコトナシトハ限ラレヌノテアリマス例ヘハ警察官ニ於テ斯ク斯クノ事案ニ非ス或ハ又其ノ事實ナキニ拘ラス檢事カ搜査ニ著手スレハ却テ一大秘密ノ伏在スルカ如キ疑惑ヲ一般ニ惹起セシメ害アリテ盆ナシトセラルル場合ト雖檢事トシテハ苟モ其ノ事件ヲ知リ相當嫌疑アルモノト思料シタルトキハ刑事政策ノ要求スル所ニ依リ之ヲ不問ニ付シ難ヘカラサル責務アリ而シテ此ノ場合不問ニ付センヨリハ調査シテ不正ノ蟠ルマラサルコトヲ明瞭ニセハ却テ一般ヲ安堵セシメ嫌疑者ノ信用ヲ恢復シ又ハ增加セシムルノ盆アルノテアリマス又或ハ斯ク斯クノ事件ニ付初メハ殷重ノ處分ヲ希望シタルモ後ニハ政策上之ヲ緩和スルノ得策ナルコトヲ感セラルル場合モアランモ若刑事政策上之ヲ緩和スルノ事情生シタリトセハ即例ヘハ社會ノ事情乃至犯罪者ノ心狀一變シタリトセハ之ヲ緩和スルハ當然テハアリマスケレトモ犯罪者ノ心狀ニ變異モナク又社會ノ事情モ依然トシテ處分當初ノ如ク之ヲ殷重ニ取扱ハサレハ犯罪者モ改心セサルカ又ハ一般ヲ警戒シテ犯罪ヲ鎭壓シ又少クトモ減少スルノカナシト認メラルルトキハ他ノ政策ニ願ミテ當初ノ處置ヲ左右シ難キ場合アルコトアリマス凡ン斯ノ如キ場合アルコトヲ當初考慮ニ加ヘラレ適當ノ處理ヲ講セラレタレハ司法處分ト行政上ノ希望ト調和スルノ途ヲ發見セラルルコトハ難クナイト思ハレマス

又政治殊ニ行政ハ臨機應變ノ處置ヲ必要トスヘク其ノ處置タルヤ必スシモ恒久的又ハ普遍的ノモノタ

(141쪽)

나 행정은 그 이외에 역시 목적을 지닐 수가 있으므로 자칫하면 **형사정책과 서로 허용할 수 없는 경우**도 생길 수 있습니다. 예를 들어 경찰관에게 이러저러한 사건은 각별한 사안이 아니고 혹은 그런 사실 없음에도 불구하고 **검사가 수사에 착수하면 오히려 일대 비밀, 일대 부정이 그 사이에 복재(伏在)하는 것처럼 의혹을 일반에게 야기(惹起)시켜서 해롭고 이익이 없다고 여겨지는 경우**라도 검사로서는 만약 그 사건을 알고 상당한 혐의가 있다고 사료한 때는 형사정책의 요구하는 바에 의하여 이를 불문에 부치기 어려운 사안임을 명료히 하여야 하는 책무가 있으므로 이 경우 불문에 부치기보다 조사하여 부정이 서려 있지 않은 것임을 명료히 하면 오히려 일반을 안도시켜 혐의자가 신용을 회복하고 혹은 증가시키는 이익이 있으므로 수사를 보류하지 못한 것입니다. 또 혹은 이런저런 사건에 관하여 처음에는 엄중한 처분을 희망하였어도 후에는 정책상 이를 완화할 사정이 생긴다고 하면 즉 예를 들어 사회의 사정(事情) 내지 범죄자의 심상(心狀)이 아주 달라진다면 이를 완화함은 당연하나 범죄자의 심상에 변이도 없고 또한 사회의 사정도 변함없어 처분 당초와 같게 이를 엄중히 취급하지 않으면 범죄자도 개심(改心)하지 않고 또는 일반을 경계하여 범죄를 진압하고 또 적어도 감소할 힘이 없다고 인정되는 때는 다른 정책을 돌아보고 당초 처치를 좌우하기 어려운 경우가 있음을 양해하였으면 하는 것입니다. 무릇 이 같은 경우가 있을 것을 당초에 고려해 넣어 적당한 처치를 강구한다면 사법처분과 행정상의 희망과 조화할 길을 발견할 수 있는 것은 어렵지 않다고 생각됩니다.

또한, 정치 특히 행정은 임기응변의 처치를 필요로 해야 할 그 처치란 것이 항구적 또는 보편적인 것

第一部　第二類　警察部長ニ對スル高等法院檢事長訓示

ルコトヲ要セサルニ反シ司法ハ一地方ノ事情ノミニ着眼スルコトヲ得スシテ全國的ニ願ルル所ナカルヘカラス又一時宜シキヲ得タルヲ以テ足レリトセス尚將來ノ例トナルコトヲ慮ラサルヘカラサルガ故ニ多少ハ普遍的ニシテ恒久的ナルコトヲ得サルヘク又恒久的ノ處置ヲ採ルヘキ司法トシテハ必スシモ之ト符合セシムルコト能ハサル場合モ多少恒久的ノ處置ヲ採ルヘキ司法トシテハ必スシモ之ト符合セシムルコト能ハサル場合モ皆無トハ申サレマセヌ凡ソ斯ノ如キ司法トシテハ後日寛大ノ處置ヲ採リ得ンカト存セラレマスル場合ニ於テモ述ヘタイト思フノテアリマスカラ其ノ節ノ訓示ヲモ一體セラレタイト思ヒマス

八　警察部長ニ對スル中村高等法院檢事長訓示　（昭和二年五月）

今回警察部長各位ノ會同ニ際シ意見ヲ開陳スルノ機會ヲ得タルハ欣幸トスル所テアリマス近時鮮内ハ之ヲ治安ノ方面ヨリ觀察スレハ概シテ平安無事ナリト申シテ過言テハナイト信シマス如斯情勢ヲ招致シタルニハ各位ノ奮勵努力大ニ與リテ力アルコトハ申スマテモアリマセヌ洵ニ國家ノ為感謝

(142쪽)

임을 요하지 않음에 반하여 사법은 한 지방의 사정만 착안할 수 없고 전국적으로 둘러볼 곳 없을 수 없고 또한 일시 적절히 함으로써 족하지 않고 오히려 장래의 예로 될 것을 고려하지 않을 수 없기에 다소는 보편적이면서 항구적인 그 양자의 성질의 다른 바로부터 예를 들면 행정상 한 지방의 조치로서 적당한 것이 되는 바도 때로 사법상은 전국적으로 관찰하는 관계상 행정의 희망에 부응하지 않는 경우 전부 없다고 말할 수 없고, 앞서 예와 같이 한 사건에 대하여 당초 엄중한 처치를 택하여 후일 관대한 처치를 택하면 행정상 적절한 조치라고 보는 경우도 다소 항구적 처치를 택하여야 할 사법으로서는 반드시 그와 부합하게 하지 못하는 경우도 모두 없다고는 말할 수 없습니다. 무릇 이와 같은 상위(相違)가 있는 것을 양해하여 일의 처음에 임하여 상당한 조치를 택한다면 피아(彼我)의 저촉을 피하고 점차 **검사와 경찰관과의 협조를 잘할 수 있을 것으로** 생각합니다.

또한, 검사의 직책에 대하여는 지금 말한 바로는 다 말하지 못한 감이 있어 언젠가 가까운 시일 내에 사법관 회의의 석상에서도 말하고 싶다고 생각하고 있으므로 그 부분 훈시를 일독하였으면 합니다.

8. 경찰부장에 대한 中村 고등법원검사장 훈시 (1927년 5월)

이번 경찰부장 여러분의 회동에 즈음하여 의견을 개진할 기회를 얻어 다행이고 기쁘게 여기는 바입니다.

최근 조선 내는 그 치안 방면으로부터 관찰하면 대체로 평안 무사하다고 말해도 과언이 아니라고 믿습니다. 이와 같은 정세를 초치(招致)함에는 **여러분의 분려노력(奮勵努力) 크게 힘입은 것임은 말할 나위 없습니다. 실로 국가를 위하여 감사**하기

ニ堕ヘサル次第テ其ノ勞ヲ多トスルモノテアリマス然リ而シテ社會ノ裏面ヲ探究シ民心ノ傾向ヲ考察スルトキハ尚未タ晏如タルヲ得マセヌ相當警戒ヲ要スルモノカアリマス蓋朝鮮民族中不穏思想ヲ抱ク者モ尠シトシマセヌ或ハ民族自決主義ヲ抱ク者アリ或ハ共産主義ヲ抱ク者アリ又或ハ無政府主義ヲ抱ク者モアリマス而シテ之等ノ主義者ハ單ニ其ノ思想ノ研究乃至鼓吹ニ止マラスシテ政治上經濟上將タ又社會上ノ實際問題ニ喰入リテ其ノ實現ヲ企圖シタルノ例舉ニ遑アリマセヌ其ノ爲不穩ノ言動ヲナシテ處罰セラレタルモノ亦頗ル多キニ拘ラス執拗ニモ其ノ主義ヲ捨テントハセス尚益其ノ主義ノ擴張ヲ計ラントシテ居マス昨年各位ノ努力ニ依リ之等主義者ノ大檢舉行ハレタル以來今閉息ノ氣味アルモ事アル毎ニ其ノ主義ヲ實現セントスル氣勢又ハ企圖ハ毫モ減退ノ色カ見ヘマセヌ夫レ朝鮮民族ノ不穏思想ハ何レモ其ノ悲因スル所民族獨立テフ感情ニ在ルノテスカラ之カ善導ハ難中ノ難ニ屬スルモノ此ノ如キハ之ヲ大ニシテハ帝國ノ國是ヲ案シ之ヲ小ニシテハ民心ノ弛緩ヲ來シ朝鮮ノ進展開發ヲ害スルコトニシテ容認ノ餘地ナキ思想テアルノテ不斷ノ努力ニ依リ之ヲ抑壓シ漸次民心ヲ穏健ナル方面ニ向ハシメサルヘカラサルノテ詳言ヲ要シマセヌ而シテ如斯效果ヲ招來スルノ途ハ取締ト處罰ヲ措イテ他ニ有力ナル方策ナシト信シマスルノテ從來各位ニハ不穏思想ノ調查乃至取締ニ心血ヲ灌キ甚大ノ力ヲ致サレ頗ル効果ヲ舉ラセラレタルモ近時一時主義者ノ閉息シタルニ心ヲ緩メラレス層一層ノカヲ此ノ方面ニ調查ニ傾注シ主義者ノ行動ハ縱令微細ナルモノト雖查察ヲ怠ラス禍ヲ未發ニ防キ大非ノ生セサル樣特ニ留意アランコトヲ望ンテ止マサルモノテアリマス

第一部 第二題 警察部長ニ對スル高等法院檢事長訓示

(143쪽)

그지없는 바로써 그 노고가 많았습니다. 그러나 사회의 이면을 탐구하여 민심의 경향을 고찰할 때는 한층 아직 편안할 수 없어 상당한 경계를 필요로 하는 것입니다. 생각건대, 조선 민족 중 **불온사상**을 품은 자 적지 않고 혹은 **민족자결주의**를 품은 자 있고 혹은 **공산주의**를 품은 자 있고 또한 혹은 **무정부주의**를 품은 자도 있습니다. 그리고 그들의 주의자는 단지 그 사상의 연구 내지 고취에 그치지 않고 **정치상 경제상 혹은 사회상의 실제 문제에 파고들어 그 실현을 기도**한 예 일일이 헤아릴 수 없습니다. 때로는 이를 위하여 **불온의 언동을 하여 처벌된 자 역시 매우 많음**에도 불구하고 집요하게도 그 주의를 버리지 않고 한층 더 그 주의의 확장을 꾀하려 하고 있습니다.

작년 여러분의 노력에 따라 그들 **주의자의 대검거**가 행하여진 이래 최근 숨을 죽인 기미(氣味) 있어도 일이 있을 때마다 **그 주의를 실현하려는 기세 또는 기도는 추호도 감퇴할 기미가 보이지 않습니다.**

조선 민족의 불온사상은 어느 것이나 그 기인하는바 민족독립이라는 감정에 있으므로 그 선도(善導)는 어렵고도 어려운 일에 속하는 것으로 이는 크게는 제국의 국시를 어지럽히고 작게는 민심의 이완을 초래하여 조선의 진전 개발을 해치는 일이 심대하여 용인의 여지없는 사상이므로 부단히 노력하여 이를 억압하고 점차 민심을 온건한 방면으로 향하게 하여야 한다는 것은 상세히 말할 필요가 없습니다. 따라서 이런 효과를 거두는 길은 **단속과 처벌 조치 이외의 다른 것에 의하여 이상 유력한 방책은 없다**고 믿으므로 종래 여러분이 불온사상의 조사 내지 단속에 심혈을 쏟고 심대한 힘을 모아 매우 큰 효과를 가져온 것도 최근 일시 주의자가 숨을 죽인 것에 풀어지지 말고 가일층의 힘을 이 방면의 조사에 경주하고 주의자의 행동은 가령 미세한 것일지라도 사찰을 게을리하지 말아 **화(禍)를 미연(未然)에 방지**하고 큰일이 일어나지 않도록 특히 유의할 것을 바라 마지않습니다.

第一部 第二類 警察部長ニ對スル高等法院檢事長訓示　一四四

近時學生ノ不穩思想ニ感染スルモノ漸次增加ノ傾向アリト認メテ居マスカ之レ朝鮮統治上頗ル寒心スヘキモノト信シマス蓋朝鮮ニ於テハ學生ハ等ロ有識階級ニ屬シ將來朝鮮ノ進步發達ニ大ナル貢獻ヲナスヘキモノテアリマス而シテ又朝鮮民族ハ現在ノ民族ヨリハ第二ノ民族ヨリハ第三ノ民族カ漸次意統治ニ則致セサルヘカラサルニ拘ラス第二民族第三民族ト漸次惡化スルニ至ルハ朝鮮統治上由々シキ大事ト申サナケレハナリマセヌカラ之カ惡化抑壓ニハ甚大ノ注意ヲ拂ハナケレハナラヌコトハ言ヲ俟タマセヌ從來之カ取締乃至處分ニ付テハ稍縱ニ失スルノ嫌ナキニ非サリシモ自今嚴正ノ取扱ヲ要スヘキモノト諒セラレタイノテアリマス　（表省略）

九　警察部長ニ對スル中村高等法院檢事長訓示　（昭和三年五月）

今回警察部長各位ノ會同ニ際シ所懷ヲ開陳スルハ洵ニ欣幸トスル所テアリマス却說本年ハ彼ノ治安維持法カ朝鮮ニ施行セラレテ旣ニ滿三年ヲ經過スルモノテアリマスカ今該法違反ニ對スル大正十四年大正十五年昭和元年及昭和二年ノ兩三年ニ於ケル全鮮檢事局統計ニ依リマスト受理件數九十件人員六百八十八人內起訴セラレタル者六十二件三百二十五人トナッテ居リマス從來朝鮮ニ於テハ政治犯取締ノ爲ニ保安法、大正八年制令第七號等ノ法規アリ之ニ備ヘタルノテアリマシタトコロ近來思想的犯罪ノ增加著シク爲ニ國家ノ大綱ヲ危ウスルノ虞アルヲ以テ別ニ治安維持法ノ制定ヲ見タル次第テアリマスカ果然朝鮮トシテモ前申ス如ク之カ運用ヲ見ルヘキ事件ノ數尠カラス就中無政府

(144쪽)

최근 학생의 불온사상 감염이 점차 증가의 경향에 있다고 인정하고 있습니다만 그것은 조선 통치상 매우 한심한 일로 믿습니다. 생각건대, 조선에서 학생은 오히려 유식 계급에 속하여 장래 조선의 진보 발달에 큰 공헌을 할 것입니다. 그리고 또한 조선 민족은 현재의 민족보다 제2의 민족이, 제2의 민족보다 제3의 민족이 점차 통치에 순치(馴致)되지 않으면 안 됨에도 불구하고 제2 민족, 제3 민족과 점차 악화하기에 이르는 것은 조선 통치상 중대한 대사(大事)라 말하지 않을 수 없기에 **그 악화 억압에는 심대한 주의를 기울이지 않으면 안 되는 것**은 말할 나위 없습니다. 종래 그 단속 내지 처분에 대하여는 약간 느슨하여 실패하는 경우 적지 않아 이제부터 엄정한 취급이 필요한 것임을 알기 바랍니다. (표 생략)

9. 경찰부장에 대한 中村 고등법원검사장 훈시
(1928년 5월)

이번 경찰부장 여러분의 회동에 즈음하여 소회를 개진함은 매우 다행이고 기쁘게 여기는 바입니다.

올해는 「**치안유지법**」이 조선에 시행되어 이미 만 3년을 경과한 것입니다만 이번 해당 법 위반에 대한 1925년, 1926년, 1927년 3년에 있어 전 조선 검사국 통계에 의하면 수리사건 90건 인원 688명 중 기소된 자 62건 325명이 되었습니다. 종래 조선에서는 정치범 단속을 위하여 「**보안법**」, 1919년 「**제령 제7호**」 등의 법규가 있어 그에 대비하였던바 **최근 사상적 범죄의 증가가 현저한 때문에 국가의 근본을 위태롭게 할 우려로서 별도로** 「**치안유지법**」**의 제정을 보게 된** 바입니다만 과연 조선으로서도 전에 언급한 바와 같은 그 운용을 적용할 사건 수가 적지 않은 중에서도 **특히 무정부**

主義運動トシテ大正十四年ノ京城ニ於ケル黑旗聯盟事件、共產主義運動トシテ大正十四年ノ京城ニ於ケル第一次第二次朝鮮共產黨赤化事件及同年ノ京城ニ於ケル第三次朝鮮共產黨赤化事件ノ如キ何レモ組織的ニ且大規模ニ主義ノ宣傳的運動又ハ實行運動ヲ計畫斷行セントシ殊ニ其ノ經過ヲ見マスルニ無政府運動トシテ既ニ刑事處分ヲ受ケナカラ殆ト同シ系統ニ屬スルモノカ同種ノ犯罪ヲ敢行シ又共產主義運動トシテ既ニ其ノ大半ヵ檢擧セラレタルニモ拘ラス殘黨ハ尙執拗ニモ祕密ニ結社ヲ組織スルカ如キ社會ノ平安ヲ破リ國家ノ統制ヲ紊サントスル兇惡ヲ爲スモノテアルコトハ申ス迄モナク其ノ影響ノ及フトコロ實ニ甚シク深憂措ク能ハサル次第テアリマス幸ニ今日ハ司法官憲殊ニ各位ノ努力宜シキヲ得タル爲治安上徹動タモ爲サスルニハ至ルヘシト思ハレマスノテ常ニ心セラレタクキハ凡ソ刑事政策トシテハ斯ル社會ノ秩序ヲ紊亂スルコト大ナル犯罪ハ之ヲ重視シ徹底的ニ檢擧スルノ必要アリトノコトト右思想上ノ犯罪ハ深刻廣汎且複雜ニシテ之ニ近似シ而モ社會生活上危險ト認ムヘカラサル思想トノ區別甚夕困難ナルヲ將來ニ於ケル方策トシテ豫メ此ノ方面ニ於ケル社會思想及當該法令ノ適用ニ付キ充分調査硏究シテ置ク必要アリトノコトテス若其ノ外形的行爲ノミニ捉ハレ之ニ對シニテモ盲斷ノ嫌アリテ檢擧搜査ヲ爲シ其ノ結果善良ナル進步的ノ社會運動ニ迄誤テ訴追スルコトアラントスルカソハ社會ノ進化ヲ阻止スルニ至ルコトアラント思フノテアリマス從來思想犯罪ノ檢擧ニ關シ此ノ點ニ付多少憾ミカアリマシタ各位ハ

第一部　第二題　警察部長ニ對スル高等法院檢事長訓示

一四五

(145쪽)

 주의 운동으로서 1925년 경성에서 '흑기연맹사건', 1926년 대구에서 '진우(眞友)연맹사건', 공산주의운동으로서 1925년 경성에서 '제1차, 제2차 조선공산당적화사건', 1926년 '간도적화사건' 및 동년의 경성에서 '제3차 조선공산당적화사건'처럼 어느 것 모두 조직적이고 동시에 대규모로 주의(主義) 선전적 운동 또는 실행 운동을 계획 단행하고 특히 그 경과를 보면 무정부운동이면서 이미 형사처분을 받았음에도 거의 같은 계통에 속하는 것이 동종의 범죄를 감행하거나 **공산주의운동**으로서 이미 그 태반이 검거되었음에도 불구하고 잔당은 한층 집요하게도 비밀결사를 조직하여 사회의 평안을 깨고 국가의 통제를 문란하게 하는 흉악을 행하는 것은 말할 필요도 없이 그 영향이 미치는 바가 실로 매우 심하여 우려하지 않을 수 없는 바입니다. 다행히 오늘은 사법관헌 특히 **여러분의 노력**이 적절하였기에 치안상 미동도 하지 않고 서로 국가를 위하여 기쁘기 그지없습니다. 그렇기는 하지만 이 종류의 범죄는 문운(文運) 진화에 따라 한층 양성(釀成)함에 이르게 될 것이라고 생각하므로 언제나 깊이 명심하였으면 하는 것은 무릇 형사정책으로서는 이 사회의 질서를 문란하게 하는 큰 범죄는 이를 중시하여 철저히 검거할 필요가 있다는 것과 앞서 언급한 **사상상(思想上)의 범죄**는 심각 광범함과 동시에 복잡하면서 그와 유사하고 게다가 사회 생활상 위험이라고 인정할 수 없는 사상과의 구별이 매우 곤란하기 때문에 장래에 방책으로서 미리 이 방면에 있어 **사회사상 및 당해 법령의 적용에 대하여 충분히 조사 연구**하여 둘 필요가 있습니다. 만일 그 외형적 행위에만 사로잡혀 그에 대하여 이 하나라도 맹단(盲斷)한 잘못으로 검거 수사한 결과 선량한 진보적 사회운동에까지 잘못 소추하는 일이 있어서는 사회의 진화를 저지함에 이르는 것이 아닐까 생각합니다. 종래 사상범죄의 검거에 관한 이 점에 대하여 다소 후회가 있었습니다만 여러분은

第二部　第二顧　檢察部長ニ對スル高等法院檢事長訓示

今後思想犯罪ノ檢舉ニ際シテハ勇斷ノ裡ニヨク細心ノ考慮ヲ用ヰリヤウ部下警察官ヲ指導セラレタク此ノ意味ニ於テ不常ヨリ簡明適切ニ實際生ジタル事例ヲ舉示シ思想方面ノ知識ノ涵養ニ努メラレンコトヲ望ミマス然リ而シテ沈思熟慮ノ結果一旦檢舉ノ大方針ヲ樹テラレタル以上ハ徹底的ニ之ヲ檢舉搜查シ犯罪鎭壓ノ十全ヲ期スヘキモノト思ヒマス殊ニ思想的犯罪ハ其ノ傳播ノ威力ニ於テ流布スル害毒ハ實ニ計ヘカラサルモノアリマス上犯罪ノ確證ヲ得タナラハ些モ免レテ恬然タルノ餘地ヲ與ヘサランコトヲ望ミマス檢舉ノ選擇ト檢舉ノ徹底トハ其ノ間自ラ區嚀ヲ異ニスルモノト思料シマス此ノ點ハ特ニ留意アルヤウ希望シマス

次テ思想犯罪ノ原因ニ關シテ一言シタイコトカアリマス其ノ發生原因トシテハ種々ナル事カ考ヘラレマスカ茲ニハ特ニ社會的ノ原因ヲ指摘シタイト思ヒマス卽チ犯人ノ個人的ノ原因以外ニ一般社會ニ於ケル宜シカラサル空氣例ヘハ新聞雜誌ニ現ハルル煽動的ノ記事論說、社會問題ニ關スル見解ニシテ時ニ誇張ニ失スル弊害又動モスレハ世道人心ヲ壞ラントスル流言浮說等テアリマスカ就中共ノ犯罪ノ發生乃至增加ノ原因ヲ爲ストシテ近時ノ惡傾向トシテ犯人ノ庇護乃至賞讚ニ關スル言動テアリマス例ヘハ講演等ノ場合ニ社會主義的ノ行爲ヲ賞揚スルカ如キ口吻、共產黨事件等ニ關シ未決勾留者ニ對シ何々會ノ名義ノ下ニ多衆ニテ刑務所ニ至リ差入ヲ爲スカ如キ行爲、處刑者ノ家族ニシテ其ノ扶養ヲ失ヒ多少トモ衣食ニ窮スル場合ニ過當ナル救濟資金ヲ廣汎ニ亙リ求メントスル募集、出獄者ニシテ鄕里ニ歸省スル場合ニ集合シテ之ヲ歡迎シ慰勞ヲ爲ス如キ會合、刑死者等ノ遺骨ヲ迎フル場合ニ旗行列ニ顯スル

一四六

(146쪽)

앞으로 사상범죄를 검거할 때에는 용단(勇斷)한 가운데 능히 세심의 고려를 하도록 부하 경찰관을 지도하기 바라고, 이 의미에서 평상시부터 간명 적절하게 실제 일어나는 사례를 거시(擧示)하여 사상 방면의 지식 함양에 노력하기를 바랍니다. 그리하여 깊이 생각하고 숙려한 결과 일단 검거의 대방침을 세운 이상은 **철저하게 이를 검거 수사하여 범죄 진압에 만전**을 기해야 한다고 생각합니다. 특히 사상적 범죄는 그 전파의 위력에 있어 유포하는 해독은 실로 헤아릴 수 없는 것이므로 충분히 따져 의논한 다음 범죄의 확증을 얻으면 조금이라도 벗어나고 태연해할 여지를 주지 말기 바랍니다. 검거의 선택과 검거의 철저와는 스스로 그 사이의 범주를 달리하지 않는 것이라고 사료합니다. 이 점은 특히 유의하기를 희망합니다.

다음으로 **사상범죄의 원인**에 관하여 한마디 하고 싶은 것이 있습니다. 그 발생 원인으로서는 여러 일이 생각납니다만 이에는 특히 사회적 원인을 지적하고 싶습니다. 즉 범인의 개인적 원인 이외에 일반사회에서 적절치 않은 공기(空氣) 예를 들면 **신문 잡지에 나타나는 선동적 기사 논설, 사회문제에 관한 견해이면서 때로 과장에 빠진 폐해 또는 여차하면 세상의 도리, 인심을 그르치려는 뜬소문 등**입니다만 그중에서도 특히 그 범죄의 발생 내지 증가의 원인이 된다고 볼 **최근의 악 경향으로는 범인의 비호 내지 칭찬에 관한 언동**입니다. 예를 들면 강연 등의 경우에 사회주의적 행위를 칭찬하여 높임과 같은 말투, 공산당 사건 등에 관한 미결 구류자에 대하여 무슨 모임의 명의(名義)하에 다중으로 형무소에 이르러 차입(差入)하는 것과 같은 행위, 처형(處刑)자의 가족이자 그 부양을 잃어 다소라도 의식(衣食)에 궁한 경우에 정도에 지나친 구제자금을 광범위에 걸쳐 구하려는 모집, 출옥자(出獄者)이면서 향리에 귀성하는 경우에 집합하여 그를 환영하고 위로를 하는 것과 같은 회합, 사형자 등의 유골을 맞이하는 경우 기(旗)를 든 행렬과 닮은

カ如キ塔列等テアリマスカ斯ル行為カ社會ニ頻發センカ文盲無智ノ者ハ不知ノ間ニ犯罪ニ對スル羞恥心ヲ失フニ至リ反社會的行爲ヲ以テ却而一種ノ名譽ナル行爲ノ如ク思料スルニ至リ社會ヲ一層惡化スルノ原因ヲ釀シ治安ノ維持ニ影響スルトコロ甚大テアルト思ヒマス凡ソ斯ル犯罪ノ庇護又ハ賞讃ニ類スル如キ行爲アル場合ニハ行政トシテハ嚴重ニ取締ラルヘキハ勿論尚司法トシテハ及ヲ限該當法規ノ適用ヲ考究シ例ヘハ保安法、寄附金募集取締規則、警察犯處罰規則等ヲ以テ之ニ臨マレ機宜ノ處置ニ出テ檢擧搜査シ一般民衆ヲシテ斯ル惡傾向ニ吸引セラレテ不良行爲ニ感染セヌヤウ未然ノ裡ニ此ノ種ノ雰圍氣ヲ清新スヘク努力セラレンコトヲ希望シマス又報告書ノ事テ申シタイノテアリマスカ一般司法方面ノ報告書ハ向後トモ逐次作成セラルヘキコトヲ望ムハ勿論テアリマスカ特ニ思想犯罪ニ關スル報告ハ更ニ一層精細且多方面ニ亘ラレタク就中國境事故、小作爭議、勞働爭議、思想團體ノ行動ノ如キハ常ニ刑事事件ヲ惹起スヘキ素質多キニ依リ少シク特異ノ事情アラハ該事實ノ記載ヲ爲シ報告セラルヘキコトヲ希望シマス而シテ特ニ緊急且重大ノ必要アリト思料セラルル場合ハ今後關係檢事正ノミナラス直接本官ニ向ケ送附セラレンコトヲ望ミマス
以上要スルニ朝鮮ニ於テハ人文ノ進化殊ニ內地ノ文化竝ニ其ノ產業組織ノ移入ニ伴ヒ近年一層社會ノ生活思想ノ傾向複雜トナリ諸般ノ問題ヲ發生シ就中過激思想乃至反社會思想トシテ公然或ハ隱然此處彼處ニ集團シテ或ハ民族自決主義又ハ共產主義又ハ無政府主義ヲ鼓吹シ人心ヲ惑亂シ時ニハ余ク何等遺般ノ主義ニ了解スルトコロナキニ拘ラス唯一身ノ生活乃至享樂ノ資料ヲ得ルノ目的ヲ以テ

(147쪽)

도열 등입니다만 이러한 행위가 사회에 빈발하여 **문맹 무지한 자**는 부지의 순간에 범죄에 대한 수치심을 잃게 되어 반사회적 행위로써 오히려 **일종의 명예스러운 행위와 같이 사료**하기에 이르러 사회를 한층 악화하는 원인을 빚어 치안의 유지에 영향을 미치는 바가 심대하다고 생각합니다. 무릇 **이러한 범죄의 비호 또는 칭찬에 유사한 행위가 있는 경우에는 행정으로서는 엄중히 단속**해야 함은 물론 한층 사법으로서는 미치는 한 해당 법규의 적용을 자세히 연구하고 예를 들어 「보안법」, 「기부금모집단속규칙」, 「경찰범처벌규칙」 등으로 이에 임하여 적절한 처치로 나아가 검거 수사하여 일반 민중으로 하여금 이 악 경향에 흡인되어 불량 행위에 감염되지 않도록 하는 가운데 이러한 종류의 분위기를 선명하고 새롭게 하도록 노력할 것을 희망합니다. 또한, **보고서의 일**로 말하고 싶습니다만 일반 사법 방면의 보고서는 향후라도 순서에 따라서 작성할 것을 희망함은 물론이나 **특히 사상범죄에 관한 보고**는 다시 한층 정세(精細) 동시에 다방면에 걸쳐 그중에서도 **특히 국경사고, 소작쟁의, 노동쟁의, 사상단체의 행동**과 같은 것은 언제나 형사사건을 야기(惹起)할 소질이 많음에 따라 적어도 **특이의 사정 있으면** 해당 사실을 기록하고 **보고할 것을 희망**합니다. 그리고 **특히 긴급하고 동시에 중대한 필요 있다고 사료되는 경우**는 이후 관계 **검사정(檢事正)**[100]뿐만 아니라 직접 본관에게 송부해 주기 바랍니다.

이상 요컨대 조선에서는 인문의 진화 특히 내지의 문화와 함께 그 산업조직의 이입에 따라서 근년 한층 사회의 생활사상의 경향이 복잡해져 제반의 문제가 발생하고 그중에서도 특히 **과격사상 내지 반사회적 사상으로서 공연 혹은 은연히 여기저기에 집단으로 혹은 민족자결주의를 표방하고 혹은 공산주의 또는 무정부주의를 고취하여 인심을 혹란(惑亂)**하고 때로는 전혀 하등 이런 것들의 주의(主義)를 알지 못함에도 불구하고 오로지 일신의 생활 내지 향락의 자료를 얻을 목적으로

100　지방재판소 검사국의 장(長)

第一部　第二類　警察部並ニ對スル高等法院檢事長訓示

一四八

一〇　警察部長ニ對スル中村高等法院檢事長訓示　（昭和四年五月）

本日警察部長各位ノ會同ノ際リ事務ニ付所見ヲ披瀝スルノ機會ヲ得タルヲ欣幸トシマス

世ニ往々不穩思想ハ思想ノ善導ト社會制度ノ改善トヲ以テスルノ非サレハ根本的ニ矯正ヲ遂クル能ハサルモノト論スル向モアリマス私ハ理想論トシテハ之ニ贊同スルニ吝ナルモノテアリマセヌ然シ現實論トシテハ同意シ難キヲ遺憾トシマス御案内ノ如ク思想ノ善導ト云ヒ社會制度ノ改善ト云ヒ共ニ昨今ニ至リ漸ク其ノ緒ニ著キタルニ過キマセヌ其ノ大部分ハ尚理想問題トシテ取遺サレテ居マス且又何レモ其ノ實現ニハ幾多ノ難關アリテ一朝一夕ニ完成スル事業トハ思ハレマセヌ即其ノ完成ハ前途遙遠ト思フニテアリマス然ラハ不穩思想ノ矯正ニハ他ニ方策ナキヤト云ヘハ申ス迄モナク主ナル方策トシテハ刑罰ノ一途アルノミテアリマス私ハ刑罰萬能論ヲ抱懷スルモノニハアリマセンカ今日ハ勿論今後モ相當永キ期間主トシテ此ノ方策ニ依ル外致シ方ナキモノト思フノテアリマス人或ハ刑罰ヲ以テ單ニ醫家ノ所謂對症療法ニ過キサルモノトシテ其ノ效果ヲ輕視スルモノアリマスケレトモ今假リニ對症療法ナ

假想的ニ各種ノ祕密結社ヲ組織シ強ヒテ一般民衆ニ其ノ加入ヲ勸誘スル等意々國家ノ安寧社會ノ秩序ヲ紊亂セントスル者其ノ數ヲ多カラシメントスル狀勢ニアリマス之レ朝鮮治安ノ上ニ顧ル憂慮スヘキコトニシテ各位ハ宜シク未然ノ間ニ之ヲ防止シ依テ以テ國家ノ安危ニ影響スルノ事件ヲ發生セシメサルヤウ努力セラレンコトヲ希望スル次第テアリマス

(148쪽)

가상적으로 각종의 비밀결사를 조직하여 강제로 일반 민중에 그 가입을 권유하는 등 점점 국가의 안녕, 사회의 질서를 문란하려고 하는 자 그 수를 늘리려고 하는 형세에 있습니다. 이는 조선 치안상에 매우 우려할 일이면서 여러분은 마땅히 미연의 사이에 이를 방지하여 국가의 안위에 영향을 미치는 사건을 발생시키지 않도록 노력하여 주실 것을 희망하는 바입니다.

10. 경찰부장에 대한 中村 고등법원검사장 훈시
(1929년 5월)

오늘 경찰부장 여러분의 회동에 즈음하여 사무에 관하여 소견을 피력할 기회를 얻어 다행이고 기쁩니다.

세상에 왕왕 불온사상(不穩思想)은 사상의 선도와 사회제도의 개선으로써 하는 것이 아니면 근본적 교정을 이룰 수 없는 것이라고 논(論)하는 쪽도 있습니다. 저는 이상론으로서는 이에 찬동함에 인색한 것이 아닙니다. 그러나 현실론으로서는 동의하기 어려움이 유감입니다. 안내(案內)한 것처럼 사상의 선도이든, 사회제도의 개선이든 공히 요즘에 이르러 일시 그 실마리로 현저한 것에 지나지 않습니다. 그 대부분은 또한 이상(理想) 문제로 남아 있음과 동시에 또한 어느 쪽도 그 실현에는 많은 난관이 있어 짧은 시일에 완성하는 사업이라고 생각되지 않습니다. 즉 그 완성은 전도요원(前途遼遠)하다고 생각하는 것입니다.

그렇다면 **불온사상의 교정**에는 다른 방책이 없느냐면 말할 나위 없이 주요한 방책으로서는 **형벌의 한길밖에 없습니다**. 저는 형벌 만능론을 포회(抱懷)한 사람이 아닙니다만 오늘은 물론 앞으로도 상당히 오랜 기간 주로 이 방책에 의한 외에 다다를 방법이 없다고 생각한 것입니다. 사람 혹은 형벌을 가지고 단지 의술가(醫家)의 소위 대증요법에 지나지 않는 것으로서 그 효과를 경시하는 자 있습니다만 지금 가령 대증요법이 된

リトスルモ其ノ療法ヲ重ネツツアル内ニ遂ニ根本的治癒ノ效果ヲ招來スルノ例ハ勘クアリマセヌ加之
如上ノ刑罰觀ハ其ノ當ヲ得タルモノト思ハレマセヌ刑罰ノ執行ハ今日ノ實際ニ於テハ感化ニ依リ犯
人ノ改善ヲ促カス反面ニ威嚇ニ依リ其ノ反省ヲ求ムルノ途テアリマスカラ之ヲ以テ所謂思想犯ニ對シテハ單ニ對症療法ニ過
キストシ根本療法テナイト思ヒマスマイ私ノ此ノ如キ見地ヲ以テ所謂思想犯ニ對シテハ刑罰ノ
重要性ヲ認メ其ノ檢擧ニハ漫然タル理想論ニ惑フコトナク從前通熱誠以テ努力セラレンコトヲ切望ス
ルノテアリマス

同盟休校ハ由來朝鮮ニハ珍シカラサル現象ナリシカ一昨年以來ハ著シク瀨發シ今ヤ殆ト敎育界ノ流行
トナリタル觀カアリマス而シテ其ノ動機ヲ察スルニ單ニ校内ノ不平ヲ原因トスルニ止マラス不穩思想
ニ胚胎シタルモノ少ナクナイノテアリマス去レハ休校ハ單ニ止マラス更ニ進ンテ不穩文書ノ印
刷配布脅迫暴行又ハ傷害等ノ刑事上ノ犯罪ヲ惹起スルモノ頗ル多ク昭和二年及同三年中裁判所ニ於テ
取扱ヒタルモノテスラ懲役刑七十二名罰金刑三名ニ達シテ居マス凡ソ學生ノ非行ニ對シテハ思想善導
ニ依リ之ヲ矯正スルヲ適當ノ處置ト論スルモノアリマスカ此ノ如ク不穩思想ニ胚胎スル犯罪ニ對
シテハ前段ニ申ス趣旨ニ由リ自ラ明ナル如ク科刑ノ必要アルモノト思料サレマス貴部下警察官ニ對シ
本趣旨ノ徹底ヲ切望シマス

各地ノ思想團體ヲ見マスニ其ノ團體ニ附帶シテ消費組合ヲ設ケテ居ルモノカ頗ル多イノテアリマス此
レ單ニ經濟上ノ節約ヲ目的トスルモノナルニ於テハ何等差支ナキモノテアリマスカ時ニ不穩團體ノ資

第一部 第二題 檢察部長ニ對スル高等法院檢事長訓示

一四九

(149쪽)

다고 해도 그 요법을 거듭하는 사이에 마침내 근본적 치료의 효과를 초래하는 예는 적지 않고 그뿐만이 아니라 앞서 말한 바와 같은 형벌관(刑罰觀)은 그 당위를 얻은 것이라고는 생각하지 않습니다. 형벌의 집행은 오늘날의 실제에서는 감화(感化)에 의한 범인의 개선을 촉진하는 반면에 위혁(威嚇)에 의한 그 반성을 구하는 길이기 때문에 이로써 단지 대증요법에 지나지 않는다고 하여 근본 요법이 아님은 단언할 수 없고, 저의 이와 같은 견지로 소위 사상범에 대하여는 형벌의 중요성을 인정하여 그 검거에는 만연한 이상론에 현혹됨이 없이 종전과 같이 열성을 가지고 노력하여 주실 것을 간절히 바랍니다.

동맹휴교는 원래 조선에는 드물지 않은 현상이지만 **재작년 이래는 현저히 빈발**하여 지금은 거의 교육계의 유행이 된 것으로 보입니다. 그리고 그 동기를 살피니 단지 교내의 불평을 원인으로 함에 그치지 않고 **불온사상으로 배태된 것** 적지 않습니다. 지나면 휴교는 단지 휴교에 그치지 않고 다시 진전되어 불온문서의 인쇄배포 협박 폭행 또는 상해 등의 형사상의 범죄를 야기하는 일도 매우 많아 **1927년 및 1928년 중 재판소에서 취급된 것만도 징역형 72명, 벌금형 3명**에 달해 있습니다. 무릇 학생의 비행에 대하여는 사상 선도에 의하여 이를 교정함을 적당한 처치처럼 논하고 있습니다만 이와 같은 불온사상에 배태하는 범죄에 대하여는 앞서 말한 취지대로 저 자신이 분명히 함과 같이 과형의 필요 있는 것이라고 사료됩니다. 귀 부하 경찰관에 대하여 본 취지를 철저히 할 것을 간절히 바랍니다.

각지의 **사상단체를 보니 그 단체에 부대하여 소비조합을 만들고 있는 것**이 매우 많습니다. 이것 단지 경제상의 절약을 목적으로 하는 것에 있어서는 하등 지장이 없습니다만 때로는 **불온단체의**

第一部　第二類　警察部長ニ對スル高等法院檢事長訓示

力培養機關ニ在ラスヤトノ懸念モ皆無トハ申サレマセヌ此ノ如キ場合ニハ法ニ依リ處罰スヘキモノヲ生スヘキコトハ無論チアリマスカ其ノ消費組合ニ付テハ平素查察シ時宜ニ依リ犯罪視スヘキ組合員ヲ檢擧セラレタイノテス
從來殷勞働爭議トシテ同盟罷業カ行ハレマシタカ昨今ハ一段ト執拗ナル罷業ヲ見ルニ至リマシタソノ同盟罷業ニハ其ノ副産物トシテ暴行脅迫乃至騷擾カ生スルノテアリマスカ此ニ對シテ私ハ從來勞働者ノ團結モ亦其ノ同盟罷業モ共ニ權利テハナク一ノ自由ニ過キナイカラ之ヲ以テ個人ノ自由ヲ侵害シタリ其ノ他强制力ヲ行使スルコトヲ得ストノ見地カラ如上ノ行爲アリタルトキハ處罰スヘキモノタルコトニ付テハ何等疑問ヲ抱イテ居リマセヌ故ニ團體內ノ者カ共ノ團體ヲ脱セントスルトキモ團體外ノ者カ爭議ノ相手方タル雇傭主ニ雇ハレントスルトキ此等ノ者ニ對シテ暴行脅迫ヲ以テ其ノ自由行動ヲ阻止セントスルモノアラハ之ヲ處罰スルハ當然ナリトノ見解ヲ取ッテ居リマス今後モ依然トシテ其ノ見解ヲ改メマセヌカラ右樣ノ場合ニハ躊躇ナク犯罪トシテ檢擧セラレンコトヲ望ミマス

　　　　二　警察部長ニ對スル松寺高等法院檢事長訓示　（昭和六年八月）

朝鮮總督及政務總監新ニ就任セラレ兹ニ初回ノ警察部長會議ノ開催セラルルニ際リ司法警察事務ニ關シ卑見ノ一端ヲ開陳スルノ機會ヲ得タルハ當職ノ欣幸トスル所ナリ

一　先月初旬或種新聞紙ノ誇大ナル報道ニ近因ヲ爲シ中華民國人ニ對スル鮮人ノ迫害事件ハ仁川ニ

(150쪽)

자력배양 기관에 있지 않은가 하는 염려도 전혀 없다고 말할 수 없습니다. 이와 같은 경우에는 법에 따라 처벌할 일이 생긴 것은 물론이므로 그 **소비조합에 대하여 평소 사찰하고 적절한 시의(時宜)에 따라 범죄시할 조합원을 검거**하기 바랍니다.

종래 자주 **노동쟁의로써 동맹파업**이 행하여졌으나 **작년은 한층 집요한 파업**을 보기에 이르렀습니다. 무릇 동맹파업에는 그 부산물로서 폭행 협박 내지 소요가 발생합니다만 이에 대하여 저는 종래 노동자의 단결도 역시 그 동맹파업도 함께 권리가 아니라 하나의 자유에 지나지 않으므로 이로써 개인의 자유를 침해하기도 기타 강제력을 행사할 수 없다는 견지로부터 앞서 언급한 행위가 있는 때에는 처벌해야 하는 것인 일에 대하여는 하등 의문을 품지 않으므로 **단체 내의 자가 그 단체를 벗어날 때도 단체 외의 자가 쟁의의 상대방이 되는 고용주에 고용되어 있지 않을 때도 이들에 대하여 폭행 협박으로서 그 자유행동을 저지하려는 자가 있으면 이를 처벌**함은 당연하다는 견해를 가져 왔습니다. 앞으로도 의연하게 그 견해를 고치지 않을 것이므로 그런 경우에는 **주저 없이 범죄로서 검거**하기 바랍니다.

11. 경찰부장에 대한 松寺 고등법원검사장 훈시 (1931년 8월)

조선총독 및 정무총감이 새로 취임[101]하고 처음 경찰부장 회의가 개최되는 때에 사법경찰사무에 관하여 비견(卑見)의 일단을 개진할 기회를 얻어 본직은 다행이고 기쁘게 여기는 바임.

1. **지난달 초순 어떤 신문지의 과대한 보도가 가까운 원인이 되어 중화민국인에 대한 조선인의 박해사건**[102]은 인천에

---

101 제6대 총독 宇垣一成(우가키 가즈시게), 今井田淸德(이마이다 기요노리) 정무총감
102 만보산 사건 오보와 조선 내 중국인 학살 사건

於ケル妄動ニ其ノ端ヲ發シ忽ニシテ全鮮各地ニ瀰漫シ人道上容スヘカラサル不祥事ヲ惹起シ半島ノ統治上一大汚點ヲ印シタルハ誠ニ遺憾ニ堪ヘサル所ナリシカ各位ノ奮勵努力ニ依リテ豫防警察ヲ嚴ニセラルルト同時ニ犯人ノ檢擧ニ着々奏功セラレ間モナク民心ノ平靜ニ歸スルヲ得タルハ洵ニ不幸中ノ幸ト謂フヘクシテ各位ノ甚大ナル勞苦ニ對シ衷心ヨリ敬意ヲ表スルモノナリ然レトモ表面上ノ平靜ヲ得タレハトテ直ニ心ヲ安ンスルコトヲ得ス由來鮮人ノ此ノ種民族的ノ多衆ノ雷同性及殘虐性ハ今回始メテ顯ハレタルニ非スシテ遠ク舊韓國軍隊解散當時ニ於テ義兵ト稱シテ全鮮各地ニ蜂起セル平南順川郡ノ内地人虐殺事件アリ又近クハ大正八年騷擾事件以後數年間ニ亙ル民族獨立運動ニ藉口スル各種ノ妄動事件アリテ何レモ皆鮮人ノ雷同性及殘虐性ヲ遺憾ナク發露セルモノニシテ是等事實ヲ考察スルトキハ單ニ文化施設ノ擴充ノミヲ以テ足レリトセス更ニ進ンテ一般鮮人ノ思想界ノ趨向ヲ看取セサルヘカラサル所ナリ殊ニ近來外來思想ノ刺戟ヲ受ケ動モスレハ事毎ニ官憲ニ反抗スルノ氣勢ヲ示サントスルモノアリ又法規ヲ輕視シテ言論ノ自由ヲ唱ヘリ此ノ雷同性アル民衆ハ其ノ鋒鋩ヲ露ハシテ社會ノ平靜ヲ何時攪亂破壞セラルルヤモ計リ離シ蓋此ノ民族觀念ノ存在ハ朝鮮統治上決シテ等閑ニ付スヘカラサルモノト思料スルニシテ各位ノ民衆ニ接觸シ指導啓蒙ノ任ニ在ル多數警察官ヲ統率セラルルニヨリ平素能ク部下ヲ督シ民心ノ善導

第一部　第二類　警察部長ニ對スル高等法院檢事長訓示

(151쪽)

서 망동으로 그 시초를 발하여 갑자기 전 조선 각지에 널리 퍼져 인도상 용납되지 않는 불상사를 야기하여 반도의 통치상 일대 오점을 찍음은 실로 유감스럽기 그지없고, 여러분의 분려노력(奮勵努力)에 의하여 예방경찰을 엄히 함과 동시에 범인의 검거에 착착 일이 성취되어 곧 민심이 평온으로 돌아올 수 있게 되어 매우 불행 중 다행이라고 말할 수 있어 여러분의 심대한 노고에 대하여 충심으로 경의를 표하는 바이나 표면상의 평정을 얻었다고 하여 바로 마음을 놓을 수는 없음. 유래로 **조선인**의 이러한 종류의 **민족적 다중의 뇌동성(雷同性) 및 잔학성**은 이번에 처음으로 나타난 것이 아니고 멀리는 **통감부 시정(施政) 시대**에 있어 시장세(市場稅) 징수 반발에 기인한 평남 순천군(順天郡)의 내지인 학살사건이 있었고, **구한국 군대 해산 당시에 의병**이라고 칭하여 전 조선 각지에 봉기한 강도, 살인 등의 포학(暴虐) 사건이 있었고 또한, 가까이는 **1919년 소요사건 이후 수년간**에 걸쳐 민족 독립운동을 핑계로 한 각종의 망동 사건 모두 **조선인의 뇌동성 및 잔학성을 유감없이 발로한 것**으로 이러한 사실을 고찰할 때는 단지 문화시설의 확충만으로써 족하다고 할 수 없으므로 한층 나아가 일반 조선인의 사상계의 흘러가는 방향을 보아서 알아차리지 않으면 안 되는 바이고, 특히 근래 외래사상의 자극을 받아 자칫하면 매사에 **관헌에 반항하는 기세**를 보이려고 하는 것이 있고 또한, **법규를 경시**하여 언론의 자유를 주장하고 이러한 **뇌동성 있는 민중을 선동**하는 것과 같은 기사를 싣는 **잡지 또는 신문**이 없지 않음. 이 때문에 **조선인 특유의 뇌동성, 잔학성**은 그 서슬을 드러내어 사회의 평정은 언제 교란파괴(攪亂破壞) 될지도 헤아리기 어렵고 필경, 이 민족 관념의 존재는 조선 통치상 결코 등한히 대해서는 안 되는 것이라고 사료하는 바로써 여러분은 직접 민중에 접촉하여 지도 계몽에 임하고 있는 다수 경찰관을 통솔하는 것으로부터 평소 능히 부하를 감독하고 민심의 선도

第一部　第二類　警察部長ニ對スル高等法院檢事長訓示

二意ヲ用キラルルト共ニ民情ノ趨勢ヲ察知シテ犯罪ノ豫防ニ力ヲ盡サレ一旦事端發生ノ曉ニハ一衆ニシテ不良徒輩ノ芟除ヲ期スヘク努力セラレンコトヲ切望ス

一　朝鮮ニ於ケル司法警察官ハ內地ト異リ事件急速ヲ要スト認メタルトキハ現行犯タルト非現行犯タルトヲ問ハス共ニ被疑者ノ拘束其ノ他ノ強制處分ヲ爲スコトヲ得ヘキ法令上ノ權限ヲ有ス而シテ搜査ノ端緖ハ警察官吏ノ探知ニ發スルコト極メテ多數ナルニ因リ司法警察官ハ事犯ノ殆ト大部分ニ付搜査處分ノ全般ヲ行ヒ其ノ結果斷罪ノ資料トナルヘキヲ以テ其ノ職務タルヤ豫審判事及檢事ト同樣ニシテ實ニ重要ナルモノト謂フヲ得ヘシ從テ其ノ職務遂行ノ適否ハ直ニ被疑者ノミナラス一般民衆ノ利害休戚ニ影響ヲ及ホスコト甚大ナルニ付一タヒ妥當ノ措置ヲ誤ランカ民衆保護ノ府ハ却テ怨嗟ノ標的ト化シ延テ統治ノ方針ニ危懼ノ念ヲ懷カシムルノ虞ナキヲ保シ難シ然ルニ今尙往々ニシテ司法警察官吏ノ職權濫用ヲ耳ニスルコトアルハ頗ル遺憾トスル所ナリ惟フニ官憲ノ威信ノ保持及法規ノ適用ノ嚴正ト云フカ如キハ決シテ其ノ運用者ノ言語動作ノ峻嚴苛酷ヲ意味スルモノニ非スシテ法ノ適正妥當ナル解釋ト懇切丁寧ナル處理トニ因リテ之ヲ求メ得ヘシ若夫レ被疑者ノ利益不利益ノ兩方面ニ付微ニ入リ細ニ涉リテ證據ヲ蒐集スルニ於テハ敢テ被疑者ノ自白ナシト雖事案ノ眞相ヲ闡明捕捉シ得ルコト容易ニシテ拷問ニヨリテ自白ヲ强要スルカ如キハ搜査方法ノ最拙劣ナルモノニシテ證憑書類ノ信用力ヲ失フコト抄カラサルモノトス又警察官吏ニシテ搜査事件處理ニ方リ往々賄賂ヲ收受シタルモノ尙未タ其ノ跡ヲ絶タサルハ是亦頗ル遺憾ニ堪ヘ

(152쪽)

에 뜻을 두고 함께 민정의 추세를 찰지(察知)하여 범죄의 예방에 힘을 다하고 일단 사단(事端) 발생의 시작에는 일거에 **불량 패거리의 삼제(芟除)를 기하도록 노력**할 것을 간절히 바람.

1. 조선에서 **사법경찰관은 본토와 달리 사건 급속을 요한다고 인정할 때는 현행범, 비형현행범을 묻지 않고 공히 피의자의 구속 기타 강제처분을 할 수 있는 법령상의 권한을 지니고 있으므로 수사의 단서는 경찰관리의 탐지로 발하는 일이 극도로 다수이므로 사법경찰관은 사범의 거의 대부분에 대하여 수사 처분의 전반을 행하고 그 결과 단죄의 자료가 됨으로써 그 직무는 예심 판사 및 검사와 같으면서 실로 중요한 것**이라고 말할 수 있다.

따라서 이 직무수행의 적부는 바로 피의자만이 아니라 일반 민중의 이해, 행복과 불행에 영향을 미치는 것이 심대함에 대하여 한번 타당한 조치를 그르치면 민중 보호의 관청은 오히려 원망과 탄식의 표적이 되고 이어서 통치의 방침에 위구(危懼)의 생각을 품게 할 우려 없이 유지하기 어려움에도 지금 오히려 때때로 사법경찰관리의 직권남용이 귀에 들어오는 것은 매우 유감인 바로 두렵게도 관헌의 위신 유지 및 법규 적용의 엄정이라고 하는 것은 결코 그 운용자의 언어 동작의 준엄 가혹을 의미하는 것이 아니라 오히려 법의 적용 타당한 해석과 간절하고 공손한 처리라는 것에 의하여 이를 구해야 하고 만일 피의자의 이익, 불이익의 양 방면에 대하여 미세하게 들어가 자세히 간섭하여 증빙을 수집함에 있어서는 감히 피의자의 자백 없더라도 사안의 진상을 천명(闡明)하고 포착할 수 있는 것 용이하다 하여 **고문에 의하여 자백을 강요**하는 것과 같음은 수사 방법의 가장 졸렬한 것으로서 증빙서류의 신용력을 잃는 일 적지 않음. 또한, 경찰관리로서 수사 사건처리에 임할 때 때때로 **뇌물을 수수한 것**도 또한 아직 그 자취를 끊지 않음은 이 역시 매우 유감스럽기 그지없음.

第一部　第二題　事務部長ニ對スル高等法院檢事長訓示

一　輓近公務員ノ犯罪事件ノ夥カラサルハ大ニ遺憾ニ堪ヘス之カ糾彈檢擧ニ當リ私情ニ於テ忍ヒサル場合ナキニ非サルヘシト雖一ニ正義ト衡平トノ觀念ヨリ出ツル措置ニシテ已ムヲ得サル所ナリ然ルニ往々ニシテ公務員ノ非行ヲ法廷ニ公ニスルカ如キハ綱紀ノ弛緩ヲ暴露スルモノニシテ半島ノ統治上面白カラサル結果ヲ招來ストノ說ヲ爲ス者アリト雖其ノ所屬廳ノ公務ノ遂行ニ支障ヲ來タサシメサルノ意味ニ出ツルモノニシテ將來ト雖此ノ方針ヲ變更セサルヘシ各位ハ部下ヲ督治開始以來既ニ二十年ヲ超ヘ今ヤ更始一新ノ期ニ際セリ公務員ニ不正行爲アラハ之ヲ隱蔽スルカ如キハ却テ民心ヲ惡化セシムル所以ニ非サルカ寧ロ之ヲ摘發シテ相當ノ措置ヲ爲シテ一般警戒ノ下ニ綱紀ノ肅正ヲ圖ルコトハ實ニ統治ノ精神ニ適應スルモノト信ス公務員ノ犯行ニ對スル處分ニ付テハ檢事ハ從來其ノ所屬ノ監督官廳ト協調ヲ保チ來リタリ是其ノ所屬廳ノ公務ノ遂行ニ支障ヲ來タサシメサルノ趣旨ニ出ツルモノニシテ將來ト雖此ノ方針ヲ變更セサルヘシ各位ハ部下ヲ督セラレ公務員ノ犯罪ニ關シテ最公平嚴正ニ取扱ハレンコトヲ望ム

一　近時民事事件ノ當事者カ訴訟ノ形勢自己ニ不利ナリト認メタル場合又ハ敗訴ノ裁判ヲ受ケタル場合ニ刑事ノ手段ヲ惡用シ相手方ニ一種ノ威嚇ヲ加ヘ因テ以テ自己ニ有利ナル示談和解ヲ策セント欲シ僞證、詐欺、橫領、背任、文書僞造等ノ罪名ヲ以テ告訴ヲ提起スル者ナキニ非ス又經濟界

ス是其ノ職務ノ重要ナルヲ無視シ淸廉ナル氣風ヲ缺如シタルノ結果ナリト謂フヲ得ヘシ各位ハ殊上ノ瀆職事犯ノ絕無ニ關シ不斷大ニ努力セラレツツアリト雖尙一層司法警察官吏ヲシテ常ニ寬宏公平淸廉方直以テ其ノ職務ニ從事セシムヘク敎導セラレンコトヲ望ム

一五三

(153쪽)

이는 그 직무의 중요함을 무시하고 청렴한 기풍을 결여한 결과라고 말할 수 있어 여러분은 앞서 언급한 독직 사범의 절무(絶無)에 관하여 평소 크게 노력을 계속하고 있다고 믿으나 한층 더 **사법경찰관리**로 하여금 언제나 너그럽고 크게, 공평, 청렴하고, 바르고 곧게 그 직무에 종사하도록 **가르치고 교도(敎導)**해 주시기 바람.

1. 최근 공무원의 범죄사건이 적지 않음은 매우 유감스러울 따름임. 이를 규탄검거(糾彈檢擧) 함에 당하여 사사로운 정에서 안타까운 경우 없지 않다고 하더라도 첫째는 정의와 형평이라는 관념으로부터 나아간 조치로써 실로 어쩔 수 없는 바인데도 때때로 공무원의 비행을 법정에 드러내는 것과 같음은 기강의 이완(弛緩)을 폭로하는 것이어서 반도 통치상 좋지 않은 결과를 초래한다고 말하는 자 있더라도 이는 크게 잘못임은 말할 것도 없고 **총독 정치 개시 이래 이미 20년을 넘은 지금** 다시 새로 일신하는 시기에 즈음하여 공무원에게 부정행위가 있으면 이를 은폐하여 도리어 민심을 악화시키는 이유가 되지 않도록 오히려 이를 지적하여 상당한 조치를 함으로써 일반 경계하에 기강의 숙정을 도모하는 것이 실로 통치의 정신에 적응하는 것이라고 믿음. 공무원의 범행에 대한 처분에 관하여는 검사는 종래 그 소속의 감독관청과 협조를 유지해 왔음. 이는 그 소속 청의 공무 수행에 지장이 오지 않게 하는 의미로 나가는 것으로서 장래에라도 이 방침을 변경하지 않도록 해야 하고 여러분은 부하를 감독하여 **공무원의 범죄에 관하여 가장 공평 엄정하게 취급하기 바람.**

최근 **민사사건의 당사자**가 소송의 형세를 자기에게 불리하게 됨을 인식하는 경우 또는 패소의 재판을 받는 경우 형사의 수단을 악용하여 상대방에게 일종의 위혁(威嚇)을 가함으로써 자기에게 유리한 합의, 화해를 도모하고 싶어 **위증, 사기, 횡령, 배임, 문서위조 등의 죄명으로 고소를 제기**하는 자 없지 않고 경제계

第一部　第二類　警察權能ニ對スル高等法院檢事長訓示

不況ノ爲訴訟費用ヲ免カルルト共ニ事件ヲ急速ニ解決セントシテ欲民事問題ヲ刑事事件ノ如ク裝フチ告訴ヲ提起スル者ナキニ非ス又時トシテハ怨恨アル者ノ名譽又ハ信用ヲ毀損センカ爲警察官ノ取調ノ開始ヲ希望シテ犯罪事實ノ確證ナク漫然タル風聞憶測ニ甚キヲ告發ヲ爲ス者ナキニ非ス是等ノ告訴告發ノ取扱ニ付テハ特ニ愼重ニ考慮ヲ要シ事犯ノ證憑ノ確的ナルヤ否ヤ及裏面ニ伏在スル事情如何等ヲ嚴密詳細ニ搜查シ眞ニ犯罪ノ嫌疑濃厚ニシテ之ヲ拘束スルニ非サレハ逃走又ハ罪證湮滅ノ防キ得サル場合ニ限リ身柄ヲ留置スルコトトシ否ラサレハ之ヲ拘束セサルノ方針ヲ採リ以テ惡意アル告訴人又ハ告發人ノ奸計ニ陷ラサル樣特ニ注意ヲ希望ス而シテ又搜查ノ結果告訴又ハ告發ノ事件罪トナラサルコト明カナリシ場合ト雖其ノ搜查取調ヲ爲シタルコトカ世上ニ傳ハリ殊ニ新聞紙上ニ揭載セラルルカ如キコトアリテハ被疑者タリシ人ノ名譽又ハ信用ニ影響ヲ及ホスコト尠カラサルニ因リ搜查ハ何レノ場合ナルヲ問ハス常ニ秘密ヲ嚴守スヘキハ勿論ナリ然ルニ往々ニシテ搜查ニ關スル事項カ新聞紙ニ揭載セラレ事件取扱者ヨリ漏レタルニ非サルヤヲ疑ハシムルコトアリテ遺憾ニ堪ヘス各位ハ此ノ點ニ關シ平素注意セラルルハ處ナルヘシト信スルモ尙一層部下ニ對シ搜查ノ祕密ヲ嚴守スヘキ樣努力セラレンコトヲ望ム

一三　警察部長ニ對スル境高等法院檢事長訓示　（昭和七年七月）

私ハ曩ニ不肖ノ身ヲ以テ高等法院檢事長ヲ拜命シ今囘初メテ警察部長各位ノ會同ニ際シ司法警察事務

(154쪽)

불황으로 소송비를 면함과 동시에 사건을 급속하게 해결할 욕심으로 **민사문제를 형사사건처럼 꾸며 고소를 제기**하는 자 없다 하지 않을 수 없고 때로는 **원한 있는 자의 명예 또는 신용을 훼손하려고** 경찰관의 조사 개시를 희망하여 범죄사실의 확증 없이 만연히 **풍문 억측에 기하여 고발을 하는 자** 없지 않음. 이들 고소, 고발의 취급에 대하여는 특히 신중한 고려를 필요하고, 사범의 증빙 확실 여부 및 이면에 숨은 사정 여하 등을 엄정 상세히 수사하여 진실로 범죄의 혐의 농후하면서 이를 구속하지 않으면 도주 또는 죄증 인멸을 막을 수 없는 경우에 한해 신병을 유치하도록 하고 그렇지 않으면 이를 구속하지 않는 방침을 택함으로써 **악의인 고소인 또는 고발인의 간계(奸計)에 빠지지 않도록 특히 주의**를 희망함. 그리고 또한 수사의 결과 **고소 또는 고발의 사건 죄가 되지 않은 것이 명백하게 된 경우**라도 그 수사 조사한 것이 세상에 알려져 특히 **신문 지상에 게재되는 것과 같은 일이** 있어서는 피의자인 사람의 명예 또는 신용에 영향을 미치는 일이 적지 않으므로 수사는 어떠한 경우임을 막론하고 언제나 비밀을 엄수하여야 함은 물론임에도 때때로 수사에 관한 사항이 신문지에 게재되어 사건 취급자로부터 누설된 것이 아닐까 하고 의심하게 하는 일이 있어 유감스럽기 그지없음. 여러분은 이 점에 관하여 평소 주의하고 있다고 믿으나 한층 더 부하에 대하여 수사의 비밀을 엄수하도록 노력하기 바람.

12. 경찰부장에 대한 境 고등법원검사장 훈시
(1932년 7월)

불초의 몸으로 **고등법원검사장을 명받아 이번에 처음** 경찰부장 여러분의 회동에 즈음하여 사법경찰사무

二關シ所懷ノ一端ヲ開陳スルハ洵ニ欣幸トスル所ナリ

一 抑時局ノ推移ヲ察スルニ昨年七月初累年ノ在滿鮮農民壓迫問題ノ一端ヲ發シ遂ニ鮮內各地ニ於テ多數ノ中國人殺傷セラルルノ大事件ヲ惹起シ次テ本年九月中旬滿鐵線爆破事件起ルニ及ヒ我カ軍之カ自衞ニ任シ朝鮮軍又命ヲ受ケテ各所ニ出動シ更ニ本年三月初滿洲國ノ創建トナル等其ノ多事多端ナルコトヲ經テ其ノ例ヲ見ス鮮內民衆ノ昂奮思想ノ動搖實ニ察スヘカラサルモノアリ此ノ間各位ハ克ク這般ノ情勢ヲ察知シ夫々機宜ノ處置ヲ採リ或ハ匪賊ノ橫行ニ備ヘ或ハ暗殺團ノ潛入ヲ防キ或ハ爆彈犯人ヲ未然ニ逮捕スル等犯罪ノ檢舉豫防ニ努メテ國際政情動搖ノ今日其ノ影響甚モ甚大ナル朝鮮ノ治安維持ニ力ヲ盡シ民衆ノ福利增進ニ邁進シ偉大ナル功績ヲ擧ケラレツツアルハ國家ノ爲ニ慶賀ニ堪ヘサル所ナリ

二 惟フニ朝鮮ノ治安狀況右ノ如クナルニ加ヘ從來不振ナル我カ國經濟界ハ近來各種ノ原因ニヨリ次第ニ險惡ナルモノアリ國民ノ生活不安ハ更ニ深刻トナリ諸般ノ社會問題ヲ生シ我カ朝鮮ニ於テモ之カ影響ヲ受ケ略同樣ナル情勢ニアリコノ內部的生活問題ヲ緯トシ滿洲動亂以來ノ外部的國際問題ヲ經トシ民衆ノ思想惡化複雜化シ社會ノ環境益多岐ナルニ際リ不逞ノ徒ハ甘言巧辭以テ民衆ヲ誑惑シテ思想的各種ノ團體ヲ組織シ之ニ拉致加入セシメテ非違ヲ敢行セントスヘク殊ニ學生思想運動、勞働者農民運動ハ更ニ共產主義化シ潛行性ヲ帶フルニ至リタルニ因リ何時意外ナル所ニ突如トシテ重大ナル事件勃發スルヤ計リ難キヲ以テ各位ハ思想界ト各種運動トノ情勢ヲ查察

(155쪽)
에 관한 소회의 일단을 개진하게 되어 매우 다행이고 기쁘게 여김.

1. 시국의 추이를 살피니 작년 7월 초 누년(累年)의 재만(在滿) 조선농(朝鮮農) 압박 문제로 시작하여 드디어 **조선 내 각지에서 다수의 중국인이 살상되는 대사건**을 일으키고 이어서 **9월 중순 만주 철선(滿鐵線) 폭파사건**이 일어나기에 이르러 우리 군이 그 자위로 임하고 조선군 또한, 명(命)을 받아 각소에 출동하고 재차 올해 **3월 초 만주국이 창건**되는 등 그 다사다단(多事多端)한 것 일찍이 그 예를 못 본 **조선 내 민중의 앙분(昻奮), 사상의 동요**가 실로 표현할 수 없는 것으로 이 사이 여러분은 능히 이번의 정세를 헤아려 알고 이것저것 적절한 처치를 택하고 혹은 떼를 지어 다니는 도적의 횡행(橫行)에 대비하고 혹은 암살단의 잠입을 막고 혹은 폭탄 범인을 미연에 체포하는 등 범죄의 검거 예방에 노력함으로써 국제정세 동요의 오늘 그 영향 무엇보다 심대한 **조선의 치안 유지에 힘을 다하고 민중의 복리 증진에 매진하여 위대한 공적을 계속 거둠은 국가를 위하여** 실로 경하해 마지않는 바임.

2. 염려스럽게도 조선의 치안 상황 앞서 언급한 바에 더하여 종래 부진한 우리나라 경제계는 근래 각종의 원인으로 차츰 험악해져 국민의 생활 불안은 더욱 심각하게 되고 제반의 사회문제를 낳아 우리 조선에서도 그 영향을 받아 같은 정세에 있어 이러한 내부적 **생활 문제를 중요한 주제**로 하여 만주 동란 이래 외부적 국제문제를 거쳐 민중의 사상 악화, 복잡화하고 사회의 환경이 점점 험해져서 **불령의 무리는 감언 교사로 민중을 속이고 얼을 빼앗아 사상적 각종 각양의 단체를 조직**하고 이에 납치 가입시키는 비위를 감행하려 하고 특히 **학생 사상운동, 노동자 농민운동은 더욱 공산화**하여 잠행성을 띠게 되고 언제 의외의 곳에서 갑자기 중대한 사건이 발발할지 가늠하기 어려우므로 여러분은 **사상계와 각종 운동의 정세를 사찰**

第一部　第二類　警察部長ニ對スル高等法院檢事長訓示

シ或ハ個人的ノ素行調査或ハ團體綱領調査ニ關シ格段ナル留意ヲ必要トセラルヘク部下警察官ヲ督勵シ調査ノ實績ヲ擧ケラレ專犯アルニ當リ之カ檢擧ノ適正ヲ期セラレンコトヲ希望ス

三　朝鮮ニ於テ内地人ト朝鮮人トカ互ニ提携シテ思想運動ヲ爲スコトハ從來絶無ニアラサリシト雖最近此ノ傾向著シク發シ檢擧サレタル反帝同盟事件ニ於テ或ハ赤色勞働組合事件ニ於テ或ハプロレタリア科學研究會事件ニ於テ所謂階級連帶ノ意識ノ下ニ共同戰線ヲ張リ以テ朝鮮ヲシテ帝國ノ羈絆ヨリ離脱セシメント計ルノ類ナリ尚朝鮮人ニシテ中國人ニヨリ組織セラルル中國共產黨ニ加入シ或ハ其ノ指令ヲ受ケ以テ朝鮮ノ獨立運動ヲ敢行スルノ徒增加シツツアリ斯ノ如ク朝鮮人ニシテ内地人等ノ主義者ト提携シテ思想運動ヲ行フ所以ノモノハ既ニ共產主義者ノ理論トシテ遵奉スルトコロニ係リ如上事件ノ如キ決シテ一時的ニ偶發シタルモノニ非スシテ此ノ種提携運動ハ將來相當發生スヘキモノト信ス凡ソ民族運動ハ一派閥鬪爭多ク比較的其ノ力薄弱ナリト雖異ナル民族相提携スルニ於テハ畏ルヘキモノ多キヲ以テ此種ノ運動專犯ニ付テハ今後一層深甚ナル注意ヲ望ム

四　朝鮮ニ於テハ近年施設ノ完備ト最近民衆ノ覺醒ニ伴ヒ文化向上スル狀況ナルニ際リ共產主義者ハ之ヲ利用シテ頻リニ文書ヲ以テ煽動宣傳ヲ爲サントスルノ術策ニ沒頭スルカ如シ所間出版活動トシテハ大部數ノ秘密出版ヲ爲シ或ハ既ニ禁止トナレル出版物ヲ發賣頒布スルコトハ固ヨリ法ノ禁スルトコロナルモ近時書籍商ニシテ營業利得ヲ計ラン力爲其ノ禁ヲ犯スモノ尠カラス而シテ既ニ檢擧セラレタル事犯ニ徵スルモ極左傾ノ文書多數取次

(156쪽)

하고 혹은 **개인적 소행 조사 혹은 단체 강령(綱領) 조사에 관하여 각별한 유의**가 필요하므로 부하 경찰관을 독려하고 조사 실적을 올려 사범 있는 곳에 임하여 검거의 적정을 기할 것을 희망함.

3. 조선에서 **내지인과 조선인이 서로 제휴하여 사상운동**을 하는 것은 종래 전혀 없지 않았더라도 최근, 이 경향이 현저하고 이전에 검거된 **반제(反帝) 동맹 사건**에서 혹은 **적색 노동조합사건**에서 혹은 **프롤레타리아 과학연구회 사건**에서 소위 계급연대의 의식하에 공동전선을 펼침으로써 조선으로 하여금 제국의 속박으로부터 이탈하게 하려고 도모하는 부류가 되고 더욱이 **조선인이면서 중국인에 의하여 조직된 중국공산당에 가입**하고 혹은 그 **지령을 받아 조선의 독립운동을 감행하는 무리 증가**하고 있어 이와 같은 조선인이면서 내지인 등의 주의자와 제휴하여 사상운동을 행하는 이유인 것은 이미 **공산주의자의 이론으로써 준봉(遵奉)**하는 바에 관계되어 앞서 언급한 사건과 같이 결코 일시적으로 우발적인 것이 아니어서 이런 종류의 제휴운동은 장래 상당히 발생할 것이라고 믿음. 무릇 민족운동은 파벌투쟁이 많고 비교적 그 힘이 박약하더라도 다른 민족이 서로 제휴함에는 두려워할 바가 많으므로 이 종류의 운동 사범에 관하여는 앞으로 한층 심심한 주의를 바람.

4. 조선에서는 근래 시설의 완비와 최근 **민중의 각성에 따라서 문화가 향상된 나머지 공산주의자는 이를 이용하여 빈번히 문서로써 선동선전을 하려고 하는 술책에 몰두함**과 같은 소위 **출판 활동으로서는 많은 수의 비밀출판을 하고 혹은 이미 금지된 출판물을 맹렬히 유포**하는 자 많아 이러한 종류의 출판물을 발매 반포하는 것은 처음부터 법이 금지하는 바임에도 최근 서적상(書籍商)으로 하여금 영업 이득을 도모하기 위하여 그 금지를 범하는 것이 적지 않으므로 이미 검거된 사범에 비추어도 극좌경의 문서 다수 전달되어

一三　警察部長ニ對スル境高等法院檢事長訓示　（昭和八年四月）

茲ニ警察部長各位ノ會同ノ際シ司法警察事務ニ關シ意見ヲ開陳スルノ機會ヲ得タルハ本職ノ欣幸トス

凡ソ犯罪ノ檢擧及處罰ハ須ラク共ノ目標ヲ大局ニ置キ常ニ社會國家ノ福利增進ヲ主眼ト爲スヘキハ言ヲ俟タサル所ニシテ殊ニ時局非常ノ今日ニ於テハ克ク鮮般ノ情勢ヲ洞察シ苟モ國體ノ基礎ヲ覆シ經濟ノ機構ニ戻リ國際關係ヲ紛糾セシムルカ如キ諸種ノ策動ニ對シテハ十分ナル注意ヲ施シ研究ヲ遂ケ治安

五　近時思想犯人劇增シ而カモ犯人ノ態度ハ所謂階級鬪爭的ニシテ不遜ヲ極ムルヲ爲警察官カ其ノ搜査取調ヲ爲スニ當リ法規上許容スヘカラサル手段方法ニ出ツルヤノ噂ナキニアラス之レ信スヘカラサル浮說謬見ニ過キサルヘシト雖凡ソ警察官ハ民衆ノ保護者タル地位ニ在リ過チ適正ナラサル手段ヲ用ヰ取調ヲ爲シ事實ノ眞正ヲ缺クカ如キ眼メテ之ヲ避クヘキモノナルヲ以テ各位ハ此ノ點克ク部下ノ指導監督ニ注意セラレ警察官ノ威信ヲ發揚セラルル樣考慮セラレンコトヲ望ム

カレ居リ此ノ種養資頒布カ如何ニ思想傳播ニ付寒心スヘキ影響ヲ及ホセルヤ想像スルニ難カラス各位ハ書籍商ノ左傾出版物發賣ニ付テハ平常査察ヲ怠ラス一度此ノ種犯罪發覺シタルトキハ檢擧ヲ徹底セシメ相當嚴重ナル處分ニ出テラレンコトヲ希望ス

第一部　第二類　警察部長ニ對スル高等法院檢事長訓示

(157쪽)

있고 이 종류의 발매 반포가 얼마나 사상전파에 대하여 한심한 영향을 미치는지 상상하기 어렵지 않음. 여러분은 **서적상의 좌경출판물 발매**에 관하여서는 평소 언제나 **사찰을 게을리 말고 일단 이 종류의 범죄를 발각한 때는 검거를 철저**히 하여 상당히 엄중한 처분으로 나갈 것을 희망함.

5. 근시 사상범인 극히 증가하고 게다가 범인의 태도는 소위 계급 투쟁적으로 불손(不遜)이 극심한 때문에 **경찰관이** 그 수사 조사를 함에 당연히 **법규상 허용될 수 없는 수단 방법으로 나아갔다는 소문**이 없지 않음. **그것은 처음부터 믿을 수 없는 뜬 소문이고 그릇된 견해에 지나지 않더라도** 무릇 경찰관은 민중의 보호자인 지위에 있어 실수하여 적정하지 않은 수단을 이용하여 조사하고 사실의 진정(眞正)을 결하는 것과 같은 일은 힘써 이를 피해야 할 것이므로 여러분은 이 점 능히 부하의 지도 감독에 주의하여 경찰관의 위신을 떨쳐 일으키도록 고려하기를 바람.

13. 경찰부장에 대한 境 고등법원검사장 훈시
(1933년 4월)

경찰부장 여러분의 회동에 즈음하여 사법경찰사무에 관한 의견을 개진할 기회를 얻어 본직은 다행이고 기쁘게 여기는 바임.

무릇 **범죄의 검거 및 처벌**은 마땅히 그 목표를 대국(大局)에 두고 언제나 **사회국가의 복리 증진을 주안으로 하여야 함**은 말할 나위 없는 바로 특히 시국 비상의 오늘날 능히 제반의 정세를 통찰하여 만일 **국체(國體)**의 기초를 뒤집고 경제기구에 어긋나게 국제관계를 분규시킴과 같은 여러 종류의 책동에 대하여는 충분한 주의를 기울이고 연구를 이루어 치안

第一節 第二款 警務部長ニ對スル高等法院檢事長訓示

ニ影響アリト認メラルヘキ際ハ法律ノ定ムルトコロニ從ヒ萬難ヲ排シ檢擧ヲ勵行シ國家非常時ニ善處サレンコトヲ希望ス

思想犯罪ノ取締ハ學校教育社會教育或ハ經濟的救濟等諸般ノ施設ト相俟ッテ寛嚴アルヘキモノナレトモ現下ノ情勢ニ於テハ嚴罰ヲ以テ臨ミ共ノ撲滅ヲ計ル外ナシト思料ス然レトモ徒ニ彈壓ヲ勵行シ一物ヲモ過セサル淸掃的檢擧ヲ爲スニ於テハ往々ニシテ無辜ノ民衆ヲ檢擧拘禁スルノ弊ニ陷リ易ク爲ニ本人ハ勿論其ノ父兄縁故者等ヲシテ官憲ニ對スル反抗心ヲ挑發セシメ又ハ檢擧ニ急ナル爲法規ニ據ラス認容スヘカラサル手段方法ヲ用キ擧ノ有無判明セサル者ニ對シ同復シ能ハサル損害ヲ蒙ラシムルカ如キハ善良ナル者ヲシテ眞犯人ニ對シテサヘ同情ヲ寄スルノ思潮ヲ馴致シ却テ思想惡化ヲ益深刻瀰漫セシムル虞ナシトセス故ニ犯罪檢擧ニ際シテハ法規ニ從ヒ公明正大ナル態度ヲ以テ人權ヲ尊重シ捜査ノ秘密ヲ守リ從ニ事件ノ重大性ヲ誇張スルコトナク或ハ被疑者ノ多數ナルヲ以テ功名トナササス克ク事件ノ眞相ヲ穿チ輕重大小ヲ探究シ呑舟ノ魚ヲ逸セス拔本的ニ之ヲ破滅セシムル樣努力セラレムコトヲ望ム

一四 警察部長ニ對スル境高等法院檢事長訓示 （昭和九年四月）

玆ニ警察部長各位ノ御會同ニ際シ司法警察事務ニ關シ意見ヲ開陳スルノ機會ヲ得タルハ本職ノ欣幸トスル所ナリ

(158쪽)

에 영향 있다고 인정될 때는 법률이 정하고 있는 바대로 따라 모든 어려움을 물리치고 검거를 힘써 이행하고 국가 비상시를 위하여 알맞게 처리할 것을 희망함.

사상범죄의 단속은 학교교육, 사회교육 혹은 경제적으로 잘못된 것을 바로잡는 등 제반의 시설과 서로 어울려 관엄(寬嚴) 있게 해야 하면서도 현재의 정세에서는 **엄벌로 다스려 그 박멸을 꾀하는 이외 없다고 사료**하나 헛되이 탄압을 힘써 행하여 조금도 벗어나지 않는 청소적(淸掃的) 검거를 함에 있어 왕왕 무고한 민중을 검거 구금하는 폐(弊)에 빠지기 쉽기 때문에 본인은 물론 그 부형(父兄), 연고자 등으로 하여금 관헌에 대한 반항심을 도발시키거나 검거에 급급한 나머지 법규에 의거하지 않고 인용해서는 안 되는 수단 방법을 이용하여 죄의 유무 판명되지 않은 자에 대하여 회복할 수 없는 손해를 입히는 것은 선량한 자로 하여금 진범인에 대하여 조차 동정을 주는 사조(思潮)를 길들여 오히려 사상 악화를 더욱 심각하게 널리 퍼지게 할 우려가 없지 않음. 따라서 **범죄 검거를 할 때**는 법규에 따라 공명정대한 태도로써 **인권을 존중**하여 **수사의 비밀**을 지키고 함부로 사건의 중대성을 과장함이 없이 혹은 피의자가 다수인 것으로 공을 세워 이름을 알리려 하지 말고 능히 **사건의 진상을 파헤쳐 경중 대소를 탐구하여 거물을 놓치지 말고 발본적으로 이를 괴멸**시키기 바람.

14. 경찰부장에 대한 境 고등법원검사장 훈시
(1934년 4월)

경찰부장 여러분의 회동에 즈음하여 사법경찰사무에 관한 의견을 개진할 기회를 얻어 본직은 다행이고 기쁘게 여기는 바임.

一 明治四十二年統監府裁判所設置以來逐年著シク增加シタル犯罪カ昭和八年度ニ至リ俄然減少ノ情勢ヲ示シタリ即チ鮮檢事ニ於テ裁判ヲ求メタルモノ起訴猶豫ニ付シタルモノ警察署ニ於テ決ヲ爲シタルモノ即犯罪アリト認メタルモノ昭和七年度ニ合計二二二一、四三〇人昭和八年度ニ二一五、五六〇人ニシテ六、八七〇人ヲ減ス共ノ內減少ノ著シキモノハ財產權ヲ侵害スル罪（竊盜一、五三〇人强盜三七九人詐欺一、一六七人橫領四〇七人）ノ三、四八三人ト治安維持法違反ノ九一一人ナリトス是レ昭和七年以來ノ民風振興自力更生ノ其ノ原因タルモ勿論ナルモ窮民救濟事業ト滿洲事變勃發シ我帝國ノ國威ヲ中外ニ發揚シ東洋平和ヲ確立シタルコトモ亦共ノ原因ナリト思料セラレ洵ニ慶賀スヘキ情勢ナリトス

賭博罪ニ於テハ逐年增加シ檢事警察署ニ於テ同樣ナル處分ヲ爲シタルモノ昭和七年度二六、五〇四人同八年度二八、六七一人ヲ其ノ增加人員二、一六七人ニシテ昭和六年ト同七年度ノ增加率ニ比シ高率ヲ示シ本年三月迄ト前年度ノ同時期ニ比シ是亦增加ヲ示ス賭博罪ニ付著シク增加スル傾向アルハ蓋窮民救濟事業等ニ依リ勞働者ハ勿論農民等カ現金ヲ所持スル機會多キ故ニ貯蓄心ニ乏シク賭博ヲ好ム朝鮮民衆ヲ唆リタルモノト思料サル尙傷害罪ハ人員ニ於テサシタル增加ナキモ件數ニ於テ昭和七年度ニ比シ同八年度ニハ三〇五件ヲ增加シタリ是レ前同樣現金ヲ所持スルコト多キ爲飮酒ニ耽リ從ッテ喧嘩口論ヲ爲スコト多キニ原因スルモノト思料セラル斯カル情勢ヲ以テ推移セハ良民迄惡風ニ染ミ遂ニ正業ヲ拋擲スル原因ト爲リ總有犯罪ノ動機原因

(159쪽)

1. **1909년 통감부 재판소 설치 이래** 매년 현저하게 증가하는 **범죄가 1933년도에 들어 갑자기 감소의 정세**를 보인즉 전 조선 검사가 재판을 구한 사건, 기소유예에 붙인 사건, 경찰서에서 즉결을 한 사건 즉 **범죄 있다고 인정되는 사건, 1932년도**에 합계 222,430명 **1933년도**에 215,560명으로서 6,870명이 감소하여 그중 감소가 현저한 것은 **재산권을 침해하는 죄**(절도 1,530명, 강도 379명, 사기 1,167명, 횡령 407명)의 3,483명과 **「치안유지법」 위반** 911명입니다. 이것은 1932년 이래 민풍(民風) 진흥, 자력갱생이 그 원인인 것은 물론 궁민(窮民) 구제사업과 만주사변 발발하여 우리 제국의 국위를 내외에 떨쳐 일으켜 동양평화를 확립한 것과도 역시 그 원인이 된다고 사료되어 매우 경하할 정세입니다.

도박죄에 있어서는 해마다 증가하여 검사, 경찰서에서 전과 같은 식으로 처분을 한 사건 1932년도 26,504명, 1933년도 28,671명, 그 증가 인원 2,167명으로 1931년과 1932년도의 증가율에 비하여 높은 비율을 보이고 올해 3월까지 전년도의 동 시기에 비하여 이 역시 증가를 나타냅니다. 도박죄에 대하여 현저히 증가하는 경향이 있음은 생각건대 생활이 어렵고 궁한 궁민(窮民) 구제사업 등에 의하여 노동자는 물론 농민 등이 현금을 소지할 기회가 많게 된 때문으로 저축심 결핍으로 도박을 좋아하는 조선 민중을 부추겨 유행하기에 이르렀다고 사료(思料)되고, **상해죄**는 인원은 그다지 증가 없음에도 건수는 1932년도에 비하여 1933년도에는 305건이 증가하여 이는 마찬가지로 현금을 소지하는 일이 많았기 때문에 음주에 탐닉함으로써 싸움, 말다툼을 하는 일이 많아졌기 때문이라고 사료되고, 이러한 정세로 나가면 양민까지 악풍(惡風)에 물들어 결국 정업(正業)을 내던지는 원인이 되고 모든 범죄의 동기 원인

第一部　第二類　警務部長ニ對スル高等法院檢事長訓示

ヲ作リ各種ノ施設對策モ其ノ效果ヲ減スルノ嫌アルヲ以テ努メテ貯蓄心ヲ奬勵シ斯カル弊風ヲ防止スルノ必要アリト信ス

二　方今我國ノ情勢ハ內外多事多端ニシテ前古多タ其ノ例ヲ見サル難局ノ際會シ之カ打開ノ爲朝野ヲ擧ケテ熱烈ナル國民精神ノ發揮ヲ要望スルノ切ナルモノアリ此ノ秋ニ際リ國家ノ根本觀念ヲ破壞セントスル過激思想ニ基ク犯罪ノ發生ハ最モ恐ルヘキモノニシテ國家ノ深憂是ヨリ大ナルモノナシ斯ル犯罪ハ各種對策施設ト相俟ッテ之カ防遏ヲ期スヘキモ國民自覺ノ下ニ强大ナル權力ヲ行使シ其ノ撲滅ヲ圖ルヘキハ言ヲ須タサル所トス
權力ハ正義人道ニ立脚シ法ノ正義人道ヲ維持保證ス而シテ司法ハ法ノ適用ヲ全カラシムルモノナルヲ以テ司法ハ國家ニ最重要ナルモノトス
曩クモ　今上陛下ニハ先年陪審法實施ニ際シ東京裁判所ニ　御臨幸遊ハサレ「司法裁判ハ社會ノ秩序ヲ維持シ國民ノ權義ヲ保全シ國家ノ休戚之レニ繋ルカ今ヤ陪審法施行ノ期ニ會ス一層恪勤奮勵セヨ」ト宣ハセ給ヘリ誠ニ恐懼感激ニ堪ヘサル所ニシテ司法機關ニ職ヲ奉スルモノハ一層報國盡忠ノ精神ヲ以テ至誠奉公萬算ナキコトヲ期シ苟モ時局ノ重大ナルニ奧奪シ常軌ヲ逸シ響フ所ナラス行フ所中ナラサル擧措ニ出テ識者ノ非難ヲ受クルコトナカラシコトヲ要ス
法ノ使命ハ國家ノ隆昌ト繁榮ニ在リ個人ノ權盆ヲ保護シ伸張セシムルハ國家ノ興隆ヲ致ス所以ナリトス故ニ法令ハ國家ノ權力ヲ尊重シ一面個人ノ自由ヲ重ンシ其ノ權盆ヲ保護ス犯罪ヲ糺彈スル

一六〇

(160쪽)

을 만들어 각종의 시설 대책도 그 효과를 감(減)할 염려가 있으므로 노력하여 저축심을 장려하고 이러한 폐풍(弊風)을 방지할 필요가 있다고 믿음.

2. 지금 우리나라의 정세는 내외 다사다단하면서 예전에 많은 그 예를 볼 수 없는 난국을 만나 그 타개를 위하여 조야(朝野)가 일어나 열렬한 국민정신 발휘를 요망하는 간절함이 있고 이 가을에 들어 국가의 근본 관념을 파괴하려는 **과격사상**에 기반한 범죄의 발생은 **최고로 두려운 것**으로서 국가의 우려 이보다 큰 것 없고 이러한 범죄는 각종 대책시설과 서로 협조하여 그 방어를 기(期)해야 함도 국민 자각하에서 **강대한 권력을 행사함과 함께 박멸을 도모**해야 함은 말할 나위 없음. **권력은 정의인도(正義人道)에 입각하고 법은 정의 인도를 유지 보증하므로 사법은 법의 적용을 완수하게 하는 것이 되게 함으로써 사법은 국가를 위하여 최고로 중요**한 것임.

황송하게도 **금상폐하(今上陛下)**께서는 작년 배심법 실시에 즈음하여 동경재판소를 둘러보시고 【사법재판은 사회의 질서를 유지하여 국민의 권의(權義)를 보전하고 국가의 번영과 멸망이 달린 지금 배심법 시행의 때를 만나 한층 각근분려(恪勤奮勵)하라.】라고 말씀하시어 실로 황공하고 감격스럽기 그지없는 바이자 사법기관에 직을 바치는 자는 한층 보국진충(報國盡忠)의 정신으로 지성봉공(至誠奉公) 만사 어김없도록 기하여 만에라도 시국의 중대해짐에 흥분하여 상궤(常軌)를 벗어나 향하는 바 옳지 않게 행하는 도중 용서되지 않는 거조(擧措)로 나가 식자(識者)의 비난을 받는 일이 없도록 할 것을 요망함.

법의 사명은 국가의 융창(隆昌)과 번영에 있고 개인의 권익을 보호하고 신장시킴은 국가의 흥융(興隆)에 이르는 바가 되므로 법령은 국가의 권력을 존중하고 일면 개인의 자유를 중요시하여 그 권익을 보호함. 범죄를 규탄하는

手續法ニ於テ公益ノ要求ト個人ノ權利保護トヲ考察シ搜査ノ祕密ヲ保チ被疑者其ノ他ノ名譽ヲ毀損セサルハ勿論被疑者ニ對シ丁寧懇切其ノ利益ト爲ルヘキ事實ヲ陳述スル機會ヲ與フヘキ旨ヲ定メ唯例外トシテ身體ノ拘束押收搜索ノ如キ個人ノ權利自由ニ重大ナル影響ヲ及ホス强制處置ヲ執ルコトヲ認ム是レ實ニ適正ナル刑罰權ノ實現ヲ期スル爲私益ヲ犧牲ニ供スルニ過キス國民ハ正當ナル權力ニ絶對ニ服從スルハ當然ナルモ一面越權行爲ニ對シテハ絶對ニ服從セサルモ亦當然ナリ故ニ正義人道ヲ維持保證スル司法ニ關係スルモノニシテ非常時ナル名ノ下ニ正義ニ立脚スル權力ヲ濫用シ得タルカ如キコトアラハ國民ニ敵視サレ信ヲ天下ニ失フニ至ラン米國ノ獨立ハ司法ヲ高壓政策ノ具ニ供シタルコトヲ其ノ一原因ナリト謂ヒ舊帝政ロシヤノ滅亡ハ國民ト警察トノ間ニ大ナル溝渠ヲ作リシコトカ其ノ一大原因ナリト謂フ司法ニ關係スルモノハ互ニ相戒メ飽迄法規ニ則リ理解ト慈愛トヲ以テ公明正大ナル態度ヲ持スルト同時ニ思想犯ノ如キハ大所高所ヨリ觀察シ犯罪檢擧第一主義ヲ旨トスルコトナク敎化的ニ出テ民衆ヲシテ深キ信賴ヲ措カシムルヲ要ス
然ルニ數年來多數ノ警察官中ニハ職權ヲ濫用シ自白等ヲ强要シテ暴行ヲ加ヘ多大ノ損害ヲ彼ヲシメ甚キハ拷責致死ノ大罪ヲ犯シタルモノアリシノミナラス近頃極端ナルハ思想犯ハ證據書類等アルモ自白ナケレハ反古同然ナルヲ以テ自白强要ノ已ムヲ得スト稱シ其ノ責任ヲ感セサルモノアリトノ噂アリ斯ノ如キコトハ輕々シク信セントスルモノニ非サルモ萬一然リトセハ公然法ノ權威ヲ損シ公ノ秩序ヲ害スルノ甚シキモノニシテ是レ卽國家ノ非常時ナリト稱スルモ過言ニ非スト信

第一部 第二類 警察部長ニ對スル高等法院檢事長訓示

一六一

(161쪽)

절차법에서 공익의 요구와 개인의 권리 보호를 고찰하고 수사의 비밀을 유지하며 피의자, 기타의 명예를 훼손하지 않음은 물론 피의자에 대하여 정중하고, 간절한 이익이 될 사실을 진술할 기회를 주어야 할 취지를 정(定)하고 오직 **예외로써 신체의 구속, 압수수색과 같은 개인의 권리, 자유에 중대한 영향을 미칠 강제 처치를 집행**함을 인정함. 이는 실로 적정한 형벌권의 실현을 기하기 위하여 사익(私益)을 희생으로 제공함에 지나지 않을 뿐 국민은 정당한 권력에 절대로 복종함은 당연해도 일면 월권행위에 대하여는 절대로 복종하지 않는 것 역시 당연하므로 정의 인도를 유지 보증할 사법에 관계하는 자이면서 비상시라는 명목하에 정의에 입각(立脚)할 **권력을 남용**하고 득의양양함과 같은 일이 있다면 국민에게 적대시되어 믿음을 천하에 잃게 될 것임. 미국의 독립은 사법(司法)을 고압정책(高壓政策)의 도구로 제공한 것이 그 하나의 원인이 되었다고 하고, 구 제정 러시아의 멸망은 국민과 경찰과의 사이에 큰 구거(溝渠)를 만든 것이 일대 원인이 되었다고 함. **사법에 관계하는 자**는 서로 경계하여 어디까지나 법규에 준하여 이해와 자애(慈愛)로 공명정대한 태도를 지님과 동시에 사상범은 크고 높은 시야로 관찰하여 범죄 검거 제일주의를 으뜸으로 하는 일 없이 교화적(教化的)으로 나아가 민중으로 하여금 깊이 신뢰를 두게 할 것을 요함.

그런데도 수년래 **다수의 경찰관** 중에는 직권을 남용하여 **자백 등을 강요하고 폭행을 가하여 다대(多大)한 손해를 입게 하고 심하게는 고문치사의 대죄를 범하는 자**도 있을 뿐만 아니라 최근 극단인 것은 **사상범은 증거서류 등이 있어도 자백이 없으면 휴지와 같은 것이므로 자백 강요도 어쩔 수 없다고 변명하며 그 책임을 느끼지 않는 자**가 있다고 들었고, 이와 같은 일들 경솔하게 믿으려는 것 아님에도 만일 그렇다면 공연히 **법의 권위를 훼손하여 공적 질서를 해함**이 심한 것이면서 이는 즉 국가의 비상시가 된다고 칭해도 과언이 아니라고 믿음.

第一部　第三題　警察部長ニ對スル高等法院檢事長訓示

不祥事發生ノ主ナル原因ハ蓋搜査方法其ノ當ヲ得ス根據ナキ密告投書又ハ單ナル見込ヲ甚トシ事實ヲ擅ニ臆測シ被疑者ヨリ直接ニ所期ノ自白ヲ得ントシ或ハ功ヲ競フノ餘リ職務上ノ協同心ヲ忘レ所謂拔ケ驅ケ的ニ容疑者ヲ檢擧シタル爲犯證ノ蒐集ヲ急キ或ハ國家非常時ニ際リテハ目的ノ達成ニ手段ヲハステフ誤リタル念ニ驅ラレ不知不識ノ間ニ違法手段ニ出ツルニアラサルカ疑ナキヲ得ス國家非常時ニ於テ恪勤奮勵以テ治安維持民風涵養ニ努力セラルルハ大ニ賞讚シ深甚ナル敬意ヲ拂フヘキハ素ヨリ言ヲ須タサル所ナリト雖目的ノ正當ハ手段ノ正義化セス動機ノ純潔ハ必スシモ手段ヲ合理化セサルハ勿論ナルヲ以テ抵抗不能ノ地位ニ置カレタル者ニ對シ殘虐性ノ發露ト謂フモ過言ニアラサル極端ナル陵虐行爲ニ出テ法禁ヲ犯シ法律秩序ヲ無視スルカ如キハ到底許容シ看過スヘキ限ニアラス

惟フニ民衆ハ搜査官ノ協力者ニシテ援助者ナリ民衆ニシテ搜査官ヲ憎レ憚ルニ止マラス之ヲ憎ミ怨ムニ至ラハ搜査官ハ其ノ耳目ヲ失ヒ世態人情ノ推移ヲ知ラス人心ノ機微ヲ理解スルヲ得サル結果機能ヲ發揮スル能ハスシテ其ノ權威ヲ失墜ス權威ナケレハ在レトモ無キカ如ク社會ノ安寧秩序國家ノ休戚得テ望ム能ハストミ謂フヘシ

要スルニ官憲ノ措置無道ナラハ理アルモノ正ニ依リ其ノ意ヲ貫キ得サルヲ知リ官憲ヲ怨ミ遂ニ自暴自棄ニ陷ル國家社會ノ危險玆ニ存ス殊ニ近時敎育ノ普及ハ民智發達シ民衆ノ自覺ヲ促シ極力自

一六二

(162쪽)

불상사 발생의 주요한 원인은 생각건대 수사 방법 그 당위를 얻지 않고 근거 없이 밀고, 투서 또는 단지 예상을 기초로 사실을 어림짐작하여 피의자로부터 직접 소기의 **자백을 얻으려고 혹은 공을 다툰 나머지** 직무상의 협동심을 잊고 소위 남을 앞질러 공을 세우려고 용의자를 검거한 때문에 범증의 수집을 조급히 하거나 국가 비상시에 즈음해서는 목적 달성에 수단을 가리지 않는 잘못된 생각으로 치달아 부지불식간에 위법 수단으로 나간 것이 아닌가 의심하지 않을 수 없음. 국가 비상시에 있어 정성을 다하여 힘써 치안 유지, 민풍함양에 노력하는 것은 크게 칭찬하고 심심한 경의를 표해야 함은 본디 말할 나위 없는 바라고 할지라도 목적의 정당은 수단을 정의화(正義化) 하지 않고, 동기의 순결은 반드시 수단을 합리화하지 않음은 물론이므로 저항불능의 지위에 있는 자에 대하여 잔학성의 발로라고 말해도 과언이 아닌 **극단인 능학 행위**로 나아가 법이 금하고 있는 바를 범하여 법률질서를 무시하는 것과 같음은 도저히 허용하고 간과할 것이 아님.

생각건대, 민중은 수사관의 협력자이자 원조자이고 민중이면서 수사관을 두려워하고 꺼림에 그치지 않고 이를 증오하고 원망함에 이르면 수사관은 그 이목을 잃고 세태, 인정이 변해 감을 모르고 인심의 기미(幾微)를 이해하지 못하는 결과 기능을 발휘할 수 없어 그 권위를 실추하고, 권위 없으면 있어도 없음과 같아 사회의 안녕질서, 국가의 행복과 불행을 자칫 기댈 수 없다고 말해야 함.

요컨대 관헌의 조치가 무도(無道)하면 도리 있는 자 옳음(正)에 의하여 그 뜻을 관철하게 할 수 없음을 알고 관헌을 원망하고 결국에는 자포자기에 빠져 국가사회의 위험 이에 있는 것이고, 특히 최근 교육의 보급은 민지(民智) 발달하고 민중의 자각을 촉진하여 극력 자

己ノ權利利益ヲ擁護セントスル念旺盛トナリ之レト現下ノ思想混亂ト相俟チ社會制度ノ現狀ヲ呪フノ餘リ急激ナル行動ニ出テ國家ノ健全ナル存立ヲ危フシ治安維持上由々シキ事態ヲ發生セントスル虞アルニ因リ斯カル警風ハ極力一掃スルノ必要アリト思料ス
各位ハ部下ニ對シ極力個人ノ權利自由ヲ尊重スルト同時ニ同僚間ノ協同心ヲ養ハシメ以テ過眠ナキコトヲ期シ若シ越權行爲ヲ敢テスルモノアラハ特別豫防ヲ重ンスルノ餘濫リニ寬恕認容ノ態度ニ出ツルコトナク一般警戒ニ鑑ミ寬嚴宜シキノ措置ニ出テラレンコトヲ望ム
此ノコトタルヤ先年來各位ノ御注意ヲ望ミツツアル所ナリト雖不祥事犯ノ發生未夕全ク止マス統治ノ將來ニ影響スル所ノ重大ナルニ鑑ミ重ネテ玆ニ希望ヲ述ヘ司法警察ノ改善進步ニ一層ノ御努力ヲ切望スル次第ナリ

一五 警察部長ニ對スル笠井高等法院檢事長訓示 （昭和十年四月）

本日玆ニ各位ノ會同ニ際リ所管事務ニ關シ所見ヲ述フルノ機會ヲ得タルハ余ノ欣幸トスルトコロナリ
一 近時犯罪ノ態樣ハ複雜多岐ニ亙リ其ノ手段巧妙ヲ極メ又其ノ罪數ニ於テモ逐年增加ノ傾向ニ在リ加フルニ交通機關ノ進步經濟ノ發達ニ伴ヒ犯罪ヲシテ地方的ヨリ全國的ニ擴大ナラシメ搜査金困難ヲ來サントス司法警察ノ職ニ在ル者宜シク上下左右連絡相交應シ共同一致事ニ膺ラサレハ到底其ノ實踐ヲ擧クルコト難カルヘシ萬一其ノ連絡完カラス獨力以テ事ヲ處スルカ如キコトアラハ

(163쪽)

기의 권리이익을 옹호하려는 생각 왕성하게 되어 이와 현재의 사상 혼란과 서로 맞아 사회제도의 현상을 저주한 나머지 급격한 행동으로 나아가 국가의 건전한 존립을 위태롭게 하고 치안 유지상 불길한 사태를 발생시킬 염려 있으므로 이러한 폐풍은 극력 일소할 필요가 있다고 생각함.

여러분은 부하에 대하여 극력 개인의 권리 자유를 존중함과 동시에 동료 간 협동심을 양성시킴으로써 과오가 없도록 기하고 만약 월권행위를 감행하는 일이 있다면 특별예방을 무겁게 여긴 나머지 함부로 너그럽게 용서하고 받아들이는 태도로 나가지 말고 일반 경계에 비추어 관엄(寬嚴) 적절히 조치하여 나가길 바람.

이러한 일로 말하면 작년 이래 여러분의 주의를 계속 바라면서도 불상 사범의 발생이 아직 전혀 멈추지 않아 통치의 장래에 영향을 주는바 중대함에 비추어 거듭 이에 희망을 말하여 사법경찰의 개선 진보에 한층 노력할 것을 간절히 바라는 바임.

15. 경찰부장에 대한 쯔井 고등법원검사장 훈시
(1935년 4월)

오늘 여러분의 회동에 즈음하여 소관 사무에 관한 소견을 말할 기회를 얻어 매우 다행이고 기쁘게 여기는 바임.

1. **최근 범죄의 태양(態樣)**은 복잡 다기에 걸쳐 그 수단이 교묘하기가 극심하고 그 죄수(罪數)에서도 매년 증가의 경향에 있고 가뜩이나 교통기관의 진보, 경제의 발달에 따라 범죄가 지방에서 전국적으로 확대되어 점점 수사의 곤란을 초래하고 있음. 사법경찰의 직에 있는 자는 마땅히 상하좌우 연락에 서로 응하여 공동일치로 받아들이지 않으면 도저히 그 실적을 올리기 어려움. 만일 그렇게 연락하지 않고 혼자의 힘으로 일을 처리하는 것과 같은 일이 있다면

第一部　第二類　警察部長ニ對スル高等法院檢事長訓示

團體的ノ犯罪又ハ數地域ニ亙ル犯罪ヲ迅速適切ニ檢舉スルコト能ハサルハ多言ヲ要セス然ルニ捜査官吏ニシテ自功ヲ樹ツルノ急ナルノ餘協同一致ノ精神ヲ忘レ孤立獨行檢舉ニ腐リ爲ノ犯人ヲ逸シ或ハ罪證ヲ失フニ至リタル例乏シカラス各位宜シク部下ヲ督勵シ萬遺憾ナキヲ期セラレタシ

一　犯罪ノ檢擧ハ其ノ捜査ノ著手ニ於テ過誤アラハ其ノ終ヲ全ウスルコト能ハスシテ捜査處分ノ全體ニ不良ノ影響ヲ及ホスコトアルヲ以テ司法警察官犯罪アルコトヲ認知シ其ノ捜査ニ著手シタルトキハ事案ノ輕微ナルモノヲ除ク外檢事ニ之ヲ通報シ適當ナル指揮ヲ待チ檢事ト連絡ヲ遂ケ同心一體トナリテ活動スルコトヲ要ス殊ニ重大ナル犯罪又ハ敏活迅速ニ處置ヲ要スル事犯ニ付テハ一層其ノ然ル所以ヲ感スルヲ以テ豫メ適當ナル方法ヲ講シ意思ノ疏通ヲ圖リ以テ連絡ヲ密ニシ其ノ間齟齬扞格ノ生スルコトナキヤウ留意セラレンコトヲ望ム

一　司法警察官ノ職司ハ國家司直ノ府ヲ輔ケ犯罪搜査ノ大任ニ當リ以テ國家ノ綱紀ヲ維持シ民衆ノ福祉ヲ防護スル重且大ナル責務ヲ有スルカ故ニ之ヲ優遇重視スルノ必要アリ然ルニ從來動モスレハ行政警察ノ事務ニ比照シ聊輕セラルル傾ナキニシモ非ス此ノ如キハ決シテ司法警察ノ職能ヲ發揮スル所以ニ非サルトコロ永ク斯ル狀態ニ置クコトヲ許サス近時其ノ職司ノ重要ナルニ鑑ミ之カ擴充ヲ期スルノ企アルヲ聞クハ洵ニ慶賀ニ堪ヘサルトコロナリ夫レ犯罪搜査ハ固ヨリ特別ノ技能ニ屬ス雖社會ノ情勢ハ犯罪ノ態樣ヲシテ益巧緻複雜且殘忍化セシムルト共ニ其ノ罪證ノ湮滅方法逃走ノ手段愈巧妙ヲ極メ搜査官ノ行動一簇ヲ輸スルノ憾ナシト

一六四

(164쪽)

　단체적 범죄 또는 여러 지역에 걸친 범죄를 신속 적절하게 검거할 수 없다는 것은 많은 말을 필요로 하지 않음. 그러나 수사 관리(官吏)로서 스스로 공을 세우는 것에 급한 나머지 협동 일치의 정신을 잃고 고립 독행하여 검거에 임하여 범인을 놓치거나 죄증을 잃게 되는 예가 적지 않음. 여러분은 마땅히 부하를 독려하여 만사에 유감없도록 기하기 바람.

　1. 범죄의 검거는 그 수사의 착수에 과오가 있으면 그 끝을 마무리할 수 없고 수사 처분의 전체에 불량한 영향을 미치게 되는 것으로 **사법경찰관**은 범죄가 있다고 인지하면 그 **수사에 착수할 때는 사안이 경미한 것을 제외한 외 검사에게 이를 통보하여 적당한 지휘를 기다리고 검사와 연락을 이루어 동심일체가 되어 활동**할 것을 요함. 특히 중대한 범죄 또는 민활(敏活) 신속한 처치를 요하는 사범에 대하여는 한층 그러한 이유를 느끼므로 미리 적당한 방법을 강구하여 의사의 소통 도모로 연락을 밀접히 하여 그사이 어긋나는 일이 일어나지 않도록 유의하기 바람.

　1. **사법경찰관의 역할**은 국가 사직(司直)의 관청을 보하고 범죄 수사의 대임을 맡아 국가의 기강을 유지하여 민중의 복지를 방호할 중차대한 책무를 지녔기에 이를 우대 중시할 필요 있음에도 종래 자칫 행정경찰의 사무에 비춰 조금 가벼이 하는 경향 없지 않음. 이는 결코 사법경찰의 직능을 발휘할 소이(所以)가 아닌바 시세의 진운(進運)은 언제까지 이런 상태에 둠을 허용하지 않음. 최근 그 직사(直司)의 중요함에 비추어 그 확충을 기하는 것을 도모한다고 들어서 참으로 경하해 마지않는 바임.

　범죄 수사는 원래 특별한 기능에 속하더라도 사회의 정세는 범죄의 태양(態樣)이 점점 정교, 치밀, 복잡 동시에 잔인해짐과 함께 그 죄증의 인멸 방법, 도주의 수단 더욱 교묘함이 극에 달하여 수사관의 행동이 한 수 뒤지는 감 없지

セス各位宜シク關係職司ト諮リ司法警察官吏ニ對シ特別ノ訓練教養ヲ施シ犯罪搜查ニ深キ知識ト經驗アル者ヲシテ之力敎習ニ當ラシメ以テ豐富ナル經驗ト必要ナル司法科學的知識ヲ修習セシメ之ヲ各所ニ配置シ重大犯罪ノ勃發ニ備ヘ檢察上遺憾ナカラシムヘク又司法主任ノ更迭頻繁ニ行ハレン力適材ヲ適所ニ配置シ難ク又熟練ナル者ハ年々減少スルニ至リ犯罪檢擧ノ能率增進上遺憾ノ點無シトセサル力故ニ司法警察官吏中優秀ナル者ハ成ルヘク永ク其ノ職ニ留メ意其ノ經驗ト知識ヲ圓熟セシメ犯罪搜査ノ成績ヲ良好ナラシメンコトヲ望ム

一 犯罪搜査ハ祕密ヲ保チ被疑者其ノ他ノ名譽ヲ毀損セサルコトニ留意スヘキコトハ法ノ要求スルトコロナリ然ルニ從來社會ノ耳目ヲ衝動スル力如キ事件發生シタルトキハ被疑者又ハ共犯人トモ目セラルヘキ者ノ住所、氏名、犯罪ノ目的手段方法、甚シキハ搜查上重要ナリトスヘキ點ニ至ルマテ新聞紙雜誌等出版物ニ詳細揭記セラルルコト決シテ勘シトセス時ニ直接搜查ニ關係シタル者ニ於テ漏洩ヨリ漏洩セラレタリト認ムヘキモノナキニアラサレトモ時ニ直接搜查ニ關係シタル者ニ於テ漏洩スルニアラサレハ之ヲ記載シ難キモノト認メラルル事例ナシトセス其ノ妓ニ至レル事由ヲ考フルニ搜查ニ從事スル者功名ヲ競ヒ或ハ令閭ヲ求ムルニ基因スルニアラスヤト思料セラルル場合抄力ラス此ノ如キハ被疑者等ノ名譽ヲ毀損シ搜查ノ祕密ヲ妨害スルコト大ナルノミナラス萬一被疑者等ヨリ告訴提起アラハ漏洩者ハ刑事上ノ責任ヲ免ルルコトヲ得サルヘク延テ搜查機關ノ威信ヲ傷クルニ至ルナキヲ保セス尙出版物ノ記事中往々搜查ノ狀況ヲ詳記スルニ止マラス甚シキハ搜

第一部 第二類 警察部長ニ對スル高等法院檢事長訓示

一六五

(165쪽)

않음. 여러분은 아무쪼록 관계 직사(職司)와 상의하여 **사법경찰관리에 대한 특별한 훈련 교양을 실시**하고, 범죄 수사에 깊은 지식과 경험 있는 자로 하여금 교습을 담당하게 함으로써 풍부한 경험과 필요한 과학적 지식을 수습시켜 이를 각소에 배치하고 중대범죄의 발발에 대비하여 **검찰상(檢察上) 유감없도록 하고** 또한 사법 주임의 경질 빈번히 행하여지나 적재를 적소에 배치하기 어렵고 또한 숙련된 자는 해마다 감소함에 이르러 범죄 검거의 능률 증진상 유감의 점 없지 않으므로 사법경찰관리 중 우수한 자는 가급적 오래도록 그 직에 남아 더욱 그 경험과 지식을 원숙(圓熟)하게 하여 범죄 수사 성적을 양호하게 하기를 바람.

1. 범죄 수사는 비밀을 유지하고 피의자, 기타 명예를 훼손함이 없도록 유의함은 법이 요구하는 바로 종래 사회의 이목을 충동하는 것과 같은 사건 발생한 때는 피의자 또는 공범인(共犯人)으로 지목될 자의 주소, 씨명(氏名), 범죄의 목적, 수단, 방법, 심지어 수사상 중요시해야 할 점에 이르기까지 신문지, 잡지 등 출판물에 상세히 게기(揭記)되는 일이 결코 적지 않음. 이 어쩌면 피의자, 기타의 관계인으로부터 누설된 것이라고 인정되는 것 없지 않아도 때때로 직접 수사에 관계한 자가 누설하지 않았다면 이를 기재하기 어려운 것이라고 인정되는 사례 없지 않음. 이에 이른 사유를 생각하면 수사에 종사하는 자 공명(功名)을 다투거나 혹은 좋은 평판을 구함에 기인하는 것이 아닌가 사료되는 경우 적지 않음. 이처럼 비단 피의자 등의 명예를 훼손하고 수사의 비밀을 방해하는 것 클 뿐만 아니라 **만일 피의자 등으로부터 고소 제기 있으면 누설자는 형사상의 책임을 면할 수 없으므로** 수사기관의 위신 훼손에 이르지 않을 수 없고 더욱이 **출판물의 기사** 중 때때로 수사의 상황이 상세히 기재됨에 그치지 않고 심지어 수

第一部　第二類　警務部長ニ對スル高等法院檢事民訓示

査、檢擧、審判ニ付其ノ内容ニ立入リ之カ當否ヲ論難シ犯人又ハ被告人ヲ救護シ司法權ヲ蔑視スルカ如キ記事ヲ掲クルモノアリ此ノ如キハ世人ヲシテ司法權ノ活動ニ對シ危懼ノ念ヲ懷カシメ其ノ信頼ヲ損フコト甚大ナルモノアルヲ以テ選人ノ此ノ趣旨ニ基キ檢事ニ對シ通牒スルトコロアリタリ各位ハ檢事ト互ニ共助協力シ之カ取締ニ關シ扞格ナキコトヲ期セラレタシ

一　近ク府邑面ノ議員選擧行ハレントス之カ近時選擧界ノ實狀ニ付考察スルニ從來動モスレハ選擧ノ本義ニ悖リ不正ノ手段ヲ以テ投票ヲ得ルモ敢テ恥トセサル風アリ斯ル弊風ハ民衆ノ選擧ニ對スル理解ナキニ職由スヘシト雖一面其ノ取締時ニ徹底ヲ缺キ違反者ノ檢擧盃カラサルコトモ亦其ノ一因タルヲ失ハス今次ノ選擧ハ朝鮮現下ノ情勢ニ鑑ミ其ノ競爭相當激甚ヲ加ヘ之ニ伴ヒ選擧事犯ノ簇出スヘキコト想像ニ難カラス凡ソ選擧事犯ノ取締ニ當リテハ司法警察官ノ職ニ在ル者不偏不黨眞ニ公平無視ノ立場ニ於テ嚴正ニ法規ノ勵行シ選擧ノ自由ト公正トノ確保ヲ期シ以テ民衆ヲシテ嚴正公平ナル選擧ニ依リ自由意思ノ下ニ其ノ權利ヲ行使セシメサルヘカラス故ニ苟モ選擧ノ自由ヲ妨害シ其ノ公正ヲ紊スモノ就中投票買收、利害關係ヲ以テスル誘導、官公吏ノ選擧ニ關スル事犯ノ如キハ著シク選擧ノ自由公正ヲ害シ之ヲ腐敗ニ導キ選擧ノ神聖ヲ蠱毒スルモノナルヲ以テ斯ル弊風ノ一掃ニ努力セラレンコトヲ望ム然レトモ眞ニ法令ヲ知ラス爲ニ圖ラスモ違反行爲ヲ爲スニ至リタル者ニ對シテハ法ノ精神ニ從ヒ其ノ事情ヲ考慮シ寬嚴其ノ宜シキヲ制スルノ處置ニ出ツヘキコト言ヲ俟タス而シテ選擧事犯ハ他ノ犯罪ト異リ概ネ時ヲ同ウ

一六六

(166쪽)

사, 검거, 심판에 대한 그 내용에 들어가 그 당부를 논란하여 범인 또는 피고인을 구호(救護)하고 사법권을 멸시함과 같은 기사를 싣는 일이 있어 이는 세인으로 하여금 사법권의 활동에 대한 위구(危懼)의 염(念)을 품게 하여 그 신뢰를 손상하는 심대한 일이므로 이전에 이 취지를 바탕으로 검사에 대하여 통첩한 바 있어 여러분은 **검사와 서로 공조 협력하여 그 단속에 관한 서로 차이 없도록 기하기 바람.**

1. 머지않아 **부읍면(府邑面) 의원 선거**가 행해짐. 최근 선거계(選擧界)의 실상에 관하여 고찰함에 종래 자칫하면 선거의 본의를 그르치고 부정한 수단으로 투표를 얻고도 부끄러워하지 않는 분위기가 있고 이러한 폐풍은 민중의 선거에 대한 이해 없음에 직접 연유하더라도 일면 그 단속에 때때로 철저함을 결하여 위반자의 검거 온전하지 못한 것도 역시 그 하나의 요인임이 틀리지 않음. 지금부터의 **선거는 조선 현재의 정세에 비추어 그 경쟁이 상당히 격심해질 것**[103]에 수반하여 선거사범이 연이어 나올 것이라고 상상하기 어렵지 않음. 무릇 선거사범의 단속에 임해서는 사법경찰관의 직에 있는 자 불편부당하고 실로 **공평무사**[104]의 입장에서 엄정하게 법규를 힘써 이행하여 **선거의 자유와 공정 확보를 기함**으로써 민중으로 하여금 엄정 공평한 선거에 의하고 자유의사하에 그 권리를 행사하게 하여야 함. 그러므로 만일 선거의 자유를 방해하고 그 공정을 어지럽히는 자 있으면 가차 없이 규탄할 것이며 그중에서도 **투표매수, 이해관계 유도, 관공리(官公吏)의 선거에 관한 사범**은 현저히 선거의 자유 공정을 해하고 부패로 이끌어 선거의 신성에 독(毒)을 먹이는 것으로써 이러한 폐풍의 일소에 노력하기 바람. 그러나 실로 **법령을 모르기 때문에 의도하지 않게 위반행위를 함에 이른 자**에 대하여는 법의 정신에 따라 그 사정을 고려하여 관엄(寬嚴) 그 적절히 함을 감안한 처치로 나갈 것은 말할 나위 없음. 그리고 선거사범은 다른 범죄와 달리 대개 때를 같이

---

103 일제에 앞다투어 부역하고 충성하려는 친일파의 정치 입문 양상
104 원문에는 '公平無視'로 표기, 공평무사(公平無私)의 오기임

シテ各所ニ頻出スルヲ常トスルヲ以テ一地方ノ事件ノミニ力ヲ致ストキハ他ノ地方ニ於ケル事犯ノ取締閑却セラレ時期ヲ失シ其ノ犯罪ヲ逸シ之カ檢擧スルコト能ハサルニ至ルヘキコトヲ保セス其ノ結果世人ヲシテ其ノ取締ニ寛嚴差等アルカ如キ疑惑ノ念ヲ懷カシムルニ至ルヘキコトアルヲ以テ限ヲ全局ニ注キ均等普遍ナル取締ヲ行ヒ必要ナル選擧事犯ハ最急速ニ處置スヘキモノナルカ故ニ檢事ト司法警察官トハ善ク連絡協調ヲ保チ之カ搜査ノ徹底ヲ期セラレンコトヲ望ム

一 釋放者及起訴猶豫者等ニ對シ之カ再犯防止ノ爲適當ナル觀察保護ヲ加フルノ必要アルコトハ玆ニ喋々ヲ要セサルトコロナリ殊ニ思想犯罪者ニシテ其ノ刑期ヲ終了シ釋放サルルモノ或ハ改悛ヲ誓ヒテ從來ノ主義運動ヨリ脫退シタル爲起訴又ハ刑ノ執行ヲ猶豫サレタル者漸ク多クノ之カ善導保護ノ必要愈緊切ナリ加ヘ其ノ手段方法ニ付テハ各方面ヨリ研究考慮ヲ要スヘキ問題ト爲リツツアリ就中之カ效果ヲ擧クルヤ否ハ直接又ハ間接ニ觀察保護ヲ加フヘキ警察官吏ノ被保護者ニ對スル態度如何ニ依ルコト多シ凡ソ之等ノ者ニ對シ觀察ヲ爲スハ其ノ再犯ニ陷ル危險ヲ防止スル爲必要ムヲ得サルモノニシテ須ラク仁愛ノ精神ニ基トシ其ノ罪ヲ惡ンテ人ヲ憎ムコトナク懇切ニ之ヲ指導保護シ被保護者ヲシテ克ク其ノ保護觀察ノ趣旨ヲ感得セシメ再ヒ罪ヲ犯スノ危險ナカラシムルニアリ若夫レ彼等ヲ嫌惡蔑視シ或ハ其ノ監視嚴ニ過クルトキハ其ノ前科經歷等暴露シ社會ヨリ疎外セラレ爲ニ其ノ生活ヲ奪ハルニ至リ彼等カ社會ニ復歸シ生業ニ勵ミ又ハ之ニ同化セントスル念ヲ抛棄シ遂ニ自暴自棄再ヒ犯罪ヲ敢テスルニ至ル虞アルヲ以テ各位ハ部下職員ヲ督勵シ司法保護

第一部 第二題 警務部長ニ對スル高等法院檢事長訓示

一六七

(167쪽)

하여 각소에 빈출(頻出)함이 항상 있는 일로써 한 지방의 사건에만 힘을 쏟을 때는 다른 지방에서 사범의 단속 등한시되어 시기를 잃어 그 범죄를 놓치고 검거하지 못하게 되는 일이 없어야 하나 그렇지 못한 결과 세인(世人)이 그 단속에 관엄(寬嚴) 차등 있는 것인 양 의혹을 품게 되기에 이르는 일이 있으므로 눈을 전국으로 주목하여 균등 보편한 단속을 행할 필요가 있고 또한, **선거사범은 가장 급속히 처치(處置)해야 할 것이므로 검사와 사법경찰관과는 연락 협조를 잘 유지하고 그 수사의 철저**를 기하기 바람.

1. **석방자 및 기소유예자 등에 대한 그 재범 방지를 위하여 적당히 관찰 보호를 가할 필요가 있음**은 일일이 언급할 필요가 없는 바이고 특히 사상 범죄자이면서 그 형기를 종료하여 석방된 자 혹은 개전[105]을 맹세하고 종래의 주의 운동으로부터 탈퇴하므로 기소 또는 형의 집행이 유예된 자 점점 많아 그 선도 보호의 필요가 더욱 중요해짐과 함께 그 수단 방법에 대하여는 각 방면으로부터 연구, 고려할 필요 있는 문제가 되고 있음. 그중에서도 효과를 거둔 것인지 아닌지는 직접 또는 간접으로 관찰 보호를 가해야 할 경찰관리의 피보호자에 대한 태도 여하에 의한 것이 많아 무릇 그들에 대하여 관찰을 하면 그 재범에 빠질 위험을 방지하기 때문에 필요하지 않을 수 없는 처치이므로 마땅히 **인애(仁愛)의 정신**을 바탕으로 그 죄는 나쁘나 사람은 증오함이 없이 간절히 이를 지도 보호하여 피보호자로 하여금 그 보호관찰의 취지를 능히 감득(感得)시켜 다시 죄를 범할 위험이 없도록 함에 있고 만일 그들을 혐오 멸시하거나 그 감시를 너무 엄히 할 때는 그 전과 경력 등을 폭로하여 사회로부터 소외되기 때문에 그 생활을 벗어나 그들이 사회에 복귀하여 생업에 힘을 쓰거나 그에 동화되려는 생각을 포기하고 결국 자포자기하여 다시 범죄를 감행하기에 이를 우려가 있으므로 여러분은 부하 직원을 독려하고 사법 보호

---

105 원문에는 '改俊(개준)'으로 표기, 개전(改悛)의 오기임

第一部　第二編　警務部長ニ對スル高等法院檢事長訓示

ノ趣旨ヲ理解セシメ克ク之カ保護誘導ニ努メ以テ刑政ノ運用ヲ完ウスルコトニ一層ノ力ヲ致サレンコトヲ望ム

一六　警察部長ニ對スル笠井高等法院檢事長訓示　(昭和十一年六月)

本日玆ニ各位ノ會同ニ際リマシテ所管刑務ニ關シ所見ヲ述フルノ機會ヲ得マシタコトハ洵ニ欣幸トスル所テアリマス

一　社會生活ノ複雜化ニ伴ヒマシテ犯罪ハ年ヲ追ツテ增加スルト共ニ其ノ態樣亦多岐ニ亘リ且其ノ手段及罪體湮滅方法益巧妙ヲ極メ規模モ國際化スル傾向カ見受ケラルルノテアリマスカラ之カ搜查ノ困難ハ到底昔日ノ比テハナイノテアリマス從テ搜查事務ノ刷新改善、司法事務擔任者ノ敎養訓練ハ刻下ノ急務ト謂ハナケレハナリマセヌ

右ノ理由ニヨリマシテ昨年十二月二十四日全鮮檢事正ニ對シ司法警察官ノ敎養訓練ニ關シ通牒ヲ發シ司法警察事務ノ能率增進及刷新改善ニ付考慮スヘキ點ヲ指示シ其ノ實行方ヲ督勵シテ置キマシタカ右ハ檢擧ニ於テ徒ラニ司法警察事務ニ介入シ其ノ事務ノ運用ヲシテ煩瑣ナラシムルモノテハナク全ク相互ノ精神的協力ノ下ニ能率ヲ增進シ事件ノ處理ヲ敏速ナラシメ司法警察機能ヲ充實シ之ヲ發揮セシムコトヲ所期セルモノテアリマスカラ各位ニ於カレテモ此ノ趣旨ヲ部下ニ十分理解セシメ司法警察ノ刷新ト能率ノ增進トニ付格段ノ御配慮ヲ切望スル次第テアリマス

(168쪽)

의 취지를 이해시켜 능히 그 보호 선도에 노력하여 형정(刑政)의 운용을 완수하도록 한층 힘써 주기를 바람.

16. 경찰부장에 대한 쏲井 고등법원검사장 훈시
(1936년 6월)

오늘 여러분의 회동에 즈음하여 소관 사무에 관한 소견을 말할 기회를 얻어 다행이고 기쁘게 여기는 바입니다.

1. 사회생활의 복잡화에 수반하여 범죄는 해가 갈수록 증가함과 함께 그 태양(態樣) 역시 다기(多岐)에 걸침과 동시에 그 수단 및 죄증 인멸 방법 점점 교묘하기 이를 데 없고 규모도 국제화하는 경향으로 보이므로 그 수사의 곤란은 도저히 옛날에 비할 바 아닙니다. 그러므로 **수사사무의 쇄신개선, 사법사무 담당자의 교양훈련은 바로 지금의 급무**라고 말하지 않을 수 없습니다.

앞서 언급한 이유에 의하여 **작년 12월 24일 전 조선 검사정(檢事正)에 대하여 사법경찰관의 교양훈련에 관한 통첩**을 발하여 사법경찰사무의 능률 증진 및 쇄신개선에 관하여 고려할 점을 지시하고 그 실행 방도를 독려하여 두었습니다만 그것은 **검사**가 함부로 **사법경찰사무**에 개입하여 그 사무의 운용에 번거로운 사슬이 되는 것이 아니라 오로지 **상호 정신적 협력**하에 능률을 증진하여 사건처리를 민속(敏速)하게 하고, 사법경찰 기능을 충실히 하며 이를 발휘하게 하는 것을 소기(所期)로 하는 것이므로 여러분으로서도 이 취지를 부하에게 충분히 이해시켜 사법경찰의 쇄신과 능률 증진에 관하여 각별한 배려를 간절히 바라는 바입니다.

二 鮮滿兩地ニ跨ル蘇聯軍事偵諜事件ノ檢擧ニ付テハ各位平素ヨリ周到細密ナル查察ヲ爲シ探知ノ徹底ヲ期シ居ラルル所テアリマスカ最近受理件數著シク增加シ昭和九年度ニハ僅ニ一件三名テアリマシタカ昭和十年度三件五名、昭和十一年度一月ヨリ五月迄三件六名ニ遞增シテ居ルノミナラク之等ノ諜者ハ豫メ軍事諜報專務ニ關スル應急訓練ヲ受ケタル後多額ノ資金、旅費ヲ受ケ鮮滿各地ニ於テ日滿ノ軍事施設、軍隊警察ノ行動、港灣ノ設備、倉庫工場ノ位置、鐵道其ノ他交通機關ノ狀況及一般經濟民情等各般ニ亙ッテ詳細ナル調查ヲ爲シ暗號通信或ハ特使連絡ニ依リ鮮滿國境ニ散在スル軍諜部連絡所ニ報告スルノ外短波無電機ヲ設備シテ發受信ヲ爲ス等其ノ機構頗ル警戒ヲ要スルモノカアルノテアリマス

既ニ先年鮮內共產主義者ニシテ日本軍隊ノ行動ヲ探知シ之ヲ國際共產黨ニ報知シ軍事密偵ノ役割ヲ演シタル事件ヲ檢擧シタルコトカアリマス彼等ハ日蘇開戰ハ避クヘカラサルモノテアッテ戰爭ニ因ル日本ノ敗退ハ朝鮮ニ於ケル農勞大衆解放ノ機テアルト確信シテ密偵ヲ爲シテ居ル樣ナ次第テアリマス

斯ノ種密偵ノ增派暗躍ハ將來益激化スヘキハ勿論其ノ方法ニ於テモ更ニ巧妙辛辣ヲ加ヘ且共產主義者ト軍事密偵トハ連絡スルノ虞カ多分ニアリマスカラ之カ查察取締ニ際リマシテハ格段ノ研究ト努力トヲ要スルノテアリマス

第一部 第二顆 警務部長ニ對スル高等法院檢事長訓示

最近斯ノ種犯罪發生當初ニ於ケル搜查カ不十分テアリマシタ爲一旦逮捕シタル重要犯人ノ身柄ヲ

一六九

(169쪽)

2. 조선, 만주 양지(兩地)에 자랑할 **소련군사 밀정사건 검거**에 대하여는 여러분이 평소 주도세밀(周到細密)한 사찰과 탐지에 철저를 기하고 있는 바입니다만 최근 사건 수리 건수가 현저히 증가하여 1934년에 겨우 1건 3명이었지만 1935년 3건 5명, 1936년 1월부터 5월까지 3건 6명으로 조금씩 늘고 있을 뿐만 아니라 이들 첩자는 미리 군사첩보사무에 관한 응급훈련을 받은 후 다액(多額)의 자금, 여비를 받아 조선, 만주 각지에서 일본, 만주의 군사시설, 군대 경찰의 행동, 항만의 설비, 창고 공장의 위치, 철도 기타 교통기관의 상황 및 일반경제 민정(民情) 등 제반에 걸쳐 상세한 조사를 하여 암호 통신 혹은 특편(特便) 연락에 의한 조선, 만주 국경에 산재한 군 첩부(諜部) 연락소에 보고하는 한편 단파(短波) 무전기를 설비하여 발수신(發受信)하는 등 그 기구(機構)는 매우 경계를 필요로 하고 있습니다.

이미 작년 조선 내 공산주의자이면서 일본 군대의 행동을 탐지하고 이를 국제공산당에 보고로 알려 **군사 밀정(密偵) 역할을 수행한 사건**을 검거한 적이 있습니다. 그들은 일소개전(日蘇開戰)은 피할 수 없는 것이므로 전쟁에 의한 일본의 패퇴(敗退)는 조선에서 농로(農勞) 대중 해방의 기회가 된다고 확신하여 밀정을 하고 있는 모양입니다.

이러한 종류의 **밀정 증파, 암약이 장래 점점 격화**할 것은 물론 그 방법도 더욱 교묘, 신랄(辛辣)을 더함과 동시에 **공산주의자와 군사 밀정과 연락할 우려가 다분**히 있으므로 사찰 단속을 할 때는 각별한 연구와 노력이 필요한 것입니다.

최근 이런 종류의 범죄 발생 초기에 수사가 불충분했기에 일단 체포한 중요 범인의 신병을

第一部　第二類　警察部長ニ對スル高等法院檢事長訓示

釋放シ遂ニ犯人ヲシテ其ノ目的ヲ達セシメタル事例カアリマシタ軍機ノ保護國防ノ完璧ヲ期スルニ付寸時ノ偸安モ許シ難キ現下ノ情勢ニ於テ愈査察探知ヲ徹底セシメ關係當局ト連絡協調ノ上捜査ニ付遺憾ナキヲ期セラレタイノテアリマス

三　朝鮮ニ於ケル共産主義運動ハ昭和七年ヲ最高潮トシテ其ノ後衰退ノ一路ヲ辿ツテ居リマス是一面我國內外情勢ノ變化ニ影響セラレタルモノナルト同時ニ各位其ノ他取締當局ノ不斷ノ努力ニ基クモノテアリマシテ深ク其ノ勞ヲ多トスル所テアリマス併シナカラ昨年七月下旬ヨリ八月上旬ニ瓦リ莫斯科ニ於テ開催セラレタル國際共産黨第七回大會ニ於テ決議セラレタル新運動方針ハ我朝鮮ニモ影響スル情勢ニ在ルノテアリマス此ノ運動方針ハ從來ノ戰術ノ方向轉換テアリマシテ其ノ重要ナル點ハ苟モ反ファシズム反戰思想ヲ抱ク者ナラハ何人タルヲ問ハス之ト提携セムトスルニ至リマシタ高遠且徒ニ過激ナル理想論ヲ棄テマシテ日常卑近ナル問題ヲ捉ヘ而モ各國ノ實情ニ即シタル宣傳方法ヲ以テ不知不識ノ裡ニ大衆ヲ獲得セムトスルニ至リマシタ點並進ムテフアツショ的或ハブルジョア的機關ニ潛入シ內部ヨリ之ヲ崩潰セシメムトスルニ至リマシタ點等テアリマス從テ此ノ運動方針ハ比シ一層巧妙且實際的ニナリマシテ合法非合法ニ跨リ暗躍スヘキ地盤モ廣汎ニ瓦ル樣ニナリマスカラ之カ取締トシテハ益困難トナルヲ免レナイノテアリマス而シテ共產主義者ハ從來トテモ既存ノ農村振興會、消費組合、職工相互噯及職工相助會等ノ合法國體ニ潛入シテ共產主義ヲ之等諸團體ニ浸透セシムル方法ヲ採ツテ居タノテアリマスカ第七回大

(170쪽)

석방하고 결국 범인이 그 목적을 달성하게 하는 사례가 있었습니다. 군기의 보호, 국방의 완벽을 기함에 대하여 한시의 방심도 허락하기 어려운 현재의 정세에서 더욱 **사찰탐지를 철저**히 하도록 하고 관계 당국과 연락 협조하여 수사에 관하여 유감없도록 기하기 바랍니다.

3. 조선에서 공산주의운동은 1932년을 최고조로 하여 이후 쇠퇴의 일로를 걷고 있습니다. 이는 일면 우리나라 국내외 정세의 변화에 영향을 줄 것으로 동시에 여러분 기타 단속 당국의 부단한 노력에 기초한 것이어서 그 노고가 많았음에 깊이 감사드립니다. 그런데 작년 7월 하순부터 8월 상순에 걸쳐 **모스크바에서 개최된 국제공산당 제7회 대회에서 결의된 신운동 방침**은 우리 조선에도 영향을 주는 정세에 있는 것입니다. 이 운동 방침은 종래의 전술의 방향 전환으로서 그 중요한 점은 만일 반파시즘 반전사상을 품은 자라면 몇 명임을 묻지 않고 이와 제휴하려 함에 이른 점은 원대함과 동시에 헛되고 과격한 이상론을 버리고 일상 비근(卑近)한 문제를 가지고, 게다가 각국의 실정에 맞는 선전 방법으로 부지불식 가운데 대중을 획득하기에 이르렀다는 점과 병진(竝進)하여 파쇼적 혹은 부르주아적 기관에 잠입하여 내부로부터 이를 붕궤(崩潰)시키려 함에 이르렀다는 점 등입니다. 따라서 이 운동 방침은 종래에 비하여 한층 교묘하고 동시에 실제적이 되어 합법, 비합법을 넘나들며 암약할 지반도 광범하게 걸쳐 있는 양상이 되었기에 그 단속이 더욱 곤란해진 것을 면할 수 없는 것입니다.

그리고 **공산주의자**는 종래에도 기존의 농촌진흥회, 소비조합, 직공상호계(職工相互稧) 및 직공상호회 등의 **합법 단체에 잠입하여 공산주의를 그들 제단체에 침투시키는 방법을 발굴**하고 있었던 것입니다만 제7회 대

會ノ新運動方針ニ因リ主義者ハ一層深刻ニ之等合法團體ニ働キカケルモノト考ヘナケレハナラナイノテアリマス

右ノ次第テアリマスカラ國際共産黨第七回大會ノ決議及其ノ方針ヲ究明シ之カ影響ヲ考慮シテ適切妥當ナル對策ヲ講セラレムコトヲ希望致シマス

四　近來辯護士タル資格ヲ有セスシテ窃ニ訴訟事務ニ從事シ辯護士ノ職務ニ類似スル行爲ヲ業トスル者其ノ數ヲ增加シ種々ノ弊風ヲ醸シ中ニハ不法行爲ヲモ敢テスル者ヲ生シ社會ヲ毒スルコト甚シクナッテ居ルノテアリマス之等ノ者ヲ嚴重取締ルニ非サレハ改正辯護士令制定ノ目ヲ達シ難イノテ本年四月十七日制令第五號ヲ以テ司法事務取扱ノ取締ニ關スル件ヲ制定セラレ本月一日ヨリ施行セラレテ居ルノテアリマス過般各檢事正ニ對シ之カ違反者取締ノ徹底方ニ付警察當局ト連絡シ遺憾ナキヲ期スル樣通牒シテ置キマシタカ各位ニ於テカレテモ從來裁判所ニ於テ許可シタル訴訟代理人ニシテ本令施行後訴訟代理業ヲ爲シ其ノ他本令ニ違反スル者アリタルトキハ所轄檢事ト打合ノ上嚴重檢擧ノ方針ニ出テ本令制定ノ目的ヲ達セシムル樣一段ト御留意ヲ切望スル次第テアリマス

五　司法警察官犯罪アルコトヲ認知シ捜査ニ着手シタルトキノ重大ナル犯罪ニ付テハ之ヲ檢事ニ報告シ適當ナル指揮ヲ俟チ檢擧ト連絡ヲ遂ケ其ノ處理ニ付扞格齟齬ヲ來サナイ樣度々御留意ヲ需メテ居ル次第テアリマスカ最近治安維持法違反、强盗殺人放火等ノ重大犯人ノ搜查ニ着手シナカ

一七一

(171쪽)

　회의 신운동(新運動) 방침으로 인하여 주의자는 한층 심각하게 그들 합법 단체에 영향력을 행사할 것임을 알아야 합니다. 앞서 언급한 바대로 국제공산당 제7회 대회의 결의 및 그 방침을 연구하고 밝혀 그 영향을 고려하고 적절 타당한 대책을 강구할 것을 희망합니다.

　4. 근래 **변호사 자격 없이 은밀히 소송사무에 종사**하여 변호사의 직무에 유사한 행위를 업으로 하는 자 그 수가 증가하여 종종 폐풍을 양성하는 중에는 불법행위를 감행하는 자가 생겨 사회에 독이 되는 일이 심해지고 있습니다. 이러한 자들을 엄중히 단속하지 않으면 **개정 「변호사령」 제정의 목적을 달성**하기 어려우므로 **올해 4월 17일 제령 제5호로서 「사법사무취급의 단속에 관한 건」이 제정**되어 이번 달 1일부터 시행되고 있습니다. 지난번 각 검사정(檢事正)에 대하여 이를 위반한 자의 단속에 철저 방침에 붙여 경찰 당국과 연락하여 유감없이 기하도록 통첩하여 두었습니다만 여러분도 종래 재판소에서 허가된 소송대리인으로서 본령 시행 후 소송대리업을 하여 기타 본령에 위반하는 자가 있을 때는 **소할(所轄) 검사와 협의하여 엄중 검거 방침**으로 나가 본령 제정의 목적을 달성할 수 있도록 한층 유의할 것을 간절히 바라는 바입니다.

　5. **사법경찰관**이 범죄가 있다고 인지하여 **수사에 착수한 때 그 중대한 범죄에 대하여는 이를 검사에게 보고하여 적당한 지휘를 기다리고 검사와 연락에 따라 그 처리가 서로 어긋나지 않도록 그때마다 유의**를 구하고 있는 바입니다만 최근 치안유지법 위반, 강도, 살인, 방화 등의 중대범죄의 수사에 착수하면서

第一部 第二類 警察部長ニ對スル高等法院檢事長訓示

一七 警察部長ニ對スル笠井高等法院檢事長訓示 （昭和十二年五月）

本日各位ノ會同ニ際シ所懷ノ一端ヲ述フルノ機會ヲ得マシタコトハ、私ノ欣幸トスル所テアリマス。

一、保護觀察制度ト思想犯ノ檢擧ニ就テ

（イ）思想犯人ニ對シ更ニ罪ヲ犯スノ危險ヲ防止シ且適法ニシテ秩序アル生活ニ復歸セシムル爲其ノ思想及行動ヲ觀察シテ之ヲ保護スルコトハ、現下ノ社會情勢ニ照シ焦眉ノ急務テアリマシテ、朝鮮ニ於テモ昨年十二月二十一日ヨリ朝鮮思想犯保護觀察令カ其ノ實施ヲ見ルコトニナツタノテアリマス。

本制度ニ於ケル保護觀察ハ舊刑法ノ警察監視トハ全ク其ノ趣旨ヲ異ニシ、保護ニ重點ヲ置ク觀察

ラ之カ處理ニ際シ付檢事ト連絡ヲ爲サス漫然起訴猶豫ノ意見ヲ付シ事件ヲ所轄檢事ニ送致シタルカ爲檢事ハ捜査ノ結果起訴猶豫處分ニ付スヘカラサルモノト爲シテ起訴シタル事例カアリマス斯ノ如キ結果ニ至リマシタノハ雖竟司法警察官カ檢事ト連絡協調ヲ缺クカ爲テアリマス而モ本件ニ付司法警察官ハ起訴猶豫意見ニテ檢事ニ事件ヲ送致シタル旨對外關係官廳ニ通報シ居リタル處檢事ニ於テ起訴セサルヲ得サル結果トナリタル爲當該司法警察官ノ威信ヲ甚シク失墜スルニ至リマシタコトハ洵ニ遺憾ノ次第テアリマス將來斯ル結果ニ陷ラサル樣檢事トノ連絡協調ニ付一層ノ御留意アラムコトヲ希望致シマス

(172쪽)

처리에 대하여 검사와 연락을 하지 않고 만연히 기소유예의 의견을 붙여 사건을 소할 검사에게 송치하였고 검사는 수사 결과 기소유예 처분을 할 수 없는 사건이라 하여 기소한 사례가 있었습니다. 이와 같은 결과에 이른 것은 **필경 사법경찰관이 검사와 연락 협조를 결여한 때문**입니다. 게다가 본 건에 대하여 사법경찰관은 기소유예 의견으로 검사에게 사건을 송치한 취지를 대외 관계 관청에 통보한바, 검사가 기소하지 않을 수 없는 결과가 되었기에 해당 사법경찰관의 위신이 심히 실추되어 매우 유감인 것입니다. 장래 그런 결과에 빠지지 않도록 검사와의 연락 협조에 대하여 한층 유의하기를 희망합니다.

17. 경찰부장에 대한 쑈井 고등법원검사장 훈시
(1937년 5월)

오늘 여러분의 회동에 즈음하여 소회의 일단을 말할 기회를 얻어 다행이고 기쁘게 여기는 바입니다.

1. 보호관찰제도와 사상법의 검거에 관하여

(1) **사상 범인**에 대하여 재차 죄를 범할 위험을 방지함과 동시에 적법하면서 질서 있는 생활에 순치(馴致)시키기 위하여 그 사상 및 행동을 관찰하여 이를 보호하는 것은 현재의 사회정세에 비추어 초미의 급무이므로 조선에도 **작년 12월 21일부터 「조선사상보호관찰령」**이 그 실시를 보게 되었던 것입니다.

본 제도에서 보호관찰은 구형법의 경찰 감시와는 전혀 그 취지를 달리하여 보호에 중점을 둔 관찰

テアリマスカラ其ノ運用宜シキヲ得マスレハ嚴重ナル檢擧ノ勵行ト相俟ッテ思想國防ノ上ニ多大ナル効果アルコトハ多言ヲ要シナイ所テアリマス。

然シナカラ之カ實施ニ際リ所期ノ目的ヲ達スルコトハ決シテ容易ナ業テハアリマセヌ、殊ニ朝鮮ニ於テハ共産主義者ハ民族的觀念ヲ其ノ根底トスルモノカ多ク且本令ニ寄與スヘキ保護團體其ノ他ノ社會施設カ乏シキ等ニ因リ、其ノ運用ヲ一層困難ナラシムル事情ニアリマスノテ、各位ノ深キ理解ト協力トニ須タネハナラヌノテアリマス。

而シテ本令ハ保護觀察ノ愛護的規定テアリマスカ爲、思想犯ノ檢擧又ハ搜査ニ從事スル者ニ於テ或ハ將來保護觀察ニ付セラルルコトヲ豫想シ、苟且ニモ檢擧又ハ搜査ヲ手控ヘ、取調ヲ粗漏ニシ又ハ證據ノ蒐集ヲ忽諸ニ付スルカ如キ氣運カ胚胎シマシタナラハ、此ノ間隙ニ乘シ忽チ猛然思想運動ノ激戍ヲ招來スル慮カアリマスカラ寧ロ檢擧及搜査ヲ一層精緻緻密ニシ、其ノ後衞タル保護制度ト相雁行シテコソ該制度ノ機能ヲ十分ニ發揮シ得ル所以テアルト思料スルノテアリマス。

最近或警察署ニ於テ、治安維持法ノ罪ヲ犯シタル者ニ對シ、訓誡放免ノ處分ヲ爲シタル事例カアリマシタカ、訓誡處分ヲ受クル者ノ中ニハ保護觀察ニ付スルニ必要アル者モアリ而モ訓誡放免處分ヲ受ケタル者ハ保護觀察ノ對象トナリマセヌカラ、將來治安維持法違反ノ被疑者ニ對シテハ同樣取扱ハシメラレ度イノテアリマス。

(ロ) 最近咸北明川及城津郡下ニ於テ檢擧シタル思想事犯ヲ考察シテ見マスルニ、犯罪ノ惡質ナルコ

第一部 第二題 警察部長ニ對スル高等法院檢事長訓示

一七三

(173쪽)

이기 때문에 그 운용을 적절히 한다면 **엄중한 검거**를 힘써 이행함과 서로 어우러져 사상, 국방상에 다대(多大)한 효과가 있는 것임은 많은 말을 필요로 하지 않습니다. 하지만 이 실시에 즈음하여 소기의 목적을 달성하는 것은 결코 용이한 일이 아닙니다. 특히 **조선에서 공산주의자는 민족적 관념을 그 근저로 하는 자가 많고** 동시에 본령(本令)에 기여할 보호단체, 기타 사회시설이 부족한 등 이유로 그 운용을 한층 곤란하게 하는 사정이 있으므로 여러분의 깊은 이해와 협력을 필요로 하는 것입니다.

그리고 본령은 보호관찰의 애호적 규정이기 때문에 사상범의 검거 또는 수사에 종사하는 자에 있어 혹은 장래 보호관찰에 붙여지는 것을 예상하고 임시로 **검거 또는 수사를 보류하고 조사를 소홀히 누락하거나 증거의 수집을 소홀히** 하는 기운이 배태되게 된다면 이 간극(間隙)에 편승하여 **갑자기 사납게 사상운동이 격하게 일어나는 것을 초래할 우려**가 있으므로 오히려 **검거 및 수사를 한층 정치(精緻) 엄밀**하게 하고 그 후위(後衛)인 보호제도와 상응하여 행하였을 때야말로 해당 제도의 기능을 충분히 발휘할 수 있는 조건이라고 사료하는 것입니다.

최근 어떤 경찰서에서 **치안유지법의 죄를 범한 자**에 대하여 훈계방면의 처분을 한 사례가 있었습니다만 훈계 처분을 받은 자 중에는 보호관찰에 붙일 필요 있는 자도 있고 게다가 훈계방면 처분을 받은 자는 보호관찰의 대상이 되지 않으므로 장래 치안유지법 위반의 피의자에 대하여는 동 훈계방면 처분을 하지 않고 **반드시 사건을 검사에게 송치**하도록 하기 바랍니다.

(2) 최근 **함북(咸北) 명천(名川) 및 성진군(城津郡)에서 검거된 사상 사범**을 고찰해 보면 범죄가 악질인

第一部　第二類　警察部長ニ對スル高等法院檢事長訓示

トト關係者ノ多數ナルコトニ於テ、朝鮮思想犯罪史上特筆スヘキ共產運動テアリマス。
然レトモ其ノ關係者ノ大部分ハ何レモ一片ノ意識、經驗ノ程度頗ル淺薄ニシテ、其ノ活動的ノ心念亦率ネ強固ナル者ハナク、元兇ト目スヘキ僅カ數人ノ者ノ言ニ誘惑セラレ、輕擧運動ニ加擔シタルモノノ樣テアリマス。而シテ之等數人ノ者ハ、曩ニ結社ノ幹部トシテ活躍シマシタガ、當時其ノ檢擧ヲ免レタル者テアリマシテ、檢擧以後ニ於ケル當局取締ノ間隙ニ乘シ、引續キ陰密ニ主義ノ宣布ニ努メ結社ノ再建ヲ企畫スルニ至ツタモノテアリマスコトハ、洵ニ遺憾ニ存スル次第テアリマス。
近時北鮮一帶カ半島重工業地帶トシテ驚異ノ躍進ヲ期待サレ朝鮮產業上ノミナラス、我カ國軍需工業上極メテ重要性ヲ帶フルニ至リマシタ一面彼等ハ將來ニ於ケル日滿蘇間ノ政治的、經濟的乃至軍事的關係ハ北鮮ヲ舞臺トシテ推進セシメラルルモノナリトナシ、今後益同地方ニ其ノ魔手ヲ及ホスコトカ當然豫想セラルル所テアリマスカラ、右諸般ノ事情ト情勢ニ鑑ミ將來斯ノ種運動ニ對スル檢擧ハ、計畫的ニ而モ極秘裡ニ十分ナル準備ヲ整ヘ、一旦檢擧ニ著手シタル曉ハ苟モ幹部級ノ者ヲシテ倖免セシムルコトナキハ勿論、不幸其ノ逮捕ヲ逸シタル場合ニ於テモ繼續搜査ノ手ヲ緩メス、全力ヲ傾注シテ取締ノ徹底ヲ期シ、以テ些モ蠢動ノ餘地ナカラシムルコトニ御留意ヲ切望スル次第テアリマス。

二、選擧ノ取締ニ就テ
現道會議員ノ任期滿了ト共ニ本月十日ヲ期シ、道制施行後ニ於ケル第二囘目ノ總選擧カ擧行セラ

一七四

(174쪽)

것과 관계자가 다수인 것에서 조선 사상범죄 사상 **특필(特筆)할 공산운동**인 것입니다. 그렇지만 그 관계자의 대부분은 모두 의식, 경험의 정도가 매우 천박하고, 그 활동적 신념 역시 대체로 강고(强固)한 자는 없고, 원흉(元兇)이라고 볼 만한 겨우 수 명의 자의 말에 유혹되어 경거(輕擧) 운동에 가담한 자와 같았습니다. 그리고 그들 수인의 자들은 앞서 결사의 간부로서 활약했습니다만 당시 그 검거를 면한 자였습니다. 검거 이후에 당국 단속의 틈새를 타고 계속 은밀히 주의(主義)를 선포하려고 노력하고 결사의 재건을 기획함에 이르렀다는 것은 실로 유감으로 생각하는 바입니다.

최근 **조선 북부(北鮮) 일대가 반도(半島) 중공업 지대로서 경이적 약진이 기대되고 조선 산업상뿐만 아니라 우리나라 군수공업상 지극히 중요성**을 띠게 되었습니다. 일면 그들은 장래에 있어 일본, 만주, 소련 간의 정치적, 경제적 내지 군사적 관계는 조선 북부를 무대로 하여 추진되게 될 것으로 앞으로 점점 **그 지방에 그 마수(魔手)를 뻗치는 일이 당연 예상**되는 바이기 때문에 앞서 제반의 사정과 정세에 비추어 장래 그런 종류의 운동에 대한 검거에 관하여서는 계획적이고 그리고 적극 내부적으로 충분한 준비를 마련하여 일단 검거에 착수한 그때는 적어도 간부급인 자로 하여금 요행히 면하게 하는 일 없도록 함은 물론 불행하게 그 체포를 벗어난 경우에도 계속 수사에 손을 늦추지 말고 전력을 경주하여 단속의 철저를 기하고 그로써 조금이라도 **준동(蠢動)의 여지가 없도록 함**에 유의할 것을 간절히 바라는 바입니다.

2. 선거의 단속에 관하여

현 **도회(道會) 의원**의 임기 만료와 함께 이번 달 10일을 기하여 도제(道制) 시행 후에 있어 **제2회째의 총선거**가 거행되

ルルコトトナリマシタカ、近來一般民衆ノ政治思想ハ、其ノ自覺ト文化ノ進展トニ伴ヒ著シク向上シマシタノデ、此ノ度ハ立候補者モ相當多數ニ達シ競爭激甚トナルヘキコトカ豫想セラルルノデアリマス。

選擧肅正ノ要諦ハ民衆ニ選擧ヲ公正ニ行フコトカ最肝要ナル所以ヲ知悉セシメ、以テ事犯ヲ未然ニ防止スルコトニ在ルノデアリマスカラ、各位ハ此ノ點ニ重キヲ置キ、選擧ノ公正ナルヘキコトヲ覺知セシムルト同時ニ豫メ取締法規ノ趣旨ヲ周知徹底セシムル樣努メラレ度イノデアリマス。

而シテ之カ取締ニ際リテハ叙ニ昭和十年各位ノ會同ニ於テ申述ヘタ如ク、公平無私ノ立場ニ於テ嚴正ニ法規ヲ勵行シ、選擧ノ自由ト公正トヲ確保シ以テ民衆ヲシテ嚴正公平ナル選擧ニ依リ自由意思ノ下ニ其ノ權利ヲ行使セシメラレ度イノデアリマス。次ニ選擧事犯力其ノ性質上最敏速ニ處理ヲ要スルモノデアルコトハ申ス迄モナイコトデアリマス、然ルニ某警察署ニ於テハ昭和十年十月或ハ道ニ於テ擧行セラレシ道會議員補缺選擧ニ當選シタル某ニ對シ、同年十一月三日落選セル反對者側ヨリ、選擧違反ノ事實アリトシテ之カ告發ヲ受ケタルニ拘ラス、翌十一年七月十八日其ノ取調ヲ終了シ而モ、九月九日ニ至リ漸ク事件ヲ所轄檢事ニ送致シタルカ爲、檢事ニ於テ公訴時效（一年）完成日迄ノ餘日少ク、十分ナル取調ヲ爲ス能ハス、遂ニ其ノ儘起訴猶豫處分ニ付セサルヲ得サル事情ニ立至ヲシメタルモノカアリマシタ、斯ノ如ク事件ノ處理頗ル怠慢デアリマシテ司法警察官ノ威信ヲ失墜スルコト甚シキモノカアリマスカラ、將來斯ノ種失態ヲ惹起セサル

第一部ノ第二類　警察部長ニ對スル高等法院檢事長訓示

一七五

(175쪽)

게 되었습니다만 근래 일반 민중의 정치사상은 그 자각과 문화의 진전과 함께 현저히 향상하여 이번에는 입후보자도 상당 다수에 달하여 **경쟁이 격심할 것으로 예상되고** 있습니다.

중요한 조건임을 모두 잘 알게 하여 사범을 미연에 방지하는 것에 있기에 여러분은 이 점에 무게를 두고 선거가 공정해야 함을 깨닫게 함과 동시에 미리 단속법규의 취지를 철저히 주지하도록 힘쓰기를 바랍니다. 또한, 그 단속에 즈음해서는 이전 1935년 여러분의 회동에서 말한 바와 같이 공평무사의 입장에서 엄정하게 법규를 힘써 이행하고 선거의 자유와 공정을 확보함으로써 **민중으로 하여금 엄정 공평한 선거에 의한 자유의사하에 그 권리를 행사**하도록 하기 바랍니다. 다음으로 선거사범이 그 성질상 가장 민속(敏速)하게 처리를 요하는 것임은 말할 나위 없습니다. 그렇지만 **모 경찰서에서는** 1935년 10월 어떤 도(道)에서 거행된 도회(道會) 의원 보결(補缺)선거에 당선한 모(某)에 대하여 동년 11월 3일 낙선된 반대자 측으로부터 **선거위반 사실 있다는 고발을 받았음에도 불구하고** 다음 해인 1936년 7월 18일 그 조사를 종료하고 더구나 9월 9일에 이르러 일시 사건을 소할 검사에게 송치한 때문에 **검사에게 공소시효(1년) 완성일까지 남은 날이 적어 충분히 조사하지 못하고, 결국 그대로 기소유예 처분**에 붙일 수밖에 없는 사정에 놓이게 되었습니다. 이와 같은 사건의 처리가 매우 태만한 것은 사법경찰관의 위신을 심히 실추하는 것이므로 장래 이런 종류의 실태를 야기하

第一部　第三類　警察部長ニ對スル高等法院檢事長訓示

樣事件ノ處理ヲ迅速ニシ且檢事ト特ニ緊密ナル連絡協調ヲ保ツコトニ努力セラレ度イノテアリマス。

三、類似宗教團體ノ取締ニ就テ

抑ゝ濟愚カ東學敎ヲ創立シテ以來今日ニ至ル迄ニ六十餘種ノ類似宗敎團體カ現出シ、將來モ尙簇出スル情勢ニ在ルノテアリマスカ、之等諸團體員ニシテ治安ヲ紊シタル爲、或ハ保安法違反或ハ治安維持法違反或ハ刑法違反等トシテ處罰セラレタルモノ及ンテ居ルノテアリマス。之等ノ團體ノ簇出スル理由ハ政治上又ハ思想上ニ基クモノモアリマスカ、其ノ重ナル原因ハ一般民衆カ無敎育ナル爲瓢々偏隘セラレ、之ニ加入スルカ爲テアルト信スルノテアリマス。之カ取締ノ任ニ在ル各位ニ於カレテハ、無智ナル民衆ヲ啓發スルト共ニ之等團體ノ行動ニ付一層嚴密ナル査察ヲ爲シ、敎義ニ付テモ單ニ表面ニ現レタル事實ノミニ捉ハルコトナク、深ク裏面ノ實相ヲ究メ苟クモ其ノ行動又ハ敎義ニ於テ國法ニ觸ルルモノアラハ假借ナク檢擧絶滅ヲ期シテ時

民衆ノ無智ト人心ノ焦燥不安ニ乘シテ類似宗敎團體簇出シ、荒唐無稽ナル敎理ヲ說キ、甘言ヲ弄シテ世人ヲ誑惑シ、社會ノ安寧秩序ヲ妨害スルモノアルハ國家風敎上深憂ニ堪ヘナイ所テアリマス。殊ニ最近檢擧セラレタル白白敎ノ如キハ無智蒙昧ナル山間僻地ノ農民ヲ欺罔シ、之ヲ離農セシメ、金品ヲ搾取シ、婦女ノ貞操ヲ弄ヒ且多數ノ生命ヲ奪フ等其ノ行動ハ洵ニ言語ニ絶スルモノカアルノテアリマス。

(176쪽)

지 않도록 사건처리를 신속히 함과 동시에 **검사와 특히 긴밀한 연락 협조를 유지함에 노력할 것**을 부탁하고 싶습니다.

3. 유사 종교 단체의 단속에 관하여

민중의 무지와 인심의 초조 불안에 편승하여 유사 종교 단체가 연이어 나오고, 황당무계한 교리의 말, 감언으로 희롱하고, 세인을 속여 미혹하고, 사회의 안녕질서를 방해하는 자가 있음은 국가 풍교(風教)상 심히 우려스럽기 그지없습니다. 특히 최근 검거된 **백백교(百百教)**는 무지몽매한 산간벽지의 농민을 기망하여 그들을 이농시켜 금품을 착취하고, 부녀의 정조를 희롱함과 동시에 다수의 생명을 앗아 가는 등 그 행동은 실로 언어로 다할 수 없는 것입니다.

최제우(崔濟愚)가 동학교를 창립한 이래 오늘날에 이르기까지 60여 종의 유사 종교 단체가 나타나고 장래도 한층 연이어 나올 정세에 있습니다만 이들 여러 단체 원(員)이면서 치안을 어지럽히거나 **「보안법」** 위반 혹은 **「치안유지법」** 위반 혹은 **「형법」** 위반 등으로 처벌되는 자는 상당 다수에 이르고 있습니다. 이들 단체가 연이어 나오는 이유는 정치상 또는 사상상(思想上)에 기초하고 있습니다만 그 중요한 원인은 일반 민중이 무교육인 때문에 쉽사리 속아 그에 가입하기 때문이라고 믿습니다. 그 단속에 임하고 있는 여러분은 무지한 민중을 계발(啓發)함과 함께 그들 단체의 행동에 대하여 **한층 엄밀히 사찰**하고 교의(教義)에 관하여서도 단지 표면에 나타난 사실만 포착할 것이 아니라 깊이 이면의 실상을 관찰하고 만에라도 그 행동 또는 교의에 있어 국법에 저촉되는 것이 있다면 **가차 없이 검거절멸(檢擧絶滅)**을 기하여 시

弊ヲ匡救シ、以テ健全ナル國民思想ノ確立ニ盡サレタイノデアリマス。

四、鑛業ニ關シテ行ハルル犯罪ノ檢擧ニ就テ

近時鑛業熱旺盛ナルニ伴ヒマシテ鑛業ニ關スル犯罪ガ薔シク激増シ、昭和十年度六百八十五件、千五百八十六人デアリマシタガ、昭和十一年度八百八十四件、二千百七十七人ニナッテ居リマス、將來鑛業ノ發展ニ從ヒ益斯ノ種事犯ノ増加ヲ豫想セラルルノデアリマス。

而シテ其ノ罪質ヲ檢討スルニ、最多キハ砂金其ノ他ノ鑛石ノ盗掘デアリマスガ、近來多數共謀ノ上金鑛ヲ襲ヒ、番人ヲ制縛シテ採掘シアル鑛石ヲ強奪シ、或ハ不良ノ徒輩ガ結託シ殆ト無價値ノ砂金鑛區ニ付先ッ鑛業權ノ登錄ヲ受ケタル上其ノ有望ナルコトヲ宣傳シ、巧ニ事業家ヲ誘惑シ、一度買受方ヲ交渉ヲ受クルヤ、試掘若ハ洗金ノ際密ニ砂金ヲ混入シ、眞實多量ノ産金アル砂金鑛ナルガ如ク誤信セシメ、或ハ多數共謀ノ上買受希望者ナキ鑛山ヲ恰モ他ニ買受希望アル有望ノ鑛山ナルガ如ク裝ヒ、莫大ナル金圓ヲ騙取スル等ノ嫌疑事件ガ簇出シテ居ル狀況デアリマス。

右ノ次第デアリマスカラ各位ハ鑛業ニ關シテ行ハルル罪ニ付テハ、現下ノ情勢ニ鑑ミ一層注意ヲ拂ハレ、之ガ檢擧取締ノ強化擴充ヲ圖ラレ度イノデアリマス。

五、司法警察官ノ行動ニ就テ

司法警察官ノ行動ハ常ニ公明正大、私情ニ囚ハレズ、法規ニ準據シ、苟モ職權濫用ノ如キハ絶對ニ避クヘキモノデアルコトハ申ス迄モナイコトデアリマス。

(177쪽)

폐(時弊)를 광정(匡正)하여 이로써 건전한 국민사상의 확립을 위하여 힘을 다해 주기 바랍니다.

4. 광업(鑛業)에 관해 행해지는 범죄의 검거에 관하여

최근 광업 열이 왕성함에 따라 **광업에 관한 범죄가 현저히 격증**하여 1935년도 685건, 1,586명이었습니다만 1936년도에는 884건, 2,177명이 되었습니다. 장래 광업의 발전에 따라 점점 그런 종류의 사범이 증가할 것으로 예상됩니다.

따라서 그 죄질을 검토함에 가장 많은 것은 사금(砂金), 기타 광석의 도굴입니다만 근래 다수 공모하여 금광을 습격하고 지키는 사람을 제압하여 묶고 채굴된 광석을 강탈하거나 불량의 패거리가 결탁하여 거의 공짜로 사금광구에 관하여 먼저 광업권 등록을 받은 다음 그 유망한 것을 선전하고 교묘히 사업가를 유혹하여 일단 매수 방법의 교섭을 받고는 시굴 또는 금을 씻을 때 은밀히 사금을 혼입하여 정말 다량의 산금(産金) 있는 사금광인 것처럼 오신시키거나 다수 공모하여 매수 희망자 없이 광산을 마치 다른 사람의 매수 희망이 있는 유망한 광산인 것처럼 꾸며 막대한 금원을 편취하는 등 혐의사건이 연이어 나오는 상황입니다. 앞서 언급한 상황이므로 여러분은 광업에 관하여 행해지는 죄에 대하여는 현재의 정세에 비추어 한층 주의를 기울여 그 **검거 단속의 강화 확충을 도모**하기 바라는 것입니다.

5. 사법경찰관의 행동에 관하여

사법경찰관의 행동은 언제나 공명정대, 사사로운 정에 갇히지 않고 법규에 준거하여 적어도 직권남용과 같은 것은 절대로 피해야 함은 말씀드릴 필요도 없습니다.

第一部　第二題　警察部長ニ對スル高等法院檢事長訓示

然ルニ先般第一審及第二審トモ有罪ノ判決ヲ受ケ上告中ノ刑事々件ニ付、某警察官ハ身内ナル當該被告人ヨリ右事件ハ誣告ナルヲ以テ之カ取調アリタキ旨ノ依賴ヲ受ケ之ヲ承諾シ、友人ナル他道ノ某警察官ニ同趣旨ノ依賴ヲ爲スト同時ニ自己ノ部下ナル某警察官ニ對シ、被告人有利ノ證據ヲ蒐集スル樣下命シ、而シテ依賴ヲ受ケタル警察官ハ之ヲ容レ、私情ニ囚ハレ便宜ノ措置ヲ講スルト共ニ其ノ部下ナル某警察官ニ對シ依賴ノ趣旨ヲ告ケタルカ爲、其ノ警察官ハ所轄檢事ニ秘密ニ司法主任其ノ他ノ署員ヲ內地ニ出張セシメ、朝鮮ノ司法警察官ハ於テ關係人ヲ引致スルノ職權ナキコトヲ知リナカラ不法ニ關係人ヲ內地ヨリ朝鮮ニ引致シ、且關係人ノ聽取書ヲ內地ニ於テ作成スル等職權濫用ノ行爲ニ出テ、又前揭有利ノ證據ヲ蒐集スル樣下命セラレタル警察官ハ右事件ノ關係人ヲ不法ニ監禁スルノ所爲ニ出テ、結局右事件ヲ無罪ト爲ス爲、檢事ト反對ノ搜查ヲ爲シタルカ如キ結果ニ立至リタル事例カアッタノテアリマス。

司法警察官ハ檢事ノ指揮命令ヲ受ケ犯罪捜查ニ從事スル輔佐機關ナルコトハ法規ノ明定スル所ナルニ拘ラス、之カ本質ヲ忘却シ私情ニ囚ハレ、越權且違法ノ行動ニ出テマシタコトハ、更道ノ振肅ヲ期スヘキ折柄、洵ニ遺憾至極ニ存スル所テアリマス。

該刑事々件ハ上告棄却ノ判決カアリマシタノテ、結局警察官ハ其ノ目的ヲ達スルコトカ出來ナカッタノテアリマス。將來斯ル事案ヲ惹起セサル樣部下ノ監督ニ付深遠ノ御注意ヲ拂ハレ度イノテアリマス。

(178쪽)

 그런데도 지난번 제1심 및 제2심 모두 유죄의 판결을 받고 상고 중인 형사사건에 관하여 모 경찰관은 같은 편인 해당 피고인으로부터 앞서 사건을 무고가 되는 것으로 조사해 달라는 취지의 의뢰를 받아 이를 승낙하고 친구인 다른 도(道)의 모 경찰관에게 같은 취지의 의뢰를 함과 동시에 자기의 부하인 모 경찰관에 대하여 피고인의 **유리한 증거를 수집하도록 하명(下命)**하고, 그리하여 의뢰를 받은 경찰관은 이를 받아들이고 사사로운 정에 갇혀 편의의 조치를 강구함과 함께 그 부하인 모 경찰관에 대하여 의뢰의 취지를 알리므로 그 경찰관은 소할 검사로 하여금 비밀리 사법 주임 기타 서원(署員)을 내지(內地)[106]에 출장시켜 조선의 사법경찰관은 내지에서 관계인을 인치하는 직권 없는 일을 알면서 불법으로 관계인을 내지로부터 조선에 인치하고, 동시에 관계인의 청취서를 내지에서 작성하는 등 직권남용의 행위로 나아갔고 또한, 앞서 언급한 **유리한 증거를 수집하도록 하명받은 경찰관**은 그 사건의 관계인을 불법으로 감금하는 소위로 나가 결국 그 사건을 무죄로 하기 위하여 검사와 반대의 수사를 한 것과 같은 결과에 이른 사례가 있었던 것입니다.

 사법경찰관은 검사의 지휘명령을 받아 범죄 수사에 종사하는 보좌 기관인 것은 법규의 명확한 바임에도 불구하고 그 본질을 망각하고 사정(私情)에 갇혀 월권과 동시에 위법한 행동을 한 것은 관리의 도리로서 두려워하고 삼가야 할 시기 매우 유감 지극으로 생각하는 바입니다.

 해당 형사사건은 상고 기각의 판결이 있었기 때문에 결국 경찰관은 그 목적을 달성하는 것이 불가능했던 것입니다. 장래 이러한 사안을 일으키지 않도록 부하의 감독에 대하여 심심(深甚)한 주의를 기울이기 바랍니다.

---

106   일제 본토

一八 警察部長ニ對スル增永高等法院檢事長訓示 （昭和十三年五月）

本日各位ノ會同ニ際シ所懷ノ一端ヲ述フルノ機會ヲ得マシタコトハ、私ノ欣幸トスル所テアリマス。

一、恩赦ニ就テ

大日本帝國憲法カ發布セラレテヨリ五十年ヲ迎ヘタル本年二月十一日ノ佳節ニ當リ、畏クモ恩赦ノ大詔ヲ渙發アラセラレマシタコトハ、洵ニ恐懼感激ノ至ニ勝ヘサル所テアリマス、而シテ此ノ惠澤ニ浴シマス者ノ總數ハ鮮內ニ於テ凡ニ萬人ノ見込テアリマス、此等聖恩ニ浴シマス者ニ對シテハ機會アル每ニ具ニ仁慈ノ宏大ナル旨ヲ諭シ、之カ保護善導ニ意ヲ用ヒ、改過遷善ノ實ヲ擧ケ、再ヒ刑辟ニ觸ルルカ如キコトナキヲ期セシメ以テ 聖旨ニ對ヘ奉ル樣御盡力アランコトヲ望ミマス。

二、軍機ノ保護ニ就テ

最近國際情勢ノ險惡化ニ伴ヒ、列國諜報機關ノ暗躍ハ愈活潑ヲ加ヘ、共ノ企圖スル手段方法モ亦頗ル巧妙且惡質トナリマシテ、之ニ對處スル爲、軍機保護法カ改正セラレ昨年十月ヨリ施行セラレテ居ルコトハ各位周知ノ通テアリマス。

客年、七月支那事變發生當初ハ、日本軍隊ノ輸送狀況ヲ探知シ、中華民國ニ提報シ居リタル事案カ數件發生シマシテ、當時何レモ適當ニ處理シタノテアリマスカ、最近鮮人ニシテ蘇聯軍諜報部ノ

一七九

第一部 第二類 檢察部長ニ對スル高等法院檢事長訓示

(179쪽)

18. 경찰부장에 대한 增永 고등법원검사장 훈시
(1938년 5월)

오늘 여러분의 회동에 즈음하여 소회의 일단을 말할 기회를 얻어 다행이고 기쁘게 여기는 바입니다.

1. 은사(恩赦)에 관하여

대일본 제국 헌법이 발포되어 50년을 맞이한 올해 2월 10일의 가절(佳節)에 황송하게도 은사(恩赦)의 큰 말씀을 널리 알리게 된 것은 참으로 공구감격(恐懼感激)을 주체할 수 없는 바입니다. 그리하여 이 혜택을 받는 자의 총수는 조선 내에 약 2만 명으로 예상됩니다. 이들 성은(聖恩)을 받는 자에 대하여는 기회 있을 때마다 자세히 인자(仁慈)의 굉대(宏大)한 뜻을 깨우쳐 보호선도에 의미를 활용하여 개과천선의 열매를 거두고 다시는 형벽(刑辟)에 접하는 것과 같은 일이 없도록 함으로써 성스러운 뜻을 받들도록 진력하기를 바랍니다.

2. 군기(軍機)[107]의 보호에 관하여

최근 국제정세가 험악해짐에 따라 **열국(列國) 첩보 기관의 암약(暗躍)은 점점 활발**을 더하고 그 기도하는 수단 방법도 역시 매우 교묘함과 동시에 악질이어서 이에 대처하기 위하여 「군기보호법」이 개정되어 작년 10월부터 시행되고 있음은 여러분이 주지하는 대로입니다.

지난해 7월 지나사변[108] 발생 당초에는 일본 군대의 수송 상황을 탐지하여 중화민국에 제보하고 있던 사안이 수 건 발생하여 당시 모두 적절하게 처리했습니다만 최근 조선인이면서 소련군 첩보부의

---
107   군사상의 기밀
108   1937년 7월 발발 일제의 중국 침략전쟁

第一部　第二類　警察部長ニ對スル高等法院檢事長訓示

命ヲ受ケ、鮮內ニ於ケル軍情及港灣等調査ノ爲、連絡用短波無電機ヲ携帶シ、高速度發動機船ニテ入鮮シ、各種軍事施設ノ調査ニ活躍中、逮捕セラレタル事案カアリマシタ、又內地人ニシテ漁撈ニ從事セル際、蘇聯警備船ニ拿捕セラレ抑留中、蘇聯官憲ノ慫慂ニ依リ、報酬金ヲ受クル約束ノ下ニ、鮮內ノ軍備及港灣ノ狀況等ヲ調査報告スヘキコトヲ承諾シ、釋放セラレ歸鮮スルヤ、鮮內軍隊ノ配置、駐屯兵員數、飛行場及無線電信所ノ所在地、港灣設備ノ狀況等ヲ調査ノ上之ヲ蘇聯官憲ニ漏洩シタル事例カアリマシテ洵ニ寸時ノ偸安モ容シ難キ情勢ニアルノテアリマスカラ、各位ハ之カ査察取締ヲ徹底セシメラレタイノテアリマス。

尙注意ヲ要スヘキハ、軍機保護ノ目的ハ軍機ノ漏洩ヲ未然ニ防止スルコトニ在ルノテアリマス、故ニ如何ニ巧妙ニ之カ犯人ヲ檢擧シマシテモ、一度軍機カ他ニ漏洩セラレタル事實カアリマシテハ旣ニ軍機保護ノ目的ハ大半失ハルルノテアリマスカラ、軍機ノ保護ハ特ニ豫防警察ヲ最重要トスルノテアリマス、從テ一犯人ヲ發見シタル故ヲ以テ直ニ之ヲ檢擧シ、其ノ共犯者ヲ逸シテハナリマセヌ、一網打盡的ニ芟除スルコトハ特ニ必要トスルトコロテアリマス、軍機保護上遺憾ナキヲ期セラルル樣切望スル密適切ナル連繫協調ノ上全諜報網ノ探索ニ留意シ、軍機保護上遺憾ナキヲ期セラルル樣切望スル次第テアリマス。

三、事變關係犯罪ノ取締ニ就テ

支那事變勃發以來之ニ關聯シテ發生セル事件ノ取締ニ付テ、各位ハ遺漏ナキヲ期シ居ラルルコト

一八〇

(180쪽)

명을 받아 조선 내에서 군정(軍情) 및 항만 등 조사를 위하여 연락용 단파 무전기를 휴대하여 고속도(高速度) 발동기선을 타고 조선에 들어와 각종 군사시설의 조사를 위하여 활약 중 체포된 사안이 있었습니다. 또 내지인(內地人)이면서 어로에 종사하다 소련 경비선에 나포되어 억류 중 소련 관헌의 종용에 따라 보수금을 받고 약속하에 조선 내의 군비 및 항만의 상황 등을 조사 보고할 것을 승낙하고 석방되어 조선에 돌아와서는 조선 내 군대의 배치, 주둔 병원수(兵員數), 비행장 및 무선전신소의 소재지, 항만 설비의 상황 등을 조사한 다음 이를 소련 관헌에 누설한 사례가 있어 매우 **촌각의 방심도 허용하기 어려운 정세**에 있으므로 여러분은 그 사찰, 단속을 철저히 해 주기 바랍니다.

한층 더 주의를 필요로 하는 것은 군기보호의 목적은 군기의 누설을 미연에 방지하는 것에 있습니다. 따라서 아무리 교묘(巧妙)하게 그 범인을 검거해도 한번 군기가 다른 이에게 누설된 사실이 있어서는 이미 군기보호의 목적은 태반 잃어버리는 것이 되기 때문에 군기의 보호는 특히 예방경찰을 가장 중요하게 여기는 것입니다. 따라서 한 범인을 발견하게 되면 곧바로 이를 검거하고 그 공범자를 놓쳐서는 안 됩니다. 일망타진적(的)으로 삼제(芟除)함을 특히 필요로 하는 바입니다. 여러분은 관계 당국과 긴밀 적절히 연락 협조하여 전첩보망(全諜補網)의 탐색에 유의하고 군기보호상 유감없이 기하도록 간절히 바라는 바입니다.

3. 사변(事變) 관계 범죄의 단속에 관하여

지나사변 발발 이래 이에 관련하여 발생한 사건의 단속에 대하여 여러분은 유감없도록 기하고 있을 것

第一部　第二題　警察部長ニ對スル高等法院檢事長訓示

ト思料シマスカ、造言飛語ノ躰ハ昨年八月最モ多ク十一件十四人ニ及ヒ、九月ハ五件九人、十月ハ九件九人、十一月ハ七件九人、十二月ハ僅ニ二件二人トナリ。本年一月ハ皆無トナツタノテアリマス。右ハ各位ノ取締宜シキヲ得タルニ因ルモノテアリマシテ、其ノ勞ヲ多トスル所テアリマス。然シ事變ノ前途ハ未タ遼遠ニシテ、國際情勢ノ變轉亦逆睹シ難キモノカアリマス故再ヒ増加スル憂ナシトセサルノミナラス、一歩之カ取締ヲ誤ランカ士氣ヲ沮喪セシムルト同時ニ銃後ノ團結ヲ破ル虞カ多分ニアルノテアリマスカラ、斯ノ種事案ニ付テハ、取締ヲ一層嚴ニセラレタイノテアリマス。尚戰地ヨリ歸還シタル者殊ニ自動車運轉者等ノ言動取締ニ付テハ、注意セラレンコトヲ望ミマス。又先般或ハ警察署ニ於テ、造言飛語ノ躰ヲ犯シタル者ニ對シ、訓誡放免ヲ爲シタル事例カアリマシタカ、現下ノ情勢ニ鑑ミ、造言飛語ノ躰ハ妥當テアリマセヌカラ、必ス事件ヲ檢事ニ送致セシムル様取扱ハシメラレタイノテアリマス。

次ニ事變ニ關聯セル刑法違反ノ事件ニ付テハ、例ヘハ軍用列車ノ往來ヲ妨害シ、出征者ノ留守宅ナルニ乘シテ同家ニ押入リ其ノ妻女ヲ脅迫シテ金品ヲ強奪シ、出征ノ軍人軍屬ヲ裝ヒテ詐欺シ、國防獻金ヲ横領シ、戰勝祈願祭ノ執行ヲ裝ヒテ詐欺シ、鐵道警備從事中ノ在郷軍人ヲ裝ヒテ詐欺スル等種々ナル犯罪カ發生致シテ居ルノテアリマス、斯ノ如キハ或ハ國民ノ赤誠ヲ害シ或ハ出征將兵ノ士氣ヲ沮喪セシムル等其ノ影響スル所甚大テアリマスカラ、斯ノ種犯罪ニ付テハ嚴密ナル檢擧ヲ勵行シ以テ君國ノ爲身命ヲ捧ケ日夜健鬪シツツアル皇軍將兵ヲシテ後顧ノ憂ナカラシムル

(181쪽)

으로 사료됩니다만 **조언비어(造言飛語) 죄**는 작년 8월 가장 많아 11건 40명에 이르렀고, 9월은 5건 9명, 10월은 9건 9명, 11월은 7건 9명, 12월은 겨우 2건 2명이 되었고, 올해 1월은 전혀 없게 되었습니다. 이는 여러분이 단속을 적절히 한 것에 따른 것으로 그 노고가 많았음에 감사드립니다. 그러나 사변의 전도(前途)는 아직 요원하여 국제정세의 변전(變轉) 역시 앞을 내다보기 어려운 것이 있어 다시 증가할 우려가 없다고 할 수 없을 뿐만 아니라 한 걸음이라도 그 단속의 잘못은 사기를 잃게 함과 동시에 후방의 단결을 깰 우려가 다분히 있으므로 그런 종류의 사안에 대하여는 단속을 한층 엄하게 하기를 바랍니다. 또한, **전지(戰地)로부터 귀환한 자 특히 자동차 운전자 등의 언동 단속**에 대하여는 주의하기를 바랍니다. 또 지난번 어떤 경찰서에서 조언비어(造言飛語)의 죄를 범한 자에 대하여 훈계방면을 한 사례가 있었습니다만 현재의 정세에 비추어 **훈계방면은 타당하지 않으므로 반드시 사건을 검사에게 송치하도록 취급**시켜 주기를 바랍니다.

다음으로 사변에 관련한 「형법」 위반 사건에 대하여는 예를 들어 군용열차의 왕래를 방해하고 출정자(出征者)의 집이 부재중인 것에 편승하여 그 집에 가서 처나 여자를 협박하여 금품을 강탈하고, 출정의 군인, 군속(軍屬)을 가장하여 사기를 치고, 국방헌금을 횡령하고, 전승(戰勝) 기원제의 집행을 가장하여 사기를 치고, 철도경비 종사 중의 재향군인을 가장하여 사기를 치는 등 각종 범죄가 발생하고 있습니다. 이와 같은 일은 국민의 진심을 해하거나 출정 장병의 사기를 잃게 하는 등 그 영향이 심대하므로 그런 종류의 죄에 대하여는 엄밀한 검거를 힘써 이행함으로써 **군국(君國)을 위해 신명을 받들어 밤낮 건투를 계속하는 황군(皇軍) 장병이 염려의 근심 없게** 함과

第一部　第二類　警察部長ニ對スル高等法院檢事長訓示

共ニ國內治安ヲ確保セラレンコトヲ希望スル次第デアリマス。
尙事變ニ對應スル爲新ニ制定セラレタル諸法令運用ノ當否ハ、時局ニ重大ナル影響ヲ及ホスモノデアリマスカラ、之カ運用ニ付テハ萬遺漏ナキヲ期セラレタイノデアリマス。

四、思想犯ノ取締ニ就テ

支那國民政府カ長期抗日ヲ聲明シ居レル現下ノ情勢ニ於テ、思想犯ノ取締ニ徹底ヲ期スルコトハ、最喫緊ナル要務デアリマス。
事變發生後ニ於ケル各主義者ノ動向ヲ觀察スルニ、一面ニ於テ曾テハ思想運動ニ狂奔シタル者ニシテ率先出征兵士ノ歡送、國防費ノ獻金、時局認識ノ爲ノ講演等ヲ爲シ以テ銃後ノ護ニ赤誠ヲ吐露シ又ハ時局ニ對スル言論ニ於テ、帝國ノ態度ニ全幅的贊同ノ意ヲ表明シ、極力支援的態度ヲ示ス者等カアリマシテ、從來ニ見サル好現象ヲ呈シ、慶賀スヘキ情勢ニ在ルノデアリマスカ、他面ニ於テハ事變ニ對シ極メテ冷淡ナル態度ヲ持シ、國際關係ノ推移ヲ注視シテ世界戰爭ヲ豫想シ、反日反戰的言動ニ出テ居ル者モ亦相當アルノデアリマス。前者ニ對シテハ此ノ機運ヲ把握シ從來ノ誤謬ヲ淸算セシメ完全ニ轉向シ又ハ轉向ヲ確保スルコトニ、關係當局ト連絡ノ上努メラレタイノデアリマス。
而シテ最近注意スヘキ思想事件トシテハ、北鮮ニ於テ檢擧シタルモノ卽日支事變ヲ契機トシ、中國共產黨指導下ニ、鮮內ニ抗日人民戰線ヲ結成シ以テ後方攪亂計畫ヲ爲サント準備シ居リタル事

(182쪽)

함께 국내 치안을 확보할 것을 희망하는 바입니다. 또한, 사변에 대응하기 위하여 새로이 제정된 제 법령 운용의 당부(當否)는 시국에 중대한 영향을 미치는 것이므로 이를 운용함에 대하여는 만사 실수 없도록 기하기 바랍니다.

4. 사상범의 단속에 관하여

지나(支那) 국민정부가 장기 항일의 입장을 밝히고 있는 현재의 정세에서 **사상범의 단속에 철저를 기하는 것은 가장 매우 중요한 직무입니다.**

사변 발생 후에 각 주의자의 동향을 관찰함에 일면(一面)에서 예전에는 **사상운동에 광분했던 자**이면서 솔선하여 출정 병사의 환송, 국방비의 헌금, 시국 인식을 위한 강연 등을 함으로써 후방(銃後)을 지킴에 진심을 토로하고 또는 시국에 대한 언론에 있어 **제국의 태도에 전폭적 찬동의 뜻을 표명하고, 극력 지원적 태도를 보여 준 자**[109] 등이 있어 종래에 보이지 않은 좋은 현상을 나타내어 경하할 정세에 있습니다만 다른 면에서는 사변에 대한 지극히 냉담한 태도를 지니고 국제관계의 추이를 주시하고 세계전쟁을 예상하고 반일 반전적(反日反戰的) 언동으로 나가고 있는 자도 역시 상당히 있습니다. **전자에 대하여는 이 기운을 파악하여 종래의 오류를 청산하게 하여 완전히 전향하고 또는 전향(轉向)을 확보**하는 것에 관계 당국과 연락하는 가운데 힘써 주기를 바랍니다.

그리고 최근 주의할 사상사건으로는 **조선 북부(北鮮)**에서 검거된 자가 그날 지나사변을 계기로 하여 **중국공산당 지도하에 조선 내에 항일 인민전선을 결성함으로써 후방 교란 계획을 하려고 준비**하고 있는 사

---

109 독립운동 편에 있었다가 일제에 부역하는 친일파로 전향한 이들을 말함

件カアリマシタ、彼等犯人ハ日支事變ハ吾等ガ多年祖國光復ノ爲戰ヒ來リタル其ノ目的ヲ達成スヘキ絶好ノ機會ナルヲ以テ、此ノ機ヲ逸セス、軍需品工場其ノ他軍事上重要ナル施設ヲ放火破壞シ、警察官署ヲ襲撃シテ武器彈藥ヲ強奪シ、鐵道其ノ他交通機關ヲ破壞シテ軍隊軍需品ノ輸送ヲ妨害シ以テ後方攪亂ノ擧ニ出テナケレハナラヌト爲シ、軍事上重要工作物ノ調査ヲ爲シテ其ノ實行ノ機ヲ窺ヒツツアツタノテアリマス。又南鮮ニ於テハ、朝鮮ノ共產化ヲ目的トシテ讀書會ナル結社ヲ組織シ、表面農村振興會ニ合流セルモノノ如ク裝ヒ、裏面ニ於テハ農村大衆ニ共產主義ヲ宣傳シ居リタル事件カアリマシテ、之ヲ檢擧シタノテアリマス。又西鮮ニ於テハ日支事變ハ日本ノ敗北ニ歸スヘキヲ以テ、事變中ナルハ此ノ機ヲ捉ヘ、朝鮮獨立騷擾事件ヲ惹起セネハナラヌト民衆ヲ煽動シ居リタル宗教類似團體カアリマシテ之ヲ檢擧シタノテアリマス。就中前掲北鮮ニ於テ檢擧セル、抗日人民戰線結成後方攪亂事件ハ事案重大ナルノミナラス其ノ準備進ミ最危險ナル狀態ニ在リタルモノテアリマシテ、之ヲ未然ニ防止シ得マシタコトハ、深ク其ノ勞ヲ多トスル所テアリマス。

事變長期ニ亙ラハ、其ノ間隙ニ乘シ、不逞ノ徒ハ如何ナル行動ニ出ツルヤモ計リ知レマセヌカラ、各位ハ部下司法警察官吏ヲ督勵シ、一層致密ナル取締ヲ爲シテ思想犯罪ノ發生ヲ未然ニ防遏シ以テ後方ヲ攪亂セラルル憂ナキヲ期セラレタイノテアリマス。

五、交通事犯ノ取締ニ就テ

第一款　第二類　警察部長ニ對スル高等法院檢事長訓示

一八三

(183쪽)

건이 있었습니다. 그들 **범인은 【일지사변(日支事變)**[110]**은 우리가 여러 해 조국광복을 위하여 싸워 온 그 목적을 달성할 절호의 기회**로서 이 기회를 놓치지 말고 군수품 공장 기타 군사상 중요한 시설을 방화, 파괴하고, 경찰관서를 습격하고 무기 탄약을 강탈하고, 철도 기타 교통기관을 파괴하여 군대 군수품 수송을 방해함으로써 후방 교란을 일으켜 나가지 않으면 안 된다.】라고 하고, 군사상 중요 공작물을 조사하고 그 실행의 기회를 지속적으로 엿보고 있었습니다. 또한, **조선 남부(南鮮)**에서는 **조선의 공산화를 목적**으로 하여 **독서회인 결사를 조직하고 표면 농촌진흥회에 합류하는 것처럼 가장하여 이면에서는 농촌 대중에 공산주의를 선전**하고 있는 사건이 있어 이를 검거하였습니다. 또한, **조선 서부(西鮮)**에서는 **일지사변은 일본의 패배로 돌아갈 것으로서 사변 중인 이 기회를 잡아 조선독립 소요사건을 야기하여야 한다고 민중을 선동하고 있는 종교 유사 단체**가 있어 이를 검거하였습니다. 그중에서도 특히 앞서 든 조선 북부(北鮮)에서 검거한 항일 인민전선결성 후방 교란 사건은 사안이 중대할 뿐만 아니라 그 준비가 진전되어 가장 위험한 상태에서 이를 미연에 방지할 수 있었던 것으로 그 노고가 많았음에 깊이 감사드립니다.

사변 장기에 걸치면 그 간극(間隙)에 편승하여 불령의 무리는 어떠한 행동으로 나갈지 헤아릴 수 없으므로 여러분은 부하 사법경찰관리를 독려하고 한층 엄밀한 단속을 하고, 사상범죄 발생을 미연에 막아 냄으로써 후방이 교란되는 염려 없도록 기하기 바랍니다.

5. 교통사범의 단속에 관하여

---

110 1931년 발발 만주사변(滿州事變), 1932년 발발 상해사변(上海事變) 총칭(중일전쟁)

第一部 第二類 警務部長ニ對スル高等法院檢事長訓示

近時交通機關ノ發達ニ伴ヒ、自動車・汽車・電車其ノ他交通關係ニ基因スル業務上過失致死傷事件カ頻發スル狀況ニ在ルノハ、洵ニ寒心ニ堪ヘサル所テアリマス。
交通事故ニ甚ク致死傷者ハ昭和九年度三千六百八十二人、昭和十年度二千九百五十三人、昭和十一年度三千二百五十五人、昭和十二年度三千百九十八人ノ多數ニ及ンテ居ルノテアリマシテ、其ノ發生原因ニ付考究スルニ、民衆カ交通訓練ニ習熟セサルコトモ亦一因ヲ爲シテ居ルノテアリマスカ、主タル原因ハ交通機關乘務者ノ運轉進行ニ伴フ危險豫防ニ關スル注意力ノ弛緩、技倆ノ未熟及其ノ交通道德觀念ノ缺陷等テアリマス。尙此等ノ管理者及營業主カ運轉者其ノ他從業者ニ對シ監督ヲ嚴ニセサルコト及鐵道踏切、電車交叉點、往復頻繁ナル道路等ニ於ケル交通遮斷其ノ他危險防止ニ關スル設備ヲ完全ニセサルコトモ之カ基因ヲ爲シテ居ルノテアリマス。
之等事故發生防止ノ爲ニハ運轉者其ノ他乘務員ノ資格審査、民衆ニ對スル交通訓練、危險防止ノ設備、車體ノ檢査、過度速力、定員外乘車及積載量ノ過重等ニ付一層注意シ、行政上取締ヲ爲シ得ヘキモノニ付テハ極力之カ勵行ヲ爲シ、其ノ豫防ニ努ムヘキハ勿論テアリマスケレトモ、一旦事故カ發生シマシタ場合ハ、機ヲ失セス迅速ニ其ノ原因ヲ探究シ、苟モ過失アルニ於テハ假借ナク檢擧シ、之等不詳事件ノ絶滅ニ努メ以テ交通ノ安全ヲ確保セラルル樣切望致ス次第テアリマス。

六 司法警察官吏ノ敎養訓練ニ就テ

(184쪽)

 최근 **교통기관의 발달**에 따라 자동차, 기차, 전차 기타 교통 관계에 기인한 **업무상과실치사상 사건이 빈발**하는 상황에 있음은 실로 한심하기 그지없는 바입니다.

 교통사고에 기초한 치사상자(致死傷者)는 1934년도 3,682명, 1935년도 2,953명, 1936년도 3,255명, 1937년도 3,198명의 다수에 달하고 있는 것으로 그 발생 원인에 대하여 자세히 살펴 연구하니 민중이 교통훈련에 배워 익힘에 숙달되지 않은 것 역시 한 원인이 되고 있습니다만 주요한 원인은 교통기관 승무자의 운전 진행에 따른 위험 예방에 관한 주의력의 이완, 기량의 미숙 및 그 교통도덕 관념의 결여 등입니다. 또한, 이들 관리자 및 영업주가 운전자 기타 종업자에 대한 감독을 엄히 하지 않은 것 및 철도 건널목, 전차 교차점, 왕복 빈발한 도로 등에서 교통차단 기타 위험방지에 관한 설비를 완전히 하지 않은 것도 이에 기인(基因)하고 있는 것입니다.

 이들 사고 발생 방지를 위해서는 운전자 기타 승무원의 자격심사, 민중에 대한 교통훈련, 위험방지의 설비, 차체의 검사, 과도속력, 정원 외 승차 및 적재량의 과중 등에 대하여 한층 주의하고 행정상 단속을 하여야 할 것에 대하여는 극력 힘써 이행하고, 그 예방에 힘써야 함은 물론입니다만 일단 **사고가 발생한 경우**는 기회를 놓치지 말고 신속하게 그 원인을 탐구하고 만일 과실 있음에는 **가차 없이 검거하여 그들 불상 사건의 절멸에 힘씀**으로써 교통의 안전을 확보하도록 간절히 바라는 바입니다.

6. 사법경찰관리의 교양훈련에 관하여

第一部　第二題　警務部長ニ對スル高等法院檢事長訓示

八、斯ノ如キ弊風ハ一掃セラレ、相互克ク融和協調シ、扞格齟齬ヲ見ルコトナキニ至リマシタノハ一面司法警察官吏教養訓練制度カ設ケラレタルニヨリ相互ノ意思一層疏通シテ親睦ヲ增シ、精神的ニ協力ヲ爲ス風潮ヲ旺盛ナラシメタルト、他面各位ノ董督指導其ノ宜シキヲ得タル結果ニ外

御承知ノ如ク昭和十年十二月二十四日當職ヨリ全鮮檢事正ニ對シ司法警察官吏ノ敎養訓練ニ關シ通牒ヲ發シ、檢事ヲシテ直接各其ノ管內ニ於ケル司法警察官吏ノ敎養訓練ニ努メシメテ居リマスカ、各位ノ理解アル協力ヲ得タルト共ニ、司法警察官吏カ克ク本趣旨ヲ了解シテ精勵セラレタル結果、其ノ成績著シキモノカアリマスコトハ國家ノ爲洵ニ慶賀スヘキコトテアリマシテ、各位ニ對シ深甚ノ謝意ヲ表シマス。然シナカラ、折角訓練ヲ受ケタル司法警察官吏カ間モナク他ノ地位ニ轉職セシメラルルカ如キコトカアリマシテハ、司法警察事務ノ向上進步竝犯罪搜查ノ適正迅速ヲ期スル上ニ於テ、甚タ遺憾ナキヲ得ナイノテアリマスカラ、成ルヘク相當期間其ノ地位ニ在リテ克ク技能ヲ發揮シ得ル樣、各位ノ配慮ヲ煩ハシタイノテアリマス。

尙此ノ機會ニ於テ一言致シタキコトハ、近時檢事ト司法警察機關トノ關係カ頗ル融和シ、其ノ聯絡協調カ能ク保持セラレ、同心一體トナリ職務ヲ遂行セラレ居ルコトテアリマシテ洵ニ欣快ニ堪ヘサル所テアリマス。斯ノ如キハ職務ノ性質上當然ノコトテアリマスケレトモ身分ニ關スル所屬及人事上ノ監督系統ヲ異ニスルノ結果、往々ニシテ其ノ間ニ障壁ヲ設ケ、意思ノ疏隔ヲ來シ、面白カラサル事態ノ存シタルコトモ過去ニ於テ絕無テハナカッタノテアリマス。然ルニ最近ニ於テ

(185쪽)

아시는 바와 같이 **1935년 12월 24일 본직으로부터 전 조선 검사정(檢事正)에 대한 사법경찰관리의 교양훈련에 관한 통첩을 발하여** 검사가 직접 각기 관내에 있는 사법경찰관리의 교양훈련에 힘쓰고 있습니다만 여러분의 이해와 협력을 얻음과 함께 사법경찰관리가 본 취지를 제대로 이해하고 정려(精勵)한 결과 그 성적 현저하였던 것은 국가를 위하여 실로 경하할 일로서 여러분에 대하여 심심한 감사를 표합니다. 그렇지만 모처럼 훈련을 받은 사법경찰관리가 머지않아 다른 지위로 전직하는 것과 같은 일이 있어서는 사법경찰사무의 향상 진보와 범죄 수사의 적정 신속을 기함에 있어 매우 유감이므로 가급적 상당 기간 그 지위에 있으면서 능히 기능을 발휘할 수 있도록 여러분의 배려를 부탁하는 바입니다.

또한, 이 기회에 한마디 하고 싶은 것은 **최근 검사와 사법경찰기관과의 관계가 매우 융화하여 그 연락 협조가 잘 유지되고 있고, 동심일체가 되어 직무를 수행하고 있어 매우 흔쾌할 따름인 바입니다.** 그와 같음은 직무의 성질상 당연한 일입니다만 신분에 관한 소속 및 인사상의 감독계통이 다른 결과 왕왕 그사이에 장벽을 두고 의사의 소격(疏隔)을 초래하여 좋지 않은 사태가 있었던 것도 과거에 전혀 없었던 것은 아닙니다. 그러나 최근에는 그와 같은 폐풍은 일소되어 **상호 잘 융화 협조**하여 서로 어긋나는 것을 볼 수 없게 된 것은 일면 사법경찰관리 교양훈련제도를 둔 것으로부터 상호의 의견 일층 소통하여 친목을 늘리고 **정신적으로 협력을 하는 풍조를 왕성하게 만든 것**과 다른 방면 여러분의 감독지도를 잘 받은 결과에

第一部 第二類 外事部長ニ對スル高等法院檢事長訓示

一九 警察部長ニ對スル增永高等法院檢事長訓示 （昭和十四年四月）

本日各位ノ會同ニ際シ所懷ノ一端ヲ述ブルノ機會ヲ得マシタコトハ、私ノ欣幸トスル所テアリマス。

一、事變下治安ノ維持ニ就テ

一昨年七月支那事變勃發以來、御稜威ノ下皇軍ノ奮鬪ト國民ノ協力トニ依リ、赫々タル戰果ヲ收メ、着々聖戰最終ノ目的達成ニ進ミ、今ヤ建設ノ段階ニ入リマシタコトハ、洵ニ感激ニ堪ヘサル所テアリマシテ慶賀ノ至リニ存シマス。併シナガラ、事變ノ前途ハ遼遠テアリマスカラ我々國民ハ更ニ一段ノ緊張ヲ以テ銃後ノ責務ヲ果シ、窮極ノ目的ニ向ッチ邁進シナケレハナラヌトナシマス。而シテ此ノ責務タルヤ極メテ重且大テアリ容易ナ業テハナク、之カ爲ニハ軍備ノ强化、生產力ノ擴充等醫般ノ點ニ亙リ、努力致サネハナラヌノテアリマスカ、各位ハ先ッ國內治安ノ維持ニ當リ以テ戰爭目的ノ達成ニ寄與スル樣一層心掛クルコトカ肝要テアリマス。幸ヒ今日迄左シタル事故モナク、銃後ノ治安カ確保セラレアルハ、是全ク各位カ緊張シテ事ニ當ラレタル結果ニ外ナラナイノテアリマシテ、深ク其ノ勞ヲ多トスルノテアリマス。然ルニ今ヤ我

ナラヌモノト信スルノテアリマス。時局憲重大ナル折柄將來益互ノ關係ヲ緊密ニシ、職務ノ實績ヲ收メネハナラヌト思ヒマス、各位ニ於テモ此ノ良風ヲ保持セラレ、司法警察事務統制ノ爲一層協力アランコトヲ希望スル次第テアリマス。

(186쪽)

다름 아니라고 믿습니다. 시국 점차 중대한 때 장래 **더욱 상호 관계를 긴밀히 하여 직무의 실적을 올리지 않으면 안 된다**고 생각합니다. 여러분에게 있어서도 이러한 양풍(良風)을 유지하여 사법경찰사무 통제를 위하여 한층 협력 있기를 희망하는 바입니다.

19. 경찰부장에 대한 增永 고등법원검사장 훈시
(1939년 4월)

오늘 여러분의 회동에 즈음하여 소회의 일단을 말할 기회를 얻게 되어 다행이고 기쁘게 여기는 바입니다.

1. 사변(事變) 하(下) 치안의 유지에 관하여

재작년 7월 지나사변(支那事變) 발발 이래 존엄한 위세 아래 **황군(皇軍)의 분투와 국민의 협력에 의하여 혁혁한 전과**[111]**를 거두고 착착 성전(聖戰) 최종의 목적 달성**으로 나아가 지금 건설의 단계로 들어온 것은 실로 감격스럽기 그지없는 바여서 경하해 마지않습니다. 그렇지만 사변의 전도는 요원하므로 우리 국민은 다시 한층 긴장하여 **후방의 책무**를 다하고 궁극의 목적을 향하여 매진하지 않으면 안 된다고 생각합니다. 그리고 이 책무라는 것이 지극히 중차대하고 용이한 업이 아니므로 이를 위하여 군비의 강화, 생산력의 확충 등 제반의 점들에 걸쳐 노력을 다하지 않으면 안 되기 때문에 여러분은 **먼저 국내 치안 유지에 임함으로써 전쟁 목적의 달성에 기여하도록 한층 주의**하는 것이 매우 중요합니다.

다행히 오늘까지 다음에 언급할 사고도 없고 후방의 치안이 확보되어 있음은 이 모두 여러분이 긴장하여 업무에 임한 결과에 다름이 없어 깊이 그 노고가 많았음에 감사드립니다. 그런데 지금이야말로 우리

111　일본군은 1937년 12월 13일~1938년 2월, 6주 동안 난징대학살을 자행함

國ハ前古未曾有ノ事變ニ遭遇シテ居リマスノデ、國民生活其ノ他國內諸般ノ問題ニ之ガ影響ヲ及ホスコトハ當然豫想セネバナラヌノデアリマス、從テ此ノ間隙ニ乘シ共產主義者、民族主義者、類似宗敎團體等ガ詭激思想ヲ一般ニ普及シ又ハ人心ヲ惑亂スル危險ガ多分ニアルノデアリマスカラ最之ガ警戒セネバナラヌト思ヒマス、又防諜ノ事ニ關シテハ蘇聯トノ關係ヲ特ニ考慮ノ上綿密周到ナル注意ヲ拂ヒ之ガ査察ヲ徹底セシメ、又經濟統制法規違反、軍刑法違反其ノ他時局關係犯罪ノ防止ニ付テハ之ガ取締ヲ一層嚴ニシ以テ事變下治安維持ノ完璧ヲ期セラレタイノデアリマス。

二、選擧ノ取締ニ就テ

本年五月府邑會議員及面協議會員、次テ七月學校評議會員ノ各選擧ガ全鮮一齊ニ施行セラルルコトトナリマシタガ、近來一般民衆ノ政治思想ハ文化ノ進展ニ伴ヒ著シク向上シ、選擧ニ對スル關心力頗ル昂マリマシタノデ、此ノ度ハ立候補者相當多數ニ達シ、選擧運動モ亦激甚トナルベキモノト豫想セラルルノデアリマス。

選擧庸正ノ要諦ハ民衆ニ對シ選擧ヲ公正ニ行フコトガ最肝要ナル所以ヲ知悉セシメ以テ事犯ヲ未然ニ防止スルコトニ在ルノデアリマスカラ、各位ハ此ノ點ニ重キヲ置キ、選擧ノ公正ナルベキコトヲ覺知セシムルト同時ニ豫メ取締法規ノ趣旨ヲ周知徹底セシムル樣努メラレタイノデアリマス。

而シテ之ガ取締ニ際リテハ、公平無私ノ立場ニ於テ法規ヲ勵行シ、選擧ノ自由ト公正トヲ確保シ以テ民衆ヲシテ嚴正公平ナル選擧ニ依リ自由意思ノ下ニ其ノ權利ヲ行使セシメラレタイノデアリ

第一部　第二類　警察部長ニ對スル高等法院檢事長訓示

(187쪽)

나라는 지난날 미증유(未曾有)의 사변을 맞이하고 있으므로 국민생활 기타 국내 제반의 문제에 영향을 미치는 것은 당연히 예상하지 않으면 안 되는 것입니다. 따라서 이 틈을 타고 **공산주의자, 민족주의자, 유사 종교 단체 등**이 격렬하고, 지나친 사상을 일반에 보급하고 또한 인심을 혹란(惑亂)하고 어지럽힐 위험이 다분하므로 이를 가장 경계하지 않으면 안 된다고 생각합니다. 또한 방첩(防諜)의 일에 관하여도 **소련과의 관계를 특히 고려한 위에 면밀 주도한 주의**를 기울이고 사찰을 철저히 하도록 하고 또한 **경제통제법규 위반, 군형법 위반 기타 시국 관련 범죄의 방지**에 대하여는 이의 단속을 한층 엄히 함으로써 사변하 치안 유지에 완벽을 기하기 바랍니다.

2. 선거의 단속에 관하여

올해 5월 부읍회(府邑會) 의원 및 면(面) 협의회 회원, 다음 7월 학교평의회원의 각 선거가 전 조선에서 일제히 시행되게 되었습니다. 근래 일반 민중의 정치사상은 문화의 진전에 따라서 현저히 향상되고 선거에 관한 관심이 매우 높아져 이번은 **입후보자가 상당 다수에 달하고 선거운동도 역시 격심해질 것**으로 예상됩니다.

선거 숙정(肅正)의 요체는 민중에 대하여 선거를 공정히 행하는 것이 가장 중요한 이유를 모두 알게 함으로써 사범을 미연에 방지하는 것에 있으므로 여러분은 이 점에 중점을 두고 선거가 공정해야 함을 깨달음과 동시에 미리 단속법규의 취지를 주지하도록 철저히 노력해 주기를 바랍니다. 그리고 이를 단속할 때는 공평무사의 입장에서 법규를 힘써 이행하고 **선거의 자유와 공정을 확보함으로써 민중으로 하여금 엄정 공평한 선거에 의한 자유의사하에 그 권리를 행사하게 하도록** 바람

第一部 第二類 警務部長ニ對スル高等法院檢查長訓示

マス。一昨年五月施行セラレタル第二回道會議員總選擧ニ際シテハ、第一回道會議員總選擧ノ際ニ比シ、違反行爲カ頗ル減少シマシタコトハ、各位事前ノ取締ヲ嚴重ニ爲サレタル結果ニ外ナラナイモノト信スルノテアリマス。本年モ亦此ノ點ニ付特ニ御留意ノ上違反行爲ヲ一層減少セシムル様努メラレタイノテアリマス。

而シテ本年三月一日府令第二十二號ヲ以テ地方選擧取締規則ノ一部カ改正セラレ從來其ノ適用ヲ見サリシ面協議會員ノ選擧ニ付テモ、他ノ府邑會議員選擧ト同樣、取締規則ヲ原則トシテ一般的ニ適用セラルルコトニナリマシタカ、來ルヘキ總選擧ニ際リテハ、事前ニ一層取締法規ノ趣旨ヲ周知徹底セシメ、民衆カ從來ノ慣行ニ狃レテ不知不識ノ間ニ法規ヲ犯スコトナキ樣、犯則防止ニ付特ニ留意セラレタイノテアリマス。

尙近時高等法院ハ地方選擧取締規則第四條所定選擧運動ノ意義ニ付「選擧運動トハ特定ノ議員選擧ニ付特定ノ者ノ當選ヲ得ルコトヲ目的トスル行爲ニシテ夫レ自體直接若ハ間接ニ選擧人ヲ目標トシテ其ノ投票ヲ得又ハ得シムルコトニ寄與スヘキ可能性ヲ有スルモノヲ指稱シ、特定ノ議員選擧ニ付他人ニ對シ自己ノ選擧運動者ニ就任方依賴スル行爲ハ選擧運動ニ該當ス」ト判決シ、他人ニ對シ自己ノ選擧運動者ニ就任スル樣依賴セル場合ハ、縱令依賴者カ依賴當時立候補ノ決意未定ニシテ被依賴者ノ活動ヲ將來ノ立候補ニ緊ラシメタル場合ニ於テモ、該依賴行爲ハ選擧運動ナリトシ、選擧運動ノ意義ヲ頗ル廣ク解釋致シテ居ルノテアリマス（昭和十三年十二月五日高等法院刑

(188쪽)

니다. 재작년 5월 시행된 제2회 도회(道會) 의원 총선거 때는 제1회 도회 의원 총선거 때에 비교하여 **위반행위가 매우 감소한 것은 여러분이 사전 단속을 엄중히 한 결과**에 다름 아니라고 믿습니다. 올해도 역시 이 점에 대하여 특히 유의하여 위반행위를 한층 감소시키도록 힘써 주시기 바랍니다.

그리고 **올해 3월 1일 부령(府令) 제22호로 「지방선거단속규칙」 일부가 개정**되어 종래에 적용되지 않았던 면(面) 협의회원(協議會員)의 선거에 대하여도 타 부읍회(府邑會) 의원 선거와 마찬가지로 단속규칙이 원칙으로서 일반적으로 적용되게 되었습니다만 다가올 총선거 때에는 사전에 한층 단속법규의 취지를 철저히 주지시켜 민중이 종래의 관행에 익숙하여 부지불식간에 법규를 범하지 않도록 범칙 방지에 대하여 특히 유의하기 바랍니다.

또한, **최근 고등법원은 「지방선거단속규칙」 제4조 소정 선거운동의 의의(意義)에 대하여** 【선거운동이라 함은 특정의 의원 선거에 관하여 특정의 자(者)를 당선되게 할 목적으로 하는 행위로서 그 자체 직접 혹은 간접으로 선거인을 목표로 하여 그 투표를 얻거나 얻게 하는 것에 기여할 가능성을 지닌 것을 지칭하고, 특정의 의원 선거에 관하여 타인에 대한 자기의 선거운동자에 취임하도록 의뢰하는 행위는 선거운동에 해당함.】이라고 판결하여, 타인에 대한 자기의 선거운동자에 취임하도록 의뢰하는 경우는 가령 의뢰자가 의뢰 당시 입후보의 결의 미정으로 피의뢰자의 활동을 장래의 입후보에 연계하게 한 경우에 있어서도 해당 의뢰행위는 선거운동이 된다고 하여 선거운동의 의의를 매우 넓게 해석하고 있습니다. (1936년 12월 5일 고등법원 형

事部判例參照)。又選擧運動ノ為ニ機械的ニ勞務ヲ提供シタル場合ニ付「選擧運動ヲ為ス者ノ直接若ハ間接ノ指揮命令ニ從ヒ選擧運動ノ為ニ單ニ機械的勞務ニ服スルハ當該候補者ノ當選ヲ得シムル意圖アル場合ト雖選擧運動ニ該當セス」ト判決致シテ居リマス(同年同月二十七日同法院刑事部判例參照)。又選擧取締規則第八條第一項所定ノ饗應ヲ認ムル標準ニ付「同規則第八條第一項所定ノ饗應ナリヤ否ハ一ニ當該饗應ガ同項所定ノ目的ヲ以テ為サレタリヤ否ニ依リテ決スヘク其ノ價格ノ多寡若ハ當事者ノ地位身分親疎ノ別ノ如キハ之ヲ斟酌スヘキモノニ非ス」ト判決致シテ居リマス(同年同月十五日同法院刑事部判例參照)。之等ノ判決ハ何レモ選擧取締上特ニ注意スヘキ判例デアリマスカラ、事前民衆ニ之ヲ周知セシムル為適當ナル方法ヲ講シ以テ之ガ取締ニ付遺憾ナキヲ期セラレタイノデアリマス。

三 經濟事犯ノ取締ニ就テ

戰時下ニ於ケル國防經濟確立ノ為、經濟統制ハ愈々强化セラレ、統制諸法令ハ相亞イデ公布施行セラルルニ至ツタノデアリマスガ、其ノ廣汎ナルコトニ於テ又其ノ强度ナルコトニ於テ我國ノ未タ曾テ經驗セサリシ劃期的ノモノデアリ、之ガ違反ニ對スル取締ハ捜査機關ニ對シ全ク新タニ課セラレタ任務デアリマス。而シテ違反事件處理ノ結果ハ其ノ影響スルトコロ極メテ大ナルモノカアリマスカラ之ガ取扱ニ付テハ幾多ノ困難ガ豫想セラレ、殊ニ比較的民度低ク自主的經濟力ニ乏シキノミナラス地理的及思想的ニ特殊ノ事情ヲ有スル朝鮮ニ於テハ、更ニ一層之ガ困難ヲ伴フノ

(189쪽)

사부 판례 참조). 또 **선거운동을 위하여 기계적으로 노무를 제공한 경우**에 대하여【선거운동을 하는 자의 직접 또는 간접의 지휘명령에 따라 선거운동을 위하여 단지 기계적 노무에 종사함은 당해 후보자의 당선을 이루게 할 의도가 있는 경우라 하더라도 선거운동에 해당하지 않음.】이라고 판결하고 있습니다. (동년 동월 27일 동 법원형사부 판례 참조). 또한,「**선거단속규칙**」**제8조 제1항 소정의 향응(饗應)**을 인정하는 표준에 대하여【동 규칙 제8조 제1항 소정의 향응이 되는지 여부는 첫째 당해 향응이 동항 소정의 목적으로 이루어진 것인지 여부에 의하여 결정하여야 하고 그 가격의 다과 또는 당사자의 지위 신분 친소(親疏)의 구별과 같은 것은 헤아릴 것이 아님.】이라고 판결하고 있습니다. (동년 동월 15일 동 법원형사부 판례 참조). 이들 판결은 어느 쪽도 선거 단속상 특히 주의할 판례이기 때문에 사전에 민중에게 이를 주지시키기 위하여 적당한 방법을 강구함으로써 이들 단속에 대하여 유감없도록 기하기 바랍니다.

3. 경제사범의 단속에 관하여

전시(戰時)하에서 국방경제 확립을 위해 **경제통제**는 점점 강화되어 통제제 법령은 연이어 공포 시행에 이르렀습니다만 그 **광범함에서 또는 그 강도(强度)에서 우리나라가 아직 일찍이 경험하지 못하여 획기적인 것**이고 그 **위반에 대하여 단속은 수사기관에게 전적으로 새로이 과해진 임무**입니다. 따라서 위반 사건 처리결과는 그 영향이 극히 큰 것이므로 이를 취급함에 대하여는 여러 곤란이 예상되고 특히 비교적 **민도(民度)가 낮고 자주적 경제력의 결핍**[112]**뿐만 아니라 지리적 및 사상적으로 특수한 사정을 지닌 조선에 있어서는 한층 더 이런 곤란을 수반하는**

---

112 원문에는 '乏シキ' 표기하였으나 '乏シキ'의 오기임

第一部 第二項 警察部長ニ對スル高等法院檢事長訓示

テアリマス。然ルニ今日迄ノ取締狀況ヲ觀ルニ、着々其ノ效果ヲ擧ケツツアルハ、是一ニ各位カ周密ナル用意ト熱心ナル努力トヲ以テ事ニ當ラレタルニ因ルモノニシテ深ク其ノ勞ヲ多トスル所テアリマス。併シナカラ支那事變ハ長期建設ノ新タナル段階ニ入リ、經濟統制ハ一段ト之ヲ强化スヘキ必要アル實情ニ在リマスノテ、諸般ノ重大且惡質ナル違反事件ハ今後其ノ簇出ヲ見ルノテハナイカト考ヘラルルノテアリマス。殊ニ注意ヲ要スルハ所謂暗取引テアリマシテ、最近旣ニ三ノ事例ヲ見ルニ至ッタノテアリマス。元來斯ノ種行爲ハ當事者間ニトリテ双方共ニ望マシキモノナル場合カ多キ故、統制ノ强化ト共ニ一層敢行セラルルト同時ニ之カ取締ハ頗ル困難ヲ感スルノテアリマス、而カモ該行爲カ經濟界全般ニ及ホス惡影響ハ、重大テアリマシテ且統制ヲ紊亂スルコト甚シキモノカアリマスカラ、各位ハ宜シク此ノ間ノ實情ヲ探索シ部下職員ヲ督勵シテ之等惡質ナル違反事件ノ絶滅ヲ期セラレタイノテアリマス。

而シテ經濟統制ニ關スル法令ノ趣旨ハ槪ネ徹底セラレマシタノテ、今後一般ニ惡質違反行爲ニ對シテハ、從來ヨリ一層之カ取締ヲ强化スル必要カアルト考ヘマス。尚經濟事犯ハ多ク商取引ニ關係致シテ居リマス、ノミナラス時局ノ推移ニ依リ統制方針ニ變更ヲ見ルコトカアリマスカラ、之カ處理ニ當リテハ、努メテ迅速ヲ期セラレタイノテアリマス。又經濟事犯ハ共ノ取扱ヲ全鮮的ニ統一シ處分ノ公平ヲ期スルコトカ肝要テアリマスノテ、變ニ當職ヨリ全鮮檢事正ニ對シ、事件ノ處理方ニ付通牒ヲ致シテ置キマシタカラ、各位ハ克ク檢事ト連絡協調ヲ遂ケ、斯ノ種事犯ノ處理ニ付

(190쪽)

것입니다. 그렇지만 오늘까지 단속 상황을 보면 착착 그 효과를 거두고 있음은 첫째 여러분이 주밀(周密)한 용의(用意)와 열심히 노력하고 일에 임한 것에 의한 것으로 그 노고가 많았음에 깊이 감사드립니다. 그렇지만 지나사변은 장기 건설의 새로운 단계에 들어가 경제통제는 한층 이를 강화할 필요가 있는 실정에 있으므로 제반의 중대하고 악질인 위반 사건은 앞으로 연이어 나오지 않을까 생각하고 있습니다. **특히 주의를 필요로 함은 소위 암거래**로서 최근 이미 두셋의 사례를 보기에 이르렀습니다. 원래 그런 종류의 행위는 당사자 간에 받는 사람 쌍방 함께 바라는 것인 경우가 많아서 통제 강화와 함께 한층 감행될 것이므로 동시에 그 단속에 매우 곤란을 느끼게 될 것입니다. 게다가 해당 행위가 경제계 전반에 미치는 악영향은 중대하고 또한 통제를 문란하는 일이 심하므로 여러분은 아무쪼록 이 사이의 **실지 사정을 탐색하여 부하 직원을 독려하고 이들 악질인 위반 사건의 절멸**을 기하기 바랍니다.

그리고 경제통제에 관한 법령의 취지는 대강 철저해져서 앞으로 일반적으로 악질 위반행위에 대하여는 종래부터 한층 그 단속을 강화할 필요가 있다고 생각합니다. 더욱이 경제사범은 많은 상거래에 관계하고 있을 뿐만 아니라 **시국의 추이에 의하여 통제 방침**에 변경을 보는 사항이 있으므로 이를 처리함에 당해서는 힘써 신속을 기하기를 바랍니다. 또한, 경제사범은 그 취급을 전 조선으로 통일하고 처분의 공평을 기하는 것이 매우 중요하므로 일찍이 **본직(當職)으로부터 전 조선 검사정(檢事正)에 사건처리 방법에 대하여 통첩**하여 두었으므로 여러분은 능히 **검사와 연락 협조**를 이루어 그 종류 사범의 처리에

遺憾ナキヲ期セラレタイノテアリマス。

四、軍機ニ關スル造言飛語罪ノ取扱ニ就テ

軍機保護法違反事件及軍刑法所定造言飛語罪ノ搜査及之カ處理ニ就テ、各位ハ遺漏ナキヲ期シ居ラルルト信スルノテアリマスカ、軍機ニ關スル犯罪ニ付、當初司法警察官ニ於テ當該物件カ軍機ニ該當スルヤ否ヤヲ照會シタル處、軍事上ノ機密ニ觸ルルモノナリトノ意見ナリシ爲檢事ハ之ヲ起訴シタルニ、後日豫審判事ニ於テ書面ニテ軍ニ照會シタル結果、軍機ニ該當セストノ書面回答アリシ爲、遂ニ豫審免訴トナリタル事例カアッタノテアリマス。仍テ記錄ニ付調査シタル處、事件取扱ノ爲ヨリ軍所在地警察署ヨリ軍所在地警察署ニ對シ電話ヲ以テ照會シタコトテアリマスカ其ノ電話交涉ニ關スル電話聽取書カナク、單ニ軍所在地警察署ト囑託廳タル事件取扱官署トノ間ニ當該物件カ軍機ニ該當ストノ電話聽取書カアリマスノミテ、軍ノ意見ヲ證明スル直接ノ文書ナキ爲、豫審判事ハ改メテ軍ニ對シ書面ニテ照會シ、遂ニ豫審免訴トナリタルモノナルコトカ判明シタノテアリマス。右ハ結局搜査不十分ニ關フコトニ歸シ、司法警察官ノ威信ヲ失墜スルコトニナルノテアリマスヲ誤リタルニ基因スルノテアリマシテ、若當初文書ニテ相當官署ニ照會シタナラハ右ノ如キ結果ニ立至ラナカッタノテハナイカト考ヘラルルノテアリマス、將來軍機ニ關スル犯罪ニ付當該物件カ軍機ニ該當スルヤ否ヲ照會スル必要アル場合ハ文書ヲ以テシ尙陸軍ニ關スルモノハ朝鮮軍參謀

第一部　第二類　警察部長ニ對スル高等法院檢事長訓示

一九一

(191쪽)

유감없도록 기하기 바랍니다.

4. 군기(軍機)에 관한 조언비어죄(造言飛語罪)의 취급에 관하여

「군기보호법」 위반 사건 및 「군형법」 소정 조언비어죄의 수사 및 그 처리에 관하여 여러분은 유루(遺漏) 없도록 기하고 있다고 믿습니다만 군기에 관한 범죄에 대하여 당초 사법경찰관에 있어 당해 물건이 군기에 해당하는지 여부를 전화로 군(軍)에 조회한 바에 따르면 군사상의 기밀에 저촉되는 것이라는 의견이었으므로 검사가 이를 기소한 것으로 후일 예심판사가 서면으로 군에 조회한 결과 군기에 해당하지 않는다는 서면 회답이 있었기에 결국 예심 면소로 된 사례가 있었습니다. 따라서 기록을 조사한바 사건 취급 관서는 군 소재지 경찰서에 대하여 군에 조회하는 방식을 전화로 촉탁하고, 군 소재지 경찰서는 군에 대하여 전화로써 조회하였다고 합니다만 그 전화 교섭에 관한 문서는 없고 단지 군 소재지 경찰서와 촉탁청(囑託廳)인 사건 취급 관서와의 사이에 해당 물건이 군기에 해당한다는 전화 청취서만 있을 뿐으로 군의 의견을 증명할 직접 문서가 없어서 예심판사는 이를 새롭게 다시 군에 대하여 서면으로 조회하여 결국 예심 면소가 된 것임이 판명되었습니다. 이는 결국 수사 불충분으로 귀결되고 사법경찰관의 위신을 실추하는 것이 되었습니다. 이와 같은 일은 필경 조회 방법을 잘못한 것에 기인하는 것으로 만일 애초 문서로 상당 관서에 조회했다면 앞서와 같은 결과에 이르지 않았을 것이라고 생각하는 것입니다. 장래 군기에 관한 범죄에 당해 물건이 군기에 해당하는지 여부를 조회할 필요가 있는 경우는 문서로써 하고 더욱이 육군에 관한 것은 조선군 참모

第一部　第二類　警察部長ニ對スル高等法院檢事長訓示

長ニ、海軍ニ關スルモノハ鎮海要港部參謀長ニ各照會シ、斯ノ種事件ノ處理ニ付遺憾ナキヲ期セラレタイノデアリマス。

次ニ造言飛語ノ犯意及之カ犯行ノ場所ニ就テハ從來解釋ヲ異ニスルモノカアリマシタカ、近時大審院ハ「陸軍刑法第九十九條ニ所謂造言飛語ヲ爲シトハ軍事ニ關シ虚構ノ事實ヲ捏造シ或ハ根據ナキ風說ヲ人ニ傳ヘ若ハ實在ノ事實ヲ誇張スル等因テ以テ人心ヲ惑亂シ又ハ士氣ノ沮喪ヲ來シ若ハ皇軍ニ對スル國民ノ信賴ヲ失墜セシムル等軍事上有害ナル言辭ヲ弄スル一切ノ場合ヲ包含スルモノナレハ其ノ確實ナル根據ナキ風說ヲ告知スル場合ニ在リテハ其ノ告知事項カ單ナル風說ニ依據シ確實ナルモノナルコトノ認識アレハ足リ必スシモ無根ノ事實ナリトノ認識ヲ要セサルモノトス、尙不定多數人ニ傳播流布スル虞ナキ場所ニ於テ造言飛語ヲ爲シタルトキニ於テモ本罪ハ成立ス」ト判決シ、軍事上有害ナル風說ヲ其ノ確實ナル根據ナキコトヲ認識シナカラ之ヲ人ニ告知スルトキハ犯意ノ成立ニ缺クルコトナク、又犯行ノ場所カ不定多數人ニ傳播セラルル虞アル場所ニ於テ爲サルルコトヲ要セストシテ、廣義ニ解釋致シテ居ルノデアリマス（昭和十三年十一月十九日大審院判例參照）。而シテ右判例ハ斯ノ種事犯ノ處理上參考ト爲ルモノデアリマスカラ特ニ留意シ置カレタイノデアリマス。

五、思想犯ノ防遏ニ就テ

事變ノ長期持久戰化ニ伴ヒ、思想犯ノ防遏ニ付一層留意スヘキコトハ、聖戰目的ノ遂行上最肝要

(192쪽)
장에게, 해군에 관한 것은 진해요항부(鎭海要港部) 참모장에게 각 조회하여 그런 종류 사건처리에 유감없도록 기하기 바랍니다.

다음으로 조언비어의 범의(犯意) 및 그 범행의 경우에 관하여는 종래 해석을 달리한 것이 있었습니다만 **최근 대심원(大審院)은 「육군형법」 제99조에 소위 조언비어를 하였다는 것은** 군사에 관한 허구의 사실을 날조하거나 근거 없이 풍설(風說)을 사람에게 전하거나 실재의 사실을 과장하는 등으로 인하여 인심을 혹란(惑亂)하고 또한 사기를 떨어뜨림을 초래하거나 또는 황군(皇軍)에 대한 국민의 신뢰를 실추하게 하는 등 군사상 유해한 언사를 희롱하는 일체의 경우를 포함하는 것이라면 그 확실한 근거 없이 풍설을 고지하는 경우에 있어서도 고지자에게 그 고지 사실이 단지 풍설에 의거한 확실한 근거를 갖지 않는 것이라는 인식이 있기에 족하고 반드시 근거 없는 사실이라는 인식을 요하지 않는 것으로 함. 또한, 부정다수인(不定多數人)의 사람에 전파 유포할 우려 없는 장소에서 조언비어를 한 것에 있어서도 본죄는 성립함.】이라고 판결하여 군사상 유해한 풍설을 그 확실한 근거 없는 것을 인식하면서도 이를 사람에게 고지할 때는 범의의 성립에 결함이 없이 또는 범행의 장소에 풍설이 부정다수인에게 전파될 우려가 있는 장소에서 할 것을 요하지 않는다고 하여, 광의(廣義)로 해석을 하고 있습니다. (1938년 11월 19일 대심원 판례 참조) 따라서 앞서 언급한 판례는 이런 종류의 사범의 처리상 참고로 할 것으로서 특히 유의하기 바랍니다.

5. 사상범의 방어에 대하여
사변의 장기 지구전화(持久戰化)에 따라 사상범의 방어에 대하여 한층 유의하여야 할 것은 성전(聖戰) 목적의 수행상 최고 중요한

ナルコトテアリマス。事變發生後ニ於ケル思想動向ヲ觀察スルニ、曾テ思想犯人タリシ者カ昨夏時局對應思想報國聯盟ヲ結成シ、實踐運動ヲ以テ思想轉向ノ實ヲ擧ケツツアルヲ初トシ、宗敎界言論界其ノ他社會各層ニ互リ著シク思想ノ好轉ヲ示シ、現在半島ノ思想狀態ハ事變前ニ比シ隔世ノ感カアリマスコトハ洵ニ慶賀スヘキコトテアリマシテ、之カ取締ノ任ニ當リ居ラルル各位ノ勞ニ對シ、深ク敬意ヲ表スルモノテアリマス。

併シナカラ海外ノ諸情勢ヲ觀ルニ、國際關係益〻逼迫ヲ告ケ第二次世界大戰ノ前夜ヲ想ハシムルモノカアリ又世界赤化ノ國是トセル蘇聯ハ共產、反戰ノ思想ヲ鼓吹シテ後方攪亂ヲ企圖シ居ルノテアリマス。而シテ我國內ノ情勢ハ物價ノ騰貴、景氣ノ跛行、失業者ノ簇出等各種ノ原因カ相錯綜シ社會上經濟上種々困難ナル問題カ發生スル虞カアルノテアリマス。之等內外ノ客觀的諸情勢ハ思想犯人ノ暗躍ヲ容易ナラシムル溫床タルノ危險カ多分ニ在ルノテアリマス。尙一部ノ主義者ハ長期戰體制下ニ於ケル經濟ノ破綻ヨリ、國民ノ不滿カ爆發スヘキコトヲ期待シ又ハ世界ノ勃發ニ因リ、國內カ混亂スルコトヲ豫想シテ時局ノ推移ヲ靜觀シ、其ノ間密ニ同志ノ連絡ヲ確保シテ活躍ノ機ヲ窺ヒ居ルノテアリマス。而シテ彼等ハ露骨詭激ナル言動ヲ避ケ、合法ノ場面ヲ利用シテ大衆ヲ啓蒙シ、卑近ナル經濟問題ヲ捉ヘ或ハ戰爭ノ殘虐性ヲ暗示シテ大衆ヲ反戰反軍ニ誘導セントシ居ルノテアリマス。各位ハ以上ノ客觀的情勢ニ付深ク留意スルト同時ニ、右一部主義者ノ行動ニ付テハ、其ノ外形ニノミ捉ハルルコトナク、眞ニ裏面ノ實相ヲ究メ、以テ思想犯ノ

第一部　第二類　警察部長ニ對スル高等法院檢事長訓示

一九三

(193쪽)

것입니다. 사변 발생 후에 사상운동을 관찰하니 **일찍이 사상 범인인 자가 지난여름 시국대응사상보국연맹(時局對應思想報國聯盟)을 결성하여 실천 운동으로써 결실을 계속 거두고 있는 것을 시작으로 종교계, 언론계 모두 다른 사회 각층에 걸쳐 현저히 사상의 호전**을 보여 현재 반도의 사상 상태는 사변 전에 비하여 격세의 감이 있는 것은 매우 경하할 일로서 단속에 임하고 있는 여러분의 노고에 대하여 깊이 경의를 표하는 바입니다.

그렇지만 **해외의 여러 정세**를 보면 국제관계는 점점 핍박을 알리고 **제2차 세계대전의 전야**를 생각하게 하고 또한 **세계 적화를 국시(國是)로 하는 소련**은 공산, 반전의 사상을 고취하여 후방 교란을 기도하고 있습니다. 그리고 우리 **국내의 정세는 물가의 등귀(騰貴), 경기의 파행, 실업자가 연이어 나오는 등 각종의 원인이 서로 뒤섞여 사회상 경제상 각종 곤란한 문제**가 발생할 우려가 있습니다. 이들 내외의 객관적 여러 정세는 사상 범인의 암약을 용이하게 하는 온상의 위험이 다분히 있습니다. 게다가 일부 주의자(主義者)는 장기전 체제하에서 경제적 파탄으로부터 국민의 불만이 폭발할 것을 기대하고 또한 세계대전의 발발에 의하여 국내가 혼란할 것을 예상하여 시국의 추이를 조용히 관찰하고 그사이 은밀히 동지와 연락을 확보하여 활약의 기회를 엿보고 있는 것입니다. 그리고, 그들은 노골적으로 격렬하고 지나친 언동을 피하고 **합법적 장면(場面)을 이용**하여 대중을 계몽하고 비근한 경제문제를 붙들거나 전쟁의 잔학성을 암시하여 대중을 반전반군(反戰反軍)에 유도하려고 하는 것입니다. 여러분은 이상의 객관적 정세에 대하여 깊게 유의함과 동시에 앞서 언급한 일부 주의자의 행동에 대하여는 그 외형만 파악하지 말고 실로 이면의 실상을 찾아내어 사상범의

二〇 警察部長ニ對スル增永高等法院檢事長訓示 （昭和十五年五月）

發生ヲ未然ニ防過セラレンコトヲ切望スル次第デアリマス。

各位ノ會開ニ臨ミ、所管事務ニ付所懷ノ一端ヲ陳ブル機會ヲ得マシタコトハ私ノ欣幸トスル所デアリマス。

一、恩赦ニ就テ

光輝アル二千六百年ノ紀元ノ佳節ニ際リ、長クモ優渥ナル恩赦ノ大詔ヲ渙發アラセラレ、普ク仁愛ノ御恩澤ヲ垂レサセ給ヒシコトハ、洵ニ恐懼感激ノ至リニ堪ヘサル所デアリマス。此ノ御恩澤ニ浴シタル者ガ 聖恩ノ鴻大ナルニ感激シ、忠良ナル皇國臣民トシテ正道ヲ遂行スベキハ勿論デアリマスカ、我等亦是等ノ者ヲシテ再ビ其ノ道ヲ誤ルガ如キコト無カラシムル樣努力スルコトハ、 聖恩ヲ奉體スル所以デアルト存シマスガ故ニ、各位ハ温情ヲ以テ是等ノ者ヲ指導誘掖シ、再ビ刑辟ニ觸ルルコトナカラシメ、以テ 惡旨ニ副ヒ奉ル樣 御協力アランコトヲ切望致シマス。

二、不敬事犯ノ防過ニ就テ

今ヤ我國ハ外ニ八紘一宇ノ理想ヲ具現シ、内ニ一君萬民ノ體制ヲ强化シツツアル際、半島ニ於テ不敬事犯ノ發生ガ事變前ニ比シ、反ッテ著シク增加ノ傾向ヲ示シツツアルコトハ、吾々檢察事務

(194쪽)
발생을 미연에 막아 내기를 간절히 바라는 바입니다.

20. 경찰부장에 대한 增永 고등법원검사장 훈시
(1940년 5월)

여러분의 회동에 참석하여 소관 사무에 대한 소회(所懷)의 일단을 말할 기회를 얻게 되어 다행이고 기쁘게 여기는 바입니다.

1. 은사(恩赦)에 관하여

빛나는 2,600년 기원의 경사스러운 날에 즈음하여 황송하게도 우악(優渥)[113]인 은사(恩赦)의 대칙(大詔)을 내외에 발포하시어 널리 인애의 은택을 베푸시고 받는 일은 실로 공구감격(恐懼感激) 이르기 그지없는 바입니다. 이 은택을 입은 자가 성은(聖恩)의 홍대(鴻大)함에 감격하여 충량한 황국신민으로서 정도를 준행하여야 함은 물론이나 우리 역시 이들이 길을 다시 잘못 드는 것과 같은 일이 없도록 노력하는 것은 성은을 봉체(奉體)하는 까닭으로 알고 있으므로 여러분은 온정으로써 이들을 지도하고 이끌고 도와주어 다시 형벽(刑辟)에 저촉하는 일이 없게 하고 이로써 성지(聖旨)에 부응하여 받들도록 협력 있기를 간절히 바랍니다.

2. 불경(不敬)[114] 사범의 방어에 대하여

지금 우리나라는 밖으로 팔굉일우(八紘一宇)[115]의 이상을 구현하고 안으로 일군만민(一君萬民)의 체제를 강화하는 즈음 **반도에서 불경사범의 발생이 사변 전에 비하여 오히려 현저히 증가**하는 경향을 나타내고 있는 것은 우리 검찰사무

---

113 은혜가 넓고 두터움
114 일제 천황 및 황족에 대한 명예와 존엄을 모독하는 행위
115 세상이 모두 한집이라는 의미로 침략전쟁을 호도하려는 표어

ニ掌ル者トシテ洵ニ恐懼ニ堪ヘサル次第デアリマス。抑々斯種犯罪ハ我皇室ノ尊嚴ヲ冒瀆シ、延テ國民ノ國體觀念ヲ動搖紛更セシムル重大事犯デアリマスカラ、速ニ絕滅ヲ期スル必要ノアルコトハ多言ヲ要セザル所デアリマス。而シテ此等犯人ノ思想關係ヲ調査スルニ、其ノ大部分ハ基督敎又ハ在來類似宗敎信奉者デアリ、事變ノ影響ニ因リ民心ノ不安動搖ニ乘シ、敎徒獲得ノ手段トシテ民族的偏見ニ迎合シ不敬ノ言動ヲ敢テスルモノデアリマシテ、思想防衞上戒心ヲ要スルモノガアリマス。從テ彼等ニ對シテハ一層査察ヲ嚴密ニシ、反國家的敎理敎說アルコトヲ看破シタルトキハ、遲疑スル所ナク檢舉彈壓ヲ加フルノ必要ガアリマス。斯ル徒輩ハ彈壓ノ後ニ於テモ尙地下ニ潛入シテ執拗ニ不逞行爲ヲ反覆累行スル危險力濃厚デアリマスカラ、查察內偵ヲ緩和スルコトナク、斯種犯罪ノ根絕ニ努力セラレムコトヲ希望スル次第デアリマス。

三、綱紀ノ肅正ニ就テ

事變ハ早クモ第四年ヲ迎ヘ、時局ハ專變處理ノ新ナル段階ニ入リマシタケレドモ、究極ノ目的ノ完遂迄ニハ前途尙遼遠、而モ其ノ間幾多ノ難關ノ橫ハルコトヲ充分覺悟シ之ヲ突破セネバナリマセヌ。之ガ爲國民ハ凡有忍苦ニ堪ヘ如何ナル犧牲ヲモ拂ヒ、一意事變目的ノ完遂ニ努力シテ居ル現狀デアリマス。此ノ際ニ際リ率先シテ滅私奉公ノ範ヲ示シ社會ノ儀表タルヘキ地位ニ在ル官公吏ニシテ此ノ重大ナル時局ヲ輕視シ、其ノ職資ヲ忘レ私慾ニ奔リ若ハ職權ヲ濫用シ、以テ不正ヲ敢テスル者カアリマシタナラハ、假令其レカ一部ノ者ニ過ギサル場合ト雖果ヲ全體ニ及ボシ、官公

(195쪽)

를 담당한 자로서 매우 공구(恐懼)하기 이를 데 없는 바입니다. 도대체 그런 종류의 범죄는 우리 **황실의 존엄을 모독하고 연이어 국민의 국체 관념을 동요분경(動搖紛更)하게 하는 중대 사범이므로 속히 절멸을 기할 필요**가 있음은 다언(多言)을 요하지 않는 바입니다. 그리하여 이들 **범인의 사상 관계를 조사**함에 그 대부분은 기독교 또는 재래 유사 종교 신봉자이고 사변의 영향에 의한 민심의 불안 동요에 편승하여 교도 획득의 수단으로써 민족적 편견에 영합하여 불경의 언동을 감행하는 것이고 사상 방위상 경계심을 필요로 하는 것입니다. 따라서 그들에 대하여는 **한층 사찰을 엄밀히 하여 반국가적 교리 교설이 있음을 간파한 때는 주저 없이 검거 탄압**을 가할 필요가 있습니다. 이러한 도배(徒輩)는 탄압 후에도 한층 지하에 잠입하여 집요하게 불령 행위를 반복하여 행할 위험이 농후하므로 **사찰내탐(査察內探)을 완화함이 없이 그런 종류의 범죄 근절을 위하여 노력**할 것을 희망하는 바입니다.

3. 기강(紀綱)의 숙정(肅正)에 관하여

사변은 이르게도 제4년을 맞이하여 시국은 사변 처리의 새로운 단계에 들어갔으나 궁극의 목적 완수까지는 앞길 아직 요원하고, 더욱이 그사이 많은 난관이 가로놓여 있는 것은 충분히 각오하여 이를 돌파하지 않으면 안 됩니다. 이를 위하여 국민은 온갖 인고를 견디어 어떠한 희생이라도 치르고 한뜻으로 사변 목적의 완수를 위하여 노력하고 있는 상황입니다. 이 가을에 즈음하여 솔선하여 멸사봉공의 모범을 보여 사회의 의표(儀表)인 지위에 있는 **관공리(官公吏)**임에도 이 중대한 시국을 경시하고 그 직책을 잊고 사욕에 치달고 혹은 **직권을 남용**하여 이로써 부정을 감행하는 자가 있다면 가령 그것이 일부의 자(者)에 지나지 않는 경우라도 누를 전체에 끼치고 관공

第一部　第二篇　聲檢部長ニ對スル高等法院檢事長訓示

吏ニ對スル信賴ノ念ヲ失ハシムルニ止マラス、國民ノ誠意ト努力トハ官公吏ノ不正ニ依リ滅却セラルル結果トナリ、延テ國民ノ忠誠ノ念慮ヲ減衰セシムルガ如キ憂慮スヘキ契機トナルノデアリマスカラ、斯ル犯罪ニ對シテハ一層嚴重ナル處置ヲ採ル必要ノアルコトヲ痛感スル次第デアリマス。時局下ニ於ケル斯種事犯ハ稍減少ヲ看マシタケレドモ、尚相當多數檢擧セラルルモノアル故甚ダ遺憾トスル所デアリマス。

各位ハ斯種事犯ノ時局下ニ於ケル影響ニ深ク思ヲ致シ、斷乎トシテ檢擧ヲ勵行シ之ガ根絕ヲ圖リ、更ニ道ヲ振肅シ以テ綱紀ノ維持ニ一段ノ努力ヲ拂ハレンコトヲ切望致シマス。

四、防諜竝思想犯ノ防遏ニ就テ

戰時下ニ於テ防諜ノ極メテ必要ナルコトハ既ニ各位ノ能ク諒承セラルルトコロニシテ、今更喋々ヲ要セザル所デアリマス。外患ニ關スル罪及軍機保護法違反等ノ軍機ニ關スル犯罪ハ事變ノ推移ニ伴ヒ益々其ノ數增加ノ傾向ヲ示シツツアルノデアリマシテ、防諜陣ノ强化徹底ハ一層緊要ノ度ヲ加ヘタモノト存ジマス。國境取締法及軍用資源祕密保護法等ガ制定公布セラレ、又軍機保護法施行規則等ガ改正セラレマシタノモ、此ノ趣旨ニ基クモノデアリマス。殊ニ歐洲第二次戰爭ハ世界大動亂ノ相貌ヲ呈シ來リ、我國ノ動向ハ世界注視ノ焦點トナリツツアル今日、列强ガ各其ノ諜報機關ヲ總動員シ、我軍情探知ニ狂奔シツツアルコトハ推測スルニ難クナイノデアリマスカラ、各位ハ右法規ノ趣旨ヲ洞察シ民衆ヲ啓蒙指導シテ其ノ協力ノ下ニ防諜ノ陣營ヲ鞏固ニシ、以テ國

一九六

(196쪽)

리에 대한 신뢰감을 잃게 함에 그치지 않고 국민의 성의와 노력은 관공리의 부정에 따라 멸각(滅却)되는 결과가 되고, 이어서 국민의 충성 염려를 감쇠시킴과 같은 우려할 계기가 되므로 이러한 범죄에 대하여는 한층 엄중한 처치를 택할 필요가 있음을 통감하는 바입니다. 당면한 정세에서 이러한 종류의 사범은 조금 감소를 보였습니다만 오히려 상당 다수 검거되는 것은 심히 유감스러운 바입니다. 여러분은 이러한 종류의 사범을 당면한 정세에서의 영향을 깊이 생각하여 단호하게 힘써 검거하여 근절을 도모하고 관리의 도리를 엄숙히 함으로써 기강의 유지에 한층 노력을 기울일 것을 간절히 바랍니다.

4. 방첩(防諜)과 사상범의 방알(防遏)[116]에 관하여

전시하에서 방첩이 극히 필요한 것은 이미 여러분이 잘 알고 있으므로 지금 새삼 여러 말을 늘어놓을 필요는 없는 바입니다. **「외환(外患)에 관한 죄」 및 「군기보호법」 위반 등의 군기에 관한 범죄**는 사변의 추이에 따라 점점 그 수 계속 증가의 경향을 나타내고 있으므로 방첩진(防諜陣)의 강화 철저는 한층 긴요(緊要)의 도를 더했다고 생각합니다. **「국경단속법」 및 「군용자원비밀보호법」** 등이 제정공포 되고 또한 **「군기보호법시행규칙」** 등이 개정된 것도 이 취지에 기초한 것입니다. 특히 **유럽 제2차 전쟁은 세계 대동란(大動亂)의 양상**을 보여 왔고 우리나라의 동향은 계속 세계 주시의 초점이 되어 있는 오늘, **열강이 각 그 첩보 기관을 총동원하여 우리 군정(軍情) 탐지에 광분**을 지속하는 것은 추측하기 어렵지 않기 때문에 여러분은 앞서 언급한 법규의 취지를 통찰하고 민중을 계몽 지도하여 그 협력하에 방첩의 진영을 공고히 하고 이로써 국

---

116 막아 냄

防ニ萬遺憾ナキヲ期セラレタイノデアリマス。

次ニ內外ノ諸情勢ヲ具ニ觀察致シマスレバ、思想犯釀成ノ溫床タルベキ礎材ノ累積スルヲ看取シ得ルノデアリマシテ、思想統制上輓ク樂觀ヲ許サザルモノガアリマス。

而モ客年來咸鏡南道ニ於テ檢擧ヲ續行シタル所謂平地帶ニ於テ、赤勞及赤農組合再建ヲ中心トシ展開セラレタル人民戰線理論ニ基ク我後方攪亂工作事件ニ依リテモ知リ得ルガ如ク、尙相當多數ノ不逞ノ徒ガ暗躍ノ機ヲ窺ヒツツアルコトハ明白デアリマシテ之ガ對策ヲ誤リマスナラバ、直ニ銃後ノ治安ヲ攪亂セラルル虞ガアルノデアリマスカラ、各位ハ民衆ノ思想的動向ニ對シ周到ナル查察ヲ加ヘ、以テ治安ノ確保ヲ期セラレタイノデアリマス。

五、經濟警察官ノ指導敎養ニ就テ

事變處理ノ現段階ニ於テ、早クモ買占、賣惜、闇取引ノ如キ反國策的事犯激增シ戰時經濟ノ運營ニ不安ヲ抱カシムルカ如キ事態ノ現レマシタコトハ眞ニ憂慮スヘキコトデアリマス。此ノ趨勢ハ事變ガ愈々長期化シ經濟統制ガ益々高度化スルニ從ヒ、遺憾ナガラ一層拍車ヲ加フルニ至ルベキコトハ豫測スルニ難カラザル所デアリマス。左レハ之ガ取締檢擧ノ使命ヲ負荷サレタル經濟警察官ノ任務ハ愈々重キヲ加ヘ、世人ノ其ノ活動ニ期待スル所モ頗ル大ナルモノガアルノデアリマスカラ、經濟警察官ハ大業翼贊ノ重要ナル部門ヲ擔當スルモノナルコトヲ自覺シ、之ガ職務ノ遂行極メテ困難ニシテ其ノ影響スル所亦甚大ナルニ想ヲ致シ、其ノ職守ニ臣節ヲ盡ス確信ト熱意ヲ

(197쪽)
방에 만사 유감없도록 기하기 바랍니다.

다음으로 내외의 여러 정세를 자세히 관찰하면 사상범 양성(釀成)의 온상인 기초재료를 누적한 것을 보아 알 수 있는 것으로서 사상통제상 쉽사리 낙관을 허락하지 않는 것입니다. 게다가 **작년 이래 함경남도에서 검거를 속행한 정평군(定平郡) 외 여러 군(郡) 소위 평지대(平地帶)에서 적노(赤勞) 및 적농조합재건(赤農組合再建)을 중심으로 하여 전개된 인민전선이론에 기초한 우리 후방 교란 공작 사건**에 의하여도 알 수 있는 것처럼 한층 상당 다수 **불령의 무리가 암약**하는 기회를 계속 엿보고 있는 것이 명백하므로 이 대책을 잘못하게 된다면 곧바로 후방의 치안이 교란될 우려가 있으므로 여러분은 민중의 사상적 동향에 대하여 주도한 사찰을 가하여 치안의 확보를 기하기를 바랍니다.

5. 경제 경찰관의 지도 교양에 관하여

사변 처리의 현 단계에서 빠르게도 **매점, 매석, 암거래와 같은 반국책적 사범이 격증하여 전시 경제 운영에 불안을 안게 하는 것과 같은 사태**가 나타난 것은 실로 우려할 일입니다. 이 추세는 사변이 점차 장기화하여 경제통제가 더욱 고도화함에 따라 유감이지만 한층 박차를 가함에 이르러야 할 것은 예측하기 어렵지 않은 바입니다. 그리하여 이를 단속 검거할 사명을 짊어지고 있는 **경제 경찰관의 임무**는 점점 무거움을 더하여 세인(世人)의 그 활동에 기대하는 바도 매우 크므로 경제 경찰관은 대업에 힘을 더하여 돕는 중요한 부문을 담당하고 있음을 자각하고 이 직무의 수행이 극히 곤란하고도 그 영향 역시 심대함을 생각하여 그 직을 지킴에 신절(臣節)을 다할 확신과 열의로

第一部　第二題　警察部長ニ對スル高等法院檢事長訓示

以テ、取締檢擧ニ從事スベキハ言ヲ俟タザル所デアリマスガ、更ニ左ノ二點ニ付各位ノ考慮ヲ煩ハシタイト存ジマス。

第一ハ法令ノ研究デアリマス。即チ經濟統制力ノ擴大強化スルニ從ヒ、制定公布セラルル統制法令ハ夥シキ數ニ上リ、其ノ内容亦複雜多岐ニ亙ルモノアルノミナラズ、屢々改正セラルルヲ以テ、其ノ整理モ決シテ容易デハナイノデアリマス。而モ經濟警察ハ複雜且變轉極リナキ經濟界ヲ取締ノ分野トシテ居リマスノデ、其ノ取締ノ任ニ當ル者ハ平素ヨリ右法令ニ對スル充分ナル理解ト經濟界ノ實情ニ透徹シタル認識ヲ持ツニ非ザレハ捜査ヲ迅速且有效ニ爲スコトヲ得ナイノミナラズ稍モスレバ呑舟ノ魚ヲ逸シ其ノ處分モ適切妥當ナルヲ期シ得ナイノデアリマス。從テ是等法令ノ全般ニ亙リ正シキ理解ヲ持チ其ノ適用ニ過誤ナキヲ期シ得ル爲ニハ、經濟警察官自ラノ不斷ノ努力ニ待ツハ勿論デアリマスカ、更ニ適當ナル指導致養ヲ加ヘ迅速且適切ナル檢擧ヲ行フコトニ努力セラレタイノデアリマス。

第二ハ其ノ職能ヲ公明正大ニ發揮スルコトデアリマス。事犯ノ捜査並取締ニ際シテハ常ニ公平且嚴正ヲ期シ、苟モ偏頗ノ疑ヲ懷カシムルガ如キ措置ヤ苛察ノ非難ヲ招クカ如キ處置ハ絶對ニ避ケナケレバナリマセヌ。又經濟警察官ハ業者ト接觸スル機會多キヲ以テ、稍モスレバ情實ニ捉ハレ又ハ誘惑ニ陷リ、摘發檢擧ニ躊躇シ或ハ處分ニ當リ寬嚴其ノ宜シキヲ得ザルカ如キ患ナキヲ期シ難イノデアリマス。幸ニ朝鮮ニ於テ未ダ是等ノ事例ヲ見マセヌコト

一九八

(198쪽)

써 단속 검거에 종사해야 함은 말할 나위 없으나 재차 다음에 언급하는 두 가지 점에 대하여 여러분이 고려해 주기를 바랍니다.

첫 번째는 법령의 연구입니다. 즉 경제통제가 확대 강화됨에 따라 제정공포 되는 통제법령은 매우 많은 수에 이르고 그 내용 역시 복잡 다기에 걸친 것일 뿐만 아니라 자주 개정됨으로써 그 정리도 결코 용이하지 않습니다. 게다가 경제경찰은 복잡함과 동시에 변하고 달라지기 끝이 없는 경제계를 단속의 분야로 하고 있으므로 그 단속 임무를 담당하는 자는 평소보다 앞서 언급한 법령에 대한 충분한 이해와 경제계의 실정에 투철한 인식을 지니고 있지 않으면 수사를 신속 그리고 유효하게 할 수 없을 뿐만 아니라 자칫하면 탄주(吞舟)의 물고기[117]를 놓치고 그 처분도 적절 타당함을 기할 수 없습니다. 따라서 이들 법령의 전반에 걸쳐 바른 이해를 지니고 그 적용에 과오가 없도록 하기 위해서는 경제 경찰관 스스로 부단한 노력을 기대함은 물론이고 더욱 적당한 지도 교양을 보태어 신속 그리고 적절한 검거를 이행하도록 노력해 주기 바랍니다.

두 번째는 그 직능을 공명정대하게 발휘하는 것입니다. 사범의 수사와 단속에 즈음해서는 언제나 공평 그리고 엄정을 기하고, 만일 편파 의심을 품게 하는 조치나 가혹하게 따지고 살펴 비난을 부르는 것과 같은 처치는 절대로 피하지 않으면 안 됩니다. 또한, 경제 경찰관은 업자와 접촉하는 기회가 많으므로 자칫하면 정실에 사로잡히거나 유혹에 빠져 적발 검거를 주저하거나 처분에 당하여 우려 없도록 관엄(寬嚴) 그 적절을 기하기 어렵습니다. 다행히 조선에서 아직 이들의 사례가 보이지 않은 것

---

117 배를 집어삼킬 만큼 큰 물고기 즉 검거, 처벌 대상으로서 거물(巨物)

八、半島經濟警察官ノ名譽ノ爲ニ同慶ニ堪ヘザル所デアリマス。然シ乍ラ今後若シ斯ル事例ノ發生ヲ觀ルコトガアリマシタナラバ、世人ノ期待ニ背キ捜査機關全體ノ威信ヲ失墜スルコトトナルノデアリマス。各位ハ敍上ノ點ニ特ニ留意セラレ部下職員ヲ督勵シ、經濟警察本來ノ使命ノ達成ニ努力セラレンコトヲ切望致シマス。

六、經濟事犯處理方針ニ就テ

經濟事犯中所謂闇取引ノ取締ニ付テハ已ニ昨年ノ會同ニ於テ各位ノ注意ヲ喚起シタル所デアリマスガ、更ニ左ノ事項ニ付所信ヲ述ヘタイト存ジマス。(一)ハ生産者、卸賣業者ニ對シ取締ヲ嚴重ニスルコトデアリマス。小賣業者ハ右業者等ノ闇相場ニ已ムヲ得ズ追隨シ違反スル例極メテ多イノデアリマスカラ、是等業者ニ對スル取締ヲ嚴ニスルコトニ依リ、斯種犯犯ハ當然減少スルモノト想ハルルノデアリマス。(二)ハ惡質仲介業者ニ對スル取締ノ強化デアリマス。惡質仲介業者ノ思惑ニ依リ物資ノ取引價格ハ益々吊上ゲラレ、彼等ノ暗躍ニ依リ商取引ハ硬塞ノ一途ヲ辿リツツアルノ狀況デアリマス。加之生産者並卸賣業者ニ於テモ彼等ノ闇取引ニ依存スルガ如キ傾ヲ生ジツツアルノデアリマスカラ、統制價格ヲ維持スル爲ニハ、斯ル不正商人ニ對シ徹底シタル取締ヲ爲ス必要ガアリマス。(三)ハ特ニ都會地ニ於ケル取締ノ萬全ヲ期スルコトデアリマス。地方ノ物價ハ常ニ都市トノ關係ニ於テ動クモノデアリマスカラ、地方ノ取締ガ勵行サレマシテモ都市ニ於ケル取

第一部 第三編 警務部長ニ對スル高等法院檢事長訓示

一九九

(199쪽)

은 반도 경제 경찰관의 명예를 위하여 함께 경축해 마지않는 바입니다. 그러나 앞으로 만일 이러한 사례의 발생을 보게 된다면 세인의 기대를 배반하고 수사기관 전체의 위신을 실추하는 것이 될 것입니다. 여러분은 앞서 언급한 점에 특히 유의하여 부하 직원을 독려하고 경제경찰 본래의 사명을 달성하기 위하여 노력해 주기를 간절히 바랍니다.

6. 경제사범 처리 방침에 관하여

경제사범 중 소위 암거래의 단속에 대하여는 이미 작년 회동에서 여러분의 주의를 환기한 바 있습니다만 다시 다음에 언급할 사항에 대하여 소신을 말하고 싶습니다.

(1) **생산자, 도매업자에 대한 단속**을 엄중히 하는 것입니다. 소매업자는 앞서 언급한 업자 등의 암상장(闇相場)에 부득이 남이 한 일을 따라 하여 위반한 예가 극히 많았기 때문에 이들 업자에 대한 단속을 엄하게 하는 것에 의하여 그 종류 사범은 당연히 감소하는 것이라고 생각합니다.

(2) **악질 중개업자에 대한 단속**을 강화하는 것입니다. 악질 중개업자의 의도에 의하여 물자의 거래가격은 점점 인위적으로 끌어 올려져 그들의 암약에 의한 상거래는 경색의 한길을 계속 걷고 있는 상황입니다. 그뿐만 아니라 생산자와 도매업자에 있어서도 그들의 암거래에 의존하는 것과 같은 경향이 계속 생기고 있으므로 통제가격을 유지하기 위해서는 이러한 부정 상인을 철저히 단속할 필요가 있습니다.

(3) 특히 **도회지에서의 단속에 만전**을 기하는 것입니다. 지방의 물가는 언제나 도시와의 관계에 있어 변하는 것이므로 지방의 단속이 힘써 이행되어도 도시에서 단

第一部 第二題 警察部長ニ對スル高等法院檢事長訓示

締ニシテ徹底ヲ缺クモノガアリマスナラバ、地方ノ取締ハ到底其ノ實績ヲ擧グルコトハ出來ナイノデアリマス。(四)ハ暴利ヲ得ル目的ヲ以テスル買占、賣惜等所謂暴利行爲ノ根絶ヲ期スルコトデアリマス。最近ニ於ケル物資需給不圓滑ノ原因ヲ探究スルニ、畢竟惡質業者ノ暴利ヲ得ルノ目的ヲ以テスル買占、賣惜等ノ不法行爲ニ因リ、物資ノ偏在ニ生スルニ至リシコトガ其ノ一因ヲ爲シテ居ルノデアリマス。而シテ此等ノ不正行爲ハ直接間接ニ闇取引ヲ誘發スルノデアリマスカラ、其ノ根絶ヲ期スルコトハ闇取引ヲ絶滅スル上ニ於テ必要缺クベカラザルコトト想フノデアリマス。(五)ハ米穀ノ闇取引ノ取締ニ付テデアリマス。申スモナク米價ハ一般物價ノ中樞ヲ爲シテ居ル觀ガアリ、米價ノ變動ハ直ニ他ノ物價ニ影響ヲ及ボスノデアリマスカラ、米價ノ統制ニ付テハ嚴重ナル取締ヲ爲ス必要ガアルト想ヒマス。即チ一地方ノ闇取引ハ他地方ノ闇取引ヲ誘發セシメ、延テ一般物價ヲ混亂ニ陷ラシムル弊ヲ生シ、遂ニハ戰時經濟ノ運營ヲ崩壞セシムルコトトナルノデアリマスカラ、之カ一定價格水準ノ確保ニ付テハ特ニ留意セラレタイノデアリマス。春窮期ニ入リ一層増加スルニ非ザルカヲ懸念セシムルモノガア地ニ之ヲ蹂躪シタル事例發生シ、リマスカラ、其ノ取締ニ付テハ關係官廳トノ協調聯絡ヲ緊密ニシ萬遺憾ナキヲ期セラレタイノデアリマス。

(200쪽)

속으로써 철저를 결하는 것이 있다면 지방의 단속은 도저히 그 실적을 올리는 것은 불가능한 것입니다.

(4) **폭리를 얻을 목적으로 하는 매점, 매석 등 소위 폭리행위의 근절**을 기하는 것입니다. 최근에 물자 수급이 원활하지 않은 원인을 탐구함에 필경 악질업자가 폭리를 얻을 목적으로 하는 매점, 매석 등의 불법행위로 인하여 물자의 편재를 낳기에 이른 것이 그 한 원인이 되어 있는 것입니다. 따라서 이들의 부정행위는 직접, 간접으로 암거래를 유발하는 것이기 때문에 그 근절을 기하는 것은 암거래를 절멸한다는 것에 있어 필요를 결할 수 없는 일이라고 생각합니다.

(5) **미곡의 암거래의 단속**에 대한 것입니다. 말할 나위 없이 쌀값은 일반 물가의 중추라고 보므로 쌀값의 변동은 바로 다른 물가에 영향을 미치는 것이기 때문에 쌀값의 통제에 대하여는 엄중히 단속할 필요가 있다고 생각합니다. 즉 한 지방의 암거래는 타지방의 암거래를 유발하고 이어서 일반 물가를 혼란에 빠지게 하는 폐단을 낳고, 결국은 전시 경제 운영을 붕괴시키게 되는 것이므로 일정 가격 수준의 확보에 대하여 특히 유의하기를 바랍니다. 현재 이미 각지에 이를 유린한 사례가 발생하고 춘궁기에 들어가 한층 증가하지 않을까 염려가 되기 때문에 그 단속에 대하여는 관계 관청과의 협조 연락을 긴밀히 하여 만사 유감없도록 기하기 바랍니다.

二 警察部長ニ對スル增永高等法院檢事長訓示　（昭和十六年五月五日）

一、惟フニ近代戰ハ國家總力戰テアリマシテ其ノ根幹ヲ爲スモノハ實ニ國內治安ノ確立ニアルコトハ言ヲ俟タサルトコロテアリマス。皇軍大陸ニ轉戰スルコト既ニ四年ニ及フモ未タ全面的ニ蔣政權ヲ屈服セシムルニ至ラス、大東亞共榮圈確立ノ前途モ幾多艱難アルヘキヲ豫想セラルルノミナラス、一方歐洲第二次大動亂ハ盆々擴大ノ徵候ヲ呈シ全世界ヲ擧ケテ禍亂ノ中ニ捲込マサレハ已マサルノ勢ヲ示シツツアルノテアリマス、而モ內ニ在ッテハ事變ノ長期化ニ伴ヒ各種統制ハ漸次擴大强化セラレ爲ニ社會的經濟的困難ノ度ヲ加ヘ來ッタコトハ否定シ得サル事實テアリマス、以上內外ノ客觀的諸情勢ハ極メテ逼迫セルモノカアルノテアリマシテ、銃後治安確立ノ要求セラルルコト愈々切實ナルモノカアリマス、然ルニ最近仔細ニ半島思想情勢ヲ通觀スルニ頓ニ惡化ノ趨勢ヲ示シ前途逆睹スヘカラサルモノアル樣香取セラルルノテアリマシテ、近時各地ニ於テ相當惡質ナル共產主義運動事件カ相次テ檢擧セラレテ居ルノミナラス、宗敎團體ニ關シテモ曩ニ基督敎長老派ニ屬スル一派ノ神社不參拜ヲ標榜スル不穩事件ノ全鮮的一齊檢擧アリ、又在來類似宗敎運動ニ在リテモ普天敎系其ノ他旣ニ盡ク壞滅ニ歸シタリト認メラレテ居リマシタ各敎團ノ再建

第一部　第二顧　警察部長ニ對スル高等法院檢事長訓示

(201쪽)

21. 경찰부장에 대한 增永 고등법원검사장 훈시
(1941년 5월 5일)

오늘 여러분의 회동에 즈음하여 소회의 일단을 말할 기회를 얻게 되어 매우 기쁩니다.

1. 생각건대 근대전(近代戰)은 **국가 총력전이어서 그 근간이 되는 것은 실로 국내 치안의 확립**에 있다는 것은 말할 나위 없는 바입니다. 황군(皇軍)이 대륙 여러 곳에서 싸운 지 이미 4년이 다가옴에도 아직 전면적으로 장(蔣) 정권을 굴복시키지 못하고 **대동아공영권(大東亞共榮圈)**[118] 확립의 전도도 여러 난관이 있을 것이 예상될 뿐만 아니라 한편 **유럽 제2차 대동란은 점점 확대의 징후**를 보이고 전 세계를 예로 들면 화란(禍亂)의 가운데로 말려 들어감은 멈추지 않는 기세를 지속하고 있습니다. 게다가 내부에는 사변의 장기화에 따라서 각종 통제는 점차 확대 강화된 때문에 사회적 경제적 곤란의 도를 더하여 온 것은 부정할 수 없는 사실입니다. 이상 **내외의 객관적 제 정세는 극도로 핍박한 것이어서 후방 치안 확립이 요구되는 점 더욱 절실**합니다. 그런데 최근 **반도 사상정세**를 자세히 내다보니 **갑자기 악화의 추세**를 보이고 전도 어수선하여 지레짐작하여서는 안 되는 것임을 알 수 있고 최근 각지에서 상당히 **악질인 공산주의운동 사건**이 계속되어 검거되고 있을 뿐만 아니라 **종교 단체**에 관하여도 이전에 기독교 장로파(長老派)에 속하는 일파의 신사 불참배를 표방하는 불온사건에 대한 전 **조선 일제 검거**가 있고, 또한 재래 **유사 종교 운동**에 있어서도 보천교계(普天敎系), 기타 이미 전부 괴멸에 귀결되었다고 인정하고 있었던 각 종교의 재건

---

118 일본을 중심으로 동아시아가 함께 번영한다는 의미로 일본이 아시아 대륙에 대한 침략을 합리화하기 위한 표어

第一部 第二類 警察部長ニ對スル高等法院檢事長訓示

運動ニ關スル廣汎ナル檢擧アリ、就レモ民族意識ニ基キ我國體ヲ否定スル不逞運動ト目スヘキモノト思料セラルルノテアリマス、他面ニ於テ上層知識階級ニ屬スル一部ノ者カ朝鮮統治ノ根本方策タル內鮮一體强化運動ヲ白眼冷視シ進ンテ之ニ協力セサルノミナラス、却テ之ヲ論難誹謗シ民衆ノ歸趨ヲ昏迷ナラシメ、或ハ之ヲ逆用シテ其ノ民族意識ヲ刺戟興奮セシムルカ如キ專例アリ甚シキニ至ツテハ所謂右翼團體ノ唱道スル東亞聯盟理論ニ便乘シテ合法假面ニ隱レテ民族單一黨ヲ組織シ以テ民族獨立ヲ企圖セントスルカ如キ運動ノ萠芽ヲ見、相當數ノ共鳴者ヲ獲得シツツアル模樣テアリマシテ、特ニ注目スヘキハ本來純眞無垢ナルヘキ學生生徒ノ間ニ於ケル民族的或ハ反軍的ナル不祥事件ノ頻發シタコトテアリマス。之等ノ事件ハ就レモ主義者ヨリノ煽動使嗾ニ出テタルモノト見ルヨリハ寧ロ一般社會思想傾向ノ惡化カ敏感ナル彼等ノ腦裡ニ反映シタル結果ト目スヘキモノカ多イノテアリマシテ、最近蕃シク增加シマシタ不敬事犯又ハ不穩ビラ或ハ不穩落書ノ如ク一部牛島民衆ノ間ニ誤レル民族意識カ蒼シタ昂揚瀰漫シ來リマシタコトハ思想對策上輕々ニ看過スルコトヲ得サル現象ニシテ思想犯人暗躍ノ溫床ハ充分釀成セラレ居ルモノト見ヘキモノテアリマシテ、此ノ儘放置スルニ於テハ當然民族主義或ハ共產主義運動ノ熾烈化カ豫想セラレ洵ニ憂慮ニ堪ヘサルモノカアルノテアリマス。尙先般全鮮的ニ一齊檢擧ヲ敢行セル外國人宣敎師

(202쪽)

운동에 관한 광범한 검거가 있었고, **이들 모두 민족의식에 기초한 우리나라 국체(國體)를 부정하는 불령 운동**이라고 보아야 한다고 사료되는 것입니다. 다른 면에서 상층 지식계급에 속하는 일부의 자가 조선 통치의 근본방책인 **내선일체(內鮮一體) 강화 운동을 백안, 냉시**하기로 나아가 협력하지 않을 뿐만 아니라 오히려 이를 논란 비방하고 민중의 귀추(歸趨)를 혼미하게 하거나 이를 역으로 이용하여 그 **민족의식을 자극 흥분시키는 것과 같은 사례**가 있고, 심하게는 소위 **좌익단체**가 앞서서 인도하는 **동아연맹이론에 편승하여 합법 가면에 숨어 민족 단일 당을 조직함으로써 민족독립을 기도**하려는 것과 같은 운동이 싹트고 있고, 상당수의 공명자(共鳴者)를 획득해 나가고 있는 모양으로 특히 주목할 것은 본래 순진무구해야 할 **학생 생도 사이에 민족적 혹은 반군적 불상 사건이 빈발**한 것입니다. 이들 사건은 어느 쪽도 주의자로부터 선동사주(煽動使嗾)에 의하여 나아간 것으로 보기보다는 오히려 **일반 사회 사상 경향의 악화**가 민감한 그들의 뇌리에 반영된 결과라고 보아야 할 사건이 많으므로 **최근 현저히 증가한 불경 사범 또는 불온 전단 혹은 불온낙서의 내용** 등으로부터 세상의 일단을 엿보기에 족한 것이 있다고 생각되는 것입니다. 이와 같은 일부 **반도(半島) 민중 사이에 잘못된 민족의식이 현저히 드높고 널리 퍼져 온 것**은 사상 대책상 가벼이 간과할 수 없는 현상이고 사상범인 암약의 온상은 충분히 양성된 것으로 보여 **그대로 두면 당연히 민족주의 혹은 공산주의운동의 치열화(熾烈化)가 예상**되므로 실로 우려스럽기 그지없는 것입니다. 더구나 지난번 전 조선에 대한 **일제 검거를 감행한 외국인 선교사**

ノ反戰的不穩文書撒布事件ニ依ツテモ知リ得ル如ク敵性第三國ノ思想謀略工作モ益々深刻化スルモノト考ヘラレネハナラヌノテアリマシテ、苟モ彼等ノ暗躍ヲ許シ銃後ノ治安ヲ攪亂セラレテ聖戰目的ノ達成ニ聊カナリトモ支障ヲ生セシムルカ如キコトアランカ、之ヲ全ク檢察ニ職ヲ奉スル者ノ責任ニ歸スヘキモノナルカ故ニ、斯ル不逞分子ニ對シテハ斷乎タル處置ニ出ツルト共ニ常時民衆ノ思想的動向ニ對シ周到ナル査察內偵ヲ怠ラス事犯ノ發生ヲ防止シ以テ半島治安ノ確立ニ萬遺算ナキヲ期セラレタイノテアリマス、

尙又檢察ノ職ニ在ル者ガ思想犯ノ防遏ニ關シテ常ニ內外ノ客觀的情勢ノ推移變轉ニ注目シ、管內一般各層ノ民情ヲ調査研究シ以テ其ノ思想的傾向ノ眞相ヲ洞察シ有效適切ナル思想對策ヲ樹立スル必要アルコトハ今更呶々ヲ要セサルトコロテアリマスカラ、各位ハ檢事ニ對シ單ニ重要ナル思想事件ノ檢擧ニ關スル報吿ヲ爲スニ止マラス、一般思想情勢ニ關スル直接間接ノ各種情報ヲ提供セラレテ檢事ノ職責遂行ニ遺憾ナカラシムル樣格段ノ留意ヲ煩シタイノテアリマス、

一、內外ノ客觀的諸情勢ノ逼迫化ニ伴ヒ思想犯人ノ活躍及敵性第三國ノ各種謀略工作ノ激化カ豫想セラルルコトハ前述ノ通テアリマシテ內ニ於テハ反國家的不逞運動ヲ絕滅セシメ外ニ對シテハ其ノ謀略工作ヲ破摧擊滅シ、以テ治安ノ確立ヲ期センカ爲ニハ從來ノ取締法規ヲ以テシテハ不備缺點多ク、不便支障ヲ免レサル憾カアツタノテアリマス、然ルニ過般國防保安法及改正治安維持法ノ公布ヲ見ルニ及ヒ最近ク施行ノ運トナリ、之等ニ對スル取締法規ハ著シク整備強化セラレ以テ取締

第一部 第二類 警務部長ニ對スル高等法院檢事長訓示

二〇三

(203쪽)

의 **반전(反戰)에 관한 불온문서 살포사건**에 의해서도 알 수 있듯이 적성 제3국의 사상모략 공작도 점점 심각화하고 있다고 생각하지 않을 수 없고 만일 그들의 암약을 허용하여 후방의 치안이 교란됨으로써 성전(聖戰) 목적 달성에 조금이라도 지장을 초래하는 것과 같은 일이 있어서는 **이 모두 검찰에 직을 봉(奉)하는 자의 책임으로 돌아갈 것**이므로 이러한 불령분자에 대하여는 단호한 처치로 나감과 동시에 상시 민중의 사상적 동향에 대하여 주도한 **사찰내탐(査察內探)**을 게을리하지 말고, 사범 발생을 방지함으로써 **반도 치안 확립**에 결코 어긋남이 없도록 기하기 바랍니다.

더욱이 또 **검찰직에 있는** 자가 사상범을 방어함에 관하여 언제나 내외의 객관적 정세의 추이 변전(變轉)에 주목하여 관내 일반 각층의 민정(民情)을 조사 연구함으로써 그 사상적 경향의 진상을 통찰하고 유효 적절한 사상 대책을 수립할 필요가 있는 일은 이제 와 여러 말을 필요로 하지 않는 바이므로 여러분은 **검사에 대하여 단지 중요한 사상사건의 검거에 관하여 보고함에 그치지 말고 일반 사상정세에 관한 직접 간접의 각종 정보를 제공하여 검사의 직무수행이 유감없게 하도록** 각별히 유의해 주기를 바랍니다.

1. 내외의 객관적 정세가 핍박해짐에 따라 사상 범인의 활약 및 적성(敵性) 제3국의 각종 모략공작의 격화가 예상되는 것은 전술(前述)한 바와 같아 **내부에서는 반국가적 불령 운동을 절멸시키고 밖으로는 그 모략공작을 깨뜨려 이로써 치안의 확립**을 기하기 위해서는 종래의 단속법규로는 불비의 결점이 많고, 불편의 지장을 면치 못하는 감이 있었습니다. 그런데 **지난번 국방보안법 및 개정 치안유지법의 공포를 보면 모두 머지않아 시행**될 예정이어서 그들에 대한 단속법규는 현저히 정비 강화됨으로써 단속

第一部　第二類　警察部長ニ對スル高等法院檢事長訓示

ノ完璧ヲ期シ得ルニ至ツタノデアリマシテ洵ニ慶賀ニ堪ヘサル次第デアリマス併シナカラ法カ共
ノ成果ヲ舉クヤ否ヤハ一ニ其ノ運用ノ如何ニ懸ルモノナルコトハ申ス迄モナイトコロデアリマス
カラ、其ノ點深ク考慮ノ上立法ノ趣旨ヲ克ク研鑽シ以テ運用上遺憾ナキヲ期セラレタイノデアリ
マス、

其ノ運用上特ニ留意スヘキ點ヲ二三申シ述フレハ、先ツ右法律ハ其ノ取締ノ對象タル犯罪ノ罪質
ニ鑑ミ搜査ノ合理化、機密ノ漏泄防止及審判ノ迅速等ヲ主眼トシタル劃期的ナル特別刑事手續ヲ
規定シテ居ルノデアリマスカ、特ニ注目スヘキハ捜査ニ付檢事ヲ中心トシタル一元的搜査ノ體制
ヲ樹立強調シタ點デアリマス、即チ犯罪ノ搜査ニ關シテハ檢事ヲ中心トシ檢事及司法警察官カ終
始緊密ナル連絡ヲ保持シテ渾然一體化シ一致協力シテ目的ノ達成ニ努力スルコトカ最モ克ク所期ノ成
果ヲ舉クル所以デアリマシテ、司法警察官カ檢事ノ指揮命令ニ對シ充分ナル理解ヲ以テ服從シ之
ニ衷心協力スルニ非サレハ法ノ要望ニ適應シタル完全ナル搜査ヲ遂行シ得サルコトハ明白デアリ
マスカラ、此ノ點ニ付各位ニ於テハ其ノ深甚ナル留意ヲ希望スル次第デアリマス、右ニ關聯シ國家機密
ニ關スル犯罪ノ檢舉及捜査ニ當リ機密ノ漏泄防止ニ努ムルハ勿論特ニ檢事ト緊密ナル連絡ヲ保チ考ヘラルルノデア
リマスカラ、慎重以テ事ニ當リ機密ノ漏泄防止ニ報告シテ其ノ指揮命令ヲ受ケラレタク、又被疑者檢
舉前内査著手ノ當初ヨリ事案ノ内容ヲ檢事ニ報告シテ其ノ指揮命令ヲ受ケラレタク、又被疑者檢
舉ノ直前ニ至リ遽ニ指揮ヲ仰クカ如キコトナキ樣注意セラレタイノデアリマス、尚檢事及其ノ命

(204쪽)

을 완벽하게 기할 수 있게 되어 실로 경하해 마지않는 바입니다. 이와 아울러 법이 그 성과를 거두느냐 여부는 첫째 그 운용을 어떻게 하느냐에 달린 것임은 말할 나위 없으므로 그 점 깊이 고려하고 입법의 취지를 능히 연구함으로써 운용상 유감없도록 기하기 바랍니다.

그 운용상 **특히 유의할 점**을 두세 가지 말하면 먼저 앞서 언급한 법률은 그 단속의 대상인 범죄의 죄질에 비추어 수사의 합리, 기밀의 누설 방지 및 심판의 신속 등을 주안으로 한 획기적인 특별형사 절차를 규정하고 있습니다만 특히 주목할 점은 **수사에 대하여 검사를 중심으로 한 일원적 수사체제를 수립 강조**했다는 점입니다. 즉 **범죄의 수사에 관하여는 검사를 중심으로 하여 검사 및 사법경찰관이 한결같이 긴밀한 연락을 유지하고, 혼연일체가 되고 일치 협력하여 목적 달성을 위하여 노력**하는 것이 소기의 성과를 가장 잘 거두는 요인이므로 **사법경찰관이 검사의 지휘명령에 대하여 충분한 이해로써 복종하고 충심 협력하지 않으면 법의 요망에 적응한 완전한 수사를 수행할 수 없음은 명백하므로** 특히 이점에 대하여 여러분의 매우 깊은 유의를 희망하는 바입니다. 앞서 언급한 것에 관련하여 국가기밀에 관한 범죄의 검거 및 수사에 대하여는 그 영향이 미치는 바가 심대한 것이 있다고 생각되므로 신중하게 일에 임하여 기밀의 누설 방지에 힘씀은 물론 특히 검사와 긴밀한 연락을 유지, 검거 전 **내사착수 처음부터 사안의 내용을 검사에게 보고하여 그 지휘명령을 받기 바라고 또한 피의자 검거 직전에 이르러 비로소 지휘를 고대하는 일 없도록 주의하기 바랍니다. 또한, 검사 및 그 명(命)**

一、我帝國ノ國是タル東亞共榮圈確保ノ爲ニハ高度國防國家體制確立ノ必要愈々痛切ナルモノカアリマス、仍テ今議會ニ於テ國家總動員法カ二十五箇條ノ廣範圍ニ亙リ根本的ニ改正セラレ經濟統制ノ擴大强化ヲ圖ルニ至リマシタ、之即チ限リアル資源、人力ヲ最高度ニ活用シテ軍備ノ充實生産力ノ飛躍的擴充ヲ圖リ如何ナル事態ノ變化ニモ敏速機宜ノ措置ヲ講シ得ル體制ヲ整備センカ爲ニ外ナリマセヌ、而シテ經濟統制ハ今日ニ於テハ支那事變ノ臨事的對應策テハナクシテ我國ノ將

令ヲ受ケタル司法警察官カ相當長期ニ亙ル被疑者ノ身柄拘束權ヲ付與セラレタル所以ノモノハ之ニ依ツテ搜查ノ適法性ヲ確保シ以テ之ヲ明朗化セント企圖シタモノテアリマス、故ニ若此ノ立法ノ精神ニ背反スルカ如キ不法措置アランカ檢察ノ威信ハ全ク地ニ墜チ司法ニ對スル國民ノ信賴ヲ喪フノ結果ヲ招來スルコトハ明白テアリマスカラ、各位ハ克ク此ノ點ニ留意シ常ニ搜查ノ適法性確保ヲ念トシ苟モ犯罪搜查ニ關シ不法拘束其ノ他ノ不當ノ措置ニ出ツルコトナキ樣殿ニ部下職員ヲ戒飭セラレタイノテアリマス、次ニ注意スヘキハ同法施行後其ノ適用ヲ受クヘキ犯罪ノ搜查ニ關シテハ朝鮮刑事令ノ規定ハ當然排除セラレ、之等ノ法規ニ定メラレタル特別刑事手續ニ依據スルコトヲ要スルコトニナリ、司法警察官ハ少クトモ當該事犯ニ關スル限リ檢事ノ命令アルニ非サレハ被疑者ノ身柄拘束其ノ他一切ノ强制處分ニ依ル搜查ヲ爲シ得サルコトトナルノテアリマス、故ニ各位ハ豫メ部下職員ニ對シ右趣旨ヲ周知徹底セシメ瑣末ノ過誤ナカラシムル樣留意セラレタイノテアリマス、

第一部 第二顆 警察部長ニ對スル高等法院檢事長訓示

(205쪽)

을 받은 사법경찰관이 상당 장기에 걸쳐 피의자의 신병 구속권을 부여받은 **이유**는 이에 의하여 수사의 적법성을 확보함으로써 이를 공정히 하고자 기도(企圖)한 것입니다. 따라서 만일 이 **입법의 정신에 배반함과 같은 불법 조치가 있으면 검찰의 위신은 모두 땅에 떨어져 사법에 대한 국민의 신뢰를 잃는 결과**를 초래하는 것은 명백하므로 여러분은 능히 이 점에 유의하여 언제나 수사의 적법성 확보를 생각하여 만에라도 범죄 수사에 관하여 불법구속 기타 부당한 조치에 나가는 일이 없도록 엄히 부하 직원을 타일러 근신토록 하기를 바라는 것입니다. 다음으로 주의할 것은 **동법 시행 후 그 적용을 받을 범죄의 수사에 관하여는 「조선형사령」 규정은 당연히 배제**되어 이들 법규에 정한 특별형사 절차에 의거할 것을 요하게 되어 사법경찰관은 적어도 당해 사범에 관한 한 **검사의 명령이 있지 않으면** 피의자의 신병 구속 기타 일절의 강제처분에 의한 수사를 할 수 없는 것이 되는 것입니다. 따라서 여러분은 미리 부하 직원에 대하여 앞서 언급한 취지를 철저히 주지시켜 사소한 과오가 없도록 유의해 주기 바랍니다.

1. 우리 제국의 **국시(國是)인 동아공영권 확보**를 위해서는 **고도국방국가 체제확립의 필요 점점 통절**한 것입니다. 따라서 **이번 의회에서 「국가총동원법」이 25개 조로 광범위에 걸쳐 근본적으로 개정되어 경제통제의 확대 강화를 도모**하기에 이르렀습니다. 이는 즉 **한정된 자원 인력을 최고도로 활용하여 군비의 충실, 생산력의 비약적 확충을 도모**[119]하여 어떠한 사태의 변화에도 민첩하고 빠르게 시기와 형편에 알맞도록 조치를 강구할 수 있는 체제를 정비하기 위한 것과 다르지 않습니다. 따라서 경제통제는 오늘에 있어서는 지나사변의 임시적 대응책이 아니고 우리나라의 장

---

119 본 서적을 관통하는 주제 중 하나로서 일제의 형사사법 경제 도모를 우선에 두었음을 엿볼 수 있고, 검사 이외 수사 직무에 종사하는 이들을 검사의 형사사법 노예 또는 아바타로 삼아 무소불위 역할까지 맡김으로써 그 효율을 극대화한 것임

第一部　第二類　警察部長ニ對スル高等法院檢事長訓示

來ニ於ケル永續的經濟機構ト經濟活動ニ關聯スルモノトナルニ至リマシタ、然ルニ今日迄ノ經濟統制違反ノ趨勢ヲ觀ルニ其ノ數ニ於テ累增其ノ質ニ於テ惡質化ノ一途ヲ辿ッテ居リマス、即チ全鮮檢事局ニ於ケル新受件數人員ヲ比較スルニ昭和十五年ハ昭和十四年ニ比シ件數人員共ニ約七倍ニ達スルノ激增振リテアリマシテ、之カ爲ニ經濟統制ノ遂行ヲ阻害シ國民生活ノ不安ヲ醸成シ遼ニ遵法精神ヲ蔑視セントスルノ嵐潮ヲ現ハメニ至リ國家ノ爲ニ洵ニ寒心ニ堪ヘマセヌ、其ノ原因ハ種々アリマセウカ其ノ主要ナル原因ハ國民ノ多數カ個人主義、自由主義的經濟生活ノ迷夢ヨリ覺醒セス今尚營利追求ノ觀念ニ支配セラレテ居ルカラテアリマシテ、此ノ觀念ヲ打破シ國民ニ公益優先ノ新シキ經濟倫理ヲ闡明徹底セシムルノ要緊切ナルモノカアリマス、併シナカラ此ノ新シキ經濟倫理ヲ闡明徹底セシムルト謂フコトハ獨リ教育者ノミニ委スヘキコトテハナクシテ、實ニ經濟事犯ノ取締檢擧ニ任ニ在ル警察官吏ニ負荷セラレタル重大ナル使命テアリマス、而シテ此ノ使命達成ニハ先ツ自ラ舊體制的觀念ヲ脱却シテ新時代ノ精神ヲ體得シナケレハナリマセヌ、然ラスシテ若舊體制的心構ニテ國民ノ犠牲ヲ要求スレハ却ッテ取締官ト國民トノ間ヲ離間スルニ至リ、一億一心ノ國家體制ヲ育成スルノ所以テハアリマセヌ、宜シク人ニ先ンシテ人ニ後レテ樂シムノ心構ヲ以テ執務ニ當ル樣部下ヲ指導セラレタイノテアリマス、巷間經濟統制事務ヲ管掌スル官公吏或ハ經濟警察官吏ニシテ不足物資ノ配給ニ際リ其ノ職權ヲ濫用シテ自ラ優先的ニ配給ヲ受クル者アリトノ風説アリ、又現ニ警察官ニシテブローカート結託シテ闇取引ヲ爲シテ私利ヲ貪リ或

二〇六

(206쪽)

래에 있어 영속적 경제기구와 경제활동에 관련한 것이 되기에 이르렀습니다. 그런데 금일까지 **경제통제위반의 추세를 보면 그 수에 있어 누증(累增)하고, 그 질에 있어 악질화의 한길**을 걷고 있습니다. 즉 **전 조선 검사국에 새로 접수된 건수, 인명을 비교**함에 1940년은 1939년에 비하여 건수, 인명 모두 약 7배에 달하는 격증을 떨치어 이로 인하여 경제통제의 수행을 저해하고 국민 생활의 불안을 양성하고 준법정신을 멸시하려는 풍조를 보이기에 이르러 국가를 위해 실로 한심하기 그지없습니다. 그 원인은 종종 있었습니다만 그 주요한 원인은 국민의 다수가 개인주의, 자유주의적 경제생활의 미몽(迷夢)으로부터 각성하지 않고 지금 한층 영리 추구의 관념에 지배되어 있기 때문으로 이 관념을 타파하여 국민에 공익 우선의 **새로운 경제윤리 천명(闡明)을 철저하게 할 필요**가 긴절(緊切)합니다. 그렇지만 이 새로운 경제윤리의 천명을 철저히 하게 함이라는 것은 홀로 교육자에게만 맡길 것이 아니고 실로 경제사범의 단속 검거에 임하고 있는 경찰관리에게 짊어져 있는 중대한 사명입니다. 따라서 이 사명 달성에는 먼저 스스로 구체제적(舊體制的) 관념을 탈각하고 신시대의 정신을 체득하지 않으면 안 됩니다. 그렇지 않고 만일 구체제적 각오 그대로 국민에 희생을 요구하면 오히려 단속 관(官)과 국민과의 사이를 이간하기에 이르러 일억일심(一億一心)의 국가체제를 육성하는 방도가 아닙니다. 아무쪼록 다른 사람을 먼저 근심하고 다른 사람이 즐거워한 후에 자신이 즐거워한다는 각오로 집무에 임하도록 부하를 지도해 주기를 바랍니다. 항간에 경제통제 사무를 관장하는 관공리(官公吏)는 **경제 경찰관리로서** 부족 물자의 배급에 즈음하여 **그 직권을 남용**하여 자신이 우선으로 배급을 받은 자가 있다는 풍설(風說)이 있고 또한 현재 경찰관으로서 **브로커와 결탁, 암거래**하여 사리를 탐하거나

ハ經濟警察官吏ニシテ其ノ職務ニ關シ多額ノ金品ヲ收賄シタルカ如キ事犯數件發生ヲ見タノデアリマス、斯ノ如キハ搜査機關全體ノ威信ヲ失墜スルコト甚シク洵ニ遺憾ニ堪ヘマセヌ、斯ノ種事犯ニ對シテハ秋毫モ假借スルコトナク斷乎トシテ其ノ非違ヲ糾彈シ其ノ絶滅ヲ期シナケレハナリマセヌ、經濟警察官ハ業者ト接觸スル機會多ク誘惑ニ陷ルノ危險アルヲ以テ之カ防止ニ付適切ナル對策ヲ講シ斯ノ種犯罪ノ根絶ヲ期スヘク更ニ道ヲ刷新ニ一段ノ努力ヲ拂ハレンコトヲ切望致シマス

一、高度國防國家體制ヲ紊亂スル經濟統制違反ニ對シテハ從來嚴罰方針ヲ以テ臨ミ昨年中經濟事犯ニテ起訴シタル總人員一〇、九二一人中七月ヨリ十二月ニ至ル期間ニ於テ體刑ニ處セラレタル者

一、〇〇八人ニ達シ其ノ效果顯著ナルモノカアッタト信スルノテアリマス、而シテ經濟事犯ノ累增且惡質化シツツアル實情ニ鑑ミ嚴罰方針ハ今後尙之ヲ堅持スルモノトシ今囘國家總動員法、輸出入品等臨時措置法ノ罰則强化セラレ父刑法ノ改正ニ依リ惡質犯ニ對スル刑罰ノ威力ヲ充分ニ發揮スルヲ得ルニ至リ犯人ニ不法ノ利得ヲ歸セシメルコトヲ防キ國民經濟ノ運行ヲ阻害スル行爲ヲ防遏スルニ至リマシタ、併シナカラ申ス迄モナク經濟統制ハ國民ノ日常生活ニ直接深刻ナル關係ヲ持チ經濟情勢ノ變化、經濟統制ノ進展、配給機構ノ整備、公定價格ノ改訂等ハ商取引ニ直ニ影響シ經濟事犯ニ反映スルノテアリマス、從テ之等經濟事犯ノ取締檢擧ニ際リテハ克ク經濟情勢ニ通曉シ各事犯ノ特殊性ヲ調査吟味スルヲ要シマシテ國民ヲシテ徒ニ怨嗟萎縮セシムルカ如キコトナキ樣嚴ニ戒メナケレハナリマセヌ、又重大ナル經

(207쪽)

　경제경찰관리로서 그 직무에 관하여 **다액의 금품을 수뢰**하는 것과 같은 사범의 수 건이 발생함을 보았습니다. 이와 같음은 수사기관 전체의 위신을 너무 실추하는 것이어서 참으로 유감스럽기 그지없습니다. 이러한 종류의 사범에 대하여는 추호도 가차 없이 단호하게 그 비위를 규탄하여 그 절멸을 기하지 않으면 안 됩니다. 경제 경찰관은 업자와 접촉할 기회가 많고 유혹에 빠질 위험이 있으므로 이를 방지함에 대하여 적절한 대책을 강구하여 그 종류의 사범 근절을 기할 관리의 도리를 쇄신하고 일단의 노력을 기울일 것을 간절히 바랍니다.

　1. 고도국방 국가체제를 문란한 **경제통제위반**에 대하여는 종래 **엄벌 방침**으로써 다스려 작년 중 **경제사범으로 기소된 총인원 10,921명 중 7월부터 12월에 이르는 기간에 체형(體刑)을 받은 자 1,008명**에 달하여 그 효과 현저하였다고 믿는 것입니다. 그리고 경제사범의 누증(累增)과 동시에 악질화가 계속되는 실정에 비추어 엄벌 방침은 앞으로 또한 이를 견지할 필요가 있다고 생각합니다. 이번 **「국가총동원법」, 「수출입품 등 임시조치법」의 벌칙이 강화**되고 형법 개정에 따라 악질범에 대한 형벌의 위력을 충분히 발휘할 수 있게 이르러 범인에게 불법의 이득이 돌아가게 하는 것을 막아 국민경제 운행을 저해하는 행위를 막아 낼 수 있게 되었습니다. 그렇지만 말할 나위 없이 경제통제는 국민의 일상생활에 직접 심각한 관계를 지녀 경제정세의 변화, 경제통제의 진전, 배급기구의 정비, 공정가격의 개정(改訂) 등은 상거래에 바로 영향을 주어 경제사범(經濟事犯)으로 반영되는 것입니다. 따라서 이들 **경제사범을 단속 검거할 때는 경제정세에 능히 통달하여 각 사범의 특수성을 조사 음미**할 것을 필요로 함은 물론이므로 국민으로 하여금 헛되이 원망 한탄(怨嗟), 위축하게 하는 것과 같은 일이 없도록 엄히 주의시키지 않으면 안 됩니다. 또한, **중대한 경**

第一部 第三類 檢事局監督官ニ對スル高等法院檢事注意事項

濟事犯ノ取締檢舉ニ際リテハ檢舉ノ時期其ノ對象並範圍ニ付一定ノ計畫ヲ樹テ檢事ノ指揮ノ下ニ縱ノ連絡ヲ緊密ニスルト共ニ、廣地域ニ跨ル場合ノ關係警察官廳トノ橫ノ連絡ニモ遺漏ナキヲ期シ以テ取締檢舉ノ目的ヲ達セラルル樣留意セラレタイノテアリマス、

一、道會議員ノ任期滿了ニ依リ其ノ總選擧ハ實ニ目睫ノ間ニ迫ツテ居リマス、非常時局下ニ於ケル總選擧ノ理想トスル所ハ地方的有力者ニシテ克ク時局ヲ認識シ帝國ノ國策ニ協力シ民衆ノ指導者ト爲リ得ルカ如キ人物ヲ選出セシムルニアルノテアリマス、各地方ノ情報ヲ綜合スルニ候補者簇出シ相當選擧ノ激甚ナルコトカ豫想セラルルノテアリマス、各位ハ豫メ選擧人ニ對シ取締法規ノ周知徹底ヲ圖リ選擧ヲ自由公正ニ行フコトノ最肝要ナル所以ヲ知ラシメ以テ事犯ヲ未然ニ防止スルト同時ニ之カ違反行爲ニ對シテハ嚴正ニ檢舉ヲ勵行シ迅速ニ其ノ處理ヲ爲スヘキモノテアリマシテ、遂巡其ノ處理ヲ遲延シ選擧取締ノ目的ヲ阻害スルコトナキ樣部下職員ヲ戒愼シ苟モ選擧違反ノ行爲アル者ヲシテ誤ツテ當選セシムルカ如キ失態ヲ發生セシメサル樣深甚ノ注意ヲ拂ハレタイノテアリマス、

二〇八

(208쪽)

제 사범을 단속 검거할 때는 검거의 시기와 그 대상과 범위에 대하여 일정한 계획을 세워 **검사의 지휘하에 상하 연락을 긴밀히 함**과 동시에 넓은 지역에 걸쳐 있는 경우 관계 경찰관청과 수평적 연락에도 유감없도록 기함으로써 단속 검거의 목적에 달할 수 있도록 유의하기 바랍니다.

1. 도회(道會) 의원의 임기 만료에 따라 총선거는 실로 눈앞에 다가와 있습니다. 비상시국하에 총선거가 이상(理想)으로 하는 바는 지방 유력자(有力者)로 하여금 시국을 능히 인식하여 제국의 국책에 참되이 협력[120]하고 민중의 지도자로 될 수 있는 인물을 선출되게 하는 것입니다. 각 지방의 정보를 종합하니 후보자가 연이어 나와 선거가 상당히 격심해질 것이 예상됩니다. 여러분은 미리 선거인에 대하여 단속법규를 철저히 주지(周知)하도록 도모하여 선거를 자유 공정하게 행하는 것이 가장 간요(肝要)한 이유를 알게 함으로써 사범을 미연에 방지함과 동시에 위반행위에 대하여는 엄정하게 검거를 힘써 행하여 신속하게 처리해야 할 것이므로 망설여 그 처리를 지연하고 선거 단속의 목적을 저해하는 일 없도록 부하 직원이 경계하고 삼가도록 하여 만일 선거위반의 행위 있는 자로서 잘못 당선되게 하는 실수가 발생하지 않도록 심심한 주의를 기울여 주기 바랍니다.

---

120 선거의 목적이 일제 침략전쟁과 전쟁물자 조달을 위한 식민지 탄압과 수탈에 있음을 엿볼 수 있음

맺음말(진정한 광복을 위하여)

○ 이 서적을 통하여 2011년, 2020년 검찰 제도문화의 선의적 모방으로서 일부 개혁이 있었으나 아직도 일제를 악의적으로 모방한 반문명적 제도를 그대로 유지하고 있다는 사실을 알게 되었을 것이다. 또한, 한국 검찰의 무소불위와 선택적 정의라는 검찰의 원리주의적 DNA는 어디에서 유래한 것인지를 이해하는 데도 적지 않게 도움이 되었을 것이다.

○ 왜 일본식을 선의적으로 모방하였을까? 비유하자면 검찰 바이러스 퇴치를 위하여 새롭고 독창적이며 효능이 좋은 백신을 개발하는 것이 가장 바람직스러우나 엄두를 내지 못한 것이고 이에는 그럴만한 이유가 있었다. 자칫 그러한 백신을 개발했다가 예상치 못한 부작용이 일어나 감당할 수 없는 국민적 저항을 불러 최악의 경우에는 정권 유지가 어려울지도 모르기 때문이다. 그래서 우리 제도와 그 뿌리와 유전자가 같아 체질에 가장 적합하며 이미 임상실험과 상용화에 성공한 일본의 백신 중 일부를 모방하여 생산한 것이다. 그런데 문제가 있었다. 정직이 최선이라는 정책 성공의 기본을 전혀 이행하지 않았다. 부끄러운 역사적 진실과 바탕, 이를 모방하게 된 부득이한 사정을 국민에게 솔직히 알리고 이해를 구했어야 했다.

○ 정치 군부와 정치 검찰이 발호하고 창궐하였던 그 원조를 지닌 일본이 1945년 패망 후 지금까지 무기를 앞세운 정치 군부의 쿠데타도, 무소불위 법과 제도를 앞세운 검찰 쿠데타도 경험하지 않은 이유는 이들의 무소불위를 해체하였기 때문이다. 오늘날 일본 국민은 그들의 경찰, 검찰을 신뢰하며 우리처럼 '검찰'과 '검찰청'에 관한 뉴스와 스캔들을 달고 살지

않는다. 그 바탕 또한, 그러한 해체를 통한 검경 간 견제와 균형을 확립한 덕분인 것이다.

○ 우리는 정치 군부의 해체를 1987년 개헌을 통하여 이뤄 냈다. 정치 검찰은 2011년 형사사법 노예 문서인 검경 간 상명하복 조항 폐지로써 첫발을 내딛고도 그로부터 무려 9년이 지난 2020년 검경 수사권 조정 입법을 통하여 그 해체의 교두보를 마련하였으나 현재 지지부진한 상태에 있다. 이러한 변화는 해방 직후 검찰 제도문화의 악의적 취사모방으로부터 오랜 세월이 지나 비로소 선의적인 모방으로 돌아섬으로써 나타난 것이다.

○ 검찰의 무소불위를 무기로 한 정치검사에 대한 문제는 정치와 제도문화 개혁에 있음을 절감한다. 즉 검찰개혁의 문제는 검사 또는 직원 개개인의 문제가 아닌 정치, 제도문화의 문제라는 점에 초점을 맞추어 해결하지 않으면 백년하청이라는 것이다. 따라서 **검찰의 무소불위 해체는 법과 제도의 개혁에 있으며** 1987년 헌법 개정에서 군인의 정치적 중립 조항(제5조 제2항)을 신설하여 정치군인의 등장을 막았던 데서 교훈을 얻어야 한다. ㉠ 헌법 제12조 제3항에 규정된 검사의 영장청구권 독점 규정을 폐지하고 ㉡ 형사소송법 제243조에 규정된 검사실 검찰 직원을 아바타로 만들어 다용도로 활용하고 있는 반문명적 규정을 폐지하며 ㉢ 검경 간 견제와 균형의 확립을 확고부동하게 할 수 있도록 개혁 입법을 완수하는 것이다. 검찰개혁은 검찰의 실패, 경찰의 성공 그 어느 쪽도 아닌 70여 년 전 이루었어야 할 역사 발전이 이해할 수 없을 정도로 늦어진 끝에 비로소 나서게 된 것일 뿐이다.

○ 지금까지 검찰 중심의 수사 구조 구축 옹호론자들은 검찰의 무소불위에 대하여 일제강점기 경찰이 조선인의 인권을 탄압하고 고문을 자행했기 때문에 그러한 역사를 되풀이하지 않기 위함이라고 검찰 원리주의적 궤변을 일삼아 왔다. 일제 검찰은 한 손에 반문명적 법 규정을 들고 다른 한 손에는 법 집행이라는 칼을 지니고 한반도를 호령하면서 자신들에게 앞다투어 충성 경쟁을 하던 경찰, 헌병, 교도관을 앞세워 식민지 조선을 탄압하였다. 우리의 근현대사는 일제가 검찰을 앞세워 형사사법을 이용하여 우리 민족을 탄압한 실상에 대하여 하수인, 행동대장, 주구(走狗) 역할을 한 경찰만 부각되어 있을 뿐 사냥꾼의 역할을 한 검찰은 감춰져 있다. 이에 대한 가장 상징적인 현상으로서 우리 국민의 인식이 대체로 그러하며 역사 교과서 또는 독립기념관 전시물에 검찰의 그러한 과거 역사에 관한 기술 또는 전시물을 찾아 볼 수 없다. 심각한 역사적 왜곡이 아닐 수 없다. 그리하여 남녀노소 모두 일제 형사사법 탄압이라 하면 동네를 순찰하는 순사, 일선 수사담당 형사, 칼을 찬 헌병, 교도소 교도관 등 주구 역할을 한 관직만 떠오를 뿐 그 사냥꾼이자 수괴 검찰은 전혀 연상되지 않는 것이다. 심각한 역사 왜곡이 아닐 수 없고, 이렇게 해서는 일본에 대하여 한일 과거사에 대하여 그들 후손에게 올바른 교육과 실천을 하라고 요구하기 민망한 것이다. 무소불위 해체로 검찰개혁을 완전하게 이룸으로써 헌법 전문의 "3·1운동으로 건립된 대한민국임시정부의 법통을 계승한다."라는 헌법정신을 구현할 수 있게 될 것이다.

○ **그다음 과제는 검찰개혁을 국가경쟁력 향상으로 승화시켜야 한다는 것이다.** 현재 비교 가능한 한일 양국 공표 공식 통계로써 2022년도 양국 검찰의 정원과 국가신인도와 경쟁력의 지표인 부패인식지수(CPI)를 비교해 보았다.

2022년도 한일 검찰청의 정원 비교

일본[121]			대한민국[122]		
검사	검사 이외 (부검사 포함)	계	검사	검사 이외 (검사직무대리 포함)	계
1,886	9,977	11,863	2,292	8,480	10,772

 대한민국 인구는 약 5,155만 명, 일본은 약 1억 2,329만 명 정도인 것과 검찰 정원을 비교하면 인구는 일본이 우리보다 무려 2.4배가량 많으나 검사 정원은 우리가 무려 1.2배 많고, 검사 이외 정원은 일본이 우리보다 불과 1.2배 많다.

 우리나라는 검사 벼슬 인플레이션도 심각한 수준이다. 상징적인 예로서 일본의 경우 8개 고등검찰청 수뇌만을 '검사장(檢事長)'으로 규정하고 있으나 우리는 경찰에 한 명(경찰청장)뿐인 차관급 대우를 받는 검사장이 무려 40여 명에 달한다. 평검사의 경우 임용된 후부터 3급 상당의 대우를 받는다고 한다. 그뿐만이 아니다. 그동안 천문학적인 혈세를 들여 수도 없이 많은 검사가 1~2년 장기 해외연수를 다녀오도록 했으나 일제의 반문명적 골격과 골수는 요지부동이었다. 그러한 과도한 대우, 인플레이션 개선 또한 검찰의 무소불위 해체의 필요성과 맥을 같이한다. 또 다른 인플레이션은 '수사관' 호칭에 관한 것이다. 엄연히 시험 명칭은 '검찰사무직'임에도 9급 시험을 치르고 임용되면 그 즉시부터 수사업무를 맡든 맡지 않든 내부적으로는 모두 '수사관'으로 호칭하고, 외부적으로도 그렇게 호칭하도록 조성하여 오늘에 이르렀다. 마치 검찰청에는 수사관

---

121 2022년 일본 법무성 발행 「法務年鑑」 373쪽 「검찰청의 정원」
122 검사정원법 시행령[대통령령 제32389호, 시행 2022. 2. 7.], 검찰청 사무기구에 관한 규정[대통령령 제32390호, 시행 2022. 2. 7.]

으로 꽉 채워진 것이니 '수사청' 또는 '수사요원 양성소'처럼 느껴질 정도이다.

국가경쟁력의 성장은 부패 없는 청렴한 사회를 토양으로 한다. 최근 7년 동안 국제투명성기구(TI)의 부패인식지수(CPI)[123]에서 한일 양국 성적을 비교하면 일본은 늘 20위권 안에 들어 있고, 한국은 검찰개혁의 목소리를 높이기 시작한 2017년 51위에서 계속 상승하여 2022년 31위까지 올라갔다. 특히 수사권조정 입법으로 검찰의 무소불위에 메스를 댄 2020년 전후 각 3년간 성적 평균을 비교해 봐도 그 이전보다 획기적으로 나아진 것에 의미를 둘 수 있다. 다만, 검찰의 과거 회귀 조짐이 뚜렷한 2023년 점수는 전년과 같으나 1순위 하락한 답보 상태로서 하향 시발점이 되지 않을까 염려된다.

한일 부패인식지수 순위(점수)

연도	일본	한국	한국 평균
2017	20 (73점)	51 (54점)	45위 (57점)
2018	18 (73점)	45 (57점)	
2019	20 (73점)	39 (59점)	
2020	**19 (74점)**	**33 (61점)**	32위 (62점)
2021	18 (73점)	32 (62점)	
2022	18 (73점)	31 (63점)	
2023	16 (73점)	32 (63점)	1순위 하락

---

[123] 부패 지수 CPI의 1점 상승 시 1인당 GDP 25% 상승 [출처 : 네이버 지식백과, 2010. 9. 21. EBS 동영상]

2022년 5월에는 「공직자의 이해충돌 방지법」이 제정되었다. 앞으로 검찰개혁이 중단되거나 과거 회귀 되는 일이 없이 그간의 문제점들을 보완하고 다듬어 나가 검찰의 무소불위 해체와 경찰 수준을 꾸준히 향상해 나감으로써 검경 간 견제와 균형을 확고히 이룬다면 일본을 추월하는 경쟁력을 갖추게 될 것이고, 그것이 바로 세계 어느 나라에도 뒤처지지 않는 경쟁력으로 직결될 것이다.

검찰개혁 완수는 이 땅의 100년(일제 36년+해방 후 74년) 적폐를 청산하고 진정한 광복을 이루는 과업으로서 아직 갈 길이 너무 멀다. 이러한 과업은 깨어 있는 국민의 여론을 바탕으로 백년대계를 바라보는 정치권의 성찰과 노력, 학자의 정론, 언론인의 직필, 공직자들의 도움과 성원이 있어야만 가능한 일이다.

경찰에게 장기 구금이 가능한 구속영장을 제외한 현장 및 초동 수사에서 필요 불가결한 압수수색검증영장, 체포영장에 대한 직접 청구권을 인정해야 한다는 저자의 주장에 염려하는 분들이 많을 것이다. 우리 민족은 세종대왕의 위민사상(爲民思想)과 이를 실현한 집현전 학자의 열정과 노력으로 한글을 창제한 우수한 민족이다. 형사사법 절차로써 수사의 첫 단추인 초동 및 현장에서 위험을 무릅쓰고 수사를 담당하고 있는 경찰의 직무수행에 상응한 권한을 부여하여야 한다는 수자유권(搜者有權)의 원칙을 실현하더라도 그 남용을 염려하지도 않고, 민주적 통제가 가능한 법과 제도를 만들어 내지 못할 이유가 없다.

이 서적이 검찰의 과거 회귀 차단, 검사의 영장청구권 독점 및 검사실 참여 제도의 각 폐지, 집행관 임명제도 개선, 검경 간 견제와 균형 확립을 통한 검찰의 무소불위 해체 그리고 검찰의 과거사 행적에 관한 교과서 기술 및 독립기념관 전시를 위한 심층 연구를 촉발하는 데 하나의 밀알이 되기를 간절히 기원한다.

2024년 3월
저자 최영주